"十二五"职业教育国家规划教材
经全国职业教育教材审定委员会审定
全国船舶工业职业教育教学指导委员会规划教材

船机检修技术

主　编　施祝斌
副主编　徐向荣
主　审　沈苏海

HEUP 哈尔滨工程大学出版社

内容简介

本书是作为“十二五”职业教育国家规划教材，共分为两个部分，第一部分为船机检修理论知识，包括现代船舶维修、船机检修基本理论、船机零件的检修工艺及船机零件的维修过程；第二部分按照“项目引领、任务驱动”模式，根据船机零件功能分类，将零部件检修分为六个项目，十八个检修任务，分别为：船舶柴油机燃烧室部件检修、船舶柴油机主要附件检修、船舶柴油机曲轴检修、船舶轴系和舵系检修、船舶辅助机械检修、综合技能训练—柴油机吊缸检修等六个项目，每个项目又有不同的维修任务，任务主要从学习目标、学习任务、背景知识、环境设备、操作指导等几个方面进行论述。

本书可作为高职院校船机制造与维修技术专业教材，也可供轮机工程技术专业使用，同时也可供修造船厂工程技术人员及船舶检验等相关部门技术管理人员学习参考。

图书在版编目(CIP)数据

船机检修技术/施祝斌主编. —哈尔滨：哈尔滨工程大学出版社，2015.12
ISBN 978-7-5661-1186-9

Ⅰ.①船… Ⅱ.①施… Ⅲ.①船舶修理 Ⅳ.①U672

中国版本图书馆 CIP 数据核字(2015)第 317034 号

选题策划 史大伟
责任编辑 张淑娜
封面设计 恒润设计

出版发行 哈尔滨工程大学出版社
社　　址 哈尔滨市南岗区东大直街 124 号
邮政编码 150001
发行电话 0451-82519328
传　　真 0451-82519699
经　　销 新华书店
印　　刷 哈尔滨市石桥印务有限公司
开　　本 787mm×1 092mm　1/16
印　　张 20
字　　数 523 千字
版　　次 2016 年 11 月第 1 版
印　　次 2016 年 11 月第 1 次印刷
定　　价 49.80 元

http://www.hrbeupress.com
E-mail:heupress@hrbeu.edu.cn

前　言

“船机检修技术”是船机制造与维修技术专业的核心课程，该课程在南通航运职业技术学院已展开了多年的教学改革。在课程改革逐步深入，新的教学模式形成并逐步完善的情况下，在教育部职业教育与成人教育司的大力支持下，我们编写了新版《船机检修技术》，该教材具有鲜明的职业教育特色。

首先，本教材紧扣高职教育培养技能型专业人才的目标，打破了传统的以理论知识为核心，将以前以轮机维修理论、工艺构成的教学内容体系，转为基于船机维修工作过程，以实际维修工作任务为主线，按照“项目引领、任务驱动”的思想，根据船机维修的工作流程，按实际工作步骤来组织教学内容，突出了各个步骤的具体工作内容和操作方法。体现了教学过程的实践性、开放性和职业性，突出了职业能力的培养，满足了船机专业工作岗位的能力需求。

其次，本教材有行业企业资深专业技术人员参加编写，同时课程组人员还调研了国内大型修、造船企业，充分了解船舶修造和航运业的发展对轮机维修技术“ 安全、高效、经济、环保、数字化”的要求。在侧重阐述具有普遍性和规律性的轮机维修工艺和技术的基础上，力求突出新工艺、新技术，使先进性和传统性得到了有效的结合，应该说本教材是校企合作的典范。

同时本书也满足国家海事局“中华人民共和国海船船员适任考试大纲”的相关要求。

全书共分两个部分，第一部分为船机检修理论知识；第二部分为船机检修工作任务，分六个项目十八个情景任务。本书由南通航运职业技术学院施祝斌、徐向荣、杨忠老师和江苏熔盛重工有限公司陈建光编写，由施祝斌教授统稿，南通航运职业技术学院沈苏海教授主审。

本书在编写过程中得到了南通海事局张锦华轮机长，南通航运职业技术学院袁健、王琪、乔红宇等老师的大力支持和帮助，在此一并表示感谢。

由于编者水平有限，书中难免出现疏漏及不足之处，敬请批评指正。

编　者

2015 年 2 月

目　录

第一部分　船机检修理论知识

第二部分　船机检修工作任务

第一部分

船机检修理论知识

第一章　现代船舶维修

第一节　船 机 故 障

一、故障的基本概念

任何产品(无论整机还是零部件),凡不能完成其规定功能或其性能指标恶化至规定标准外的一切现象,均称作故障。对不可修复产品则称作失效。如零件损坏、磨损超限、焊缝开裂、油漆剥落、螺栓松动、标牌脱落等均属不能完成规定功能的故障;启动困难、功率下降、油耗上升、提升缓慢等超过规定值的现象,均属性能指标恶化的故障;齿轮断齿、传动胶带断裂、密封件损坏、灯泡损坏等均属不可修复的故障,这就是失效。

具体到机械故障来讲则是指结构、机器或机械零件在尺寸、形状或材料性质方面的改变,这些变化会使结构、机器或机械零件不能达到原有设计所要求的功能或者改变其原有的各种参数。

机械在使用过程中之所以发生故障是因为受到各种会影响到其工作能力的能量的作用,它们是机械能、热能、化学能、核能、电磁能和生物因素。这些能量或因素在机械零件中会产生一种使产品参数降低的过程,这些过程一般都与复杂的物理－化学现象紧密相连,并使零件发生变形,如磨损、断裂、腐蚀等,结果引起输出参数变化,最后导致故障发生。

二、故障分类

船机故障复杂多样,研究时从不同角度将其分类,可以清晰地显示出故障的原因、性质和对船舶营运的影响,有助于轮机员分析、认识故障和排除故障,也便于进行故障统计,为改进船舶机械的设计、制造和良好的维修提供重要的信息资料。

1. 按故障对船的营运和影响分类

(1)船舶不停航的局部故障　因局部故障导致船机设备的功能部分丧失,不需要停航修理,航行中进行故障处理,如更换主机某缸的喷油泵。

(2)船舶短时间停航的重大故障　由于严重的故障使船机设备的功能丧失,必须停航争取短时间内船员自修,采用更换备件等措施排除故障。例如,主机某缸发生较严重的拉缸故障,停机检修或实施封缸措施,修后继续航行。一般对停航时间规定为货船不超过6 h,客船不超过2 h。

(3)船舶长时间停航的全局性故障　异常严重的故障导致船机设备的功能丧失,造成船舶丧失航行的能力,需要进厂进行长时间的修理,如主机曲轴折断、艉轴或中间轴折断、螺旋桨损坏和船舶搁浅、船体破损等。

2. 按故障发生和演变过程的特点分类

(1)渐进性故障　船机设备长时间运转、配合件的损耗(如磨损、腐蚀、疲劳和材料老化等)累积使其性能逐渐变坏而发生故障。这类故障通过连续的状态监测可有效地防止故障发生。柴油机活塞环—气缸套的磨损和曲轴—轴承的磨损以及管子腐蚀穿孔等均属此类故障。

(2)突发性故障　因外界随机因素或材料内部的潜在缺陷引起的故障,无故障先兆,难以预测,如主机自动停车、螺旋桨桨叶折断等。

(3)波及性故障　或称二次故障,是由于船机的某种故障引发的更大的故障,无法预测和防止,如发电柴油机连杆螺栓脱落或断裂引起连杆、活塞、气缸盖甚至机体的破坏,俗称连杆伸腿。

(4)断续性故障　设备在某一时间呈故障状态,而在另一时间功能又自行恢复的故障,故障反复发生。

3. 按故障的原因分类

(1)结构性故障　船机设备因结构设计上缺陷、计算上的错误或选材不当等导致的故障,如柴油机气缸套上部凸缘根部因设计上受力不当和制造工艺不良引起的凸缘根部多发性裂纹,甚至缸套断裂。

(2)工艺性故障　由于制造、安装质量不佳或质量检验不严等引发的故障,如轴系校中安装质量不良引起的轴系振动、轴承发热或过度磨损等。

(3)磨损性故障　在正常工作条件下长期运转产生的故障。由于长期运转,船机零件磨损使其性能参数逐渐达到极限值,船机性能变坏而发生故障,如由于过度磨损使活塞—气缸间隙过大而产生敲缸、窜气等故障。

(4)管理性故障　由于维护保养不良或违章操作等造成的故障,如滑油长期不化验、不更换,变质滑油造成轴瓦合金熔化的故障。

4. 按故障的性质分类

(1)人为故障　由于管理、操作人员的行为过失引导的故障。这是不容忽视的故障,在船上它已占80%以上,成为故障的主要原因。

(2)自然故障　由于船舶机械工作环境变坏,使用条件恶劣,结构和材料的缺陷,制造和安装不良等造成的故障。除此之外,还可按船舶机械在使用过程中故障发生的时间分为早期故障、使用期故障(随机故障)和晚期故障(老化期故障)。

三、故障发生前的征兆

除突发故障外,任何一种故障在发生前均会有不同形式的信息显示,即故障先兆,它是故障初期的表现形式。在机舱的管理工作中,轮机员注意观察并及时采取措施可以防止故障的发生。故障先兆主要有下列表现:

1. 船机性能方面

(1)功能异常　表现在启动困难,功率不足,转速不稳,自动停车等;

(2)温度异常　表现在油、水温度过高或过低,排烟温度过高等;

(3)压力异常　表现在燃油、滑油、冷却水压力失常,扫气压力、压缩压力和爆发压力不正常等;

(4)示功图异常　柴油机工作不正常,测试出的示功图图形异常,计算出的气缸功率不符合要求。

2. 船机外观显示方面

(1)外观反常　船机运转中油、水、气等有跑、冒、滴、漏等现象,排烟异常,如冒黑烟、蓝烟或白烟等。

(2)消耗反常 运转中燃油、滑油和冷却水的消耗量过多,或不但不消耗反而增加,如曲柄箱油位增高。

(3)气味反常 在机舱内嗅到橡胶、绝缘材料的“烧焦味”,变质滑油的刺激性气味等。

(4)声音异常 在机舱听到柴油机的敲缸声、拉缸声,增压器喘振声,另外还有螺旋桨鸣音及各种工作不正常的声音等。

以上各种故障先兆是提供给轮机员的故障信息,帮助轮机人员及早发现事故苗头,以防患于未然。

四、故障模式

故障模式是指产品故障的表现形式,它是一般能观察到的故障现象,如油管漏油、电子元器件短路等。它相当于医学上的“病症”,在现场分析使用中,它是最基本的故障数据,利用它即可分析故障产生的原因,寻找薄弱环节,迅速采取有针对性的维修管理措施。一般情况下,不同设备的结构原理和工作条件各异,因而故障模式也不同。一些船机设备的常见故障模式见表1-1-1。

表1-1-1 常见故障模式举例

序号	设备	常见故障模式
1	活塞连杆机构	疲劳、损耗、冲击、变形、裂纹和折断等
2	齿轮	疲劳断裂、点蚀剥落、熔融烧伤、磨损、塑性变形等
3	滚动轴承	剥落、裂纹、压痕、磨损、烧伤、锈蚀、污斑、蠕变、腐蚀
4	机架、机座	变动、松动、缺损、脱落
5	电器	短路、漏电、电路不通

产品的故障模式可能是单一的,也可能是综合的。此外,产品的故障模式也并非固定不变,它随工作环境、使用条件、运转时间以及产品的内在因素等的变化而异,并与产品的设计、材料、制造等因素密切相关。

在实际生产中,通过对产品故障模式的调查、统计和计算分析,便可评价和鉴定产品的可靠性。在维修管理工作中,可依产品(如船机设备)的各种故障模式发生时间来确定早期故障期和故障率的变化规律,从而可以采取相应的预防措施,减少或防止故障的发生。

五、故障规律

在船舶机械整个使用寿命期间,其发生故障的频度是不同的,按其故障率$\lambda(t)$的变化,故障可分为早期故障期故障、偶然故障期故障和耗损故障期故障。图1-1-1所示为典型故障变化曲线,通常称为“浴盆曲线”。图中横坐标表示时间t,纵坐标表示故障率$\lambda(t)$。故障率

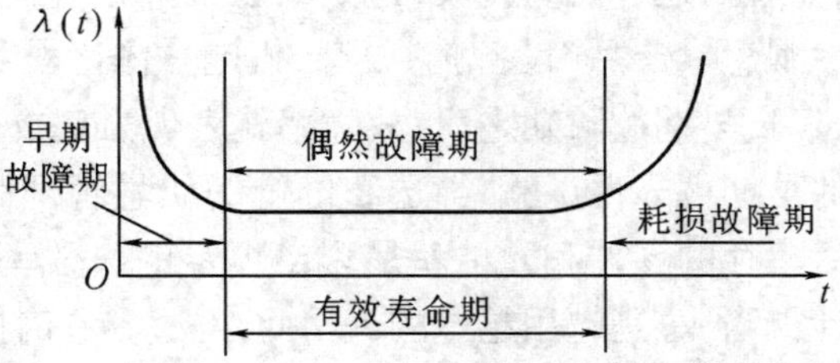

图1-1-1 浴盆曲线 $\lambda-t$

$\lambda(t)$是反映系统、机械零部件在给定工作时间内由完好状态转向故障状态的概率。故障率曲线分三个时期。

1. 早期故障期

该期间故障急剧下降,相当于产品磨合期。其特点是:故障率较高,但随着时间的增长而迅速下降。早期故障的原因大都是由于设计不当、装配质量差、材料和结构上有某些缺陷、操作不熟练与使用环境不合适而引起的。通过试车调试、磨合、更换有缺陷的零件,故障率很快下降,并趋向稳定。

2. 随机故障期或称偶然故障期

该期间故障率低而稳定,基本上保持常数,与使用时间关系不大。这一时期的故障是随机发生的,即没有一定的失效机理起主导作用,大多数是由于使用不当,操作差错,润滑不良,维护不当以及材料内部缺陷,或工艺结构缺陷等偶然因素所引起的,这一时期一般比较长,产品处于最佳工作状态,为产品的有效寿命。

3. 耗损故障期或称晚期故障期

该期间故障率急剧上升,零件达到耗损老化阶段,维修费用急剧增长,工作效果越来越差。大多数疲劳件和易磨损零件的失效均属此类。如在故障急剧上升之前将老化的零件更换下来,可以降低其整机的故障率,有助于延长产品的有效寿命。

统计分析表明,并非是所有的机电产品的故障规律都符合浴盆曲线,故障率变化的浴盆曲线对有些产品是不适用的。如图 1-1-2 所示为几种典型的非浴盆化的故障率,图中(a)没有早期故障期或早期故障期不明显,且其有效寿命的故障率为常数或略有增长,属于这种情况的产品或零部件的结构、工艺都是成熟的、系列化的、或者是经厂商认真筛选过的;(b)没有明显的早期故障期和耗损故障期,且其故障是持续增长的,这是典型的磨损特征,应用摩擦学的最新成果是降低其故障率的最佳途径;(c)故障率是阶梯式的跳跃增长,这是由于不良维修或不良的操作引起的。不良的维修常常将高故障机制引入到稳定系统中,即通常所说的“越修越坏”。因此,对于稳定系统不应随意解体,不良的操作经常表现为违章操作和超负荷。在这种情况下受损设备或其零部件再也不会复原了,在每一次“受损”之后,其故障率总是跳跃式的增长;(d)完全没有早期故障期和耗损故障期。其故障率呈现为常数,其故障是随机的,而且与运行时间无关,这是典型的非浴盆化曲线。这就完全打破了故障率随时间增长这一观念。产品(设备)愈复杂,机电一体化程度愈高就愈趋向这种情况;(e)没有耗损故障期,经过早期故障期之后,故障率就表现为常数,电子工业的经验早就揭示了这种规律。厂商的早期可靠性试验、筛选和健全的质量管理制度可以淘汰那些高故障率的零件和元件,然后幸存的零件和元件就呈现出恒定的失效率,这也是一种随机故障。至于软件产品,若设计得当,总是越用越好的。因此,经过一些时间的运行,其故障率就降为零,(f)所显示的就是这种情况。

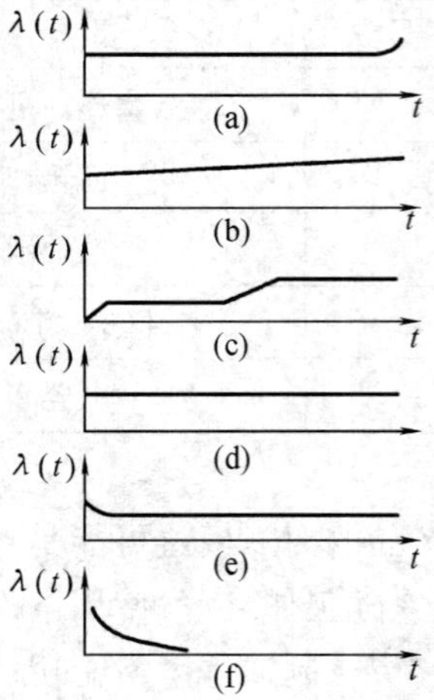

图 1-1-2　几种典型的非浴盆化的故障率曲线

第二节 维修科学

一、维修科学的建立与发展

维修作业是人类一项历史悠久的生产活动。其目标是使设备维持规定的工作能力,以确保完成预定的任务。维修的定义就是:“使产品保持在或恢复到规定设计状态所需的全部活动。”对船舶来说,维修是对船舶机械和设备维护与修理的统称。维护或称技术保养,是为了保持船舶机械和设备的技术性能正常发挥所采取的技术措施;船舶修理或称修船,是当船舶机械和设备的性能下降,状态不良或发生故障而失效时,为了保持或恢复原有的技术性能所采取的技术措施。

由于世界技术革命的影响,新技术、新工艺、新设备不断涌现,特别是微电子技术、通信技术的飞速发展,使得企业中所用装备发生了重大变化,其机械化、自动化程度急剧上升,高精度、微电脑自动监测与控制等方面的技术更加日新月异、层出不穷。因此,这对船舶设备维修活动所涉及的人员素质、维修装备、维修策略、维修计划和维修费用等方面都提出了新的严峻的挑战。现代工业生产中的设备系统比以往任何时候都更加注重其高效率、低消耗,从而使过去传统的维修模式显得难以适应,需要寻找更适合的维修制度、更有效的维修策略以及开发更先进的维修技术。由此,促使人们从提高设备运行寿命,降低维修成本等方面去探索最佳维修方案,从而出现了维修理论指导下的维修,即维修科学。

维修科学是从20世纪40年代开始至70年代逐渐形成的以现代科学技术为基础,由多门学科综合而成的维修理论,适用于各个行业设备维修的通用科学。维修科学20世纪70年代末引入我国,80年代我国修船界和其他行业相继成立各种维修理论学术研究组织和全国性的社会团体,如中国造船学会所属的船舶维修理论学组、中国设备管理协会等。经过十几年的工作,在维修理论的研究和推广方面取得了很大进展。人们逐渐认识到现代维修已不是简单、狭隘的维修技艺,而是一门科学;维修是社会主义建设的生产力;设备管理应该是全寿命系统的管理和全寿命维修。近年来,我国设备的现代化管理的手段与方法逐步完善,现代预防维修的状态监测、故障诊断技术、修复新工艺和新技术以及计算机辅助管理等日益被采用,我国的设备管理与维修呈现前所未有的发展。

二、维修科学的概念

船舶机械和设备经过长期运转,技术状态会不断下降或发生故障,为恢复其原有功能就必须进行维修。所以故障与维修就成为船舶维修中的对立与统一的矛盾,成为船舶维修理论与实践发展的基础,并决定着船舶维修事业发展的进程。因此,对于故障与维修这一特殊矛盾的研究就形成了维修科学,即专门研究与故障作斗争的科学。

维修科学是一门独立的综合性的通用科学。独立性表现在它具有独特的研究对象和独特的理论基础;综合性表现在它吸收了相关的学科知识和技术并应用到维修工作中;通用性则在于它的基本理论能为各个行业的各类设备服务,并结合其专业知识与维修特征开展维修工作。维修科学应用于船舶维修并结合船舶机械和设备的专业知识和维修特征就形成了船舶维修科学。

维修科学是以可靠性理论与可维修性理论作为重要的理论基础。可靠性理论是研究故障规律的理论;可维修性理论是研究如何易于发现和排除故障的理论。这两种理论分别从不同的侧面研究维修。

三、维修科学的内容

维修科学是指导船舶进行现代维修的理论,是一门新兴科学,其理论与实践都在不断地发展、充实与完善。维修科学的基础理论包括共同基础理论、技术基础理论和维修基础理论;维修科学的专业学科包括维修设计、维修技术与维修管理。维修科学的体系与内容主要包括以下三个部分。

1. 维修设计学科

从船舶机械和设备的全寿命来分析,设计和制造时所赋予机械和设备的可靠性、可维修性是其固有的特性,是进行维修工作的客观基础。没有完善的设计与良好的制造就不可能在使用阶段获得高效低耗的最佳维修。所以,维修设计是维修科学中的重要专业学科。

维修设计专业学科主要包括可靠性设计、可维修性设计、综合技术保障设计和费效分析等。

2. 维修技术学科

维修技术是直接用于船舶机械和设备故障维修时的各种维修技术和总称。维修技术对于优质、高效、低耗地完成现代化船舶的维修至关重要,是维修活动的关键。船舶维修技术主要由检测技术和修理工艺两部分组成,并且应是现阶段检验和修理领域中的最新技术和最新工艺,才能保证完成现代维修质量的要求。

维修技术学科主要包括无损检测技术、状态监测技术、故障诊断技术、修理工艺和技术、计算机应用技术等。

3. 维修管理学科

船舶维修管理是对现代船舶维修活动进行科学管理和组织的学科。现代船舶维修是一个多因素、多变量、多层次和多干扰的巨大而复杂的系统工程。为了保障维修工作的正常、优质和良好的经济效果,就必须从全部维修活动的各个方面,如人员、技术、装备、信息、物资、质量和经济等进行科学管理。

船舶维修管理是从维修的全系统和船舶机械、设备的全寿命出发,运用管理的理论和方法,结合船舶维修的特点和规律,对船舶维修工作进行总体决策和规划。

现代船舶维修管理涉及维修系统的各个方面,对维修系统中的各个环节和维修过程进行预测、计划、组织、协调和控制,实施科学管理;对维修系统中涉及的人、财、物、时间、信息和质量等进行合理的协调、周密的计划和有效的组织、调动,确保高效优质修船,实现船舶维修的现代化管理。

维修管理学科主要包括维修计划管理、维修技术管理、维修经济管理,维修信息管理、维修质量管理和维修设备管理等。

第三节　以可靠为中心的预防维修

一、可靠性

1. 可靠性定义

可靠性的定义是:机器、系统、产品或零件在规定的条件下,在规定的时间内,完成规定功能的能力。

定义中"规定的条件"是指温度、气压、振动、冲击、介质、载荷等机器或零件的工作环境条件;"规定的功能"是指产品设计时所赋予的工作性能;"规定的时间"是保持规定的功能的持续时间。

只从定义的条文还难以对可靠性有明确的概念,还必须从它的特点来进一步理解。可靠性的特点是:与机器、系统、产品或零件的失效方式、失效定义有关,是与时间有关的一个参量。机器的可靠性是机器质量的评价标准,但不是一个独立的质量指标。它必须和机器的其他性能指标的允许变化极限相联系来评价机器的质量。

例如功率和燃油消耗率是发动机的性能指标,它们可以作为发动机的质量指标,而发动机的可靠性则是在规定的工作条件下,这些性能指标能保持在允许变动范围的工作时间。

机器的可靠性又分固有可靠性和实际可靠性两种。

固有可靠性是由设计和生产决定的可靠性,是机器、零件的潜在性能,与外部使用因素无关,也就是由机器或零件所采用的结构、材料质量和加工工艺所决定的,维持其特性的能力。机器、零件的固有可靠性是不能通过使用和日常的维修来改变的,只有在机器大修过程中,对机器或零件的结构做某些改善,或对零件表而进行强化,进行改造性修理才能改变它们有固有可靠性。

实际可靠性与机器的使用条件有关。可靠性的定义是在规定条件下的可靠性,因此在与为机器所设计的工作条件不同的条件下工作时,机器的可靠性自然将改变。因此可以这样理解,机器在超出为它设计规定的工作条件下工作时,它的固有可靠性将降低到实际可靠性,依使用条件而定。这里的"使用"术语是广义的,它包括使用中的维修。

船舶机械、设备和系统的可靠性是一个综合性能,反映了设计、材料、制造和安装工艺等的质量。其中在设计时所赋予的内在可靠性是固有可靠性,而在制造和使用过程由于材料、工艺、环境、操作和维修方式等因素的影响,则具有实际的可靠性,即实际可靠性。实际可靠性难于达到固有可靠性,所以应不断提高实际可靠性。

2. 可靠性研究的内容

(1)在可靠性理论方面　利用数学、物理、化学等基础理论对故障现象和故障率进行分析、控制、测量、预测和综合,主要研究可靠性指标定量化、可靠性分析方法、可靠性准则及提高可靠性的方法等。

(2)在可靠性技术方面　主要有可靠性设计、可靠性制造与工艺、可靠性试验、可靠性评估和可靠性标准等。主要研究发生故障的机理、形式及危害性分析,寿命的确定与试验方法等。

(3)在可靠性管理方面　包括制定有关可靠性的计划、制度、规范及情报资料、数据搜集与处理等。

3. 研究可靠性的意义

研究船舶机械、设备和系统的可靠性具有重要的意义。研究可靠性不仅是为了减少故障和维修工作，延长设备的使用寿命，而且可以很好地解决对设备可靠性要求高与现代化复杂设备的可靠性下降之间的矛盾。任何机械、设备越先进，其结构越复杂，所需的组成零部件也越多，这就必然导致机械、设备的可靠性下降。为了确保机械、设备的可靠性，就要求提高组成零部件的可靠性。通过研究可靠性可以使人们很好地掌握故障机理和故障规律，全寿命地提高设备的可靠性和经济效益，解决好设备的可靠性与经济性之间的矛盾。可靠性研究对于船舶的意义尤其重要，因为海船营运的特点和海洋运输条件等决定船舶可靠性越高，越能保证船舶安全可靠地营运。

4. 可靠性指标

衡量可靠性的指标有可靠度、不可靠度、故障密度、故障率、平均寿命等。

(1)可靠度 $R(t)$　表示船机设备或零部件在规定的时间内、规定的条件下完成规定功能的概率。概率的最大值为1，最小值为0，所以 $0 \leqslant R(t) \leqslant 1$。因为设备的可靠度总是随时间增加而降低，所以 $R(t)$ 是 t 的递减函数，如图1－1－3(a)所示。

(2)不可靠度 $F(t)$　表示设备在规定的时间内、规定的条件下完不成规定功能的概率，即

$$F(t)=1-R(t) \text{或} F(t)+R(t)=1$$

$F(t)$ 直接反映故障的概率，反映在 t 时刻以前累积故障的情况和故障与时间的函数关系，所以 $F(t)$ 也称为故障分布函数，如图1－1－3(b)所示。可靠性研究中多以 $F(t)$ 为对象。

(3)故障密度　表示设备在 t 时刻故障变化的速度。若故障分布函数 $F(t)$ 连续可导，则故障密度 $f(t)=\mathrm{d}F(t)/\mathrm{d}t$；若 $F(t)$ 不是连续可导函数时，则用经验(平均)密度公式(现场统计中多采用)。故障密度 $f(t)$ 与时间的关系如图1－1－3(c)所示。

(4)故障率 $\lambda(t)$　反映设备在 Δt 时间内由完成状态转向故障状态的概率。当 Δt 很小时，表示设备在某一瞬间 t 发生故障的概率，称为瞬时故障率或简称故障率。

$$\lambda(t)=f(t)/R(t)$$

(5)平均寿命　设备的寿命通常是指其使用寿命，即设备从投入使用时的完成状态开始，一直使用到发生故障或失效为止所使用的时间。

对于可修复设备或整体的寿命是指两次相邻故障之间的运转时间；对于不可修复的设备(如电子元件)的寿命则指其失效之前的工作时间。可修复设备的平均寿命是指其两次相邻故障间工作时间的平均值；不可修复设备的平均寿命是指其失效前的平均工作时间。

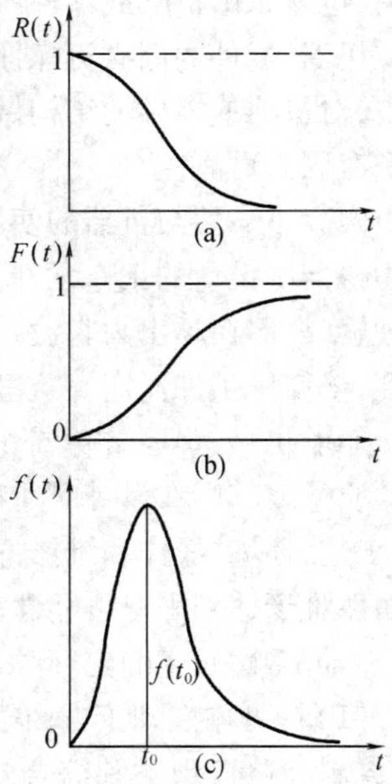

图1－1－3　可靠度、不可靠度和故障密度与时间的关系

(a) $R(t)-t$ 关系曲线；

(b) $F(t)-t$ 关系曲线；

(c) $f(t)-t$ 关系曲线

二、可维修性

1. 可维修性定义

一般机械或设备在发生故障后,不会随意抛弃仅一次性使用,而是经修复后继续使用。可维修性是指已发生故障的产品,在规定的时间内通过维修使之保持或恢复到规定使用条件下完成规定功能的能力。可维修性是设计、制造赋予产品的一种固有特性。

定义中规定的时间是指限定的维修时间,规定的条件和规定功能均是指产品原有的使用条件和技术性能。

可维修性是通过设计赋予船舶机械或设备的一种固有属性。良好的可维修性可使船舶或机械便于维修,对维修方法和维修人员的技术水平要求不高。且所需的维修时间少,维修费用低。

船舶机械和设备的可维修性在日常维修保养工作中便能体现。例如,损坏的零件是否容易拆卸和更换;日常的维修保养工作是否容易进行;设备是否便于检测和调整等。所以,良好的可维修性能可获得较好的维修效果。否则,不仅会增加维修时间和费用,而且还会影响船舶机械和设备的使用寿命。

2. 研究可维修性的意义

船舶维修的目的是迅速而又经济地保持和恢复船舶机械和设备的可靠性。也就是说在机械或设备发生故障之后,要求以最佳的维修质量、最低的维修费用和最短的维修时间来恢复其规定的功能。然而,研究船舶可维修性的意义不只在于此,船舶良好的可维修性更是船舶海上安全航行的重要保障,在海上发生故障后船员能够及时修复,保证船舶继续航行。船舶可维修性还是船舶可靠性的必要补充,因为机械和设备的可靠性能提高是有限的,况且随着机械和设备复杂程度的加大,其可靠性有下降趋势,在航行中通过维修可增强其工作可靠性,船舶可维修性越好越有利于弥补设备可靠性的不足。船舶机械和设备具有较高的可维修性是实现工业化修船的必要条件。由于修船是单件、小批生产,带来了一系列缺点,如果实现定型化、标准化、通用化和可维修性设计,则可实现修船的工业化。

3. 可维修性指标

衡量可维修性的定量指标有可修复度、修复率、有效度及平均修复时间等。

(1)可维修度 $M(t)$　对于已发生故障的产品,在给定的维修条件和维修时间内完成维修工作使产品保持或恢复能完成规定功能的概率称为可维修度。

可维修度 $M(t)$ 是随维修时间 t 增大而增大。

(2)修复率 $\mu(t)$　为了研究某一单位时间内完成维修工作的可能性是多少,需研究单位时间内的可修复性。

修复率表示,当修理时间已达某时刻但尚未修复的产品,在该时刻后的单位时间内完成修理工作的概率。由于具有前提条件,所以修复率是一个条件概率。

(3)有效度 $A(t)$　可靠性是要求产品不发生或少发生故障,可维修性是要求产品发生故障后迅速修复。对于可修复的产品的可靠性和可维修性的评价是用产品在全部使用过程中能有效工作的程度来衡量,即有效性,用概率表示为有效度 $A(t)$ 或称利用率。所以,产品的有效度与其可靠性、可维修性有关。

有效度 $A(t)$ 表示可修复产品在特定时间内保持其规定功能的概率,即修复后使用的产品在某特定瞬间内保持其功能的概率。

三、现代预防维修方式

1. 维修思想

正确的维修思想是维修客观规律的反映,它又反过来指导维修实践。有了正确的维修思想指导,才能确立正确的维修方针、政策和进行维修立法,以及建立高效率的维修体制和维修保障体系。因此,维修思想的建立是维修管理首先要解决的问题。

随着人们对维修规律认识的深化,维修指导思想也在发生变化。在20世纪30年代之前,对设备维修没有明确的指导思想,而是采取了坏了就修,不坏不修,听其自然的态度。维修工作缺乏科学预见,往往导致严重的停机事故,不仅影响使用,还危及安全和造成较大的经济损失。

20世纪30年代至50年代中期是英、美等西方国家广泛应用传统预防维修的阶段,采用日常检查、保养和定时修理等措施进行有计划的预防维修。由于当时的科技水平所限,认为一般机械设备的故障规律基本上均符合浴盆曲线。为了延长机械和设备的随机故障期,必须在磨损故障期到来之前进行修理。通过实验和经验统计测定出正常使用期的长短,依此使用时间进行定时修理。从而防止了故障,延长了机械设备的使用寿命。

20世纪50年代后期随着科学技术迅速发展,特别是电子技术的飞跃,传统的预防维修已不完全适用,浴盆曲线不能描述各类设备的故障规律。在大量实验和经验的基础上统计测定出六种故障率曲线,分别反映各类设备的故障率特征。定时修理仅适用于具有浴盆曲线故障率特征的一类机械设备,而不适于复杂设备和电子设备,因为那些设备的故障大多是偶然性的,无法定时修理,只能采用状态监控手段预防故障的发生。总结实践教训,为了防患于未然,产生了"定期预防维修"的指导思想,并建立了一整套预防维修制度。近年来由于对可靠性和可维修性理论的深入研究,又形成了"以可靠性为中心"的维修思想。

(1)定期预防维修思想

从20世纪30年代开始人们已经注意到设备的安全使用,认识到设备一经使用就会有耗损,而耗损到一定程度就会发生故障和事故,危及安全生产。于是产生了预防维修的思想,提出了积极预防和预防为主的方针,主张在设备耗损到导致故障之前对设备进行预防性维修。由于当时缺乏先进的检测手段,又单纯地认为设备耗损只是时间函数,就规定按期限进行拆卸检修,形成了"定期预防维修"。

定期预防维修的特点是:

①从满足船舶正常在航率的需要出发,有计划、定期地对船舶及设备进行轮换修理;

②每次计划修理所完成的工程量应保证设备工作到下一个计划修理期;

③根据各类修理安排了统一的修理间隔期,在间隔期内又安排各种维护保养工作作为预防性维护措施。

因此定期预防维修对防止设备事故、恢复设备功能、保证安全等方面起到了积极有益的作用。

定期预防维修的出发点是:认为故障只是时间函数,故障的发生和发展都同时间有关,而任何故障的发生又都可能直接影响安全使用。于是通过多做工作,多定期检修来预防故障,以确保安全使用。显然,这种维修思想对于预防与时间有关的故障是行之有效的。如船体、管系的腐蚀、机械磨损、电缆老化等。

事实上,影响设备的故障因素很多,有许多随机因素(或叫偶然因素),而且许多故障并不是时间因素所造成的。加之船舶设备复杂,很难统一在一个规定的间隔期内来进行维修。因此,按规定时间“一刀切”地进行维修就会浪费掉相当一部分设备使用寿命,不经济,做了许多无效工作。而修理中的分解、拆卸、勘验,又会给设备增加人为损耗和误差,增加了设备的早期故障,甚至缩短了设备寿命。

(2)以可靠性为中心的维修思想

以可靠性为中心进行维修就是从设备的实际可靠状况出发,以可靠性和维修性理论作指导,研究和解决维修中的各种问题。也就是说在进行维修决策和开展维修工作时必须以设备的实际可靠性状况作为出发点。

从可靠性的研究知道,损耗性故障是与时间因素有关的,而随机故障则与时间无关。因此,并不是所有设备的可靠性都和定期预防维修的时间限制发生直接关系。在可靠性的设计中采取了裕度技术、部分设备和结构损伤容限设计。在此情况下一个机件或一项设备故障已经不能影响使用安全。从实际维修看,早期故障、随机故障以及一些具有隐蔽特征的机件故障,凭借定期预防维修也不能完全排除。

综上所述,既然故障的产生并不与时间有必然的联系,设备的故障又不一定危及安全,有些故障又不能通过定期预防完全消除,因此定期维修就不是最恰当的唯一维修方式。主张采用视情维修作为预防性维修方式。所以,以可靠性为中心的维修思想仍然是“预防为主”,不过将定期预防改为“有针对性”的预防。整个维修过程以设备的可靠性分析为基础,以维持设备固有可靠性为目标,按设备的实际可靠性指标来控制维修时机,通过逻辑分析决断法来控制维修内容,选择视情维修方式以控制设备的实际可靠性。

两种维修思想的主要区别决定了采取何种维修方式。对于船舶维修而言,预防为主仍然是维修的指导思想。由于船体的经常性损耗占有相当比例(经常性损耗如腐蚀和磨损等),因此定期维修方式仍然普遍使用。另一方面,视情维修是一种较为科学的维修方式,应当结合维修理论的研究开展设备可靠性和可维修性基础研究工作,进行设备可靠性和可维修性论证、设计、控制和分析,逐步变定期维修为视情维修。使船舶维修采取定期维修和视情维修相结合。

2. 维修方式

现代维修方式可分为三种:

(1)定时维修方式

定时维修是按照规定的时限(或期限)对机械、设备进行拆卸检验和维修,以防止故障的发生。定时(或定期)维修的机械、设备应具备以下条件:

①故障率曲线有明显的磨损故障期,不适于发生偶然性故障的设备;

②设备的无故障生存期要足够大,即正常使用期较长,否则无维修的必要;

③采用其他任何维修方式均不适宜的设备。

定时维修对防止某些机械、设备或零部件的故障发生有着重要的作用,是现代预防维修中不可缺少的维修方式。但是定时维修的缺点也不容忽视:针对性和准确性不高,有时不仅无效,甚至有害,可靠性不是很高和维修工作量大、费用高。由于所规定的检修时间不一定符合设备的实际情况,当机械设备运转良好、距磨损故障期的出现甚远时进行定时维修不仅无益反而有害;破坏了设备的良好技术状态,检修后的设备精度可能低于检修前以致易于发生故障。从对设备状态监控的角度来看,定期维修对设备的监控是阶段性的和不连续的。

(2)视情维修方式

视情维修或称按状态维修,是指对机械、设备不确定维修期,而是通过不断地监控设备的运转状况和定量分析其状态资料,按照实际情况来确定维修时间,从而避免故障发生。采用视情维修的设备应具备以下条件:

①设备的故障率曲线应具有进展缓慢的磨损故障期,以便监测到故障信息后来得及采取防止故障发生的措施;

②具有能够反映设备技术状态的参数、参数标准或标准图谱,以便准确地诊断设备的故障;

③具有视情设计的设备结构,为进行视情维修提供必要的条件,如设备上有安装传感器的孔、口等;

④视情维修是以现代化的监控手段和故障诊断技术为基础,因此需具备先进的原位无损检测装置及与电子计算机相连的终端显示装置等,以进行保护、预警,防止故障发生。

视情维修对设备不确定维修期,而是根据实际情况确定最佳维修时间,因此维修的针对性强,又由于是在设备功能性故障发生前采取措施,因而可有效地预防故障和充分地利用设备的工作寿命。此外,维修工作量和费用均少。视情维修是理想的预防维修方式。

(3)事后维修方式

事后维修是在设备发生故障后才进行的维修。某些复杂设备虽有故障,但其许多零部件仍保持良好的基本功能以致无法预测故障的发生;某些复杂设备缺乏适用的检测手段、参数和临界参数;某些设备不具备实施检测的条件,所以只能在故障发生后再进行维修。

然而事后维修也绝非等待故障的发生,而是在设备故障发生前后均连续不断地进行状态监控,收集和分析设备的使用、维修的资料,以便评定和改进设备的可靠性和安全性。事后维修是一种非预防性的维修方式,但仍进行经常性的检查和保养工作。

事后维修适用于故障不直接危害使用安全且仍保持基本功能的设备,或采用预防维修不经济的耗损性设备。

船舶机械和设备一般应选用视情维修方式或定时维修方式,对其发生不危及安全的故障,即偶然性故障时采用事后维修方式,对于一些经过精确计算有规定使用寿命的零部件或设备仍然采用定时维修,而大多数设备和零部件逐步采用视情维修与定时维修相结合的方式预防故障。一个复杂设备中的不同项目,可依具体情况分别选用不同维修方式;同一项目可采用一种或多种维修方式。

第四节　船舶维修工作内容

一、维修保养及其主要工作内容

1.船舶维修保养的目的

维修保养是指由船员或以船员自修为主进行的预防性养护维修工作。它是用船部门保持船舶正常技术状态和维护生产能力要求船员自修解决缺陷的基本手段。通过对船舶的维修保养能有效地掌握船体、机械、电气和专用设备的技术状况,防止机械设备的严重损坏,降低燃油、滑油和配、备件的消耗,是管好、用好、修好船舶的先决条件。

2. 船舶维修保养的主要内容

(1)主、辅机的运动部件、电机和电网的检查、调整、紧固、更换部分备件,并消除在工作中所发生的故障和缺陷。

(2)对锅炉及其附件的检查、修理及调整等。

(3)对甲板机械、吊货设备、属具和专用设备的检查、修理、保养。发现有问题的应调整、更换备件及时解决。

(4)对救生、消防设备、应急设备、管系等应做定期检查,保证设备性能状况良好,随时可使用。

3. 船舶维修保养的分类

船舶维修保养通常分为生产预防和停航后的维修保养两种。

生产中的维修保养是船舶在营运中利用航行、生产、装卸货物、停泊等空隙时间(即不占用生产时间),由船员以自修为主,负责对机械、电气和专用设备等进行保养性检修的作业。

停航后的维修保养是以船员自修为主,必要时由航修站配合,解决设备在营运中出现的问题而船员又无条件自行排除的修理作业。

4. 船舶维修保养计划的制订及执行

船舶维修保养计划可分为年度、月度、航次计划三种。

年度计划是结合本船设备技术状况,参照局或公司规定的船舶设备预防检修周期表和各种机械电气设备的保养管理规则及说明书制订。每年由轮机长编制计划(经部门会议讨论),经船长同意后报请公司船技处批准执行。

月度计划是根据年度计划的要求,结合月度生产计划及设备技术状况制订,计划由各主管轮机员提出,大管轮汇总,轮机长审查(经部门会议讨论),船长批准后执行。

航次计划是针对本航次中出现的故障,为消除这种故障而制订的计划。计划也由各主管轮机员提出,大管轮汇总,轮机长审查,船长批准后于下航次开航前执行。

船舶停航维修保养计划必须纳入公司(局)的修船计划。根据船技处下达的停航修理计划,提前一个月将计划(修理项目)报送船技处审批(包括航修站的修理单)。

5. 维修保养中应建立各种记录制度

做好船舶维修保养作业的同时还要做好测量记录和设备损坏记录。各项记录是船舶技术资料的档案,也是为厂修提供原始资料的凭证。因此,对测量记录簿和损坏记录簿填写时,要完整、清楚,并要妥善保管,调动工作时要详细交接。平时由轮机长保管。

二、船舶修理

船舶在营运期,对设备出现的故障,船员必须有责任进行自修。但是对有些项目船员实属困难无条件排除或船检规定到期检验的项目,必须由轮机长制订厂修计划报送船技部门,安排进厂修理。

1. 船舶厂修的指导原则

(1)船舶进厂修理时,必须贯彻安全质量第一的方针,必须贯彻勤俭节约的原则。把好质量关,掌握修理工程的进度,如期完成修船计划中的工程项目。

(2)船舶进厂修理的目的是解决船员自修困难的工程项目,以及船检规定的到期检验项目。因此,在厂修中一般不允许添装、改造,特别是生活设施,必须严格控制。

(3)修理项目基本上以原样修复为主,根据确保、维持、改造、报废的原则,合理安排修理项目。为此,轮机长在制订修船计划时,可以适当结合本船船龄及设备的折旧程度,提出符合上述原则的修理要求。

下列各种船舶的使用年限,可供参照:

干货船	25 年
散装船、滚装船、集装箱船	20 年
客船	20 年
油船、化学制品船	15 年

对营运期不到三分之一使用年限的船舶,按设计要求进行修理,保持基本性能良好。

对营运期达到三分之一以上,但不到三分之二使用年限船舶,修理时应在原结构和设备的基础上,按照营运期的要求进行修理,保持其使用年限和满足入级要求的工程。

对营运期已超过三分之二使用年限的船舶,可以在减载或限制功率的条件下进行维持性修理,充分利用其剩余价值,但必须满足入级的最低要求和营运安全。

(4)降低修费,缩短修期,不随意加装,保证修船质量。

完成修理单上预定的修理项目,保证修船质量,达到相应的规范、标准或说明书规定要求,修船厂对修理质量负责。要求修船质量保修期,固定件应为 6 个月,运动件为 3 个月。修船应本着节约的原则,节省修船费用,这对增加企业营运收入和降低运输成本有直接的影响。

2. 船舶修理类别

修船类别没有统一的规定,可参照交通部或航运公司各自的修船规定。按照交通部规定分为航修、小修和检修。按照航运企业规定,可以分为航修、计划修理(包括检修)和事故修理。其修理间隔期尽量与船舶检验期结合进行。

(1)按照交通部规定

①航修

船舶在营运期中,出现的缺陷且影响航行,必须由船厂或航修站协助修复的工程项目,其期限与范围视缺陷情况而定,纯属临时性修理。必要时可以组织力量,随船突击抢修,不影响船期,能正常营运工作。航修可以不编计划,临时列出修复项目的工程单即可。

②小修

小修是按主机运转小时计算,且结合年度检验的厂修工程。小修的目的是消除在营运中产生的过度磨损,经过小修,能保持安全营运到下次计划修理。

小修的工程范围应尽可能缩小,如对主机、辅机、锅炉、轴系、舵装置、海底阀等项目进行常规的检查、调整、研磨、更换零部件和清洁、保养等工作。小修一般不进行设备加装或移位改建项目。

小修间隔一般客货船为 12 个月、远洋货船为 12 ~ 18 个月。如船舶技术状况较好并经验船师认可,可延长 6 个月,但不超过 12 个月。

③检修

检修是修船的最大修理类别,每隔 2 ~ 3 次小修期进行一次。尽量结合船检进行,检修时除进行一般小修工程外,还应进行主要部件的检查、测试,修复小修中未能消除的缺陷。通过检修,船舶的技术状况应达到一、二类级的要求。对于维持类性质的船舶一般不安排检修。

除上述几种正常的厂修类别以外，还有一种事故修理。事故修理是指船舶在营运中遇到不可抗拒（台风、龙卷风）的因素或意外船舶碰撞、触礁而造成的海损事故。其修理情况要根据船舶损坏程度和船检部门提出的修理意见和要求进行临时性的修理，以便能取得适航证书。事故修理如临近计划修理时，可以考虑合并进行，但必须征得公司和船检部门的同意，事故修理涉及索赔方面的问题，则工程项目的修理必须另外开出单据，分别结账。

（2）按照航运企业规定

①航修

属于临时性修理，不编制修船计划。主要解决船舶在营运期中出现的局部故障，影响航线安全而不能自修的工程，必须由船厂或航修站协助修复的工程项目。必要时可以组织力量，随船突击抢修，不影响船期，能正常营运工作。

②计划修理（包括检修）

一般每5年进行一次，5年中进行一次特检和一次计划修理。两次计划修理之间进行一次坞修。

③事故修理

船舶发生事故后，应依损坏情况和船舶检验机构的要求进厂修理。如果事故损坏通过临时性修理取得适航证书，则采用临时性修理，以降低营运损失；如损坏严重，则依当时当地的条件决定修理方案，当此次事故修理与计划修理时间较近时，则应合并进行。

3. 船舶修理准备

（1）编制修理单

修理单上列出船舶修理工程的项目、进度、范围和要求，是修船的重要文件和船厂修船的重要依据。编制正确和准确的修理单对节约修船费用、缩短修期和提高修船质量均有决定性作用。否则，不仅造成以上各方面的损失，而且使得该修的未修，不该修的又耗费了时间和经费。所以，编制正确和准确的修理单是非常重要的修前准备工作。

①编制修理单的依据：

a. 公司的修船原则、修理类别及有关规定；

b. 船舶检验机构规定的检验项目；

c. 说明书规定的检修间隔期；

d. 船舶在航行中各种机械设备的运行状况、零部件的磨损与腐蚀等测量记录和损坏记录、历次修船记录和有关技术文件等均是编制修理单的重要依据。

②编制修理单的要求：

a. 船舶修理单按照坞修、甲板、轮机和电气四部分，分别由相应的责任船员编制。轮机和电气的修理单由轮机员编制，大管轮汇总，轮机长审定，经机务部门上船审查校对进行补充和修正，最后由公司批准。修船厂接到修理单后，必要时可会同机务部门上船核实。船厂对隐蔽工程拆验后提出拆验报告，经机务部门和船上确认后作为补充修理单。核对后的修理单和拆验报告是船厂制订施工单、估价单和签订修船合同的依据。

b. 修理项目准确，修理内容明确，并注明必要的规格、数量和技术要求。对换修或拆验的机械设备，应注明其名称、制造厂、出厂日期及修理部件的名称、规格、数量和材料等。对在船上平时无法拆卸的部件或部位检查后不能确定修理内容的项目，即“隐蔽工程”，只写“拆卸检查后决定修理内容”，但应大致列出换修零部件的名称、规格及数量等。对于要求预制的零部件（包括毛坯），应在修理单上绘制草图，必要时注明“船厂派人上船测绘图”。

船舶检验机构规定的检验项目。

c. 修理单上应注明修理类别，并注明船舶检验机构要求的修理工程，以便验船师监督和检验。

d. 修理单一式三份，其中两份上交公司机务部门，一份留船。修理单应在船舶进厂前4个月送交公司审批。

(2)修船备件和物料的准备

①根据修船项目的需要，对所需备件预定，重大部件至少应提前6个月申请预定。对于所需的大量材料或特殊材料在选定船厂后，应提前通知船厂。

②修船中所需备件、设备和物料应由公司船技处备件部门负责安排预定，本着先国内、后国外的原则预定。

4. 船舶厂修注意事项

(1)在厂修之前，根据船检局和船技处的要求，详细地编写修理单，修理单按规定日期送交船技处和船厂，重大修理工程应事先会同船厂和船技处到船察看，共同落实。

(2)每项修理工程所用材料、规格、性能以及设备的制造厂等都要写清楚。

(3)与厂方商定，明确分工项目和配合项目，如拆装、保管、验收过程以及验收方法、标准等。

(4)在厂修的项目，允许条件，进厂前都用标签标明，便于船厂工作修理。

(5)对物料、燃料、水、物品等在进厂之前做好调整或驳出。

(6)机舱里的污水要泵出，油柜里的存油尽量集中在一个油柜里，并通知厂方在接近油柜处严禁动用明火作业。

(7)动用明火作业，必须双方派出消防员、监督员共同做好防火、防爆工作。

(8)注意安全用电，戴好安全帽，落实防污措施。

5. 检修和验收

(1)检修

船舶进厂修理时，公司机务部门应派检修代表，负责与船厂制定和签署文件，确定修船工程和处理修船中的问题，办理结账等事宜。船上负责具体修理项目的检修和验收，一般工程由轮机长、大副分别组织人员进行监修，重要工程由监修负责人亲自监修。监修内容主要有：

①监修人员应监督船厂按修理单的修船项目、范围、进度和要求施工。

②监督材料、工艺和安装质量等是否符合技术要求。

③施工中有无因船厂责任引起的机器部件和设备的损坏。

④施工中有无不安全因素可能引起火灾或其他的危险，必要时有权停止施工并报告有关人员。

⑤做好必要的修理数据与情况的记录，为验收做准备。

(2)验收

验收是为了检查船舶修理质量是否达到技术要求。船厂完成修理工程后交付船方验收，验收时应有厂、船双方代表在场，验收后由验收人签字，以结束该项工程。具体项目的验收人分以下几种情况：

①对船检机构检验的项目应申请验船师检验。

②单项修理工程完工或试验后，由轮机长检查认可。

③全部修理工程完工后,根据修理范围决定试航或码头试验。试航时由双方共同提出试航大纲,明确试航时的安全责任。试航中的问题,凡厂房修理项目应由船厂负责修理。

6. 监造

对新造船舶的监造是为了保证新造船舶的建造质量,使之达到船舶建造合同的技术要求和船舶建造规范的要求。

在船舶建造期间由船东派遣一个临时组织机构——驻厂监造组,作为船东代表对新船的建造进行现场监督,对新船质量把关,审查并确认技术施工图、修改通知书,确认船用产品、设备和船舶现场的施工质量等。主要的工作任务有:

(1)驻厂监造组成立之后,应对船厂进行了解和熟悉。制定船体、机电、通导等专业的主管工作的具体内容。

(2)严格细致地审议船舶建造规格书,核对船舶建造的实际情况。

(3)对船厂提交的施工技术图纸、修改通知书等进行审议和确认,并按专业分类保管。

(4)遵守双方签署的新造船舶买卖合同的有关规定,按时参加设备的台架试验、施工质量检验、系泊试验和航行试验等工作。

(5)协助公司做好船员到厂参加接船工作,确保按合同接船。

(6)根据需要参加新船保修工作。

(7)及时向公司汇报新船建造的进展及其质量。新船建成后写好监造报告、监造总结及做好信息反馈工作。

新船建成后,监造组的使命亦即完成。

第二章　船机检修基本理论

船舶机器在长期运转中,机器上具有相对运动的运动副零件会发生配合表面的摩擦,引起磨损。即使在机器正常运转情况下,也会由于不可避免的摩擦磨损使机器的性能逐渐变坏,效率降低,以至由轻微失效变为完全失效。同时,在船舶机械和设备中腐蚀破坏、零件断裂也相当严重,这些都是影响船舶机器正常运转和船舶安全航行的主要因素。为此,管理人员必须了解船机零件的检修机理,提高船机零件的可靠性,以保证船上船机零件处于正常的技术状态。

第一节　船机零件的磨损

一、摩擦

1. 摩擦表面

相互运动零件配合表面的摩擦、磨损与零件配合表面(摩擦表面)的形貌、表面层的结构和性能有关。

(1)摩擦表面的形貌和表示方法

实际的固体表面不是几何学上的平面,尽管机械零件的表面都是经过各种机械加工,但在表面上还是形成有大小不同、高低不等、形状各异的峰和谷,造成粗糙不平。例如,外圆表面粗车会使表面产生100 ~25 μm 的粗糙度,抛光或超精研磨加工产生0. 1 ~0. 012 μm 的粗糙度。

零件表面的几何形态称为表面形貌。它是由形成表面的最后加工方法、刀痕、切屑分裂时的变形、刀具与表面之间的摩擦、加工系统的振动等造成的。

零件表面形貌分为宏观几何形状、表面波度和粗糙度(微观几何形状)三部分,如图1 -2 -1 所示。

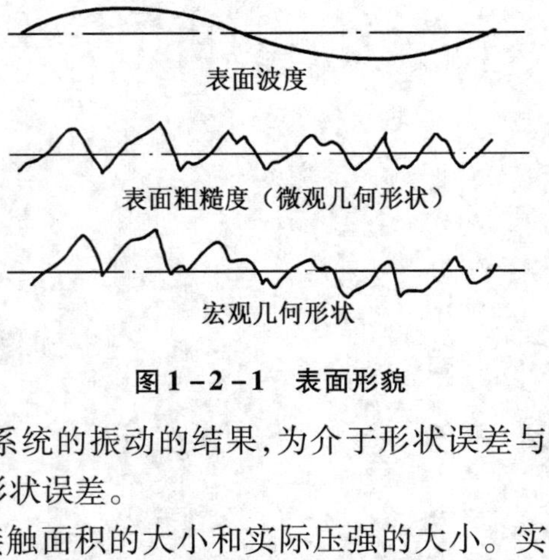

图1 -2 -1　表面形貌

宏观几何形状是宏观所见表面的轮廓线产生偏离名义几何形状的粗大偏差;表面波度是形成周期性的波状表面峰和谷,是由于机床加工系统的振动的结果,为介于形状误差与粗糙度之间的误差;粗糙度是表面轮廓的微观几何形状误差。

零件表面粗糙度直接影响摩擦表面的实际接触面积的大小和实际压强的大小。实际接触面积远远小于名义值,仅为其0. 01% ~0. 1%。零件表面粗糙度对其表面的耐磨性、疲劳强度、耐蚀性和配合性质的稳定性均有直接的影响。

评定表面粗糙度的方法很多,常用轮廓算术平均偏差 R_a 如图1 -2 -2 所示,是用表面轮廓在取样长度内各点的平均高度来反映表面粗糙度的大小。轮廓算术平均偏差 R_a 是指

在 l 取样长度内被测表面轮廓上的各点至轮廓中线 OO' 距离（$y_1,y_2,\cdots,y_n$）绝对值总和的算术平均值。R_a 用下式表示：

$$R_a = \frac{1}{l}\int_0^l |y(x)|\,dx$$

或近似为

$$R_a = \frac{1}{n}\sum_{i=1}^{n}|y_i|$$

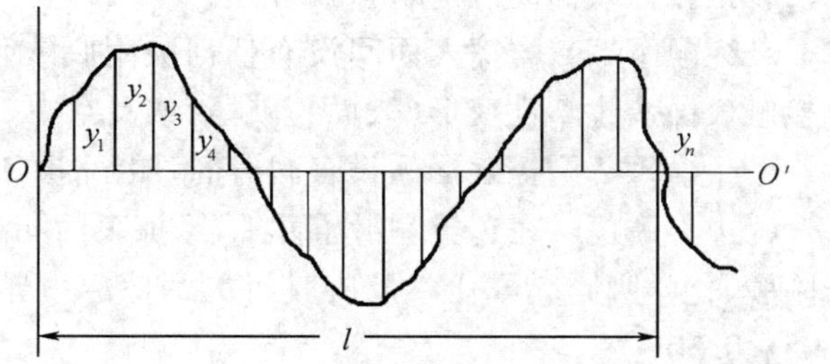

图 1－2－2　轮廓算术平均偏差的确定

（2）金属表面层结构

零件金属表面层在结构和性能上均与其基体不同。经过机械加工的表面，自表向里依次由污染层、吸附层、氧化层和加工硬化层构成，如图 1－2－3 所示。同时，各层的厚度也不一样。金属表面的性能与基体不同。如表面具有自由能，具有润湿性、吸附作用、化学作用（与空气和润滑剂中的氧作用）和表面层金属在机械加工时产生塑性变形等。也正是由于金属表面所具有的物理、化学性能，使表面层中有吸附层、氧化层和加工硬化层。

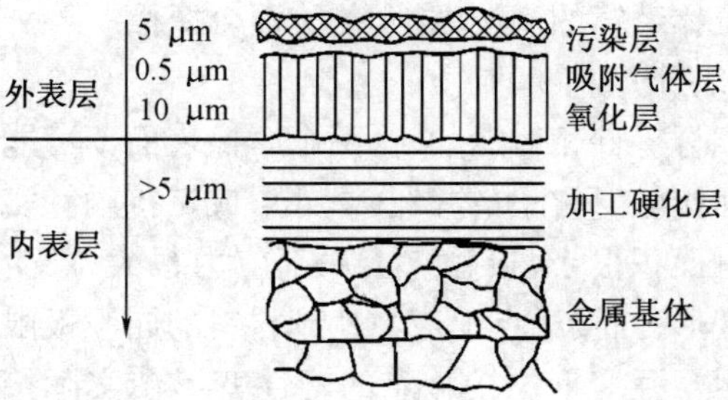

图 1－2－3　金属表面层结构示意图

（3）表面能

不论是液体或固体，表面原子所处的状态与内部原于所处的状态是截然不同的，以面心立方晶格晶胞上表面为例，如图 1－2－4 所示。

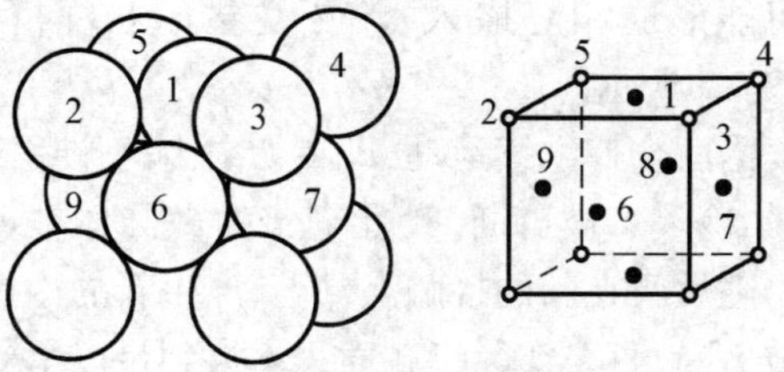

图 1－2－4　面心立方晶胞的原子排列

如原子 1 的近邻原子为 2，3，4，5，在原子 1 的下方还有 6，7，8，9 为近邻原子，因此，处在表面的 1 个原子与 8 个近邻原子相结合。而处在晶体内部的 1 个原子则与 12 个近邻原子相结合。这样一来，表面原子相对晶体内部原子就多出了 2 个完整的结合键能，它是构成表面能的主要部分。另外表面能与组态熵、振动熵、材料种类、晶体取向（原子的配位数）、温度、表面形貌和表面受污染的程度等因素有关。

2. 摩擦

两个接触物体在外力作用下产生相对运动（或运动趋势）时，接触表面间产生切向阻力和阻力矩以阻止运动的现象称为摩擦。阻力和阻力矩分别称为摩擦力和摩擦力矩。摩擦消耗大量有用功，产生大量热使物体温度升高和产生磨损。

（1）摩擦分类

①按摩擦副的运动状态分为静摩擦和动摩擦。

②按摩擦副的运动形式分为滑动摩擦和滚动摩擦。

③按摩擦表面的润滑状态分为:

a. 纯净摩擦　摩擦表面间没有任何吸附膜或化合物时的摩擦。此种摩擦仅发生于两个接触表面产生塑性变形(表面膜破坏)或真空中。

b. 干摩擦　摩擦表面间没有润滑剂时的摩擦,摩擦系数较大,约为0.1~1.5。

c. 边界摩擦　在边界润滑条件下,摩擦表面间存有一层极薄的极性吸附物形成的物理吸附膜、化学吸附膜或化学反应膜时的摩擦。边界油膜的厚度约为0.01 μm,摩擦系数为0.05~0.50。

d. 流体摩擦　摩擦表面间有一层边界膜和流体膜的润滑剂时,摩擦表面不能直接接触,摩擦发生在润滑剂分子之间的摩擦。摩擦系数最小,约为0.01~0.001。

e. 混合摩擦　摩擦表面间同时存在边界摩擦和干摩擦的半干摩擦,或同时存在边界摩擦和流体摩擦的半液摩擦,均称混合摩擦。

(2)干摩擦机理

配合零件相对运动时,两个摩擦表面不可能形成面接触,只在少数微凸体处形成点接触。实际接触面积很小,接触点上局部应力很大,产生弹性变形;当接触点上应力达到材料的屈服极限时产生塑性变形。接触点的塑性变形使实际接触面积增大,并使接触点上的氧化膜被压碎,接触点处两种金属分子间因吸引力和相互扩散而溶合在一起,即在接触点处两种金属黏着,称为冷焊或固相焊合。在未接触部分摩擦表面的峰谷可能形成相互嵌入、犬牙交错的状况,如图1-2-5所示。

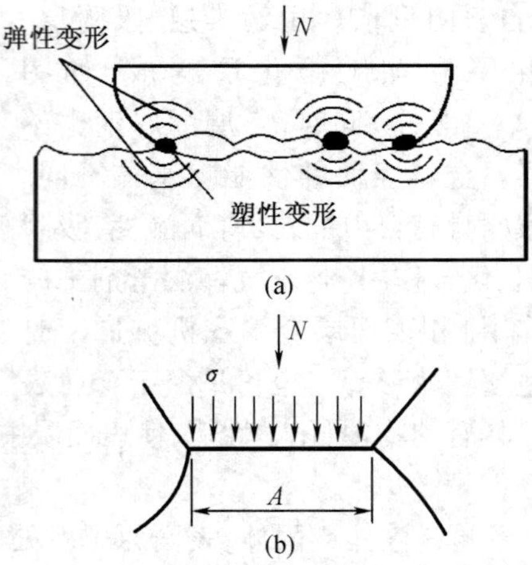

图1-2-5　干摩擦表面的接触情况

(a)实际接触情况;
(b)单个微凸体接触情况

当配合件继续运动,即在切向力的作用下滑动时,冷焊点被剪断,犬牙交错的微凸体被剪切掉。随后又在新的接触点黏着,产生新的冷焊点及被剪断,直至实际接触面积增大到足以承受所加载荷为止。摩擦的过程就是黏着与滑动交替的过程,其结果造成表面的磨损。

干摩擦后的金属表面性质发生很大变化。首先是摩擦表面的塑性变形引起表面层加工硬化和释放出的热量使表面温度升高,甚至超过基体温度。当温度升高超过金属的再结晶温度时又会使已经硬化的表面软化,摩擦表面金属发生黏结。温度继续升高达相变温度时摩擦表面金属发生相变。相对运动使接触部分脱开后,相变组织因冷却被淬火使摩擦表面的强度、硬度再次升高。

摩擦过程中周围介质对摩擦表面的作用造成表面更大的磨损,例如空气中的氧会使氧化膜破碎后的裸露金属表面氧化;空气中的水、润滑油中的酸、硫分会使表面腐蚀等。

(3)边界摩擦机理

当润滑条件不充分,摩擦表面间只有少量润滑剂时,依靠润滑剂和加入到润滑剂中的添加剂的物理、化学性能在摩擦表面上形成牢固的边界膜,以隔开摩擦表面减少摩擦。

矿物润滑油中常含有一些极性物质,其分子的一端是带有强电荷的极性团,与金属表面亲和力强,具有对金属表面垂直取向吸附的特性,在金属表面上形成单层分子或多层分子的吸附膜。

由于分子间的引力作用，当单层极性分子吸附膜达到饱和，极性分子紧密排列并与金属表面吸附得更紧，分子间的内聚力使吸附膜具有一定的强度而具有一定的承载能力，摩擦发生在远离金属表面的极性分子的非极性端，从而有效地防止摩擦表面的直接接触，减少了磨损。

物理吸附是靠分子吸引力使极性分子定向排列吸附于金属表面上。物理吸附膜可以是一个或几个润滑剂分子的厚度，吸附膜越厚越牢固，也越能保护摩擦表面。摩擦表面相对运动时，剪切仅发生在膜内各分子层间，避免了金属之间的直接摩擦。吸附与脱吸完全可逆，受热容易产生脱吸，所以物理吸附膜适用于常温、低速、轻载的工作条件。

化学吸附是润滑剂中的极性分子靠化学键力吸附在金属表面上，形成化学吸附膜。化学键力的作用范围不超过相当于一个分子的厚度，所以化学吸附膜很薄，但吸附较为稳定，吸附与脱吸不完全可逆。所以化学吸附膜适用于中等的负荷、速度、温度的工作条件。

为了满足高温、高压和高滑动速度的工作条件，常在润滑油中加入含硫、磷、氯等元素的添加剂，在高温下这些元素与金属表面发生化学反应生成厚度较大的化学反应膜。膜的熔点高、抗剪强度低，一般用于高速、重载及高温下的润滑。化学反应膜稳定，且反应不可逆。化学反应膜的润滑性能与膜的抗剪强度有关，抗剪强度低，则摩擦系数小，通常摩擦系数为 0.1 ~ 0.25。

当摩擦副相对运动时，摩擦表面间边界油膜的极性分子定向排列在金属表面上，摩擦发生在极性分子的非极性端之间，如图 1 - 2 - 6(a)所示，起到了润滑作用。当表面粗糙不平时，较大微凸体的凸峰刺破边界膜而发生金属直接接触。接触点的局部压力很大、温度很高而发生黏着，如图 1 - 2 - 6(b)所示，接触点处发生黏着而产生磨损。

润滑油在边界润滑中降低摩擦和磨损的能力称为润滑油的油性。润滑油的极性越强，极性油膜吸附越牢，油性越好，反之油性差。通常用加入油性添加剂来提高润滑油的油性。

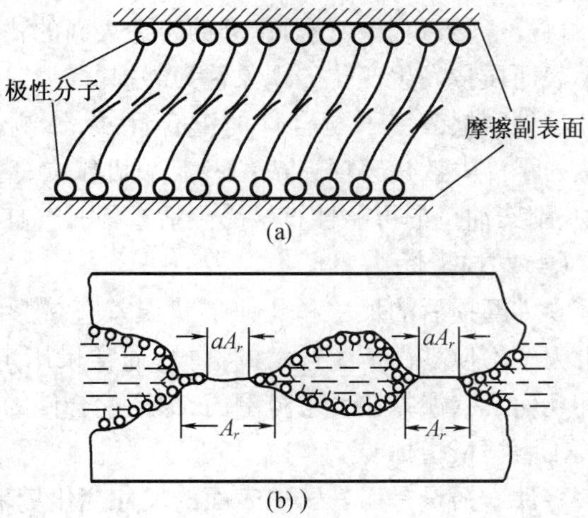

图 1 - 2 - 6 边界润滑模型

(a)摩擦发生在边界膜内；(b)边界润滑中的黏结点

抗磨剂的作用是在边界润滑条件下，在金属表面形成化学或物理吸附的表面膜，以降低摩擦副的摩擦与磨损。典型的抗磨剂有氧、硫、氯化石蜡、磷和有机铅的化合物。抗磨剂在液压泵、齿轮等中广泛使用。

在高温重载条件下采用极压添加剂。在边界润滑状态下，可起缓和边界油膜破坏的作用和防黏着。所以极压添加剂犹如增强油膜强度，故又称为油膜增强剂。

在高温重载条件下采用极压添加剂。在边界润滑状态下，一般极压添加剂均有缓和油膜被破坏的作用，犹如增强油膜强度，故又称为油膜增强剂。

(4)流体摩擦机理

在充分润滑条件下，摩擦表面间有极薄的边界膜和一定厚度的流体膜，摩擦发生在润滑剂流体膜内，摩擦系数最小，产生的磨损也最小。利用摩擦表面的相对运动使润滑剂流体产生楔形油膜或挤压油膜来承受外部载荷并隔开摩擦表面，这种润滑称为流体动压润滑。利用外部压力将具有一定压力的润滑剂流体不断地打入摩擦表面间使之隔开，这种润滑称为流体静压润滑。例如低速二冲程柴油机十字头销轴承采用静压润滑，Sulzer RND 型柴油机的油压为 0.4 MPa，RND－M 型柴油机为 1.6 MPa。

流体动压润滑是依靠轴承或相对运动表面在运动方向上构成几何收敛楔形而产生的楔形效应。为此，或者在相对运动零件结构上自然形成，如轴与轴承、推力块与推力环在运转时均能形成楔形油膜，或者在相对运动零件的表面上设计成一定的形状以便运转时产生楔形效应，建立楔形油膜。在此基础上具备以下条件建立楔形油膜，实现流体动压润滑：

①摩擦表面应具有较高的加工精度和表面粗糙度等级；

②摩擦表面间具有一定的合适配合间隙；

③保证连续而又充分地供给一定温度下黏度合适的润滑油；

④相对运动的零件必须具有足够高的相对滑动速度。

船舶机器实际运转中，在启动、停车或不稳定工况运转时，摩擦副难以实现或保持流体动压润滑而产生磨损。

二、磨损

1. 磨损概念

机器运转过程中，相对运动的摩擦表面的物质逐渐损耗，使零件尺寸、形状和位置精度以及表面质量发生变化的现象称为磨损。

零件磨损改变了配合件的配合性质，影响了机器的性能和使用寿命。据统计，大约 80% 的零件失效是磨损造成的。船舶机械中，磨损是一种重要的故障模式之一。例如，船舶主、副柴油机的可靠性直接受到活塞环—气缸套、曲轴—轴承等重要配合件磨损的影响。

(1)磨损指标

零件磨损后的尺寸和几何形状误差直接影响机器的工作性能和可靠性。轮机管理工作中为了不使零件产生过大的磨损，通常采用定期测量零件来检查和控制其磨损量，使尺寸和几何形状误差在要求范围内，保证配合件的间隙和工作性能。

①磨损量指标

零件磨损量是用其摩擦表面的尺寸变化量来衡量。直径方向上的磨损量为 Δ：

$$\text{轴}\ \Delta = d_0 - d \qquad \text{孔}\ \Delta = D - D_0$$

式中 d_0, D_0——轴、孔的名义直径，mm；

d, D——运转后的轴、孔的实测直径，mm。

磨损率 φ 是指单位时间内零件半径方向上的最大磨损量 Δ_{max}。

$$\varphi = \frac{\Delta_{max}}{t} \qquad (\text{m/kh})$$

式中 t——工作时间，h。

零件的磨损量或磨损率可以用零件自投入使用至报废的时间间隔内两次测量值之差来计算，也可以任一段工作时间间隔内两次测量值之差来计算。依测量值计算出的磨损量或磨损率应与机器说明书或有关标准、规范的数值比较，以便判断零件磨损程度。

②几何形状指标

圆度 t 是指半径差为公差 t 的两个同心圆之间的区域。圆度是用来限制回转零件横截面（垂直零件轴线的截面）的几何形状误差。可采用圆度仪、千分尺或百分表测量零件的实际圆度，即圆度误差 t'。

圆度误差 t' 是用被测零件上指定横截面的两个相互垂直直径差之半表示。

$$t' = \frac{1}{2}(D_1 - D_2) \qquad (\text{mm})$$

式中 t'——指定横截面的圆度误差，mm；

D_1, D_2——指定横截面的两个相互垂直的直径，mm。

测量并计算被测零件上数个指定横截面的圆度误差值，取其中最大值 t'_{max} 与机器说明书、标准或规范给定的圆度值比较，以判断零件横截面几何形状的变化情况，要求 $t'_{max} < t$。

圆柱度 U 是指半径差为公差 U 的两个同心圆柱面间的区域。圆柱度是用来限制回转零件纵截面（包含零件轴线的截面）的几何形状误差。采用圆度仪、千分尺和百分表测量零件的实际圆柱度，即圆柱度误差 U'。圆柱度误差 U' 是用被测零件上指定纵截面上数个测量直径中最大直径 D_{max} 与最小直径 D_{min} 差的一半表示。

$$U' = \frac{1}{2}(D_{max} - D_{min}) \qquad (\text{mm})$$

测量并计算被测零件上两个相互垂直纵截面的圆柱度误差，取其中最大值 U'_{max} 与说明书、标准或规范的给定值 U 比较，要求 $U'_{max} < U$。

平面度指公差带是距离为公差值 v 的两个平行平面之间的区域。

平面度是用来衡量平面平直的几何精度指标。生产中采用三点法测量，即将被测平面上相距最远三点上的基准靶调成等高，构成一理想平面或称基准平面，测量被测平面上各点至基准平面的距离，以其中最大（或最小）值与基准高的差值作为平面度误差 v'。此外可用水平仪、拉钢丝线等方法测量。

（2）磨损规律

运动副在运转过程中产生磨损有一定规律。图 1-2-7 为一正常运转运动副的磨损量与其运转时间的关系曲线，即磨损曲线。

图中横坐标表示运转时间，纵坐标表示磨损量。磨损曲线反映了新造或修理的零件自投入运转到失效的三个工作阶段的磨损情况。

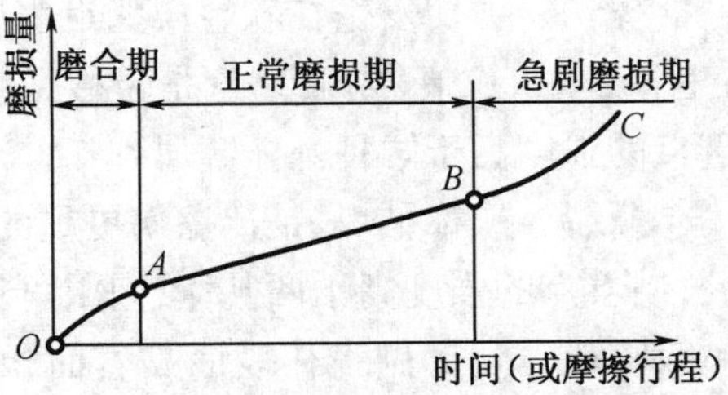

图 1-2-7 磨损曲线

①磨合期

曲线 OA 对应的工作时间为磨合期。磨合期是零件运转初期，其特点是时间短，磨损量大，即磨损速度大。磨合期的作用是使运动副摩擦表面的形貌和性质从初始状态过渡到正常使用状态。

一般来说，磨合期越短，磨合质量越好，机器越早进入正常运转期。所以，磨合是机器或运动副能否投入正常运转的前提。

②正常磨损期

正常磨损期是机器正常运转阶段，是曲线 AB 对应的工作时间。由于磨合期的良好磨合使摩擦表面形成适应运转工况的形貌，表面冷硬层形成，硬度提高，磨损显著降低。所以,这个阶段的特点是磨损速度低,磨损量小且稳定。*AB* 的斜率越小,磨损也越缓慢,正常运转时间越长。关键是做好运转阶段的维护保养工作,及时排除那些增大磨损的偶然因素。

③急剧磨损期

曲线上 *B* 点以后的线段所对应的工作时间为急剧磨损期。运动副长期运转后,零件的磨损量和几何形状误差均较大,运动副的配合间隙增大,配合性质变坏,以致运转中产生振动、冲击,温度升高,磨损加剧,运动副进入急剧磨损期。此时应立即停机检修,否则将会导致事故发生。

2. 磨损机理

摩擦使运动副工作表面产生磨损,但它不是产生磨损的唯一原因。对机械零件的磨损进行系统分析可以看出,磨损是包括摩擦在内的各种因素共同作用的结果。在摩擦条件下,应力相互作用将会导致表面疲劳磨损和磨料磨损,而材料相互作用将会导致腐蚀磨损和黏着磨损。因此,按照磨损机理可把磨损分为黏着磨损、磨粒磨损、腐蚀磨损、疲劳磨损等。

(1)黏着磨损

黏着磨损是在润滑条件下产生的一种常见磨损。摩擦副相对运动时,偶然因素使在法向载荷作用下摩擦表面上某些微小接触点处的金属直接接触形成黏着点(冷焊点),在随后的运动中黏着点又被剪断,摩擦表面的金属发生转移。不断地黏着、剪断和金属转移构成黏着磨损。

根据黏着磨损中黏着点被剪切的部位和表面被破坏的程度不同,黏着磨损分为五种。

①轻微磨损　剪切发生在黏着结合面上,摩擦表面有极轻微的金属转移。此时黏着点的结合强度低于摩擦副的两种基体金属的强度。

②涂抹　剪切发生在距黏着面不远的较软金属表面浅层处,金属脱落并涂抹黏附在较硬金属表面上。黏着点处的黏结强度大于较软金属基体。

③擦伤　剪切发生在软金属的近表层处,在软金属表面上产生沿运动方向的细小拉痕(拉毛)或较重拉痕(划痕),这是转移到硬金属表面金属黏着物对软金属表面的犁削作用。黏着点的强度高于两种基体金属。

④撕裂　或称黏焊,是比擦伤更重的黏着磨损。剪切发生在运动副之一或双方的表面深处,黏着点的强度高于两基体,肉眼可见金属表面的撕裂、粗糙和明显的塑性变形。

⑤咬死　运动副工作表面黏着面积较大,黏结强度很高,致使运动副不能相对运动而咬死。

柴油机气缸套与活塞组件发生上述前四种形式的黏着磨损称为柴油机拉缸,咬死则称为柴油机咬缸。

影响黏着磨损的因素主要有两个方向:一是运动副本身的材质与特性,二是运动副的工作条件,如载荷、运动速度、工作温度、润滑条件等。具体影响因素如下:

①抗黏着磨损材料的选择

a. 运动副金属的互溶性

互溶性好的运动副,黏着倾向大,容易产生黏着磨损。实验证明,相同材料相互摩擦产生的黏着磨损较异种材料大得多。所以,在元素周期表中相距较远的元素互溶性小,不容易发生黏着。

b. 金属的晶体结构

晶体结构对黏着磨损有重要的影响。具有密排六方晶格的金属黏着倾向小,而具有体心和面心立方晶格的金属黏着倾向大。

c. 脆性材料比塑性材料抗黏着能力高。塑性材料磨痕深,磨粒粗大,破坏严重;脆件材料磨痕浅,磨粒细小,破坏轻微。

②载荷的影响

随法向载荷增加,磨损率开始保持不变,当载荷超过材料硬度的 1/3 时,即达到屈服极限以后,磨损急剧增加。

③滑动速度的影响

在一定压力时,黏着磨损随滑动速度的增加而增加,在达到某一极大值后,又随着滑动速度的增加而减少,如图 1－2－8 所示。

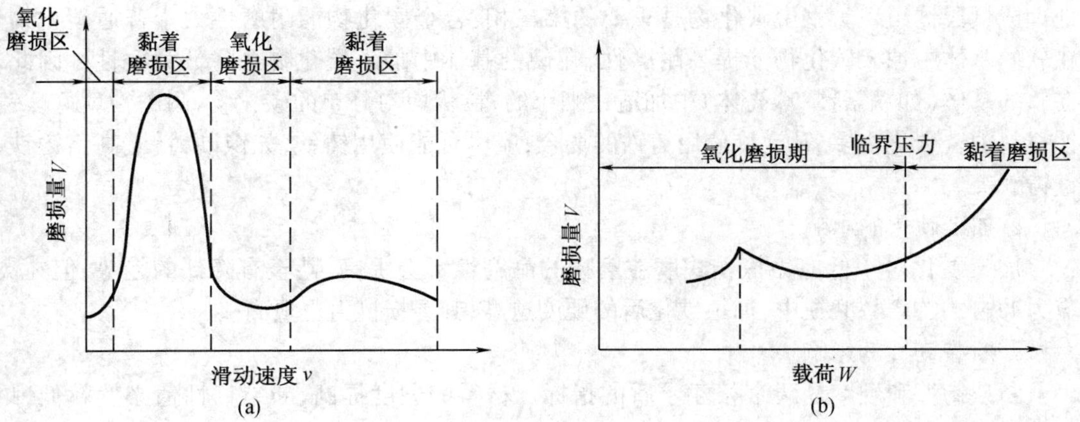

图 1－2－8　磨损量与滑动速度和载荷的关系

④温度的影响

摩擦表面的温度升高,使材料的硬度下降,黏着倾向增大,表面生成化合物薄膜。温度变化影响氧化速度和氧化物的种类,使润滑油的黏度下降,当超过一定的极限时,甚至引起油的变质和失效。特别是热点温度,即局部接触点上瞬间的温度。在整个表面温度(平均温度)不太高时,热点温度高,在低速摩擦范围内对磨损有直接影响。

(2)磨粒磨损

运动副相对运动时,硬的粗糙表面或硬的颗粒对软的摩擦表面的微切削和刮擦作用和造成表面材料的损耗称为磨粒磨损。它是在润滑条件下的一种磨损。

①磨粒磨损机理

由于运动副两表面硬度不同,若两表面有金属直接接触时,硬表面上的微凸体嵌入软表面使之发生塑性变形,并在相对运动时对软表面进行微切削和犁划。当两表面间存在磨粒,在相对运动时磨粒对表面进行微切削和挤压,使表面产生塑性变形,不断地作用致使表面疲劳破坏。此外磨粒还在软表面上犁出沟槽,形成拉痕,拉痕两侧金属变形并在其他磨粒作用下脱落而成磨屑。

摩擦表面间的磨粒可能来自润滑油中的机械杂质、空气中的灰尘和砂粒,也可能是摩擦表面脱落的磨损产物或腐蚀产物。特殊工作环境中的物质，如矿石粉、面粉、泥沙等也是磨粒。

②影响磨粒磨损的因素

影响磨粒磨损的主要因素有材料的硬度、显微组织、加工硬化、材料的断裂韧性、弹性模量、磨粒的硬度和粒度等。

a. 材料硬度的影响

对纯金属、未经热处理的金属，其抗磨粒磨损的能力与它们的自然硬度成正比。经热处理的钢，硬度提高很多，但耐磨性提高较少。

b. 显微组织的影响

钢中碳化物形成元素含量越高，则耐磨性也越大。基体组织按铁素体、珠光体、贝氏体、马氏体、贝氏体加马氏体的顺序其耐磨性逐渐提高；片状珠光体的耐磨性大于粒状珠光体，板条状马氏体的耐磨性大于片状马氏体。因此，国内外相当数量受冲击载荷的零件都处理成贝氏体组织。钢中碳化物是重要的第二相，合金碳化物的耐磨性大于普通碳化物。在软的基体中加入碳化物能提高耐磨性，在硬的基体中加入碳化物会降低耐磨性。因此，在软的基体（如铁素体、珠光体）中加适量细小的、粒状均匀分布的碳化物，耐磨性就好。铸铁材料中含碳化物多，凡允许使用铸铁的场合，应尽可能使用铸铁，如镍硬铸铁、高铬铸铁、锰铸铁等。

c. 加工硬化的影响

加工硬化对于低应力擦伤式磨粒磨损的耐磨性不会提高，甚至有降低的趋势，但在高应力冲击式的磨粒磨损中，加工硬化后的硬度愈高，其磨损抗力也愈高。

d. 断裂韧性的影响

断裂韧性和硬度是两个相互矛盾的指标。材料的硬度提高，断裂韧性值必然就低，耐磨性差；断裂韧性很高，硬度就必然低，耐磨性也差。只有硬度和断裂韧性两者兼顾，材料才会有高的耐磨性。

(3) 腐蚀磨损

运动副相对运动时，由于摩擦表面金属与周围介质发生化学、电化学和机械作用而使摩擦表面金属损失的现象称为腐蚀磨损。

腐蚀磨损是腐蚀和磨损相互促进共同作用的结果。摩擦表面金属与周围介质发生化学、电化学作用，产生腐蚀产物，摩擦过程中腐蚀产物的脱落形成磨粒构成二次磨粒磨损，新表面又会继续和介质作用而被腐蚀。不断地腐蚀、磨损致使运动副工作表面受到破坏。

腐蚀磨损受到环境、温度、介质、润滑条件、滑动速度和载荷的影响。根据介质的性质、介质与表面的作用及运动副材料性能等的不同，主要有以下几种腐蚀磨损形式。

①氧化磨损

在摩擦过程中，摩擦表面与空气或润滑油中的氧或氧化性介质发生化学反应形成氧化膜，摩擦过程中使之脱落，随之又会生成一层新的氧化膜，氧化物不断脱落使运动副零件金属损失的现象称氧化磨损。

除金、铂等极少数金属外，大多数金属表面均能生成氧化膜。运动副材料成分，氧化膜的结构、性质及与基体的结合强度等决定氧化磨损程度。氧化膜性脆、结构疏松且与基体结合较差，摩擦过程中极易脱落，氧化磨损严重。氧化膜韧性好、结构致密且与基体结合牢固，不仅不易脱落还对摩擦表面起保护作用。

②特殊介质的腐蚀磨损

运动副相对运动中，摩擦表面与周围的酸、碱、盐等特殊介质作用生成各种腐蚀产物并在摩擦过中脱落构成腐蚀磨损。这种腐蚀磨损和氧化磨损类似，但比其磨损速度快。在某些介质表面也会形成致密、结合牢固的保护膜，使腐蚀磨损速度减小。

腐蚀介质的性质、温度和运动副材料对腐蚀磨损的影响不容忽视。例如，轴瓦材料中的铅、镉容易被润滑油中的有机酸腐蚀，在轴瓦表面生成黑点，逐渐扩展成海绵状空洞，轴与瓦摩擦时呈小块状剥落，使轴瓦损坏。

③微动磨损

微动磨损是两个紧密接触表面之间发生小振幅的相对振动所引起的机械化学磨损。如果微动损伤中化学或电化学反应起主要作用则称为微动腐蚀磨损。若微动磨损的同时或其后还受到交变应力的作用产生疲劳损坏称为微动疲劳磨损。

微动磨损初期，紧密接触两表面上真实接触的微凸体发生黏着，在微动中使黏着点被剪切，接触表面金属转移发生黏着磨损。微动摩擦产生的高温使转移金属和新裸露的表面氧化，硬质氧化物颗粒在微动中磨削表面，出现磨粒磨损。当微振应力足够大时，微振磨损处形成表面应力源，出现疲劳裂纹并不断产生磨屑，出现疲劳磨损。可见微动磨损的机理是复杂的，包含着黏着磨损、腐蚀磨损、磨粒磨损和疲劳磨损，是一种复合型磨损。

微动磨损通常发生在紧配合的轴与齿轮、汽轮机和压气机的叶片配合处，发动机固定处，受振动的键、花键、螺栓等连接件的接合面等。

微动磨损不仅改变零件的形状、尺寸，使表面质量恶化，而且使紧配件松动，甚至引起应力集中导致裂纹和疲劳断裂等。

(4)疲劳磨损

疲劳磨损是指表面接触疲劳磨损。两个接触表面相对滚动或滑动时，在接触区形成的循环交变应力超过材料疲劳强度，使接触表面产生塑性变形和微裂纹，进而扩展、剥落，这种由于材料表面疲劳产生的物质损失的现象称为疲劳磨损。

疲劳磨损是接触表面长期受到交变应力作用的结果，而且即便是存在油膜，应力也能通过油膜作用在表面上，在表面或表层的薄弱处引发裂纹。点蚀裂纹一般从表面产生并向内部倾斜扩展，而后又折向表面，造成材料脱落而成点蚀。剥落裂纹一般从亚表层开始，沿与表面平行的方向扩展，最后材料形成片状剥落。接触应力小、交变次数不多时表面形成小麻点，对机器运转影响不大；接触应力大、交变次数多时表面上麻点和剥落增多并迅速蔓延导致零件失效。

它常发生在滚动轴承、齿轮、凸轮、钢轨与轮箍等摩擦副中，破坏生成麻点、针状或痘斑状的凹坑，或产生较大面积的压碎和剥落。

影响表面疲劳磨损的主要因素有冶金质量、热处理组织、表面状态、表面粗糙度和润滑油的黏度等。

三、常见的船机零件磨损类型及减少磨损的途径

1. 气缸活塞组件的磨损

活塞环—气缸套是柴油机中一对重要的具有往复运动的运动副。活塞环与气缸套受到高温、高压燃气的作用和冲刷，产生很大的机械应力与热应力；工作表面受到腐蚀与严重的摩擦。活塞往复运动速度在行程中点最大，止点位置为零。所以，在恶劣的工作条件和

低的运动速度下难以形成理想的液体动压润滑。一般来说,活塞行程的中部工作表面易于实现液体摩擦形成液体动压润滑,在上、下止点附近工作表面间形成极薄的边界油膜,实现边界润滑。

柴油机气缸中的高温不利于液体油膜建立。因为高温使润滑油黏度降低或氧化变质,使活塞头部变形影响正常配合间隙,使缸壁上已形成的油膜蒸发、氧化和烧损。

(1)气缸套的正常磨损

柴油机的技术状态和使用寿命很大程度上取决于气缸的磨损情况。在正常工作条件下气缸套磨损是不可避免的。一般只要气缸套的磨损量在允许范围之内(最大允许磨损量为0.4% ~0.8%缸套内径),柴油机气缸套就处于正常工作状态。

①气缸套正常磨损的标志

气缸套正常磨损的特征是最大磨损部位在气缸套上部,通常是活塞位于上止点时第1,2道活塞环对应的缸壁处,并沿缸壁向下磨损量逐渐减小,气缸内孔呈喇叭状。气缸套左右舷方向的磨损大于艏艉方向的磨损。图1-2-9(a)为气缸套正常磨损后缸壁纵向形状和磨损量示意图。

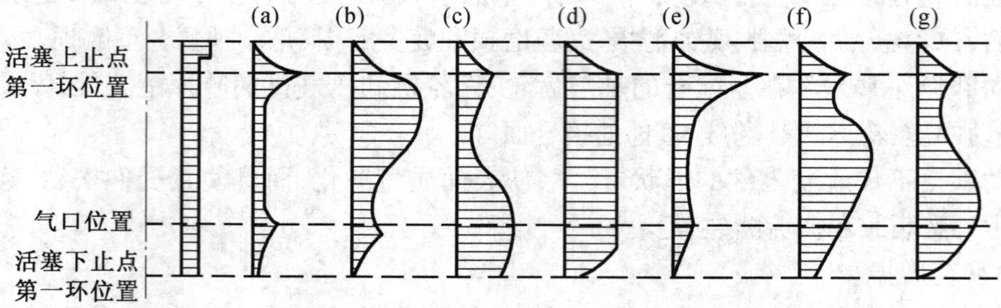

图1-2-9 气缸套磨损后纵截面形状和磨损量示意图

正常磨损的参数:

圆度误差、圆柱度误差、内径增量(缸径最大增量)小于说明书或有关标准的规定值。

缸套磨损率:铸铁缸套 <0.1 mm/kh,镀铬缸套在0.01 ~0.03 mm/kh之间。

气缸工作表面清洁光滑,无明显划痕、擦伤等磨损痕迹。

②正常磨损原因

a.处于边界润滑部位的局部金属直接接触引起的黏着磨损。其原因是过薄的油膜被工作表面个别凸锋刺破,或者是高温、速度低等使油膜未能形成或遭破坏。

b.进入气缸的新鲜空气携带的灰尘,燃油或滑油燃烧生成的各种氧化物、炭粒和灰分,润滑油中的机械杂质及运动副的摩擦产物等均会引起磨粒磨损,且以气缸上部最为严重。

c.燃油中硫分的燃烧产物对缸壁的硫酸腐蚀。由于活塞在上止点时第1道环对应缸壁处含酸量最大,为缸套下部的4倍,造成缸套上部严重的腐蚀磨损。

(2)气缸套异常磨损

①异常磨损的特征

a.气缸套和活塞环的磨损率均很高,大大超过正常磨损率。一般把铸铁缸套磨损率 >0.1 mm/kh,活塞环磨损率 >0.5 mm/kh视为异常磨损。

b.缸套工作表面脏污,有明显的划痕、擦伤、撕裂,甚至出现咬缸和拉缸现象,或者缸壁表面发蓝，有明显的烧灼现象。缸套工作表面形貌和金相组织发生变化。

c. 异常磨损的磨损产物颗粒较大。一般正常磨损的磨屑直径 <1 μm，而异常磨损的磨屑直径达 25~30 μm。

气缸套异常磨损在吊缸检修时可以直观判断，或通过测量缸径计算出的磨损率、缸径最大增量（或圆柱度误差）和圆度误差等来判断。

图 2-1-9(b)~(g) 为缸套异常磨损后纵截面形状和磨损量的示意图。

(b)(c) 为典型的异常磨粒磨损。(b) 为缸套上部因新气携大量尘埃进入气缸和燃烧不良产生大量积炭引起的磨损。(c) 为润滑油中机械杂质过多，筒状活塞式柴油机缸套润滑自下向上布油，造成下部严重磨损。(d) 为上述两种因素并存时造成的严重磨损。(e) 为缸套异常黏着磨损。特点是活塞位于上止点时第 1 道活塞环对应缸壁磨损异常增大，甚至出现大面积拉伤的拉缸现象。

(f)(g) 是典型的腐蚀磨损。(f) 是燃油含硫量高或柴油机经常冷车启动使缸套上部腐蚀磨损严重，磨损量为正常磨损量的 1~2 倍。腐蚀产物脱落引发二次磨粒磨损，使缸套中部磨损严重，磨损量为正常磨损的 4~6 倍。(g) 是冷却水温过低导致的缸套下部严重腐蚀磨损。

以上各种情况是典型的，原因是单一的，然而实船柴油机缸套磨损情况则是复杂的，原因是多方面的。所以，在分析缸套异常磨损原因时应依实际运转工况全面考虑，具体分析。

②异常磨损的原因

船舶航行期间，柴油机气缸套发生异常磨损主要是管理工作中的问题引起，在分析原因时应首先分析工作参数和维护管理工作对磨损的影响。

a. 燃油和燃烧的质量

燃油中的含硫量是气缸套产生腐蚀磨损的重要原因，燃油中含硫超过 0.7%~1.0% 时，磨损急剧增加。因为含硫量增加使硫酸凝结温度（即露点）升高，在气缸工作条件下容易发生腐蚀。含硫量高的燃油燃烧时生成较多的炭粒，并促进积炭的形成、加重磨粒磨损。

燃油中灰分含量高时，燃烧后生成金属氧化物或金属盐，增加缸套的磨粒磨损。

船用低速柴油机燃用低质燃料油对缸套的磨损较燃用低硫柴油高 2~3 倍。燃料油中的铝、硅以极硬的硅酸铝颗粒形式存在，因在催化裂化后没有完全清除，以致这些颗粒严重增加了缸套的磨粒磨损。

燃油燃烧不良，如燃烧不完全、后燃等均会使炭粒增加，积炭严重。

b. 冷却水温的管理

气缸套冷却水温控制不佳使缸套磨损增加。一般来说缸套冷却水出口温度过低，使缸壁温度过低，硫酸腐蚀加重；冷却水出口温度过高，缸壁冷却不良温度较高，致使缸壁上油膜蒸发，滑油氧化，积炭严重，导致黏着磨损。同时，缸壁温度过高不仅其热负荷增加还影响活塞环的散热，使环的磨损加重。

实践证明，适当提高缸套冷却水出口温度，使缸套表面温度高于露点，可有效防止腐蚀，减少磨损。一般冷却水出口温度控制在 85~95 ℃时缸套磨损量较小。

c. 润滑油的管理

活塞环与缸套工作表面间的边界油膜极薄，它依赖于润滑油中具有极性团的物质。合适的润滑油或含有极性添加剂的润滑油能够形成承受较高负荷的边界油膜。润滑油其他品质，如抗氧化安定性、残炭值等也应有利于气缸润滑。

柴油机燃用低质燃油时，气缸油的碱值应与其匹配，以中和燃油燃烧时产生的酸，有效降低腐蚀磨损。

因此，润滑油品质不良或不适，碱值不当或润滑油管理、使用不善（如油压不足、断油、长期使用不化验不更换滑油等），均会引起缸套异常磨损。

(3)减少气缸活塞组件磨损的途径

柴油机运转期间，减少气缸活塞组件磨损的重要措施就是加强柴油机的运转管理，主要从以下途径实现：

①加强燃油和燃烧的管理

燃油质量及其燃烧质量对缸套磨损影响很大，加强燃油品质的选择和净化处理可有效防止和减少腐蚀磨损和磨粒磨损。对目前船上广泛使用的低质燃油的缺点（黏度高、杂质和硫分大）采取相应措施，保证燃油完全燃烧，以减少其引起的各种磨损。

②保证良好的气缸润滑条件

加强气缸润滑的日常管理，对气缸润滑油品质的选择、净化处理、定时定量供给及供油设备的维护等均应认真按规定处理。

③注意气缸冷却水温度

冷却水温过高或过低均会加剧缸套的磨损。加强冷却水的管理和定期进行水处理，注意水温的变化和调节，使水温保持在要求的温度范围内。

④保持活塞与气缸套之间的正常配合间隙

据统计，在气缸套磨损原因中由于活塞运动装置不正引起的磨损约占1/3。因此，应定期吊缸检测，调整活塞与气缸之间的配合间隙，保证活塞装置良好的对中性。

2. 曲轴与轴承的磨损

柴油机曲轴的主轴颈与主轴承是一对做回转运动的运动副；曲柄销颈与连杆大端轴承是曲柄销颈在摆动的大端轴承内做回转运动的运动副。

(1)曲轴与轴承的摩擦

①主轴颈与主轴承的摩擦

柴油机运转时，曲轴主轴颈与主轴承之间可以形成楔形油膜，实现液体动压润滑，运动副在液摩擦状态下工作，如图1－2－10所示。在正常运转状态下达到工作转速时，楔形间隙内油膜压力的合力与外载荷平衡，轴颈在某一偏心平衡位置运转。轴颈中心的平衡位置随工况而变化，油膜厚度随之变化。在最小油膜厚度区域内，局部压力很高，甚至是轴承平均比压的6～10倍。过高的负荷将使油膜破坏，轴与瓦发生金属直接接触。

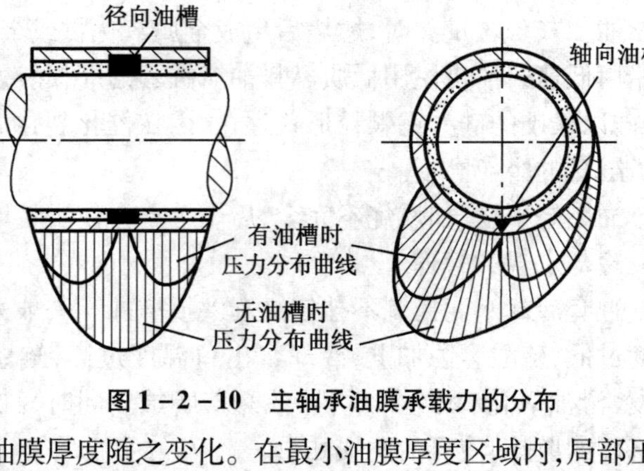

图1－2－10　主轴承油膜承载力的分布

一般曲轴转速越高就越容易形成楔形油膜，但转速过高摩擦功也越大，轴承温度升高使润滑油黏度下降，油膜受损；转速太低则油膜难以形成。柴油机启动时运动副处于半干摩擦状态，所以频繁启动、停车会使主轴承磨损加快。轴瓦上的油孔和油槽的部位、油槽的深度与宽度比、油孔和油槽上的过渡圆角等均对供油和油膜承载力分布有很大影响。如果在轴瓦上油膜对应部位开有油槽则使其承载力下降，所以一般不在主轴承下瓦、连杆大端轴承上瓦上开油槽。

②曲柄销颈与连杆大端轴承的摩擦

连杆大端轴承随曲柄销做回转运动,同时曲柄销相对于大端轴承转动。在大端轴承中,由于轴承孔径大于曲柄销轴径,当大端轴承上瓦压在曲柄销上时,在曲柄销下方出现月牙状间隙。随着曲轴转动,黏附于曲柄销颈上的润滑油被带入月牙间隙中形成楔形油膜,实现液体动压润滑。

(2)曲轴和轴承的磨损

曲轴在正常运转时,主轴颈与主轴承、曲柄销颈与连杆大端轴承虽然处于液体动压润滑的条件下,但是由于诸多变化和偶然的因素影响,使运动副实际上处于混合摩擦状态,产生不可避免的磨损。轴颈磨损后失圆,横截面出现圆度误差,纵截面出现圆柱度误差。轴承磨损后使轴承间隙增大。在正常磨损情况下轴的磨损较小,轴瓦磨损较大。

①曲轴磨损

a. 同一台柴油机曲轴的各主轴颈和曲柄销颈的磨损量不同。一般直列式柴油机的连杆轴承负荷较主轴承负荷大,所以曲柄销颈磨损较主轴颈大些。V形柴油机恰好相反,是主轴颈磨损大。

b. 曲轴轴颈在轴向和周向的磨损不均匀。曲轴轴颈在轴向不均匀磨损产生圆柱度误差,一般以曲柄销颈严重。轴颈轴向不均匀磨损可能是连杆安装不正、连杆或曲轴存在弯曲变形等致使轴颈在轴向受力不均造成的。

曲轴轴颈在周向不均匀磨损产生圆度误差,是由于柴油机运转时,曲轴回转一周在轴颈上作用力的大小和方向均是变化的,轴颈受力大的部位也是理论磨损大的部位,但是还与实际的润滑、间隙等有关。

②曲轴轴承磨损

柴油机运转时,主轴承下瓦和连杆大端轴承上瓦均会发生较大磨损。引起轴承过度磨损的原因很多,但主要的还是对轴承的维护管理不良所致。

第二节　船机零件的腐蚀

金属与周围介质发生化学作用、电化学作用或物理溶解而产生的变质和破坏称为腐蚀。金属腐蚀是在外部介质作用下发生在金属与介质的相界面上的破坏。所以,金属腐蚀破坏总是从零件表面开始,然后向零件内部扩展或同时向四周蔓延。

在船舶机械和设备中腐蚀破坏相当严重。例如,船体钢板和管路的腐蚀,柴油机气缸盖、气缸套和活塞的冷却水腔的电化学腐蚀,活塞顶部和排气阀的高温化学腐蚀,气缸套外圆表面和螺旋桨桨叶上的穴蚀等。腐蚀的后果,轻者使零件的尺寸、几何形状改变,表面损坏;重者造成零件裂纹、穿孔和断裂而报废,机器不能正常运转。然而,腐蚀的恶果并非是一朝一夕形成,而是较长时间作用的结果。学习和了解金属腐蚀的意义和目的就在于增强防止金属腐蚀的观念,为延长船舶机器和设备的使用寿命加强日常的维护保养工作。

一、化学腐蚀

1. 化学腐蚀概念

金属与周围介质(非电解质)直接发生化学作用引起的破坏称为化学腐蚀。在化学腐蚀过程中不产生电流。化学腐蚀分为气体腐蚀和有机介质腐蚀。气体腐蚀是指在干燥气体中或高温气体中的腐蚀。金属与介质中的氧化剂直接作用就在金属表面生成一层氧化物薄膜，即腐蚀产物。金属能否继续被氧化取决于氧化物薄膜的结构和与基体的结合强度。碳钢零件在 560 ℃以下被氧化，生成 Fe_2O_3或 Fe_3O_4的结构致密、与基体结合牢固的稳定膜，可阻止原子的扩散，从而保护金属表面不再继续被氧化。而在 560℃以上时，氧化生成 FeO 的结构疏松、与基体结合不牢的膜，原子容易穿过膜使金属继续被氧化，达一定厚度后脱落。

金属的高温氧化曾被视为典型的化学腐蚀。近代研究认为：在高温气体中金属最初的氧化属于化学反应，但氧化膜的成长过程则属于电化学机理。因为金属表面的介质已由气相变为既能电子导电又能离子导电的氧化膜。所以，金属的高温氧化不再是单纯的化学腐蚀。

金属在有机介质中的腐蚀，有机介质为不导电的非电解质介质。例如，有机酸、卤代化合物和含硫的化合物等。实际生产中纯化学腐蚀的现象较少，例如，铝在四氯化碳、三氯甲烷或乙醇中；镁或钛在甲醇中；金属钠在氯化氢气体中等的腐蚀都属于化学腐蚀。但实际上这些介质中都含有少量水分而使有机介质不纯，使化学腐蚀变为电化学腐蚀。

2. 柴油机零件的化学腐蚀

柴油机运转时，燃烧室中的高温高压燃气直接与燃烧室组成零件——气缸盖及其上的阀件、气缸套和活塞组件接触，燃气中某些低熔点灰分熔化附着在零件金属表面，在高温下发生化学作用使零件表面受到破坏的化学腐蚀，称为高温腐蚀或钒腐蚀。

重油燃烧后产生灰分，灰分是一些氧化物、无机盐或低共熔混合物。重油中含有钒、钠、硫的化合物，燃烧后生成这些元素的氧化物或硫酸盐，如 V_2O_4，V_2O_5和 Na_2SO_4等以及低熔混合物。灰分中一些物质的熔点和软化点如表 1－2－1 所示。

表 1－2－1　灰分中一些物质的熔点或软化点

物质	熔点/℃	物质	熔点或软化点/℃
$CaSO_4$	1 450	$Na_2O \cdot V_2O_5$	640
Fe_2O_3	1 565	$Na_2O \cdot V_2O_4 \cdot V_2O_5$	625
NiO	2 090	$2Na_2O \cdot V_2O_5$	600
SiO_2	1 720	$V_2O_5 \cdot Na_2SO_4$	550～580
Na_2SO_4	880	$5Na_2O \cdot V_2O_4 \cdot 11V_2O_5$	535
V_2O_4	1 970	$60\%\ Na_2SO_4 + 40\%\ V_2O_5$	330
V_2O_5	675	$Na_2O \cdot V_2O_4$	630

高温下钢铁零件上附着熔化或软化的钒钠化合物后，由于 V_2O_5 是酸性氧化物，直接与金属接触使其表面上的氧化膜被溶解，并使裸露的基体金属不断氧化而形成腐蚀麻点或凹坑。如排气阀盘面烧成孔洞。零件金属温度越高，腐蚀速度越快，后果越严重。

柴油机燃用重油为发生高温腐蚀提供了条件，但并非燃用重油就必然发生高温腐蚀，还必须具备：

（1）零件温度在 550 ℃以上，足以使钒钠化合物处于熔化状态附着于零件表面。

(2)灰分的成分影响腐蚀速度。当灰分中 $V_2O_5/Na_2O\approx 3$ 时,软化温度由 600 ℃降至 400 ℃,灰分非常易熔,所以腐蚀速度急剧增加;当 V_2O_5/Na_2O 在 1 左右时,腐蚀速度最小,因为软化温度高,而零件温度低则不会发生高温腐蚀。

3. 防止化学腐蚀的措施

根据化学腐蚀的机理,可在零件表面上覆盖一层保护膜,如镀锡、镀锌、发蓝处理等。防止排气阀等的高温腐蚀,可选用含钒、钠、硫少的燃油,控制其成分;加强燃烧室零件的冷却,使零件温度在 550 ℃以下等。

此外,还应注意零件材料的选择,对腐蚀环境下工作的零件应选用耐腐蚀性强的材料。

二、电化学腐蚀

金属表面与离子导电的电解介质溶液发生电化学作用产生的破坏称为电化学腐蚀。电化学腐蚀过程中产生电流。电化学腐蚀是自然界和生产中最普遍最常见的腐蚀,破坏作用也最显著。金属在大气、湿空气、海水、土壤及酸、碱、盐溶液中都能发生电化学腐蚀。在船上,船体和船机发生电化学腐蚀的零件和部位也较多,也是一种主要的故障模式。电化学腐蚀亦分为全面腐蚀和局部腐蚀。

1. 电化学腐蚀原理

零件表面发生电化学腐蚀必须同时具备两个条件,一是表面有电解液黏附,二是表面有电位差。

任何金属都有杂质或不同元素,不同元素的电位不同,因而它们之间产生电位差。零件表面有如盐酸电解液时,就形成阳极区和阴极区,同时产生原电池作用,如图 1-2-11 所示。金属离子由阴极区电离进入溶液,和其中的氯离子结合,形成氯化铁。氢离子到达阳极区,形成氢气放出,零件表面被破坏。

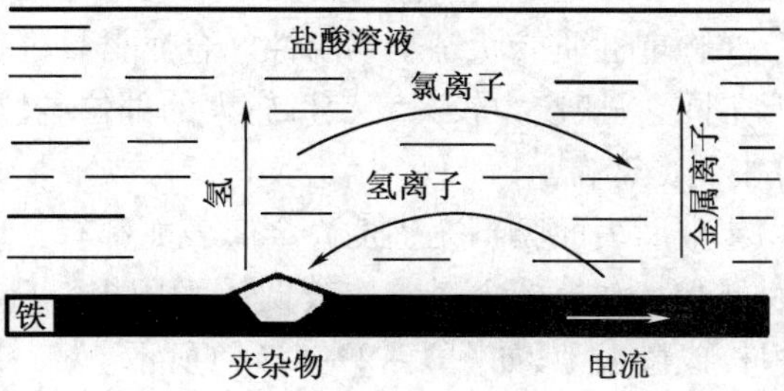

图 1-2-11　电化学腐蚀原理

在电化学腐蚀中,腐蚀电池起着重要的作用。根据构成腐蚀电池的电极大小,可将腐蚀电池分为宏观和微观两种。

(1)宏观腐蚀电池

宏观腐蚀电池是肉眼可见电极构成的宏观大电池,它引起金属零件或构件的局部宏观腐蚀破坏。

①异金属接触电池

两种具有不同电位的金属或合金相互接触(直接接触或用导线连接),并处于同一电解质溶液中时,便会使电位较低的金属不断遭到腐蚀,这种电池称为异金属接触电池。两种金属的电极电位差越大,腐蚀越严重。

例如,装有冷却水的冷凝器的碳钢壳体与黄铜管子构成异金属接触电池。

②浓差电池

同一金属的不同部位与浓度(含氧量或食盐量)或温度不同的介质接触构成的腐蚀电池,最常见的有氧浓差电池、盐浓差电池和温差电池等。这是一种普遍存在且危害很大的腐蚀电池,也是造成局部腐蚀的重要原因。

金属与含氧量不同的介质接触，在氧浓度较低处金属的电极电位较低为阳极，在氧浓度较高处金属的电极电位较高为阴极，从而构成氧浓度差电池，阳极区的金属遭到腐蚀。例如铁棒埋于土壤中，因土壤深度不同含氧量不同，故在铁棒埋得最深部位的金属腐蚀最严重。

同样如果一长铜棒两端分别插入稀、浓硫酸铜溶液中，则稀硫酸铜溶液中的棒端电极电位低为阳极，而棒另一端电极电位高为阴极，阳极棒端遭到腐蚀。

浸于电解质溶液中的金属，其不同部位处于不同温度时构成的电池为温差电池。例如换热器的高温端比低温端腐蚀严重。

(2)微观腐蚀电池

微观电池是指零件金属表面由于电化学不均匀性构成许多微小电极的电池，又称为微电池。零件金属表面电化学不均匀性是由于金属的微观不均匀性引起，主要有以下几点原因：

①化学成分的不均匀性。工业上使用的金属材料不同程度地含有杂质、非金属夹杂物或存在偏析，使金属化学成分不均匀。金属、杂质、非金属夹杂物的电极电位不同，当与电解质溶液接触时就构成无数微小电池。

②金属组织不均匀性。同一金属或合金中有不同的组织结构和晶体缺陷，如位错、空位、畸变等，因而有不同的电极电位。晶粒内部与晶界的电位不同，例如钢中的铁素体 1 与渗碳体 2 在有电解质溶液时构成无数的微电池，如图 1－2－12(a)所示。

③物理性质或状态不均匀性。金属材料进行冷、热加工后使金属材料各部分的受力和变形不同，一般应力较高和变形较大的部位电位较低成为阳极，容易被腐蚀，如图 1－2－12(b)中变形部位。

④金属表面膜不完整性。金属表面都有一层氧化膜，当表面膜破裂、有孔而不完整时，破裂处和有孔处的金属电位较低成为阳极。例如船体钢板上的铁锈与铁锈脱落后裸露的钢板构成微电池，如图 1－2－12(c)所示。

2. 船上常见的电化学腐蚀

船上常发生的电化学腐蚀一般为局部腐蚀。主要有以下几种：

(1)电偶腐蚀　船上零件只要能构成异金属接触电池就会发生电偶腐蚀，且较为普遍。例如螺旋桨与艉轴、离心泵的叶轮与轴等。

(2)氧浓差腐蚀　金属浸入含氧溶液中就形成氧电极。溶液含氧浓度越高，氧分压就越大，氧电极的电位就越高，为阴极。例如柴油机气缸套与气缸体下部密封圈处的缝隙，因充气不足或冷却水停滞而使氧浓度低，此处的金属为阳极，与附近氧浓度高处的金属——阴极形成氧浓差电池，发生氧浓差腐蚀。

(3)选择性腐蚀　是由微观电池引起的电化学腐蚀。例如黄铜制件的脱锌、柴油机气缸套外圆表面石墨化腐蚀(铁素体被腐蚀，仅剩下石墨)，都是选择性腐蚀。

(4)应力腐蚀　工程上常用不锈钢、黄铜、碳钢等加工制件，都会发生应力腐蚀。例如黄铜管的季裂。

(5)海水腐蚀

海水是唯一含盐浓度高的电解质溶液，腐蚀性最强的天然腐蚀剂之一。海水由于含盐高而成为腐蚀性介质，盐分总量约为 3.5% ~3.7%，在世界大洋中海水的成分和总盐度恒定，内海则因地而异。海水中的盐类主要是氯化物($NaCl$，$MgCl_2$)，其次是硫酸盐($MgSO_4$，

$CaSO_4$)。由于海水能离解盐类,所以海水是一种导电性很强的电解质溶液。海水中的大量氯离子,能使零件金属表面的氧化膜遭到破坏,因而海水对大多数金属有很强的腐蚀作用。腐蚀可能是微观电池作用,也可能是宏观电池作用。如果海水流速增加、海水温度升高等还会加速海水腐蚀。

船舶常年航行在海上,在海水与海洋大气包围之中,船体、甲板机械和与海水接触的零部件等受到严重的腐蚀,如船体钢板、螺旋桨、艉轴、舵及甲板机械——起货机、起锚机、绞缆机等。此外,柴油机的空冷器、冷却器、冷凝器、空气压缩机的机体、各种海水管等都要用海水冷却。所以,海水腐蚀不容忽视。

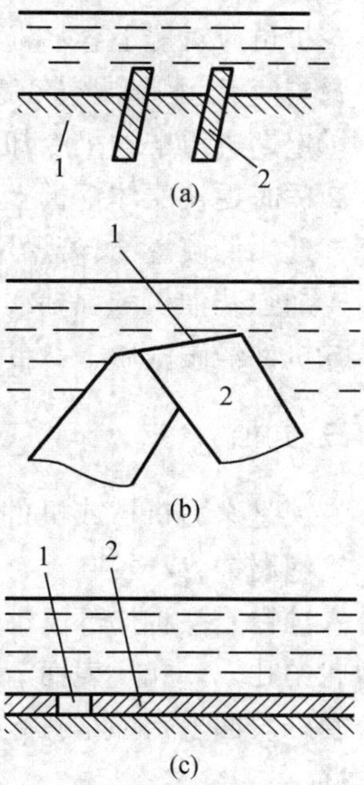

图 1-2-12　微观腐蚀电池

(a)钢中铁素体与渗碳体构成微电池;
(b)钢板弯曲变形构成微电池;
(c)表面膜不完整构成微电池

3. 防止电化学腐蚀的措施

根据电化学腐蚀原理可知,只要破坏产生电化学腐蚀的条件之一就能有效阻止腐蚀的发生,这是防止电化学腐蚀的基本原则。另外,由于电化学腐蚀破坏的形式较多,每种破坏形式都有其产生的具体原因和条件,所以防止腐蚀的方法也是多种多样,根据不同情况选用不同方法。生产中主要有以下几种:

(1)合理选材

根据介质和使用条件尽量选用相同材料或电位相近的材料或其他耐腐蚀的材料。

(2)阴极保护

利用电化学腐蚀原理使被保护零件成为阴极则可防止腐蚀。一种方法是将被保护零件与外加直流电源的负极相连,用外加阴极电流使阴极电位向负的方向变化,即实施阴极极化阻止腐蚀过程的进行。另一种方法是牺牲阳极保护法,即在被保护零件上安装电位更低的金属使之成为阳极,被保护零件成为阴极而不被腐蚀。例如,在船体钢板上、气缸套外表面上安装锌块。

(3)阳极保护

将被保护零件与外加直流电源的正极相连,用外加电流使阳极电位向正的方向变化,即实施阳极极化使零件金属腐蚀速度迅速降低并保持一定稳定的低电位,使阳极钝化降低腐蚀。

(4)介质处理

除去介质中促进腐蚀的有害成分。例如,锅炉给水的除氧处理;调节介质的 pH 值和改变介质的湿度;在介质中添加阻止和减缓腐蚀的物质,例如常在柴油机冷却水中添加铬酸盐、亚硝酸盐等无机缓蚀剂,使其在零件金属表面上形成钝化膜,抑制阳极腐蚀。此外,还可在冷却水中添加乳化防锈油。

(5)表面覆盖保护膜

在零件表面上覆盖一层金属或非金属保护膜,使与腐蚀介质隔开以防止腐蚀。如采用电镀、电刷镀、喷涂或磷化、氧化处理等工艺在零件表面上形成金属膜或非金属膜。

(6)加强维护和管理

轮机员应对船上容易发生腐蚀的零部件加强维护管理,防止或减少腐蚀。船舶动力装置中凡与海、淡水和湿空气接触的零件、构件和管系均有发生电化学腐蚀的可能。故应:

①定期进行柴油机冷却水处理;

②适时更换船体钢板上和缸套冷却侧上的防腐锌块;

③选用低硫燃油,若燃用含硫高的燃油时采用与之匹配的碱性气缸油;

④加强柴油机和艉轴润滑油的定期检验;

⑤机件经碱洗后,一定用清水彻底清洗和涂油保护。

三、穴蚀

穴蚀是水力机械或机件与液体相对高速运动时在机件表面上产生的一种破坏。穴蚀又称空泡腐蚀,或气蚀。

穴蚀也是一种局部腐蚀。穴蚀的特征是机件金属表面上聚集着小孔群,呈蜂窝状或呈分散状的孔穴。孔穴表面清洁无腐蚀产物附着,孔穴直径一般在 1 mm 以上。例如,柴油机气缸套外表面上穴蚀小孔直径为 1 ~ 5 mm,最大可达 30 mm,孔深可达 2 ~ 3 mm,严重时穿透缸壁。

船机零件发生穴蚀破坏的除柴油机气缸套外,还有轴瓦、喷油泵柱塞、螺旋桨桨叶及离心泵叶轮等。机件穴蚀破坏日益引起人们的关注,尤其是缸套穴蚀已是船用发电柴油机的重要问题,引起国内外的重视与研究。

1. 柴油机气缸套穴蚀

气缸套穴蚀是船用中、高速柴油机普遍存在的严重问题。随着柴油机的功率增加、强载度的提高和高速、轻型化,气缸套穴蚀破坏就成为妨碍柴油机正常运转的首要问题,严重影响柴油机的工作可靠性和气缸套的使用寿命。

一般说来,船用中速和高速筒状活塞式柴油机,特别是高速、轻型大功率柴油机,不论是开式冷却还是闭式冷却,气缸套都有不同程度的穴蚀。例如 12V180,6150 等高速柴油机,6300,6250 等中速柴油机。有的柴油机投入运转不久(仅几十小时)在气缸外圆表面就会出现穴蚀小孔,甚至柴油机运转不足千小时就因缸套穴蚀穿孔而报废,此时缸套内表面尚未磨损。而二冲程十字头式低速柴油机气缸套基本不发生穴蚀破坏。

(1)穴蚀部位

缸套穴蚀发生在湿式气缸套外圆表面上,一般集中在柴油机左右侧方向,特别是承受侧推力最大一侧的偏上方;冷却水进口、水流转向处和水腔狭窄处对应的缸壁上;缸套下部密封圈附近缸壁。穴蚀小孔呈蜂窝状或呈分散状,如图 1－2－13 所示。

图 1－2－13　气缸套的穴蚀

缸套冷却水腔除缸套穴蚀外,不应忽视气缸套和气缸体材料的差异和材料内部的各种电位不均匀性导致的宏观和微观电化学腐蚀。这两种腐蚀同时存在或交替进行均会加重缸套的腐蚀。此外,冷却水(海水或淡水)的水质、含气量、流速等均对穴蚀有影响。

(2)气缸套穴蚀机理

①一般穴蚀机理

迄今为止,关于穴蚀机理的论述很多,其中较为普遍接受的一种理论认为:机件发生穴蚀的先决条件是机件浸于液体中,并与液体有相对运动,或机件在液体中受到某种能量的传递作用,形成液体中的局部瞬时高压或瞬时高真空。在瞬时高真空区,液体汽化形成气泡,或溶于水中的空气以空泡形式从液体中分离出来;在另一瞬间形成高压时,空泡、气泡被压缩,泡内气体迅速液化而使泡溃灭,这时周围液体急速冲向溃灭处,产生极强的冲击波作用在金属表面。频繁地冲击,使机件表面金属逐渐剥落。与此同时,金属表面还产生微观电化学腐蚀,两种腐蚀交替进行共同作用致使机件穴蚀破坏。

②气缸套穴蚀机理

柴油机气缸套外圆表面与气缸体(或机体)构成冷却水空间,在狭小的环形通道中流动着淡水或海水。柴油机运转时,由于缸套和活塞之间的间隙,活塞在侧推力作用下不断冲撞着缸壁的左、右侧,使气缸套产生高频振动。缸套高频振动和缸壁的弹性变形使冷却水空间的容积交替增大和减小,冷却水相应交替膨胀与被压缩。膨胀时受拉伸作用形成瞬时低压,被压缩时形成瞬时高压。此外,冷却水进口和流动时产生涡漩使冷却水通道内压力变化,也会形成瞬时高压或低压在瞬时低压时产生空泡,瞬时高压时空泡溃灭使缸套外圆表面频繁受到冲击和微观电化学腐蚀作用而破坏。

灰口铸铁气缸套,在高达 1 GPa 冲击力作用下,缸套表面微小局部金属发生塑性变形,不断地作用使金属疲劳而剥落。此外,缸套振动能量的转化、液体间摩擦和空泡破裂时产生大量的热,缸套表面局部产生高温使金属达到熔化状态,高压作用下更易造成金属破坏,剥落后形成针孔。冲击波的继续作用和电化学腐蚀使孔穴增大、增多。

(3)影响缸套穴蚀的因素

生产中并非所有的筒状活塞式柴油机气缸套都发生穴蚀破坏,即使是发生穴蚀破坏其程度也各不相同。缸套穴蚀与柴油机的机型、结构、爆发压力、冷却水腔和冷却介质、柴油机的工艺参数等有关。

①缸套振动

柴油机运转中缸套高频振动是产生穴蚀的根本原因,缸套振动强度与以下各点有关。

a. 活塞与气缸套之间的配合间隙　活塞在气缸中运动时,活塞对气缸壁的冲击能量的大小取决于活塞质量和活塞在气缸中横摆时的速度。活塞质量固定不变,但速度随着活塞与缸套之间的配合间隙的增加而增大。所以,活塞对缸壁的冲击能量取决于活塞与缸套的配合间隙。配合间隙大,活塞横摆加速度大,冲击缸壁能量大,则缸套振动增强。例如,12V180G 型高速柴油机的铸铝活塞头部与气缸套配合间隙为0. 9 mm,缸套穴蚀严重。当改用线膨胀系数小的锻铝活塞时,配合间隙减小到0. 7 mm,穴蚀明显减小。又如4105 型高速柴油机采用铝活塞时,与缸套冷态配合间隙为0. 52 mm,缸套振动加速度为58g(g 为重力加速度),柴油机运转 30 h,缸套外圆表面产生 1 mm 深的穴蚀小孔。改为铸铁活塞时冷态间隙为0. 15 mm,缸套振动加速度为 23g,缸套振动减弱。改变活塞材料虽然降低穴蚀,但会使活塞惯性力增加产生其他问题。

b. 缸套刚度　缸套刚度直接影响缸套的振动。刚度大,受活塞冲击时变形小,振动小,可有效防止穴蚀。缸套刚度除与其材料有关外,还与缸套壁厚和纵向支承跨距有关。缸壁厚度增加,支承跨距缩短,缸套刚度增大。柴油机设计时缸套壁厚 δ 与和缸径 D 之比有一定选取范围:

高速柴油机 $\delta/D=3.5\%\sim6.8\%$。

中速柴油机 $\delta/D=8\%\sim10\%$。

c. 冷却水腔结构　冷却水腔通道太窄，水流速度增高，容易产生空泡。柴油机设计时要求冷却水腔内水流速度应小于 2 m/s，水腔宽度 $t = 14\% D$ 或不小于 10 mm，各处均匀一致，水流畅通不形成死水区和涡流区，有利降低穴蚀。4115 型柴油机把冷却水腔最窄处由 1.5 mm 增至 7 mm，大大降低缸套穴蚀。

②冷却水温度与压力

冷却水温度过高将加速腐蚀的进程，但也不宜长期水温过低。实验证明，钢铁和铝等金属材料在淡水温度 50 ~ 60 ℃时穴蚀严重，随着水温的升高，穴蚀破坏减轻。从发挥柴油机的效能和降低腐蚀和穴蚀出发，冷却水腔淡水温度在 80 ~ 90 ℃为好。

冷却水压力高可以抑制空泡的形成，减少穴蚀的发生。但冷却水压力提高将使温度升高而加速穴蚀。

(4) 防止缸套穴蚀的措施

除靠材质和结构上的改进来防止和降低穴蚀外，对船用中、高速柴油机气缸套穴蚀，还可采用以下措施：

①缸套外圆表面覆盖保护层或强化层。采用镀铬、渗氮、喷陶瓷、涂环氧树脂或涂尼龙等工艺使金属表面与冷却水隔开，或使缸套外圆表面强化，可有效防止电化学腐蚀与穴蚀。例如 12V180 柴油机缸套外表面镀铬，8300 柴油机机体冷却水腔表面涂环氧树脂，防腐蚀和防穴蚀效果较好。

②在冷却水腔内安装锌块实施阴极保护防止电化学腐蚀。例如 6300，8300 型柴油机气缸套外表面安装锌块并坚持定期更换取得防止穴蚀的良好效果。

③在冷却水中加入缓蚀剂。例如乳化油缓蚀剂，使在缸套外表面上形成一层较薄的连续保护膜，不仅可以防止电化学腐蚀，而且可以减弱空泡破裂时的冲击波对缸套表面的冲击作用，从而减轻穴蚀。在实践中防止或减轻穴蚀的方法很多，选用时必须依具体机型、结构和产生穴蚀的原因而定，以取得良好的预防效果。

2. 燃油系统零件的穴蚀

柴油机燃油系统中的高压油泵柱塞、出油阀、喷油器针阀和高压油管均有穴蚀发生。燃油系统中因喷油需要产生瞬时高压和瞬时低压。喷油时系统中处于高压供油，喷油终了会使系统内油压骤然降低。当压力低于该处温度对应的燃油蒸发压力时，燃油蒸发形成气泡。由于周围燃油压力高或遇到下一个高的燃油压力波时，气泡迅速溃灭产生巨大的冲击波，从而使系统中的零件受到破坏。此外，随着柴油机强载程度不断提高，燃油喷射压力和喷油率也相应提高。高的喷射压力容易引起二次喷射使柴油机性能下降，并造成系统的穴蚀。燃油系统中的穴蚀有以下两种：

(1) 波动穴蚀

波动穴蚀主要发生在高压油管上。燃油系统中的高压燃油流动时产生和传播压力波，特别是喷射终了时会使某些部位压力变化很大，甚至产生负压力波，导致气泡产生，高压时又使气泡溃灭产生穴蚀，称为波动穴蚀。柴油机低负荷运转时波动穴蚀较为严重。

(2) 流动穴蚀

流动穴蚀主要发生在高压油泵柱塞螺旋槽附近和喷油器针阀截面变化处。燃油系统中，高压燃油流经通道截面变化处产生强烈节流，压力下降并形成气泡，随后的压力升高又使气泡溃灭而发生穴蚀，称为流动穴蚀。柴油机高负荷运转时节流作用增大使穴蚀更加严重。

燃油系统中不适当的压力波动引起穴蚀，而压力波动主要由于卸载不当引起，所以目前对此进行大量的研究。例如采用缓冲型出油阀、等压出油阀控制节流，或者采用阶梯形螺旋槽柱塞、双锥形针阀等方法。此外，还对容易穴蚀部位采用保护性措施等。

3. 轴瓦和螺旋桨的穴蚀

高速大功率柴油机的铜铅合金薄壁瓦上穴蚀破坏频繁出现。主要发生在主轴瓦和曲柄销轴瓦上油槽和油孔周围，呈小孔群状。

轴瓦穴蚀也是由于特定条件下流动的润滑油产生气泡和气泡破灭所致。防止轴瓦穴蚀的措施，目前主要从轴瓦材料的选择、轴瓦上油槽和油孔的位置及保证润滑油品质等方面着手。

螺旋桨桨叶的穴蚀破坏是桨的一种较为严重的破坏形式，主要发生在桨叶叶背边缘处，呈蜂窝状孔穴，成片分布，严重时会使桨叶边缘烂穿。

桨叶穴蚀亦是空泡作用的结果。当螺旋桨在水中旋转时水流从叶背流过，水流速度增大而压力下降，叶面的水流速度减小压力增大。螺旋桨转速越高，叶背处水流速度越快，压力下降越大，当达到该处水温下汽化压力时水汽化生成气泡，随后气泡移至高压区就会破灭，从而使叶背边缘遭到破坏。

一般采用在桨叶上涂环氧树脂、改进桨叶叶型和降低螺旋桨转速等方法来防止或减轻桨叶穴蚀。

第三节　船机零件的疲劳破坏

一、疲劳破坏

零件材料长时间在交变载荷作用下产生裂纹和断裂的现象称为疲劳破坏。零件长期在交变的机械应力或热应力下工作，即使最大工作应力小于静载荷下的屈服极限 σ_s，但在长期工作后也会产生裂纹和断裂，即产生疲劳破坏。零件发生疲劳断裂时具有以下特征：

(1)零件是在交变载荷作用下经过较长时间的使用；

(2)断裂应力小于材料的抗拉强度 σ_b，甚至小于屈服强度 σ_s；

(3)断裂是突然的、无任何先兆；

(4)断口形貌特殊，断口上有明显不同的区域；

(5)零件的几何形状、尺寸、表面质量和表面受力状态等均直接影响零件的疲劳断裂。

1. 疲劳断裂的种类

(1)按零件所受应力大小和循环周数分类

①高周疲劳　为低应力、高寿命的疲劳破坏。应力较低，小于屈服极限，应力循环周数较高，一般超过 $10^6 \sim 10^7$，为最常见的一种疲劳破坏，如曲轴、弹簧等零件的断裂。

②低周疲劳　为高应力、低寿命的疲劳破坏。应力近于或等于屈服极限，应力循环周数少于 $10^4 \sim 10^5$。例如，压力容器、高压管道、飞机起落架、核反应堆外壳等的裂纹和断裂。使用中应力很高，甚至超过材料的 σ_s，但循环周数很少时就发生疲劳破坏。

(2)按零件工作环境和接触情况分类

分为大气疲劳、腐蚀疲劳、热疲劳、接触疲劳、微动磨损疲劳和激冷疲劳等。

热疲劳是由于零件受热温度变化引起热应力的反复作用造成的疲劳破坏。例如，柴油机气缸盖、气缸套受热面的裂纹。

腐蚀疲劳零件或材料在腐蚀性介质中受到腐蚀，并在交变载荷作用下产生的疲劳破坏。

(3)按应力状态分类

有弯曲疲劳、扭转疲劳、轴向拉压疲劳和复合疲劳等。

2. 疲劳抗力指标

表征零件材料抗疲劳性能的力学参数，主要有疲劳极限、超载抗力、疲劳缺口敏感度等。

(1)疲劳极限

在交变载荷作用下材料承受的最大交变应力与断裂前循环周数之间的关系如图1－2－14所示。由$\sigma_{max}-\lg N$坐标中的疲劳曲线可知，材料承受的最大交变应力σ_{max}越大，循环的周数N越小，即寿命越短；反之，N越多，寿命越长。当应力低于某一值时，循环无限次也不会发生疲劳断裂，该应力称为材料的疲劳极限。所以，材料的疲劳极限或称疲劳强度是材料经受无限次应力循环的作用而不破坏的最大应力，用符号σ_r表示。注脚r为循环特征，对称循环的$r=-1$，故对称循环应力下的疲劳极限用σ_{-1}表示。

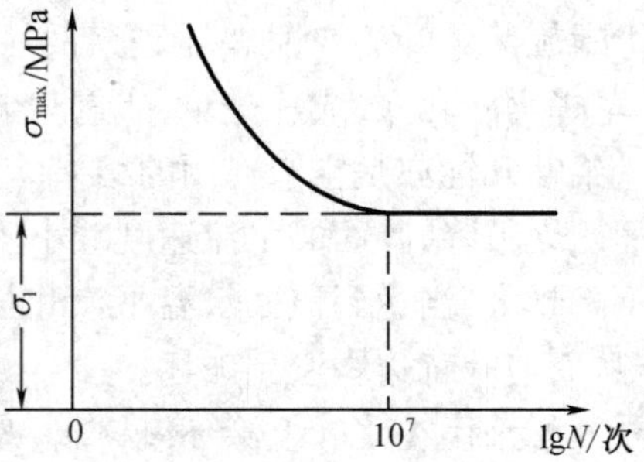

图1－2－14　一般的疲劳曲线

材料的疲劳极限是由试验测定。例如，常温下的碳钢、合金结构钢和铸铁，在N达10^7后曲线出现水平阶段。所以这类材料是以$N=10^7$时不断的最大应力作为疲劳极限。

(2)过载抗力

机器在运转过程中，常常会出现短时间的过载，相应的零件处于短时间高于其材料的疲劳极限的工作应力状态。例如，柴油机紧急刹车、启动或超负荷运转等。为了保证安全运转对偶然短时间过载应考虑其对材料的疲劳抗力的影响。

一般说来，适当过载对材料的疲劳性能没有什么影响，因其未能引发材料内部微裂纹的显著扩展。而不适当过载（包括过载的大小和过载循环次数的多少）将会造成过载损伤，降低材料的疲劳极限，导致零件的疲劳破坏。这是由于过载引发了材料内部的微裂纹扩展达到了一定尺寸，在过载后的正常运转中不断扩展导致疲劳断裂。

采用疲劳过载抗力来衡量过载对零件材料疲劳抗力的影响。过载抗力一般是用通过试验建立的过载损害区和损害界来表示，如图1－2－15所示。图中cde为过载损害区，cd为过载损害界。当零件在过载负荷、循环周次N_a下工作，即工作点A在过载损害区以外时，过载对材料的疲劳极限σ_{-1}无影响。短时间过载后恢复正常运转零件也不会发生疲劳破坏。当零件在过载负荷、σ_i、循环周次N_b下工作，即工作点B进入过载损害区时，过载就会使材料疲劳极限降低，在恢复正常运转后零件将会发生过早的疲劳破

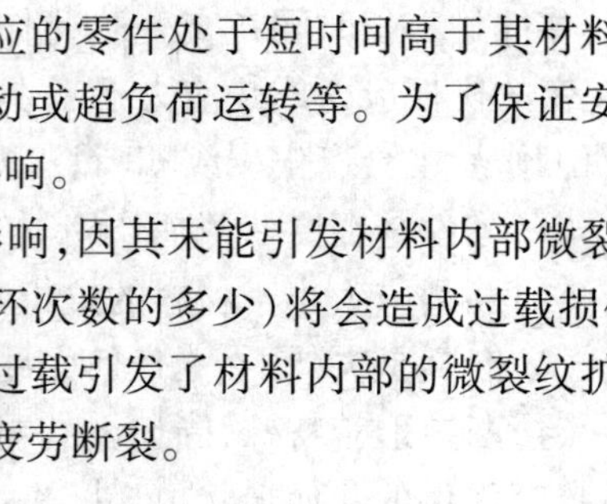

图1－2－15　过载损害界

坏,缩短零件的疲劳寿命。

由图1-2-15可以看出,材料的过载损害区越狭窄,或过载持久线 ed 越陡直,则过载抗力越高。过载持久值 ed 表示在超过疲劳极限的应力下直到断裂所能经受的最大应力循环周数。由于零件短时间过载不可避免,所以零件选材时宜选用过载损害区狭窄而又较陡直的材料。

(3)疲劳缺口敏感度

零件上开有键槽、油孔、台阶、螺纹等各种几何形状的缺口时,在使用中就会在缺口的根部产生应力集中,使材料的疲劳强度降低。采用缺口敏感度来表示疲劳强度降低的程度。缺口敏感度 q 表达式为

$$q = \frac{K_f - 1}{K_t - 1}$$

式中　K_t——静力理论应力集中系数,$K_t = \frac{\sigma_{max}}{\sigma}$;

K_f——疲劳应力集中系数,$K_f = \frac{\sigma_{-1}}{\sigma_{1H}}$。

K_t 是试件缺口根部的最大应力 σ_{max} 与光滑试件横截面上均匀应力 σ 之比,与缺口的几何形状、尺寸及缺口曲率半径有关,与材料性能无关。K_t 值可从机械工程手册中查得。

K_f 是光滑试件的疲劳极限 σ_{-1} 与缺口疲劳极限 σ_{-1H} 之比,其与缺口的形状、尺寸和材料性能有关。在中等强度范围内,材料强度越高,K_f 值越大。一般 $K_f \leqslant K_t$,当 $K_f = K_t$ 时,$q = 1$,表示此时疲劳应力集中最严重,缺口最敏感;当 $K_f = 1$ 时,$\sigma_{-1} = \sigma_{-1H}$,则 $q = 0$,表明零件虽有缺口但不影响材料的疲劳极限 σ_{-1},缺口最不敏感。

材料的缺口敏感度 q 在0~1之间,q 值越小,缺口越不敏感。铸铁对缺口极不敏感,$q < 0.1$;一般结构钢对缺口较为敏感,$q = 0.55 \sim 0.80$。

2.疲劳破坏的机理

(1)疲劳断裂的断口特征

零件或构件疲劳断裂后,其断口形貌呈现了从裂纹产生到裂纹扩展,直至断裂的全过程。可以根据断口形貌特征来分析零件的断裂原因。

图1-2-16(a)(b)分别示出弯曲疲劳断裂和扭转疲劳断裂的宏观形貌,分为三个区域:

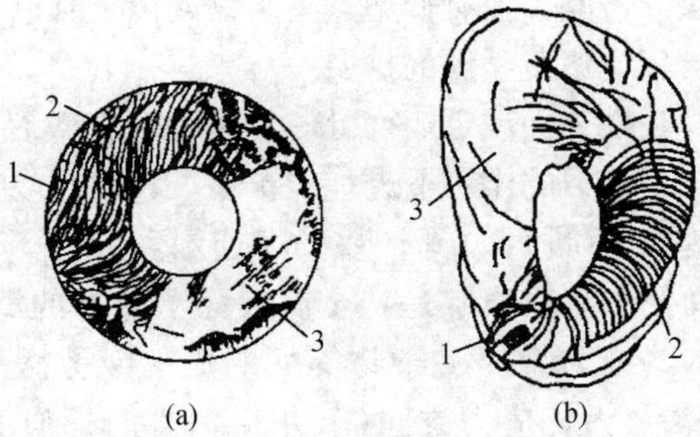

图1-2-16　疲劳破坏的断口形貌特征

(a)弯曲疲劳断口;(b)扭转疲劳断口

1—疲劳源;2——裂纹扩展区;3——最后断裂区

①疲劳源　用肉眼或低倍放大镜在断口上可以找到一个或多个疲劳裂纹的开始点,称为疲劳源。疲劳源一般出现在零件表面或近表面处。

②裂纹扩展区　呈光滑状或贝纹状,一般占有较大面积。光滑状是两个断裂表面长时间互相研磨所致;贝纹是负荷变化时裂纹前沿线扩展遗留下的痕迹。贝纹从疲劳源开始后向四周扩展并与裂纹扩展方向垂直。

③最后断裂区域或称脆断区　零件瞬间突然断裂,断口晶粒较粗大,与发暗的裂纹扩

展区明显不同。脆性材料呈结晶状,塑性材料呈纤维状。

(2)疲劳断裂的过程

零件疲劳断裂是突然的,没有任何先兆的,但是这种破坏形式是在较长时间内逐渐形成,即在交变应力的最大值小于或等于材料的屈服极限,经过长时间反复作用后,在零件表面有应力集中(缺陷)处产生裂纹,随着裂纹的逐渐扩展而最终断裂。这一断裂过程从疲劳断口宏观形貌的三个区域得到证实。

①疲劳裂纹的形成

疲劳裂纹的裂纹源位于零件表面应力最大处,即有应力集中的部位或零件近表面的材料内部,即内部有严重的冶金缺陷或组织缺陷处。

零件表面上的裂纹源多是由于零件表面上有油孔、过渡圆角、台阶、粗大的刀痕等应力集中的缺口,或是由于零件材料表面晶粒较内部晶粒容易发生滑移和容易受到腐蚀。

零件近表面材料内部萌生的微裂纹是由于以下几方面的原因形成:

a. 零件材料在冶炼、冷热加工过程中产生的气孔、夹杂物、损伤等冶金缺陷,在较低的交变应力作用时产生局部塑性变形,导致缺陷与基体之间沿界面分离或缺陷本身开裂形成的疲劳微裂纹。

b. 晶体滑移产生裂纹。静负荷和疲劳负荷下金属表面产生滑移带的情况不同。在交变应力作用下表面滑移不均匀,滑移局部集中,在金属表面形成“挤出”和“挤入”,在“挤出”和“挤入”处应力集中,经过交变应力多次作用后在该处形成疲劳微裂纹。

c. 相界面处产生裂纹。在切应力 τ 作用下,材料内粗大的第二相或夹杂物与基体的界面处位错堆积达一定程度后界面强度降低,形成分离,从而产生裂纹。

d. 晶界处产生裂纹。滑移带穿晶界时,因晶粒位向不同使滑移带方向改变或终止在晶界处形成高应力区。在交变应力作用下变形和应力不断增加,最后在晶界上产生疲劳微裂纹。同样,位错运动遇到晶界时,会在晶界处堆积造成应力集中,在交变应力作用下形成微裂纹。若晶界上有低熔点夹杂物或偏析时也易产生微裂纹。

(2) 疲劳裂纹的扩展

零件表面或近表面处一旦出现疲劳微裂纹就会在交变应力的作用下进一步扩展。疲劳裂纹的扩展分为两个阶段,如图 1-2-17 所示。

第一阶段通常是从金属表面上存在的滑移带、挤入沟或非金属夹杂物等处形成的疲劳微裂纹开始,沿最大切应力方向(和正应力方向近似成 45°)向内部扩展。扩展的深度较浅,大约只有几个晶粒厚度,扩展的速率也很小。

第二阶段疲劳裂纹在第一阶段扩展后将改变方向,沿着与正应力垂直方向扩展。正应力对裂纹的扩展起着重要作用,使裂纹扩展的深度和速率均远远超过第一阶段。

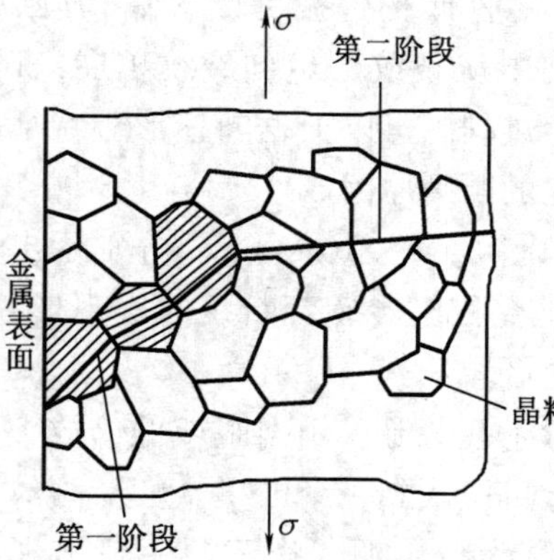

图 1-2-17 疲劳裂纹的扩展

在交变的正应力作用下,裂纹时而扩展,时而停滞。零件裂开处的两个面时而闭合,时而分开,以致在两个断面上形成“贝纹状”。裂纹源附近裂纹扩展较慢,两个断裂面长时间相互摩擦与研磨,使断面光滑并有稀疏的贝纹;较远处的裂纹扩展较快,两个断裂面相互研磨时间短使断裂面粗糙、贝纹细密。

(3)疲劳断裂

疲劳裂纹扩展到临界尺寸后,实际承载面积减小,即断面上剩余面积承受不了所受载荷的作用而发生瞬间断裂,在断面上出现最后断裂区。

疲劳断口上三个区域的状况与零件工作时所受载荷、应力状态、零件材料性能及加工情况等有关。图1-2-18为各种交变载荷作用下轴类零件疲劳断裂后的断口宏观形貌示意图。根据零件疲劳断口的宏观形貌可以定性地分析零件断裂前的负荷情况、材料性能和寿命等。对分析产生疲劳断裂的原因十分有帮助。

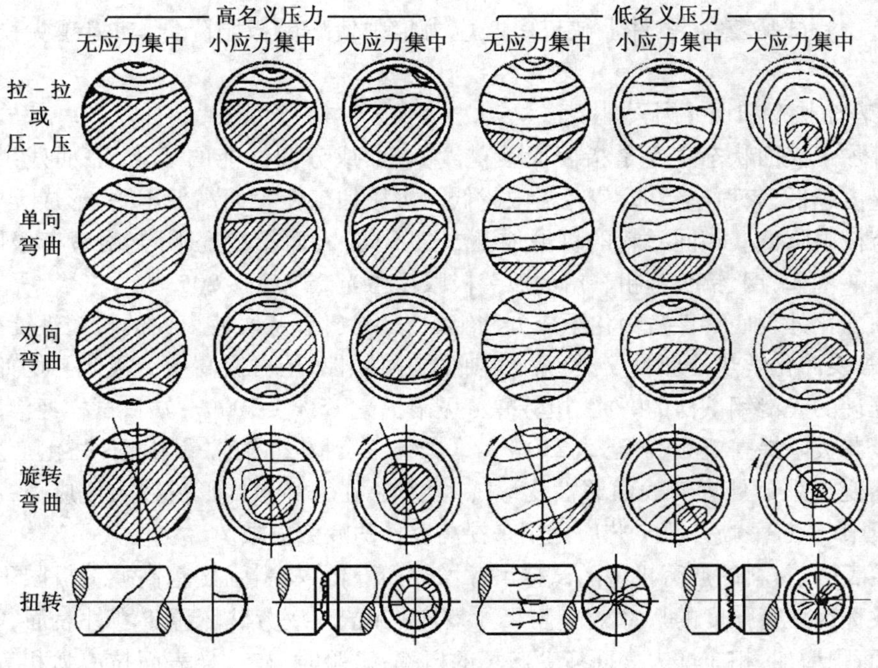

图1-2-18 各类断口形貌

从图1-2-18可以看出:

①疲劳源大多分布于零件表面,一般有1~2个。

②疲劳裂纹扩展区呈贝纹状时,贝纹线间距小,贝纹细密,表示材料的抗疲劳性能好,疲劳强度高。反之,贝纹线间距大,贝纹稀疏,表明材料抗疲劳性能差,疲劳强度低。

若疲劳源区与裂纹扩展区断面粗糙、疲劳源数较多和贝纹线间距较大时,可能是应力集中较严重和有较大的过载作用。

③最后断裂区所占面积越大,甚至超过断口面积一半以上,说明零件承受严重的过负荷,其寿命也越短。若所占面积较小,小于断口面积一半时,说明零件无过载或过载很小。

在相同条件下,高应力状态零件的最后断裂区面积大于低应力状态零件;疲劳源数目不同,单相弯曲仅有1个,而双向弯曲有2个;最后断裂区形状不同,单相弯曲与扭转弯曲相比,图1-2-18各种类型疲劳断口形貌中后者的疲劳源与最后断裂区相对位置发生偏转,同时由于零件上缺口应力集中的影响较大,最后断裂区很小且与零件断面呈同心状。

3. 影响疲劳强度的因素

零件材料疲劳强度的大小受诸多因素的影响，外部因素主要是零件的形状、尺寸、表面粗糙度和使用条件等；内部因素主要是材料的成分、组织、夹杂物和表面应力状态等。而疲劳强度是零件设计、选材和制订加工工艺时的重要参数，直接关系到零件的使用寿命。

(1) 应力集中

机械零件结构复杂形状各异，但其外表面都不可避免地存在台阶、键槽、油孔或螺纹等截面变化部分；零件内部不可避免地存在冶炼、毛坯加工等带来的缺陷，如杂质、夹杂物、微小裂纹、气孔等，这些部位均会引起应力集中。当应力最大值超过材料的许用应力时就会形成疲劳破坏的发源地，导致疲劳破坏。应力集中引起的疲劳破坏居所有导致疲劳失效因素中的首位。试验表明，零件上缺口引起应力集中使疲劳极限降低，缺口越尖锐，降低越厉害。

(2) 表面状态和尺寸因素

零件加工表面状态主要是指表面粗糙度、表面成分和性能的变化、表面残余应力等。表面粗糙度越低，表面越粗糙，疲劳极限越低。机械加工使表面高低不平，形成无数微小缺口使疲劳极限降低。相同材料的机械加工方法不同，表面粗糙度不同，对疲劳极限的影响也不一样。例如，钢、铝合金粗车后的疲劳极限比抛光低 10% ~20% 。

表面强化处理使零件表面化学成分和组织发生变化，从而使表面的机械性能变化。渗碳、氮化等表面化学热处理不仅提高表面硬度和耐磨性，还可提高疲劳极限。例如，经渗碳或氮化处理的光滑钢试样的弯曲、扭转疲劳极限提高 15% ~100%；缺口试样经渗碳或氮化处理后疲劳极限提高更大，甚至达 230% ~300% 。柴油机曲轴常采用此种强化工艺。

表面变形强化处理使表面塑性变形抗力增加，在表面层内形成残余压应力，有效地提高疲劳极限。滚压、喷丸等工艺广泛用来提高零件的疲劳极限。

试验表明，材料的疲劳极限随试样尺寸增大而降低，材料强度越高疲劳极限下降越快。这种现象称为疲劳强度的尺寸效应。尺寸效应是由于：疲劳破坏源于零件表面，零件尺寸增加，表面积增加，相应增大表面疲劳破坏的概率；试验时，在试样表面拉应力相等情况下，尺寸大的试样，自表层至中心的应力梯度小，处于高应力区的表层体积大及相应的内部缺陷多，也增加了疲劳破坏的概率。

(3) 使用条件

①过载和载荷交变频率

过载将造成过载损伤，降低材料的疲劳极限。外加载荷交变频率对疲劳极限的影响，一般在交变频率超过 10^4 次/分（约 170 次/秒）时，频率增加，疲劳极限增加。其他频率范围则影响不大。

②使用温度

使用温度升高，材料的疲劳极限降低，温度降低则使疲劳极限增加。结构钢的温度由 -120 ℃降至 -180 ℃时，疲劳极限增加 1 倍。而当温度升高到 300 ℃后，每升高 100 ℃疲劳极限下降 15% ~20% 。因为材料温度升高后使其变形抗力下降，容易产生疲劳裂纹。碳钢温度升高疲劳极限降低，以至疲劳曲线上的水平部分消失。因此用规定循环周数的应力作为疲劳极限，称为条件疲劳极限。

温度升高会使材料局部塑性增加，应力集中的影响减小，故对疲劳极限的影响减小。

③环境介质

机器零件的工作环境介质多种多样，其中腐蚀性介质，如酸、碱、盐溶液，海水，潮湿空气等对零件有腐蚀作用。零件在腐蚀介质中工作时的零件表面被腐蚀形成缺口，产生应力集中而使零件材料的疲劳极限下降。

腐蚀介质中材料的疲劳曲线无水平部分，因此具有条件疲劳极限。

4. 高温疲劳和热疲劳

(1)高温疲劳

高温疲劳是指零件在高于材料的 $0.5T_m$(用绝对温度表示的熔点)或高于其再结晶温度时受到循环交变应力作用所引起的疲劳破坏。生产中有许多零件是在高温和交变载荷作用下工作，因此高温疲劳就成其主要失效形式之一，如汽轮机和燃气轮机的叶轮和叶片，柴油机的排气阀等。

高温疲劳具有以下特点：

①高温疲劳的疲劳曲线中不出现水平部分，疲劳极限随着交变应力作用的循环周次增加不断降低。因此，高温下材料的疲劳极限用规定循环周次下的疲劳极限表示，一般取 5×10^7 或 5×10^8 次。

②高温疲劳总伴随发生蠕变，并且温度越高蠕变所占比例越大，疲劳和蠕变交互作用也越强烈。不同材料显著发生蠕变的温度不同，一般当材料温度高于 $0.3T_m$(用绝对温度表示的熔点)时蠕变显著发生。例如碳钢温度超过 300 ~ 350 ℃，合金钢温度超过 350 ~ 400 ℃时发生蠕变，引起材料的疲劳极限急剧降低。

③高温下疲劳极限与蠕变极限、持久极限的关系对高温工作的零件具有重要的意义。实验表明，在较低温度时材料的蠕变极限、持久强度比疲劳极限高，而在高温时材料的蠕变极限、持久强度和疲劳极限均下降。但前两者的下降速度远高于后者，如图 1-2-19 所示。材料的蠕变极限随温度变化曲线 1 与疲劳极限随温度变化曲线 2 相交于一点。当温度低于此点对应温度时，材料以疲劳破坏为主，高于此温度时以蠕变破坏为主。

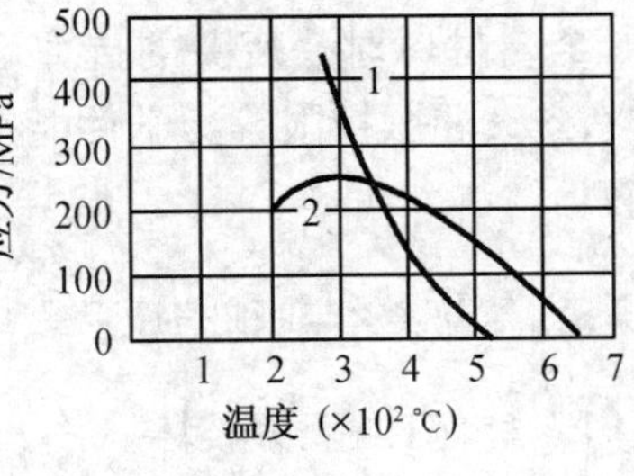

图 1-2-19　含碳量为 0.15%钢的蠕变极限和疲劳极限

(2)热疲劳

①热应力

零件各部分受热温度不同，产生的变形不同。材料内部一部分金属对另一部分金属变形的约束或牵制产生热应力。零件内外表面的温度不同产生热应力。例如柴油机气缸盖底面，即触火面温度高达 400 ~ 500 ℃，冷却面温度为 60 ~ 80 ℃。触火面金属膨胀受到低温冷却面金属的约束不能自由膨胀产生热压应力；低温面金属受高温面金属牵制产生热拉应力。温差越大、高温面压应力越大，同时气缸盖内外表面的温差热应力也越大。同样，零件同一截面上温度不均，如气缸盖触火面的中心与边缘，就会在高温的中心部分产生热压应力，在低温的边缘产生热拉应力。

根据热应力与时间的关系分为定常热应力和不定常热应力。定常热应力是指不随时间变化的热应力。柴油机处于稳定运转时，燃烧室组成零件上的温度可视为不变，处于热稳定状态。柴油机由冷态变为热稳定状态后在燃烧室零件上产生的热应力为定常热应力。

不定常热应力是指随时间变化的热应力。根据热应力变化的频率分为高频热应力与低频热应力。柴油机运转时，燃烧室组成零件的触火壁面温度实际上是周期变化的，变化周期与柴油机工作循环的变化周期相同，频率高且壁面受热深度浅。所以，在壁面受热不深的情况下，周期变化的燃气高温作用引起的热应力是高频热应力。零件触火壁面的高频热应力最大，随着深度而减小。柴油机在启动、停车或变工况运行时，燃烧室组成零件的温度也随时间发生动态变化产生不定常热应力。此种不定常热应力变化周期与柴油机运转中启动、停车或工况变化的周期相同，频率较低，属于低频热应力。低频热应力的大小与负荷变化的速度有关。负荷突变将会引起过大的低频热应力，导致零件热疲劳破坏。

②热疲劳

热疲劳是零件在循环热应力反复作用下产生的疲劳破坏。循环热应力是零件受到循环变化的温度作用引起的。因此，产生热疲劳必满足两个条件：一是温度循环变化，二是零件热变形受到约束。

在热疲劳过程中由于高温引起材料内部组织结构变化，降低了材料的热疲劳抗力；高温促使表面和裂纹尖端氧化，甚至局部熔化，加速热疲劳破坏；零件截面上存在温度梯度，特别是厚壁零件温度梯度更大，在温度梯度最大处造成塑性应变集中，促进热疲劳破坏的发生。

热疲劳裂纹是在受热表面热应变最大区域形成，一般有几个疲劳裂纹源，裂纹沿垂直受热表面方向扩展，并向表面内纵深方向发展。所以，零件热疲劳破坏是以受热表面上产生特有的龟裂裂纹为特征。热疲劳裂纹与循环温差、零件表面缺口状态和材料有关。循环温差越大、表面缺口越尖锐，就越容易发生热疲劳。

金属材料对热疲劳的抗力不但与材料的导热性、比热容等热力学性质有关，而且与弹性模量 E、屈服极限等力学性能有关。所以导热性差的脆性材料，如灰口铸铁容易发生热疲劳破坏。

二、气缸盖和曲轴的疲劳破坏

1. 气缸盖的疲劳破坏

(1)气缸盖底面裂纹

柴油机运转过程中气缸盖底面在其工作条件下可能产生高温疲劳、蠕变和热疲劳，严重时发生疲劳破坏。

气缸盖底面即触火面承受着高温高压燃气的周期重复作用。高温下高压燃气作用使底面发生弯曲变形产生机械压应力，并随柴油机工作循环周期重复变化。一般情况下，气缸盖底面温度达 400 ~ 500 ℃，当气缸盖冷却不良时就会达到 $0.5T_m$，有时可能超过 $0.5T_m$，从而引起高温疲劳破坏。当底面温度超过 $0.3T_m$ 时，底面产生显著蠕变，从而使底面压应力大大降低。

气缸盖底面和冷却面的温差可达 300 ~ 400 ℃，在底面和冷却面分别产生压、拉热应力，在柴油机停车或负荷突降时会使气缸盖底面压应力进一步降低、消失，甚产生残余拉应力。另外，柴油机运转过程中零件长期受到高温作用，使材料的疲劳极限下降，所以低频热应力超过疲劳极限时就会在气缸盖底面产生疲劳裂纹。

因此，当气缸盖底面产生裂纹时不能简单地视为热疲劳裂纹。因为底面裂纹可能是热疲劳裂纹，也可能是高温疲劳裂纹或蠕变裂纹，或者是三者共同作用产生的裂纹。但是当发现龟裂裂纹时，则可断定为热疲劳裂纹。

(2)气缸盖冷却面裂纹

气缸盖冷却侧分布着环形或其他形状的冷却水通道，在通道筋部产生机械疲劳裂纹，并向触火面扩展。裂纹是气缸内最大爆发压力引起的周期性脉动应力作用的结果。

气缸内最大爆发压力作用在缸盖底面上使其发生弯曲变形，在冷却面上产生最大拉应力。当冷却水通道筋的根部过渡圆角过小或者存在铸造缺陷时，在这些应力集中的部位就会产生裂纹或使铸造缺陷裂纹扩展，以致在周期脉动应力作用下裂纹自冷却面向触火面逐渐扩展，最终使缸盖裂穿。

零件在腐蚀介质和交变载荷共同作用下产生腐蚀疲劳破坏。由于腐蚀与疲劳加速零件上的裂纹形成与扩展，所以是更严重的破坏。气缸盖冷却面在冷却水中不可避免地产生微观电化学腐蚀；冷却面局部区域的冷却水还可能处于沸腾状态，使冷却水中可溶性盐类的酸根离子 Cl^-，SO_4^{2-} 等与冷却面金属发生电化学腐蚀；当冷却水中溶解一定量氧时，冷却面金属被氧化，水温越高氧化腐蚀越严重。在以上腐蚀条件下零件材料的疲劳强度显著下降，在气缸中燃气的循环交变应力作用下产生腐蚀疲劳破坏。

综上分析，气缸中的燃气温度和压力对于气缸盖底面和冷却面上产生疲劳裂纹均有很大影响。气缸盖乃至燃烧室其他组成零件能否产生疲劳裂纹均与日常的管理工作密切相关。为了避免产生热疲劳裂纹就不能产生过大的热应力，也就要求气缸盖等零件不能热态时急冷和冷态下急剧加热或使其过热。例如，柴油机启动前不暖机或暖机不充分，启动后又立即增速增负荷；停车时过早中断冷却水循环，使机件散热不良或局部过热；长期超负荷；气缸盖冷却水腔结垢严重等。

2. 曲轴的疲劳破坏

柴油机在运转中发生曲轴裂纹和断裂事故不为鲜见，尤其是发电柴油机曲轴疲劳破坏较多。曲轴在回转中受到各缸交变的气体力、往复惯性力和离心力以及由其所引起的弯矩、扭矩的作用。这些力不仅随曲柄转角变化，也随负荷变化。因此曲轴在这些力的作用下发生弯曲和扭转变形，产生复杂的交变应力和引起曲轴的弯曲振动、扭转振动，从而又产生很大的附加应力。曲轴的形状复杂，截面变化较多，刚性很差，存在严重的应力集中，容易产生疲劳破坏。

曲轴裂纹和断裂是属于高周低应力疲劳破坏。其断裂应力甚至仅为 1/3 的屈服极限，循环周次高于 $10^6 \sim 10^7$。依曲轴产生裂纹的交变应力的性质不同，主要有以下三种疲劳裂纹：弯曲疲劳裂纹、扭转疲劳裂纹和弯曲 - 扭转疲劳裂纹。

(1)弯曲疲劳裂纹

曲轴的弯曲疲劳裂纹一般发生在主轴颈或曲柄销颈与曲柄臂连接的过渡圆角处，或逐渐扩展成横断曲柄臂的裂纹，或形成垂直轴线的裂纹，如图 1 - 2 - 20 所示。弯曲疲劳试验表明，过渡圆角处的最大应力出现在曲柄臂中心对称线下方。应力沿曲轴长度方向的分布是中间和端部曲柄有较大的弯曲应力峰值。因此，曲轴弯曲疲劳裂纹常发生在曲轴中间或两端的曲柄上。

曲轴弯曲疲劳破坏通常是在柴油机经过较长时间运转之后发生。因为长时间运转后发动机各道主轴承磨损不均匀，使曲轴轴线弯曲变形，曲轴回转时产生过大的附加交变弯曲应力。此外，曲轴的曲柄臂、曲柄箱或轴承支座(机座)等的刚性不足，发动机短时间运转后，曲轴也会产生弯曲疲劳破坏。

(2)扭转疲劳裂纹

曲轴在扭转力矩作用下产生交变的扭转应力,存在扭振时还会产生附加交变扭转应力,严重时会引起曲轴的扭转疲劳破坏。

扭转疲劳裂纹一般发生在曲轴上应力集中严重的油孔或过渡圆角处,并在轴颈上沿着与轴线成45°角的两个方向扩展。这是因为轴颈的抗扭截面模数较曲柄臂的小,所以扭转疲劳裂纹多自过渡圆角向轴颈扩展,而很少向曲柄臂发展。但若同时存在较强的弯曲应力,则裂纹也可自圆角向曲柄臂扩展,造成曲柄臂弯曲断裂,如图1-2-20所示。

通常扭转疲劳裂纹发生在曲轴扭振节点附近的曲柄上。发生扭转疲劳裂纹的时间一般是在发动机运转初期和曲轴的临界转速位于工作转速范围内时。断面与轴线倾斜成45°角,断面上的裂纹线近似螺旋线。

(3)弯曲-扭转疲劳裂纹

曲轴的疲劳破坏还可能是由于弯曲与扭转共同作用造成。常常由于主轴承不均匀磨损造成曲轴上产生弯曲疲劳裂纹,继而在弯曲与扭转的共同作用下使裂纹扩展、断裂,最后断裂面与轴线成45°角。断口形貌如图1-2-21所示,断面上自疲劳源起约2/3的面积为贝纹区,呈暗褐色;剩余1/3的面积为最后断裂区,断面凹凸不平,晶粒明亮。圆形波纹状纹理是弯曲疲劳造成的,放射状纹理是扭转疲劳造成的,两种纹理交织成蛛网状。弯曲-扭转疲劳裂纹有时也呈以弯曲疲劳为主或以扭转疲劳为主的破坏形式。因此,在具体情况下,应根据断面上的纹理、裂纹方向和最后断裂区进行分析判断。

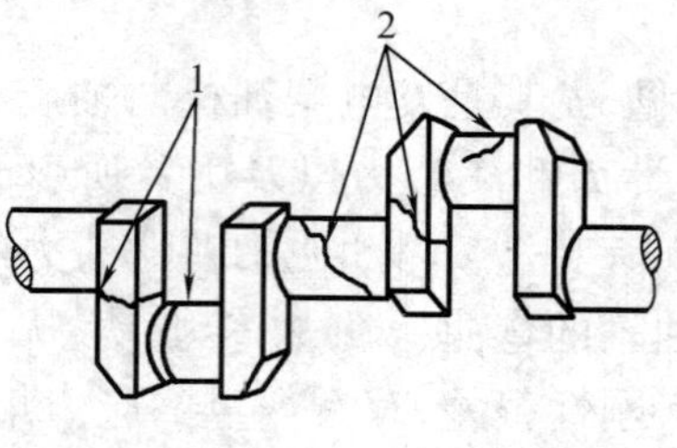

图1-2-20 曲轴的疲劳断裂

1—弯曲疲劳断裂;2—扭转疲劳断裂

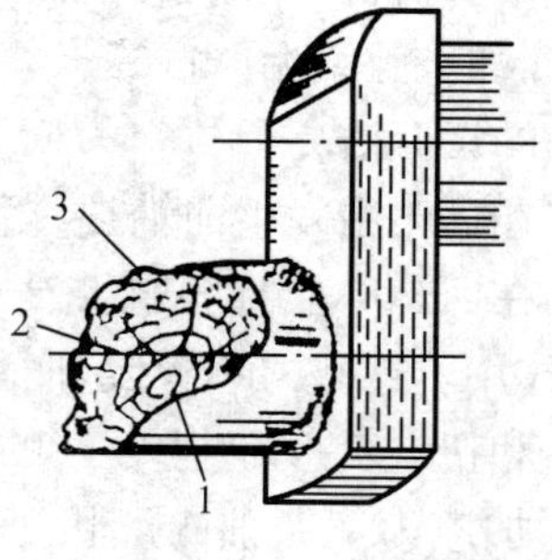

图1-2-21 弯曲-扭转疲劳断裂

1—裂纹源;2—裂纹扩展区;3—最后断裂区

生产实践中,曲轴的弯曲疲劳破坏远远多于扭转疲劳破坏。这是由于曲轴的弯曲应力集中系数较扭转应力集中系数大,但主要是曲轴的弯曲应力难于精确计算和难于控制。因为柴油机运转中曲轴的各道主轴承磨损难于掌握和控制,由它所引起的曲轴弯曲变形和产生的附加弯曲应力也就难于计算和控制。相反,曲轴的扭转应力通过扭振计算准确获得,并采取有效的减振措施予以平衡,柴油机运转时应避免在临界转速运转和扭转过载,曲轴的扭转疲劳破坏就会相应减少。

3.防止或减少疲劳破坏的措施

防止或减少船机零件的疲劳破坏,从根本上就要消除或降低零件上的应力集中和附加应力,即消除或减少疲劳裂纹源和降低交变应力。具体措施要从零件的结构设计和制造方面着手。

(1)结构设计方面

对于零件上截面变化处,如孔、键槽、过渡圆角、螺纹等处要注意截面变化不可突然,孔的边缘、过渡圆角处应圆滑,表面要光洁。例如曲柄过渡圆角半径不应小于曲柄销直径的5%,否则就会产生严重的弯曲应力集中。

(2)制造方面

①提高毛坯质量　毛坯制造缺陷,如铸件、锻件、焊接件中的气孔、缩孔、夹渣、微裂纹等缺陷引起应力集中,尤其缺陷位于零件截面变化处则更加危险,容易形成裂纹源。

②提高零件加工表面精度　零件加工表面粗糙度等级低,太粗糙,应力集中严重,容易导致裂纹。例如,要求曲轴工作表面粗糙度 R_a 为 1.6 ~ 0.4 μm,非工作表面 R_a 为 12.5 μm,以降低应力集中程度。

③提高零件表面疲劳强度　在零件工作表面层内形成压应力状态可有效提高零件表面的疲劳强度。实验证明,室温下表面具有残余压应力,可减小或抵消零件所受的拉应力,阻止疲劳裂纹的产生和扩展。

采用渗碳、渗氮、碳氮共渗等表面化学热处理可有效提高零件的表面疲劳强度。例如,球墨铸铁曲轴渗氮处理可使弯曲疲劳强度提高20% ~29%。

采用喷丸、滚压等表面强化工艺也可显著提高零件表面的疲劳强度。喷丸、滚压等工艺使零件表面塑性变形产生冷加工硬化,从而产生很大的压应力。例如,零件表面粗糙度 R_a 为12.5 ~3.2 μm,经滚压后提高 R_a 为0.4 ~0.2 μm,大大提高了疲劳强度。曲轴过渡圆角滚压,可使钢曲轴疲劳强度提高20% ~70%,球墨铸铁曲轴提高50% ~90%。滚压强化工艺广泛用于大型零件上。

(3)管理方面

加强对主、副柴油机的管理,尤其加强曲轴的维护保养,对减少曲轴的疲劳破坏,延长曲轴的使用寿命和柴油机的正常运转十分重要。

①定期检测曲轴臂距差,监控曲轴轴线状态和监控主轴承下瓦的磨损情况,防止曲轴的弯曲疲劳破坏。

②加强主轴承润滑,定期检测主轴颈与主轴承的配合间隙,防止轴承下瓦过度磨损。

③避免柴油机在转速禁区持续运转。

④加强扭振减振器的维护管理,保证其在运转中处于良好的工作状态。

第四节　船机零件的缺陷检验和故障诊断

一、船机零件的缺陷检验

船机零件的缺陷是其在制造和使用过程中产生的缺陷和损伤。前者为零件材料表面和内部的缺陷,即零件材料和毛坯在冶炼、铸造、锻造、焊接、热处理和机械加工中所产生的气孔、缩孔、疏松、夹渣、微裂纹等缺陷;后者是零件在使用中产生的外部损伤,如磨损、腐蚀和疲劳破坏等。零件表面和内部的缺陷是其在工作条件下发生损坏的隐患,是导致船机零件失效和机损事故的内因。

为了保证船舶动力装置运转可靠性和船舶航行的安全性,船舶机械在制造和安装过程中均要进行严格的质量检验。对于零件材料的内部缺陷采用各种先进的无损检验技术检验;对于船舶机械在船上安装,也即船舶在建造过程中不仅要进行安装质量检验,而且还要取得船级社检验的船级证书。中国新造船舶应取得中国船级社(CCS)的船级证书,在建造过程中按照 CCS 的有关规范——《钢质海船入级与建造规范》由验船师进行严格的检验。同时,CCS 要求业已取得船级证书的在航船舶保持船级,即为保持其入级的良好技术状态还要进行各种技术检验,如年度检验、中间检验、坞内检验和特别检验等。

在船舶条件下轮机员对缺陷零件可进行一般检验以判断零件的可使用性;船舶进厂修理时对重要缺陷零件应进行无损检验。

1. 船机零件缺陷的一般检验

一般检验主要是采用一般的、传统的简易方法对缺陷零件进行检验。这些方法简单,具有一定的精度。一般检验主要是采用普通量具检测零件磨损、运动副的配合性质和零件腐蚀等损伤情况;采用观察法、听响法、液压试验法等来检验零件表面的裂纹和内部缺陷。

(1)观察法

观察法是通过人的眼睛或借助低倍放大镜等辅助工具来观察和判断零件表面有无裂纹和缺陷的方法。用于检验零件表面上的一些细微的和肉眼难以发现的缺陷。检测的准确度取决于检验人员的细心和经验。

(2)听响法

听响法是根据敲击零件时发出的声音来判断零件内部和表面上有无缺陷的方法。声音清脆表示零件完好或零件与其表面上的覆盖层结合良好,无脱壳现象;声音沙哑则表示零件内部或表面有缺陷,或零件与其表面上的覆盖层结合不良、局部脱壳等。例如,轴瓦的瓦壳与其上瓦衬(耐磨合金层)的结合。

听响法只能定性地判断零件内部和表面有无缺陷,不能定量确定缺陷的种类、大小和部位,检验的准确度有赖于检验者的经验和对缺陷的判断,并且只适用于小零件。此法简便、灵活,随时可以进行,所以沿用至今。

(3)测量法

测量法是在船上进行检修和船舶进厂修船时广泛使用的重要检测手段。利用普通或专用量具测量磨损零件的尺寸和配合件的间隙以及腐蚀情况,判断零件的使用性能和确定修理方法。一般采用的普通量具有内、外径千分尺,百分表,内径百分表,塞尺等;专用量具、量仪,如专用千分尺、长塞尺、桥规和样板等

测量法检测精度高,使用方便、灵活,是船上和修船厂广泛使用不可缺少的检测手段。然而测量精度取决于量具精度和测量人员检测水平。因此,监测人员应掌握各种量具的使用方法和维护方法,不断提高测量技术水平和测量精度。

(4)液压试验法

对使用中要求具有较高密封性的零件通常进行液压或气压试验,检查零件有无内部缺陷。新造或修理的零件或重新装配的组件均应进行密封性检查。

液压试验法实质上是在模拟使用条件下对承压零件材料内部有无缺陷进行检验的一种无损检验方法。

试验前,将待检零件上的孔、洞等堵塞,用专用夹具密封零件形成包括检验部位的封闭空间,注满液体或气体,按要求加压至规定的压力,保持一定时间后观察零件外表面的渗漏情况,以确定零件能否使用。

试验用液体可选用水或油,也可用空气,依要求而定。试验压力依零件工作条件而定。

例如,气缸套上部(1/3 气缸全长)是燃烧室组成部分,试验压力为 $1.5P_z$(最高爆发压力)。四冲程柴油机气缸套内孔全长液压试验,试验压力为 0.7 MPa,保持 5 分钟后检验气缸套外表面有无渗漏,如图 1-2-22 所示。

液压试验法符合零件实际工作条件,检测准确、可靠,广泛用于新造和修理工作中。我国的《钢质海船入级与建造规范》《船用柴油机修理技术标准》及柴油机说明书各种零部件的试验压力等均有明确规定。

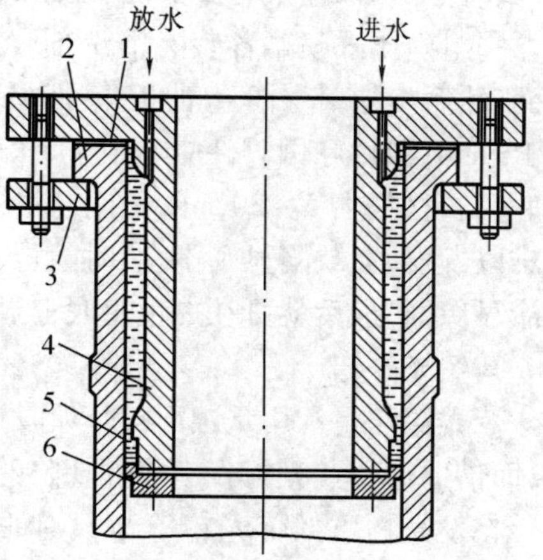

图 1-2-22　柴油机气缸套液压验

1—密封垫圈;2—气缸套;3—压盖;
4—试验夹具本体;5—密封圈;6—压板

2. 船机零件的无损检验

无损检验是在不破坏或基本不破坏零件、构件和材料,即不破坏零件、构件的形状、尺寸精度、表面质量和成分、材料性能以及使用性能的前提下,采用物理、化学等方法探测内部和表面的缺陷及某些物理性能。现代无损检验不仅探测缺陷,而且给出缺陷的定量评价。如定量测量缺陷的形状、大小、位置、取向、分布和缺陷的性质等,定量测量零件和材料的物理、力学性能,如温度、残余应力、覆盖层厚度等。

无损检验在船舶建造和修理中也广泛应用。如对船体钢板、船体焊缝、压力容器焊缝及船机零件缺陷进行渗透探伤、磁粉探伤、超声波探伤等。近年来研究和开发出新的无损检验技术,如声发射、激光全息摄影等,均已获得迅速发展和应用,不久亦会应用于修造船生产中。

(1)渗透探伤

液体渗透探伤是使用较早的一种检验表面缺陷的方法。液体渗透探伤的原理是利用液体的流动性和渗透性,借助毛细作用显示零件表面上开口性缺陷。

渗透探伤原理简单,操作方便、灵活,适应性强,可检查各种材料和各种形状尺寸的零件,对表面裂纹有很高的检测灵敏度。但不能检测表面非开口性缺陷和皮下缺陷。按照渗透剂的不同有三种方法。

①煤油白粉法

煤油白粉法是一种老的但很简便的渗透探伤方法,一直沿用至今。以煤油为渗透剂,石灰粉或白垩粉为显像剂。检验步骤如下:

a. 先将清洗干净的零件浸入煤油中或把煤油涂在零件待检表面上,依零件尺寸大小而定;

b. 15 ~ 30 min 后,煤油已充分渗入零件缺陷中,取出零件并擦干;

c. 在零件待检表面上涂一层白粉,干燥后适当敲击零件,使渗入缺陷中的煤油携缺陷中的锈、污等复渗于白粉上,呈现黑色痕迹,将零件表面上缺陷的大小、部位或覆盖层脱壳情况显示出来。

此法简便、实用、经济,但不精确,只能粗略检验。

②着色探伤

着色探伤渗透液含有红色颜料、溶剂和渗透剂等成分,具有渗透力强,渗透速度快,显像时清晰醒目,洗涤性好,化学稳定性好和无腐蚀、无毒或低毒等特点。显像剂常用氧化锌、氧化镁或二氧化钛等白色粉末和有机溶剂组成。显像剂具有悬浮力好,与渗透液有明显的衬度对比,显示缺陷清晰,易于辨别,无腐蚀性等特点。

着色探伤操作中有浸液法、刷涂法和喷涂法。内压式喷罐操作简单,携带方便,广为应用。一组内压式喷罐各装有清洗剂、渗透剂和显像剂。检验时,先用清洗剂清洁零件待检表面,然后喷涂一层渗透剂,依零件材料不同有不同的渗透时间。如常温下铝合金铸件约为15 min;锻件和钢铸件应不小于30 min;钢锻件和焊缝有的可达60 min;塑料、玻璃、陶瓷等非金属材料在5~30 min之间。渗透剂渗透时间对检验灵敏度影响很大。时间短,小缺陷难以发现,大缺陷显示不全;时间长,难以清洗和检验效率低。在清洗掉表面渗透剂后再喷涂显像剂,最后就可在白色衬底上显示出红色缺陷痕迹。

③荧光探伤

荧光探伤是利用水银石英灯所发出的紫外线束激发发光物质,使发光物质产生一种荧光,而借助这种荧光检查出零件缺陷的方法。

将发光物质如荧光粉等与只有很强渗透力的油液,如松节油、煤油等按一定比例混合,涂在零件表面,使其渗入零件缺陷内,待一定时间后,将零件表面擦干净,再涂以显像剂,将渗入缺陷里的荧光液吸附出来,此时将零件放在紫外线下照射,便能使吸附出来的荧光物质发光,缺陷就被发现,图1-2-23所示为荧光探伤法的示意图。

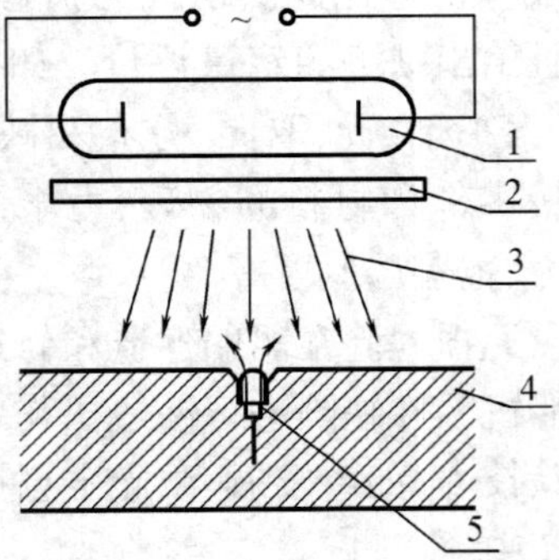

图1-2-23　荧光探伤法示意图

1—紫外线光源;2—透过紫外线相和阻止可见光的滤光片;3—紫外线;4—被检查零件;5—充满荧光物质的缺陷

荧光探伤属于表面探伤,它不仅能检查出磁性金属零件的表面缺陷,而且也能检查出非磁性金属和非金属零件的表面缺陷,如不锈钢、铜、铝和塑料等。对铝活塞、增压器叶片、轴瓦等常采用荧光探伤法来检查其表面缺陷。荧光探伤的灵敏度比磁粉探伤高,可以发现磁探伤所不能发现的很细小的裂纹,它的缺点是只能检查与零件表面相通的缺陷。与磁粉探伤结合使用效果更好,即在磁性悬浮液中加入0.2%(按容量计)的荧光剂,当零件磁化并喷上荧光性悬浮液后,先用锯木屑干燥,放置1 h后,在紫外光线下进行检查。

荧光探伤的步骤如下:

a. 在检查之前应清除零件污垢和油迹。

b. 在零件表面涂以荧光液,搁置一段时间,使荧光液充分渗透到零件表面的缺陷内。

c. 去除零件表面的荧光液,可采用微流的清水洗涤或用布将零件表面擦干净,也可用乳化剂涂于零件表面,再用微流清水冲洗净,并用布擦拭,加速去除乳化剂。

d. 在零件表面涂一层显像剂。

e. 在水银石英灯下观察零件。打开水银石英灯,经15 min左右待灯点稳定后,将零件置于灯光下,由于荧光液及显像剂的作用,便在缺陷处出现强烈的荧光。根据发光程度之不同,就可判断缺陷的大小。

在荧光探伤中一般使用的显像剂有氧化镁粉、碳酸镁粉、石英粉和滑石粉等。目前氧化镁粉应用较为普遍。

④渗透检漏探伤

液体渗透检漏探伤用以探测容器或焊缝上有无穿透性缺陷。可用来检验金属或非金属容器。最常用和最简单的是煤油渗透检漏。

采用煤油渗透检漏时，在焊缝易于观察的一面涂以白粉液，干燥后在另一面涂上煤油，观察白粉上有无透过煤油的痕迹。采用着色渗透检漏和荧光渗透检漏具有更高的灵敏度。

液体渗透检漏探伤的渗透时间与探伤部位的厚度有关，一般不少于着色或荧光探伤渗透时间的3倍。

（2）磁粉探伤

磁粉探伤或称磁力探伤，是一种表面探伤方法，也是应用较早的一种无损检验技术。具有设备简单、操作方便、检验速度快、灵敏度较高等优点。但检验范围小，仅限于铁磁性材料及其合金。广泛应用于工业生产中，修造船工业生产中也普遍采用。

磁粉探伤可以探测材料或零件表面和近表面的缺陷，对裂纹、发纹、折叠、夹层和未焊透等缺陷极为灵敏。采用交流电磁化可探测表面下2 mm以内的缺陷，采用直流电磁化可探测表面下6 mm以内的缺陷。

磁粉探伤设备有固定式、移动式和手提式三种磁力探伤机。显示介质为较细的纯铁磁粉（Fe_3O_4）。直接使用干粉灵敏度高，但操作不便；把磁粉和煤油混合成湿粉，使用方便。

为了提高磁粉探伤效率、探伤灵敏度和扩大应用范围等，对磁粉探伤方法和设备进行了不断地研究和改进。目前已研制成半自动、全自动磁粉探伤机和专用自动探伤机，如曲轴半自动探伤机、钢材自动磁粉探伤机。除部分项目或磁痕检查仍用目测外，磁粉探伤从零件装夹、磁化、喷粉到退磁等工序全部自动化。发展水下磁粉探伤，对船体水下部分、海上石油钻井平台的水下焊缝、海底管道等进行检测。

①磁粉探伤原理

磁粉探伤是基于铁磁性材料导磁率高的特性来检验缺陷，当表面或近表面存在缺陷的零件在磁场中被磁化后产生漏磁场，漏磁场吸附磁粉显示出零件表面或近表面缺陷的大小、形状和部位，如图1－2－24所示。

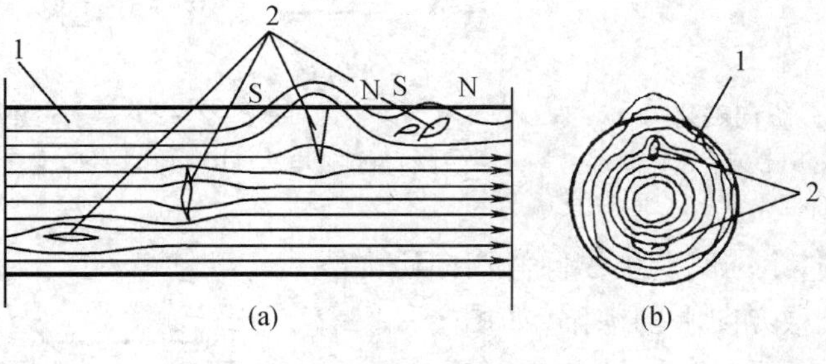

图1－1－24　磁粉探伤原理

1—零件；2—缺陷

在导磁率不同的两种介质的界面上，磁力线的方向发生改变，类似于光和声波的折射，形成磁力线的折射。如果两种介质的导磁率相差悬殊，例如铁和空气，磁力线折射进入空气后几乎垂直于界面，使磁场路径改变，漏入空气中的磁力线形成漏磁场。

零件内缺陷的大小和方位影响磁力线折射的角度（或磁力线弯曲程度）和漏磁场强度。表面缺陷较大并与磁力线垂直时，漏磁场最强，最易探伤，随着缺陷与磁力线的夹角变小，最终与磁力线平行时，漏磁场强度也由最强变为零。当缺陷与磁力线夹角大于45°时，仍保持一定的漏磁场强度和检验灵敏度。缺陷在零件内部距表面较远，甚至不能形成漏磁场，不能显示缺陷。

②磁粉探伤方法

磁粉探伤方法按分类方法不同有：

按磁化电流性质分为交流电磁化法和直流电磁化法；

按磁场方向分为纵向磁化、周向磁化和复合磁化；

按显示介质状态和性质分为干粉法、湿粉法和荧光磁粉法等；

按磁化方法为直接通电法、局部磁化支杆法、心轴法、线圈法和铁轭法等。

按磁场方向分为：

a. 纵向磁化零件磁化后产生平行零件轴线的磁力线，可以探测与零件轴线垂直或成一定角度的缺陷。采用直流电或交流电通过线圈或铁轭磁化，如图1-2-25所示。

b. 周向磁化零件直接通电或使穿过零件的心轴通电，使在零件内产生垂直零件轴线的磁力线探测轴向缺陷，即平行或近平行零件轴线的缺陷，如图1-2-26所示。

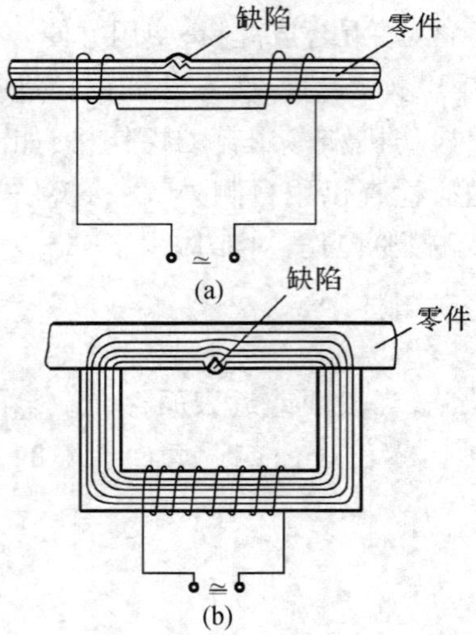

图1-2-25　纵向磁化

(a)线圈法；(b)铁轭法

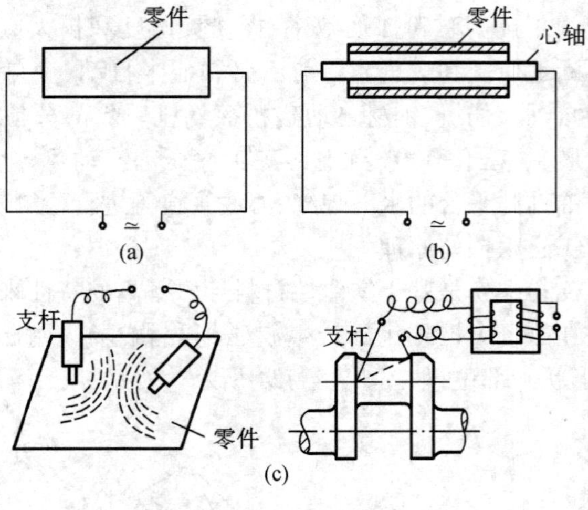

图1-2-26　周向磁化

(a)直接通电法；(b)心轴法；(c)支杆法和曲轴探伤

c. 复合磁化零件上同时产生纵向和周向磁力线，可以探测零件上任意方向上的缺陷，如图1-2-27所示。

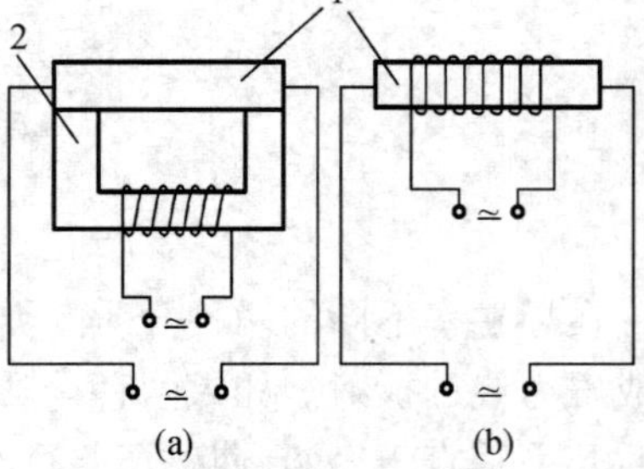

图1-2-27　复合磁化

1—零件；2—铁轭

③磁化电流

磁粉探伤的磁化电流可采用直流电或交流电。为了获得强磁场和确保安全，选用低压大电流，一般电压在12 V以下，电流则因零件大小按经验公式求得。

直流电磁化产生的磁场强度大，磁力线在零件截面上分布均匀,不仅可探测表面缺陷,还可探测表面以下 6 mm 深度的缺陷,但直流电源复杂,使用不便,退磁困难,现在应用较少。

交流电磁化产生磁力线因集肤效应分布在零件表面层,可探测表面以下 2 mm 深度的缺陷,探测灵敏度高,易于退磁,设备简单,电源方便,应用广泛。

④退磁

磁粉探伤后由于铁磁性材料的顽磁性使零件内有剩磁。剩磁将使回转零件吸附铁屑而加速磨损,使仪表工作不正常。零件磁粉探伤后必须退磁,若探伤后还要经 700 ℃以上热处理,则可不退磁。零件退磁后可用袖珍式磁强计测定剩磁,一般要求剩磁不超过规定值。

(3)涡流探伤

涡流探伤是一种探测金属材料零件或构件表面和近表面缺陷的无损探伤方法。涡流探伤是在电磁感应的基础上,利用在交变磁场作用下不同材料产生不同振幅和相位的涡流来检验铁磁性和非铁磁性材料的物理性能、缺陷和结构尺寸等的检验方法。

①涡流探伤原理

在电磁感应中,当零件接近一个带有交变磁场的测量线圈时,这个线圈的磁场就会在零件中产生旋涡状的感应电流,常简称为涡流,如图 1－2－28 所示。同时根据楞次定律,由涡流产生的磁场总是企图削弱激磁线圈的激磁磁场,故使总的合成磁场小于原来(没有涡流时)的激磁磁场。因此涡流法探伤时,其测量线圈中的阻抗大小随零件缺陷的存在与否或涡流的大小不同而不同。如果检查的钢管中存在缺陷,测量线圈中的阻抗与无缺陷部分的阻抗就有差别,通过放大器或其他仪器放大和鉴别,就可把存在缺陷的部分指示出来,如图 1－2－29 所示。

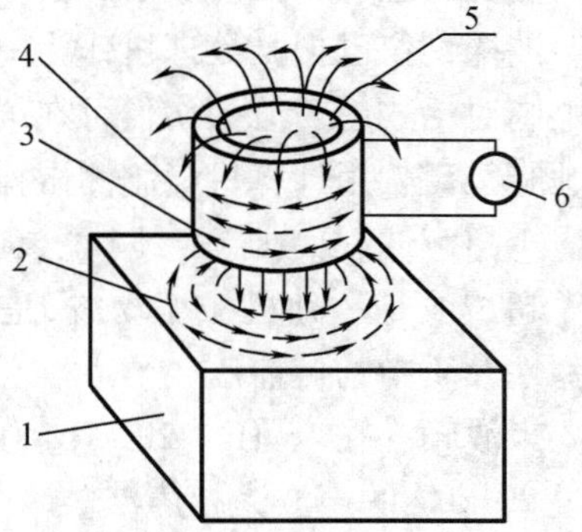

图 1－2－28　涡流产生原理图

1—工件;2—感生涡流;3—激励电流;4—激励线圈;5—交变磁场;6—交流电源

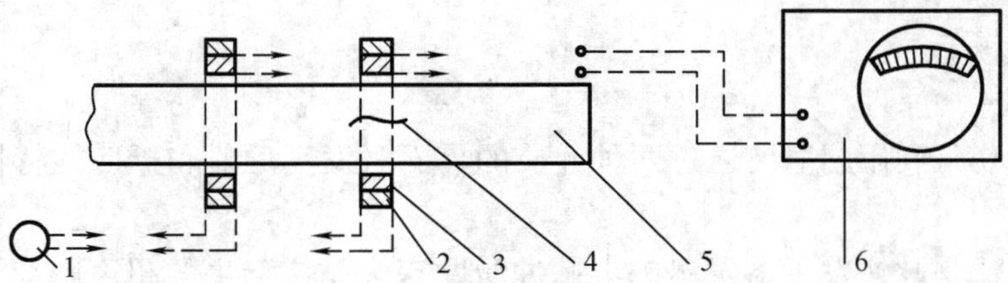

图 1－2－29　涡流探伤原理图

1—交流电源;2—激励线圈;3—测量线圈;4—缺陷;5—工件;6—测量装置

②涡流探伤的特点

涡流探伤可探测零件表面 0.11～0.2 mm 深处的缺陷,灵敏度较高,检测速度快,探测时可不与缺陷零件接触,进行间接探测,易于实现高速自动化检测。涡流探伤设备简单,操作方便、灵活,可以原地探测。由于可以对缺陷、物理性能、尺寸等多种检测,所以是一种多用途无损检测方法。

但是涡流探伤仅适用于导电材料,对缺陷显示不直观,更不适于形状复杂零件的探伤。

由于涡流探伤是一种间接测量方法，影响涡流变化的因素较多及涡流信号不易分离与提取等，均影响探测的可靠性。

③涡流探伤的应用

涡流探伤除探测零件表面内的缺陷（裂纹、折叠、气孔和夹杂）外，还能测量材料的物理量（导电率、导磁率、晶粒度、硬度、尺寸和热处理状态）和零件表面上的镀层、涂层的厚度，无损测量金属箔、板材和管材的厚度、直径等。

(4)超声波探伤

超声波探伤适用于各种工程材料和各种尺寸的锻件、轧制件、焊缝和某些铸件。各种机械零件和构件，如船体、锅炉、容器等都可利用超声波进行有效地探伤，可采用手动或自动化方式进行检测。利用超声波探测零件内部的缺陷，也可以进行物理性能检测，如无损检测厚度、硬度、淬硬层深度、晶粒度、残余应力、胶接强度、液位和流量等。

随着微型计算机的发展，超声波探伤仪和检测探伤方法都得到迅速发展。目前，许多超声波探伤仪已把微处理机作为一个部件组装在一起，完成数据和图像的处理。更先进的全电脑对话式超声波探伤仪可在屏幕上显示回波曲线和检测数据，存储缺陷波形和打印数据、图形资料，用计算机编制测试探伤报告等。

①超声波

超声波是一种机械振动波，是超声振动在介质中的传播，实质是机械振动以波的形式在弹性介质中的传播。

声波频率在 16 Hz ~ 20 kHz 为人的听觉范围。频率小于 16 Hz 的声波为次声波；频率超过 20 kHz 的声波为超声波。

超声波具有频率高、波长短、传播能量大、穿透力强、指向性好的特点。超声波在均匀介质中沿直线传播，遇到界面时发生反射和折射，并且可以在任何弹性介质（固体、液体和气体）中传播。在工业超声波探伤中，传播介质主要是固体，液体作为耦合剂以减少声能损失，气体则常常包含在缺陷（如气孔、缩孔、裂纹等）中。

超声波在介质中传播方式随振源在介质上施力方向与声波传播方向不同分为纵波、横波和表面波。

②超声波探伤

a. 超声波探伤原理

超声波探伤是利用超声波通过两种介质的界面时发生反射和折射的特性来探测零件内部的缺陷。

脉冲反射法是脉冲发生器发出的电脉冲激励探头晶体产生的超声脉冲波。一次脉冲反射波是以一次底波为依据进行探伤的方法。超声波以一定的速度向零件内部传播，一部分波遇到缺陷后反射，其余的波则继续传播至零件底面后反射，发射波、缺陷波和底波由探头接收放大后显示在荧屏上，如图 1-2-30 所示。

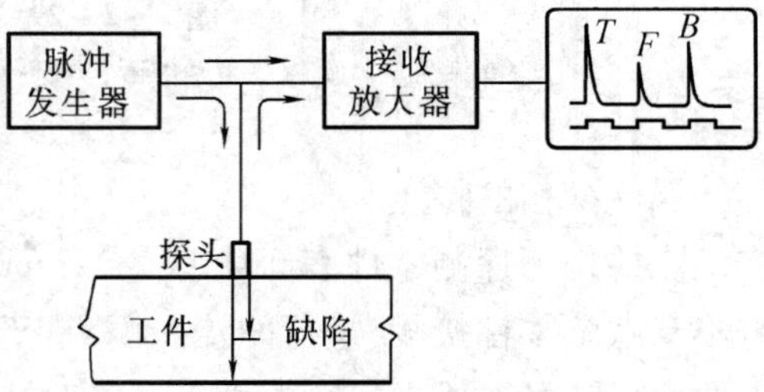

图 1-2-30　超声波脉冲反射法探伤原理

由发射波、缺陷波和底波在时间基线上的位置求出缺陷部位。依缺陷波的幅度判断缺陷的大小，具体方法有当量法、定量法等。对于缺陷的性质则主要依缺陷波的形状和变化,结合零件的冶金、焊接或毛坯铸、锻工艺特点以及参照缺陷图谱和探伤人员的经验来判断。

超声波探伤常用工作频率在0.4～5 MHz之间。较低频率用于检测粗晶材料和衰减较大的材料;较高频率用于检测细晶材料和要求高灵敏度处。特殊要求的检测频率可达10～50 MHz。

b. 换能器

超声波换能器俗称探头,主要由压电晶片构成,是产生和接收超声波的装置。工业上产生超声波的方法很多,主要有压电式、电磁式等。超声波探伤中主要利用压电式换能器,即电声、声电换能器。

某些单晶体和多晶陶瓷在应力作用下产生应变时,晶体内产生极化或电场,称为正压电效应。反之,当晶体处于电场中时,由于极化作用在晶体内产生应力或应变,称为逆压电效应。超声波探伤中使用的单晶体有石英、酒石酸钾钠、硫酸锂等。压电陶瓷有钛酸钡($BaTiO_3$)、钛酸铅($PbTiO_3$)等。所以,利用石英、铁酸顿的正压电效应产生超声波,逆压电效应接收超声波。压电晶体在交变电压作用下,晶体在厚度方向产生伸缩变形,产生与交变电压频率相同的机械振动,即产生超声波。将高频振动(超声波)作用在晶体上,晶体的两个电极之间会产生与超声波相同频率、强度及与超声波成正比的高频电压,即接收超声波。

依探头结构和使用波型不同分为直探头、斜探头、表面波探头、双晶探头、专用探头等。直探头可发射和接收纵波,斜探头可发射和接收横波。

超声波探伤中较为普遍采用纵波接触法,单探头或双探头发射和接收超声波。探头与零件表面上的祸合剂薄层接触进行探伤。单探头多用于探测中厚板、大型锻件、大厚度焊缝和形状简单的毛坯制件。双探头特别适于探测近表面的缺陷。

③超声波探伤的特点

超声波探伤能对金属和非金属内部的缺陷进行非破坏性检查。它的速度快、穿透能力强、灵敏度高并且效果好。能探测5～3 000 mm的零件,可以立即判断出缺陷的深度、位置、范围和性质。此外,它的设备轻巧、操作方便、成本低并且对人体无害。

超声波探伤对零件表面粗糙度有一定要求,一般要求R_a 3.2 μm以上,且零件表面清洁光滑,与探头接触良好。在临近探伤表面的一段距离内如有缺陷,其反射波和始波无法分辨出来,因而无法判断其有无缺陷,故此距离内称为盲区。盲区大小是由仪器设计参数决定的。我国出产的超声波探伤仪,在钢材中其盲区一般为5 mm左右。如果使用能产生表面波的探头,可以探测零件表面的缺陷,以弥补纵、横波探伤难以发现的“死区”内部缺陷的不足之处。

同样,每一形式的超声波探伤仪都有一定的分辨率,即对零件内部相邻两个缺陷的区分能力。一般的超声波探伤仪在钢材中的分辨率为5 mm左右。

(5)射线探伤

射线探伤是利用射线探测零件内部缺陷的一种无损探伤方法,利用X射线、γ射线和中子射线易于穿透物体和穿透物体时被吸收和散射而衰减的程度不同,使胶片感光程度不同来探测物体内部的缺陷,对缺陷的种类、大小、位置等进行判断。中子射线比X射线、γ射线具有更强的穿透力和独有的特点,成为射线探伤中新的重要技术。以下主要介绍X射线和γ射线探伤。

①X 射线和 γ 射线的特性

X 射线和 γ 射线都是电磁波，波长范围均为 0.001 ~ 1 nm，比可见光的波长短，频率高，穿透力强。只是两者产生方法不同。它们具有以下特性：

a. 不可见，以直线传播；

b. 不带电荷，也不受电场和磁场影响；

c. 能穿透物体并被物质吸收而使自身强度衰减；

d. 能产生光化学作用，使胶片感光；

e. 能使物质电离、使某些物质产生荧光，能产生生物效应，对生命细胞有杀伤作用。

②射线探伤检测原理

射线探伤的方法主要有射线照相法、透视法（荧光屏直接观察）和工业射线电视法。目前国内外广泛应用射线照相法。

射线照相法探伤是利用各种物质的密度、原子序数和厚度不同，对射线吸收能力不同，即射线衰减程度不同，对材料或零件内部质量进行照相探伤的方法。当射线穿过密度大的物质（金属或非金属）和密度小的缺陷（空气）时被吸收的程度不同，即射线衰减程度不同，使胶片感光程度不同，因而获得反映内部质量的射线底片，如图 1 – 2 – 31 所示。

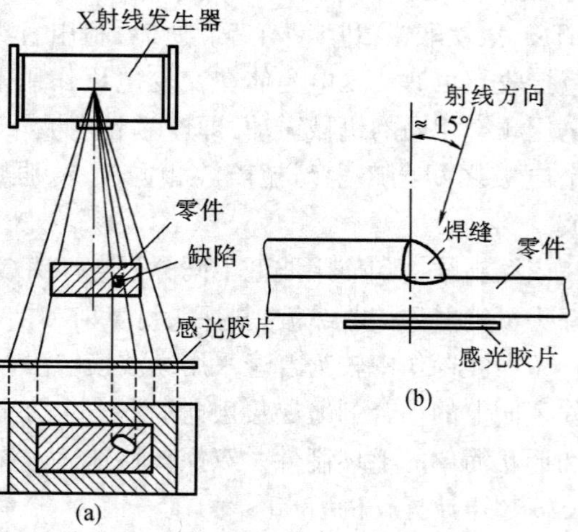

图 1 – 2 – 31　射线探伤原理及实例

(a)原理示意图；(b)搭接焊缝探伤

③射线探伤的特点

射线探伤能够直接观察零件内部缺陷的影像，便于对缺陷定性、定量和定位，适用于所有的材料；探测厚度范围广，从钢片到厚达 500 mm 的钢板，但不能超过 500 mm，且对薄片表面缺陷（如表面疲劳裂纹、发纹等细小线状和分层缺陷等）探测较难。射线探伤的缺点是设备昂贵，检验费用高，射线有害人体健康，需加防护等。

射线探伤可探测金属材料和非金属材料内部质量，探测铸件、焊接件内部缺陷。例如，船厂广泛用于船体焊缝和铝铸件的检验。

目前射线探伤在高能射线、图像显示和自动检测等方面均有很大发展，尤其工业 CT，即 X 射线计算机层析摄影技术（Computed Tomography）对提高射线探伤的缺陷定位、定量和定性精度等具有极重要意义。

(6)综合探伤法

随着科学技术的发展，无损探伤技术不断提高，新的探伤方法不断出现。在生产实践中，如何合理选用探伤方法进行有效检测，这是无损探伤工作中的重要环节。

所谓探伤方法的综合应用，就是合理利用各种探伤方法的优点，相互配合，较好地达到对零件质量进行全面检查的目的。具体方案通常是：以磁粉探伤和渗透探伤检查表面缺陷，而以超声波探伤做内部质量普查，判断出需要进一步检查的部位，最后用射线探伤对疑点进行透视检查，做定性分析判断。

合理地综合应用各种探伤方法，不仅能提高检查的灵敏度和可靠性，而且可以缩短检查周期，提高效率。

二、船机零件的故障诊断

1. 概述

对船舶机械进行动态监测和故障诊断是实现船舶现代预防维修的最佳方式——视情维修的先决条件，是现代轮机管理的重要内容。

船机故障诊断是在应用一般机械诊断技术的同时，针对船舶机械特点研制专门用于船上的故障诊断装置或监控系统。船机故障诊断技术是在船机运转状态下，利用其显示出的一切外部信息来判断、识别其内部的技术状态。例如，船舶柴油机运转状态下的性能参数：温度、压力、转速，零件尺寸变化，振动和噪声，润滑油中的磨损产物等均是故障诊断监测和监控的外部信息。分析和处理这些外部信息获得用于识别状态的特征参数，进而对故障的部位、原因和后果等做出正确的诊断。

（1）故障诊断

①船机状态信息

船机状态恶化就会产生相应于状态变化的各种信息，并显示出来。这些信息主要有以下三种类型：

a. 机械信息　由于机械状态恶化产生的运转状态变化的信息，其中直接与功能有关的信息有力、压力、扭矩、转速、电流、电压等，其他运转状态信息有振动、声音、温度等；

b. 电磁信息　主要有电流、电压、电磁感应密度、部分放电、导磁等信息；

c. 化学信息　机械状态恶化产生的气、液、固体等的信息，例如排烟、磨损产物、润滑油变质等信息。

②故障诊断过程

故障诊断过程主要包括以下三个阶段的工作：

a. 信息采集　首先要选择易测和准确反映故障的信息，其次是选用采集信息的仪器。通常选用传感器采集信息，依测量信息参数的不同有不同的传感器，如温度、压力或振动传感器。采集故障信息的方式可选用连续监控方式或定期（定时）停机检测方式获取，同时可直接测定或间接测定。

b. 信息分析处理（数据处理）　或称特征提取。把原始、杂乱的信息进行处理，获取反映故障最敏感的性能参数。在现代故障诊断技术中，大多采用专门的电子仪器或计算机对所采集的信息进行分析处理，获取反映状态又易于识别的特征信息。

c. 状态识别、判断和预测　根据特征参数，参照相应规范、运用各种知识和经验，对机器状态进行识别，对早期故障进行诊断，对故障的部位、原因和程度做出判断，对其发展趋势进行预测，为确定维修决策提供技术依据。识别的方法主要有对比、分类、聚类、辨识和推理等。

以上是以状态信息为基础进行机械故障诊断，所以称为基于信息的故障诊断。目前，大多数的故障诊断技术属于此类。由于采集的信息是针对机器的局部而非整体，诊断过程中应用的检测技术与诊断方法多是简单地组合，信息处理技术与计算机仅用于数据的处理等，所以这种故障诊断是有局限性的，非智能型的。

将先进的传感技术、信息处理技术与船机设备诊断领域专家的丰富经验和思维方式相结合形成船机设备故障诊断专家系统。专家系统实际上是人工智能计算机程序系统，它利用大量专家的专门知识、经验和方法解决实际的复杂故障诊断问题。所以，称这种诊断为基于知识的故障诊断，它是智能诊断，是故障诊断的发展方向。

综上所述可以看出，故障诊断不仅对故障的部位、原因和程度进行精确判断，其所采用的诊断手段也是较精密的电子仪器和专门仪器，对人员素质要求较高，所以是一种精密诊断。但其尚处于发展中，不够成熟和简便易行。

③故障诊断技术的应用

根据故障诊断技术特点不同有直观检查法，性能参数分析法，振动、噪声分析法和油液分析法等。

故障诊断技术广泛用于各类机械、工程结构和机械产品、零部件的故障诊断中，其中以旋转机械应用居多。尤其适用于重大关键设备、不能直接检查和不能解体的重要设备、维修困难和维修费用高的设备、无备件或价格昂贵的设备等。船舶机械中主要是大型往复式和旋转式机械，虽也采用故障诊断技术，但由于船舶长期航行在海上和独特的工作条件，在开展故障诊断技术应用上尚不够广泛。目前主要采用性能监控、振动分析和油液监测等故障诊断技术。

应用于船机故障诊断的技术应有效地防止和减少故障，最大限度地缩短停机停航时间，选用操作方便、容易分析、诊断迅速和价格便宜的仪器仪表，以便实现视情维修，有利于提高管理人员技术素质和现代轮机管理技能。船上主要对机舱中的重要设备和那些效能发挥不好经常发生故障的重要零部件采用故障诊断技术，例如，船舶主柴油机气缸、活塞组件和主轴承等。

(2)设备工况监测

设备工况监测或称状态监测，与故障诊断技术不同。它是通过测定机器某个较为单一的特征参数，例如温度、压力、振动等，来探明机器工作状态正常与否。若特征参数在允许范围之内则状态正常，否则异常。并且依异常程度确定维修对策。通过对机器进行定期或连续监测可以了解故障发展的趋势性规律，从而对机器运转状态进行预测。所以状态监测又称为趋势分析。

一般状态监测所采用的仪器较为简单，易于操作，对人员的技术素质要求也不高，所以是一种简易诊断。若由计算机完成状态监测时，则为自动监测系统。

2. 故障诊断技术

(1)性能参数分析法

又称性能监控，是船机故障诊断的核心技术。它是利用传感器或仪器、仪表测定船机设备的各项性能参数(如温度、压力、转速等)，经数据处理、比较和分析后判断其运转状态和趋势。

性能参数分析法诊断故障，早在船舶蒸汽机时代就已采用，管理人员用“听、摸、嗅、看”来了解主、辅机的运转参数，进而通过人脑快速思维分析判断机器的运转状况和运转趋势。至今，这种方法在现代船舶的柴油机运转管理中仍被沿用。例如，用手触摸柴油机高压油管，依其脉动情况判断高压油泵的工作状况。

性能参数监控范围广，可监控船上的零件、部件、机器、系统等。根据监控手段和数据处理方法的不同有以下两种：

①图示法。利用柴油机上的仪表或简单的测量工具，定时定位采集性能参数，并且每次测取数据都在相同的稳定工况下进行，以便对比分析。通常，测取 3 ~4 个参数并绘于同

一坐标图中,反映某一零部件或运转状态的情况,从中分析判断出问题所在。例如,柴油机气缸内燃烧状况可通过测取燃油消耗量、扫气压力和排烟温度等性能参数,作图显示气缸内各性能参数变化,分析诊断燃烧存在的问题及发展趋向。

图示法性能监控可以有效地诊断故障,对降低维修费用、延长零部件及机器使用寿命和提高轮机员技术素质均十分有益。但此法依人工采集参数、分析和比较来诊断故障则是一项十分繁重、麻烦的工作,需要轮机员有一定的技术水平。

②利用安装在机器上的传感器扫描各监测点的性能参数(如温度、压力、速度等),通过计算机记录、处理和显示,进而可以分析判断故障。

活塞环磨损监测装置(SIPWA)是利用安装在气缸扫气口处的传感器检测特制的顶环——第一道活塞环外圆面上镶嵌一圈非磁性材料的楔形环带。当顶环通过扫气口时,传感器测量楔形环带宽度变化,实现对活塞环径向磨损的监控,并显示于屏幕上,如图 1-2-32 所示。当燃油净化不良时,顶环磨损增加,SIPWA 给出警示,轮机员及时采取措施。

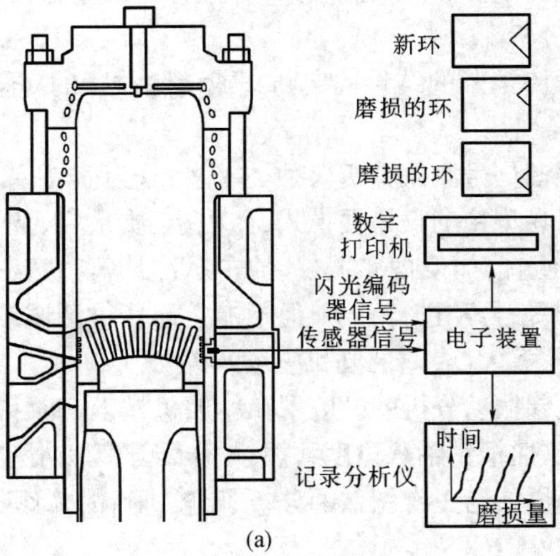

(a)

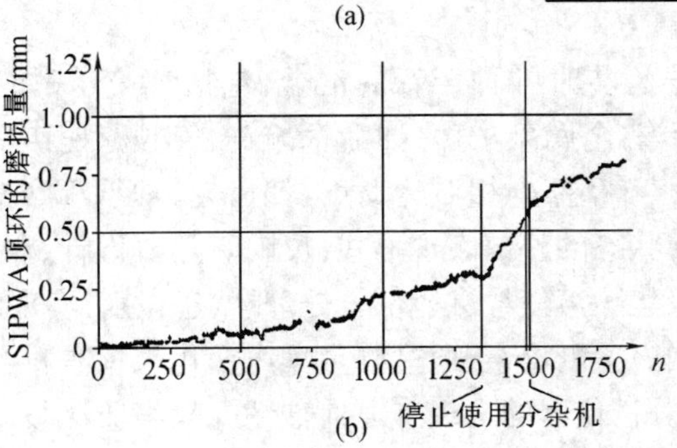

(b)

图 1-2-32 Sulzer 柴油机活塞环磨损监控

应用计算机自动检测和诊断故障的性能监控系统,可以对整个柴油机动力装置进行监控,也可以对机器、零部件的工作过程进行监控。例如 PAC 监控系统可对动力装置中发动机运转、废气锅炉增压器运行、活塞环工作状态、气缸的润滑和磨损、气缸热负荷、燃烧和喷油系统等进行监控。DMC 检测系统可对缸内燃烧和喷射过程进行监控。此外,在船体状态检测、驾驶台监控等方面的应用也在不断扩大。

(2)振动分析

船舶动力机械在运转中的振动是故障诊断的重要信息,振动信号的变化反映着机器内部状态的变化。因此,采集振动信号,经过信号处理、状态识别和趋势分析,就可诊断故障。据国内外统计资料表明,利用振动监测可以诊断绝大部分的机械故障,所以振动分析是一种广泛应用的重要诊断技术。

振动监测技术包括以下内容:

①振动信号的测取　依振动频率不同配置相应的传感器,并安装在合适的测量点处采集振动信号。对应于低、中、高频振动信号分别选用位移、速度、加速度传感器,一般加速度传感器应用最为普遍。

②信号处理　利用信号分析仪将采集的振动信号进行处理,除掉原振动波形中无意义而又有害的波,并加工成便于精密分析的信号,进而提取机器故障的振动信息。信号处理是振动监测技术的核心。

③状态识别　根据提取的故障信息频谱,参考有关故障的振动频谱对机器状态做出判断,并对故障原因进行分析。

④诊断决策　依故障诊断的结果确定防止或消除故障的对策,预测机器状态变化的趋向等。

振动监测所用的振动信号测试分析仪种类繁多,分为简易型、半精密型和精密型,并且有通用与专用之分。简易型检测仪为便携式,体积小、质量轻、携带方便、操作简易,并能快速显示测试结果,价格便宜,如便携测振仪、冲击脉冲计等。精密型测试仪器测量精度高,抗干扰能力强,现场采集信号和进行分析,但不能立即获得测试结果,操作复杂,价格较贵。精密测试仪包括传感器、放大器、记录仪和信号分析仪。

自20世纪70年代起振动分析就已应用在船舶机械上,如目前用于舰船动力装置振动分析和船用柴油机拉缸、曲柄销轴承过度磨损、增压器压气机滑动轴承咬死等的振动分析。通过这些故障的振动频谱图与正常图谱的分析、比较进行故障诊断和原因分析等。

(3)噪声监测

船舶机械噪声是机器运转时各种声音的汇合,包括气流声,如柴油机排气声、燃烧噪声,增压器中的吸排气声等;金属敲击声,如活塞敲缸、气阀落座声等;结构件振动声,如各种罩壳、箱盖等的振动噪声;摩擦副相对运动声,如齿轮、轴承等摩擦副发出的声响,等等。船舶机械的噪声是其运转状态的外部表现形式,反映着船机设计、制造、安装和修理的质量及其维护管理的质量。采集噪声信号进行信号处理、状态识别,实现船机故障诊断和预测。

噪声听诊器是简易噪声检测仪,它通过测量噪声变化来检查机器状态。近年来随着高新技术的发展,大量测试分析仪器的出现有力地推动了噪声监测技术的发展。如采用高保真磁带录音机和信号分析仪采集噪声信号和进行信号的分析处理等。此外用于振动测试的仪器和分析方法也可用于噪声监测。

(4)油液监测

柴油机运转过程中,即便各运动副处于良好的液体润滑状态也不可避免地产生摩擦热和磨损。润滑油的温度升高使其理化性能逐步下降,更重要的是容纳了大量的磨损产物——金属颗粒和其他污染微粒。润滑油中的金属磨粒成分、颗粒大小和多少与摩擦副的工作情况密切相关。因此,润滑油中的金属磨粒是摩擦副技术状态的外部信息。油液监测技术是通过采集船机设备润滑油样,利用各种分析手段检测油样的性能和其所携带的反映摩擦副技术状态的磨损微粒，获得油样性能参数值和磨粒的成分、尺寸、形貌和数量等信息，以定性和定量地判断船机设备的磨损状态及预测其发展趋势。

润滑油监测技术包括润滑油理化性能检测和磨损微粒的分析。根据润滑油理化性能的变化，检测船机设备的润滑状态和由此引起的故障；根据磨粒分析判断磨损部位和程度，诊断磨损故障。油液监测技术的监测过程包括取油样，理化性能检测和磨粒分析，取得检测数据、分析诊断等步骤。油液监测技术包括理化性能检测和油样磨粒分析两种。

①理化性能分析

a. 经验法　经验法是一种定性简易检测方法。轮机员在日常的轮机管理中，经常通过观察润滑油的颜色、闻气味、用手捻搓等了解润滑油的黏度和金属屑、污染物及乳化变质等的情况，粗略判断油的质量和摩擦副的磨损程度。

b. 滤纸法　滤纸斑点试验法是测定油品理化性能常用的简易定性分析法。取油样滴于滤纸上，待其充分扩散后观察纸上的油滴斑痕图像，并与新油试样图像比较。油渍越黑表明油越脏。中心黑点较小、色较浅和四周黄色油渍面积较大，表明滑油尚可使用；黑点较大，呈黑褐色、均匀无颗粒，表明滑油已变质，应换油。

c. 常规化验法　常规化验是船机润滑油普遍采用的一种定期定量指标检测方法。对船用柴油机润滑系统每隔3~4个月取样一次进行定量分析。主要检验项目有：黏度、闪点、酸值、总碱值、水分和机械杂质等。具体检验方法按有关规定由专门化验部门进行。根据化验指标的变化情况综合分析在用油的质量，并对摩擦副状态进行粗略判断。

②油样磨粒分析

通过监测油样中磨粒的成分、含量、尺寸、形貌等来定性、定量地评价被监测的船舶机械和设备的磨损状态，诊断故障的类型、部位、程度和原因，并预测故障的发展趋势。近年来，油液监测技术发展迅速，光谱分析是其中最为成熟、可靠的先进监测技术。

a. 磁塞法　磁塞是一种带有磁性探头的检测器，将其安装到滑油管路中适当部位，吸附滑油中磨损产物、腐蚀产物和疲劳破坏的金属鳞片等。定期取下磁头，收集其捕捉到的金属屑，在光学或电子显微镜下观察金属屑的形貌、尺寸，分析判断故障部位和程度，如图1-2-33所示。

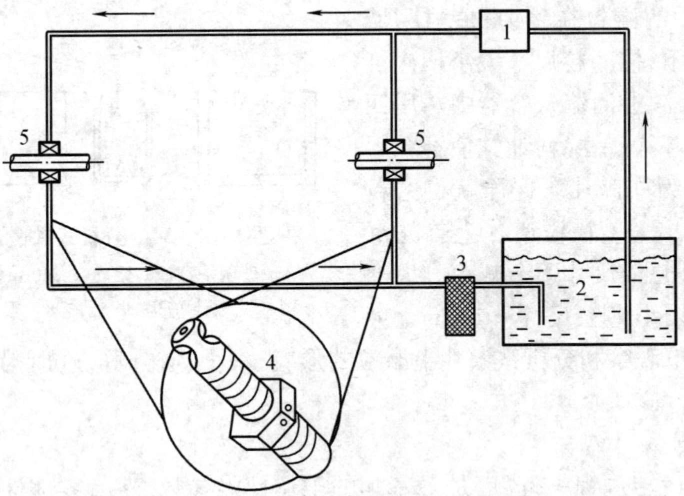

图1-2-33　润滑系统中的磁塞安装位置

1—油泵；2—油箱；3—滤器；4—磁塞；5—轴承

磁塞分为普通磁塞和电磁塞，其中电磁塞吸附量达到规定值时可自动报警。磁塞法适用于铁磁性材料，磨粒尺寸约为25～400 μm。磁塞法设备简单、成本低、使用方便。

b. 光谱分析法　光谱分析油液中的金属磨粒进行故障诊断的技术是一种应用范围较广、历史较长的诊断方法。光谱分析法分为原子发射光谱分析法和原子吸收光谱分析法。

光谱分析是利用原子和分子发射或吸收光谱进行物质化学成分及含量分析的物理方法，由于各种物质的原子和分子都具有自身特定波长的谱线，所以利用光谱的特性进行物质构成的分析是光谱分析的基本原理。油液光谱分析是通过分析润滑油中金属磨粒和污染物微粒的光谱来确定它们的成分和含量，评价船机设备和零件的磨损程度及剩余寿命。

c. 铁谱分析法　铁谱分析法是20世纪70年代发展起来的一种新型油液监测技术。它是利用高梯度强磁场将磨损产物的微粒和污染物微粒从润滑剂中分离出来，并按其几何尺寸大小依次沉积排列于透明玻璃谱片上，再借助光学或电子显微镜对磨粒和污染物微粒的形貌、成分、尺寸及分布进行定性、定量分析和研究的技术。铁谱分析法具有以下特点：

有较宽的磨粒尺寸检测范围，可检测0.1～1 000 μm尺寸的磨粒。由于机器、设备的磨损状态与其产生的磨粒尺寸和数量有直接关系，所以磨粒尺寸是反应机器、设备磨损程度的重要参数。例如，当磨粒尺寸大于5 μm时表明机器有严重的磨损。

可以同时获得磨粒的多种信息，既可观察磨粒的形貌、测定磨粒的尺寸、鉴定磨粒的成分，还可以确定磨粒的数量，从而可实现磨粒的定量和定性分析。

铁谱分析采用的仪器有直读式铁谱仪、分析式铁谱仪、旋转铁谱仪等。铁谱仪各具其特点和相应的使用范围。直读式铁谱仪操作简单、迅速，可以较快地获得油样中磨粒浓度的分析结果，适于现场使用做出简单诊断。

分析式铁谱仪是由铁磁装置、低稳排量的微量泵（或称蠕动泵，排量为0.25 cm^3/min）、输油导管和玻璃基片组成，如图1－2－34所示。抽取油样并进行浓度和黏度稀释处理后由微量泵将其输送到铁磁装置的高梯度磁场上方玻璃基片上，油样沿倾斜玻璃基片向下流动，油样中的磨粒在磁力、重力和液体黏性阻力作用下，按磨粒尺寸大小依次沉积排列于基片上，润滑油流入容器中。用四氯乙烯溶剂清洗基片，清除残油并使磨粒固定于基片上而成为铁谱片。这样就将磨粒从润滑油中分离出来。在铁谱片上首先沉积大磨粒，然后磨粒依尺寸逐渐减小。大磨粒尺寸≥5 μm，较小磨粒尺寸＜1 μm。最后在铁谱显微镜下观察和分析铁谱片上磨粒的形貌、大小、成分等，进而揭示船机设备的磨损形式、原因和程度。

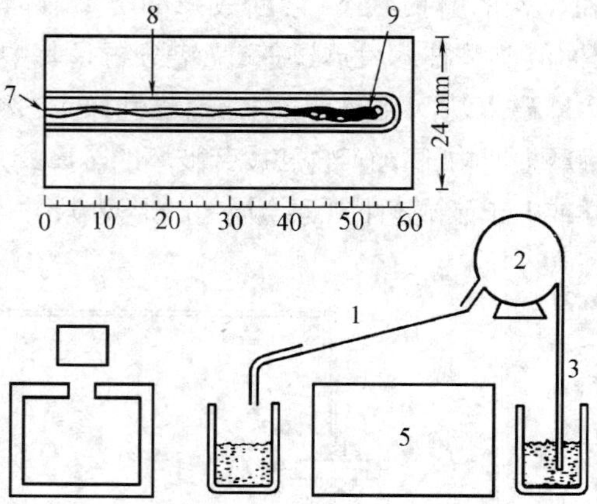

图1－2－34　分析式铁谱仪工作原理

1—玻璃基片；2—微动泵；3—导管；4、6—容器；5—铁磁装置；7—出油口；8—限油挡；9—进油

（5）红外监测

船机设备在运转过程中，温度是最基本的工作性能参数之一，零部件的温度变化直接与其工况和故障有关。所以进行温度监测可及时判断船机设备工况以保证安全可靠运转。

温度监测方法分为采用温度计的接触式测量和通过接收热辐射能量的非接触式测量。

红外监测就是温度监测中的非接触式测温技术之一。太阳光是由红、橙、黄、绿、青、蓝、紫七种可见光组成,波长在0.3～0.76 μm之间。在红光和紫光以外有不可见光红外光和紫外光。可见光与不可见光均是电磁波,红外光是介于可见光与微波之间的电磁波,波长范围在0.76～1 000 μm之间。

研究物质结构知,构成物质的原子、分子都在热运动,并且不时地改变其能量状态。当能量状态由高级向低级跃迁时会辐射出电磁波,电磁波以光子形式将能量带走。

物体表面温度与其辐射功率的关系由斯特藩－玻尔兹曼定律给出,即物体辐射强度与其热力学温度的4次方成正比。所以物体辐射强度随温度升高而显著增加。自然界中,任何高于绝对零度(－273 ℃)的物体都是红外辐射源。通过探测物体的红外辐射强度了解物体表面温度,进而诊断故障。因此,红外检测技术就是利用物体的红外辐射能量与其表面温度的关系实现非接触检测温度的技术,并通过温度变化测定物体内部的缺陷。

红外测温仪是最轻便、最直观、最快速和最价廉的表面测温仪器,分为红外点温仪和红外线温仪。可用指针或数字显示。目前国内产品测温范围有0～500 ℃和800～1 500 ℃。美国远程红外测温仪可测100 m内物体的温度,其范围为－20～200 ℃。

红外热成像系统是利用红外传感器、光学成像物镜和光扫描系统,非接触接收被测物体红外辐射信号,转变成电信号后放大、处理进行显示。将人眼看不见的与被测物体表面热分布对应的实时热像图转变成可见的电视图像或照片。国产便携式红外热像仪测温范围为0～150 ℃,美国照相扫描温度计能扫描、比较、测定并拍摄实景和温度分布曲线,测温范围达1 000 ℃。红外检测技术具有以下优点:

(1)非接触测温,减少影响测温精度的因素和用于因距离、动态、高温、不安全等难于接触物体表面的测温;

(2)测温速度快、显示直观、携带轻便、价格低廉;

(3)测温灵敏度高,能区别微小温度(0.01～0.1 ℃);

(4)测温范围广,可达－50～2 000 ℃。

除上述主要故障诊断技术外,在故障诊断中还常常采用逻辑诊断法和故障树诊断法。随着计算机技术的高速发展与普及计算机应用于各种故障诊断技术中,对采集的信息进行分析处理、比较、诊断和报警、存储和显示等,从而促进了故障诊断技术的发展,出现了各类计算机监测和诊断系统,如振动监测系统、油液监测系统等。

第三章　船机零件的检修工艺

第一节　船机零件修复的意义与原则

一、船机零件修复的意义与原则

1. 船机零件修复的意义

船舶机械运行一段时间后，船机零件不可避免地会产生损伤，大部分是磨损，严重时会明显改变零件的原有尺寸、几何形状、表面层的机械物理性能及配合特征。针对零件磨损、裂纹与腐蚀等损坏的修理，不仅延长了零部件的使用寿命，而且节约了经费和时间，提高了营运效益。零部件的修复具有以下几点意义：

(1)可以减少机舱备件数量，从而减少闲置资金；

(2)减少新零件的购置或制造，不仅大幅度降低修船费用，而且可缩短修船期；

(3)促进修复工艺的发展和修理技术水平的提高。

2. 船机零件修复的原则

在零件修理过程中，应合理选择修理方法以保证修理质量，降低维修成本，缩短修理时间。一般情况下，选择修理方法总的原则是生产可行、工艺合理、经济合算。主要应从以下几个方面考虑：

(1)修理工艺对零件材料性质的适应性。例如用焊补方法修理不同材料的零件时，应根据焊件材料及焊后的强度要求选用不同焊条并采取相应的工艺措施。

(2)修理工艺所能达到的修理层厚度。不同的修理方法所能达到的修理层安全厚度范围不一样，应根据修理件的要求正确选用修理方法。

(3)零件修理后的强度指标。修复层与零件机体的结合强度、修理层本身的抗拉强度、硬度、耐磨性，修复层对零件疲劳强度的影响等强度指标应能满足零件使用工况的要求。

(4)修理过程对零件精度和表面性能的影响。不同的修理方法对零件的热变形、表面层淬硬组织等影响不一，一般应根据修复方法和零件的技术要求，对零件进行修复前的预热及修复后进行适当的热处理和整形加工处理。

(5)零件修理后的耐用度至少应能维持一个修理间隔期。例如，中、小修范围的零件经修理后应能使用到下一个中、小修期。

二、船机零件修复工艺的选择

船舶进厂修理时，针对零件损坏形式合理选择修复工艺是提高修船质量、降低修船费用、加快修船速度和缩短修船时间的有效措施。选择修复工艺时，应根据零件修理的要求和修复工艺的特点全面考虑。

1. 船机零件修复工艺的种类

船机零件修复工艺有许多种类，目前我国各修船厂普遍使用的船机零部件修复工艺主要见表 1－3－1 中所列。其中有许多工艺既可用来制造零件，也可用来修复零件。

2. 各种损伤零件的修复工艺选择

船机零部件的修理方法按修理性质来分有两类：

①改变零件的原始尺寸，恢复零件原有配合性质；

②恢复零件的原始尺寸和原有配合性质。

(1)磨损零件的修复

零件磨损后，尺寸发生变化，如轴颈直径变小，孔径加大。同时几何精度和位置精度降低，如圆度、圆柱度、平面度、平行度、垂直度和同轴度等的偏差增大，甚至超过了规范所允许的范围。还有，零件的表层结构、理化性能和机械性能也会产生一定的变化。

当船机零件的配合间隙超过规范时，就应进行调整，也可以更换或修复其中的零件，使间隙符合规范。如轴承间隙过大，可以抽出垫片恢复原有间隙。

表 1－3－1　常用修复工艺

修复工艺	种类	方法	适用范围
机械加工修复	镗缸、镶套、局部更换	修理尺寸法、尺寸选配法	磨损、腐蚀
变形修复	冷校法、热校法、加热－机械校直法		变形
手工修复	拂刮、修锉、研磨		磨损、腐蚀
粘接修复	有机粘接、无机粘接		腐蚀、裂纹、断裂
金属扣合工艺	强固扣合法、强密扣合法、加强扣合法		裂纹、断裂
热喷涂	喷涂、喷焊	氧炔焰、等离子	磨损、腐蚀
电镀	有槽电镀、电刷镀	镀铬、镀铁	磨损
焊补	焊接、堆焊	手工电弧焊、气焊	磨损、腐蚀、裂纹、断裂

当摩擦副中某一个零件的几何精度或位置精度降低到不符合规范要求时，应进行机械加工，使其达到规范的要求，而对摩擦副中的一个零件进行修理或更换，使摩擦副恢复到原来的配合关系。如光车轴颈，轴瓦喷焊、重浇或换新；还有修整导板平面，重浇滑块；或者是镗缸、活塞环换新等。

经强度计算，如果需要恢复零件的强度和尺寸时，可以采用堆焊、喷焊和电镀等修理方法。

(2)机械损伤零件的修复

①有裂纹或断裂零件的修复

可以用焊接、金属扣合、局部更换等方法修复。对于不太影响强度的裂纹可以用黏结修复或螺钉密封。临时的应急修理可以用覆板把紧或者镶套。微小的裂纹(如气缸盖阀孔中的裂纹)可以用车削或手工刮削消除微小的裂纹，但对刮削形成的凹坑必须磨光，以免应力集中。

②对弯曲变形零件的修复

可以采用冷、热校正或局部更换。对于气阀变形,可以进行机械加工和研磨等。

③曲轴红套松动

局部更换或重新红套。

④脱皮零件的修复

用机械加工的方法去除旧的覆盖层,重新进行电镀或热喷涂等。

⑤有凹槽零件的修复

堆焊或喷焊以后再进行机械加工。

(3)腐蚀零件的修复

对于各种有腐蚀凹坑、孔洞、裂纹和腐蚀疲劳折断等零件可以用堆焊、喷焊、黏结、电镀和局部更换等方法修复。

第二节 电镀工艺

电镀工艺是利用电解原理在金属或非金属零件表面上覆盖一层金属的过程。它是一种修复工艺,也是一种强化工艺。可以修复磨损严重的零件使之恢复原设计尺寸和改善零件工作表面的性能,如提高耐磨性、耐蚀性等。电镀工艺广泛应用于修造船。例如活塞环槽、缸套镀铬,曲轴镀铁等。近年来无槽电镀的应用进一步扩大了电镀工艺在修船领域中的应用范围。

电镀分为有槽电镀和无槽电镀——电刷镀。有槽电镀是以被镀零件作为阴极,欲镀金属作为阳极,并使阳极的形状符合零件待镀表面的形状。电镀槽一般采用不溶金属或非金属,如铅、铅锑合金、塑料等。电镀液是所镀金属离子的盐溶液。

电镀使用直流电源。电镀时,阳极金属失去电子变为离子溶于电解液中;阴极附近的离子获得电子而沉积于零件表面发生还原反应。根据电镀质量、镀层厚度的不同,电镀时所选用的电流密度、电解液的温度、电镀时间等工艺参数不同。严格控制电镀工艺参数是获得优良镀层的关键。目前船机零件常选用镀铬和镀铁来修复和强化零件工作表面。

一、金属镀层的分类及其选择

各种镀层的应用范围与它的物理化学性质有关。就镀层的使用目的来看,可把金属镀层分为以下几种:

1. 防护性镀层

该镀层主要用于防止金属零件锈蚀。应根据零件材料、使用环境、工作条件,选用不同的金属镀层来防止零件腐蚀。例如:黑色金属零件在一般大气条件下的锌保护;在海洋性气候条件下的镀镉保护;某些柴油机气缸盖上装直接用冷却水冷却的气门座圈,座圈材料通常为不锈耐酸钢(如3Cr17Mo),由于铸铁与3Cr17Mo之间存在着电极电位差,冷却水便成为电解液,故电极电位为负的铸铁将受到腐蚀,由于镍的电极电位接近3Cr17Mo,为防止气缸盖在该处的腐蚀,通常采用镀镍保护。

2. 防护-装饰性镀层

该镀层不但能防止零件腐蚀,而且应能赋予零件某种经久不变的光泽外观,如防护-装饰性镀铬。防护-装饰性镀层的使用量很大,且多为多层镀覆。即先在基体金属上镀上

“底”层,而后再镀“表”层,有时甚至还有“中间”层。之所以如此,是因为很难找到一种单一的金属镀层能同时满足防护－装饰的双重要求。如常用铜锡合金作底层,它的防腐能力较强但易氧化变色,然后在其上再镀上一层光亮铬,它具有经久不变的银蓝色光泽,且耐磨。

3. 耐磨和减磨镀层

前者借镀层的硬度以增加它的抗磨损能力,如在喷油泵柱塞和曲轴轴颈上镀硬铬,在气缸套或活塞环上镀松孔铬层;后者多用于滑动接触面上,起固体润滑剂作用,如在轴瓦或轴套上镀锡、铅锡合金、铅铟合金和铅锡锑三元合金等。

4. 修复性镀层

该镀层是为了恢复磨损零件的尺寸,如柴油机曲轴轴颈、气缸套等磨损后镀一层铬或铁,恢复其原有尺寸。

5. 其他镀层

除以上几种镀层外,还有很多用途不同的镀层,如高温抗氧化镀层、导电性镀层、磁性镀层和热加工用镀层等。

二、镀铬

1. 镀铬层的种类

(1)防护－装饰性镀铬。这种镀铬层主要用于保护零件的基体金属免于腐蚀,使零件表面美观。镀层孔隙少、光亮、结晶细密。用于照明器材的悬架、吊环、家具的手柄及其他零件的镀铬。镀铬单面厚度一般为 0.02 ~ 0.05 mm。通常在镀铬前要镀一层铜锡合金底层。

(2)耐磨铬镀层。这种镀层除了可以增加机械零件表面硬度、提高耐磨性、延长使用寿命外,还可以用来修复已磨损的机械零件。按镀层类型又可分以为以下两种:

①硬铬镀层。用来增加润滑条件较好和负荷不大的机械零件的耐磨性,并可用来进行磨损零件的尺寸修复。

②松孔铬镀层。用来增加负荷较大与润滑条件差的机械零件的耐磨性和进行磨损零件的尺寸修复,如气缸套、活塞环、活塞销等。

2. 镀铬的特点及其应用

(1)镀铬的特点

①镀铬层的硬度高,一般为 HV600 ~ 1 400 左右。摩擦系数小,抗热及耐腐蚀性能高,因而保证了镀铬零件的耐磨性,一般可提高零件使用寿命三倍以上。

②镀铬工艺对零件材质的适应性好,镀铬层与钢质、铸铁、铜等基体金属都具有较高的结合强度。

③镀铬层具有较好的化学稳定性,在大气中能长期保持光泽。

④镀铬层厚度不能太厚。一般情况下新制零件的镀层单边厚度为 0.1 ~ 0.25 mm,修复零件的镀层单面厚度为 0.50 mm 以下。

(2)镀铬在修造船中的应用

镀铬层由于具有硬度高、耐磨、耐热及良好的抗腐蚀性能,且镀铬是在 55 ~ 65 ℃温度下操作的,被镀零件不会产生变形、开裂等缺陷,以及镀铬层与基体金属结合良好等优点,因此镀铬在修造船中已获得广泛的应用。

3. 镀铬工艺

镀铬工艺过程可分为镀前准备、镀铬和镀后表面处理及加工 3 个阶段。

(1)镀前的准备工作

生产实践证明，电镀生产中所发生的质量事故，大多数是由于金属零件的镀前处理不当所致。特别是镀层的平整程度、结合强度、抗腐蚀能力的好坏，与镀前处理质量的优劣更是密切相关。因此零件镀前正确准备，乃是整个工艺过程获得良好结果的必要条件，否则会造成镀层的质量缺陷。

①镀前的机械加工。镀前机械加工的目的是使被镀零件表面具有正确的几何形状。经加工后的表面粗糙度一般要求 R_a 为 1.6 μm。镀前表面粗糙度数值越小，镀层结合强度越高，镀层也越细洁。机械加工好的表面，不允许存在孔眼、裂纹和夹杂等现象。因为镀铬后这些缺陷仍不能消除，在某种程度上反而有所发展。

镀前的机械加工通常为磨削及抛光。磨削后零件表面产生薄氧化膜，有时会使铬镀不上去。此外，磨削加工零件表面附着许多细小的金属颗粒，随着铬镀层的加厚，颗粒也增大，造成零件镀铬后表面很粗糙，颗粒很多。因此，磨削加工后应进行表面抛光。

②被镀零件表面的清洗除油。用有机溶剂如汽油、四氯化碳或丙酮等清除油后，再用碳酸钙粉末涂于被镀零件表面脱脂。

③零件不镀铬表面的绝缘与封孔。浸入电解液的零件，其不镀铬表面以及挂具应用绝缘材料如氯乙烯塑料带、聚氯乙烯薄膜等绝缘。不镀铬的孔用铅封住。

④装挂具并配阳极。挂具必须有足够的导电面积和被镀零件应有良好的接触面，以便能通过足够的电流。挂具和被镀零件装好后，应使零件被镀表面各部分与阳极的距离基本相等，在不影响电解液流畅的情况下，应尽可能近一些，一般在 25 ~ 50 mm 之间。阳极的形状通常要求与被镀零件相似。图 1 – 3 – 2 所示为气缸套镀铬挂具。

⑤被镀零件表面入槽前酸洗除油。零件入槽前应再一次用硫酸或盐酸溶液洗刷清除表面的氧化膜，用水冲洗后再用 40 ~ 60 ℃的碳酸钠饱和溶液除油及中和残留酸液。最后用流水冲净。

⑥零件预热及阳极浸蚀。零件入槽后，先预热 5 ~ 15 min，再进行阳极浸蚀(短时间的反镀)，使镀铬表面进一步裸露金属组织，这对保证铬镀层与基体结合强度起决定性作用。不同的材料阳极浸蚀的时间和电流密度各异。铸铁零件不进行阳极浸蚀或采用最短时间处理(5 ~ 10 s)。

阳极浸蚀后立即进行正镀，一般应先采用 75 A/dm^2 的电流密度进行大电流冲击，经过 60 ~ 90 s后即可恢复正常的电流密度。

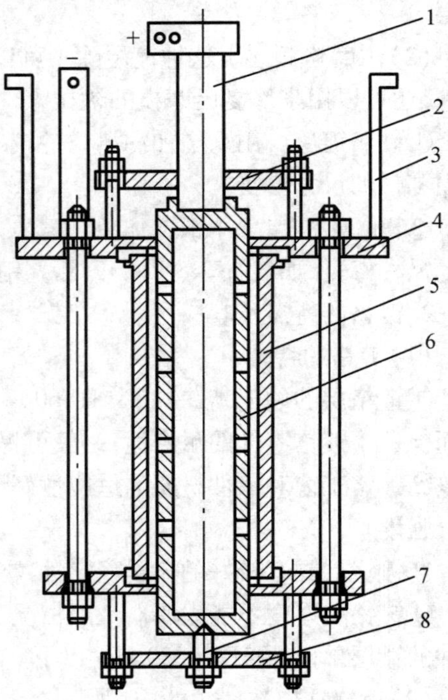

1 – 3 – 2　气缸套镀铬挂具

1—气缸套极芯铜管；2—绝缘物；3—撑铁；4—铁板；5—气缸套；6—铅锑合金阳极；7—定位器；8—绝缘物

(2)镀铬

①电解规范。电解规范是指电解液的成分、温度和电流密度。在电解液成分不变时，改变电流密度和电解液的温度，可以获得3种不同性质的铬镀层，即灰暗铬、乳白铬和光泽铬。图1-3-3所示为在中等浓度电解液中上述3种铬层与电解规范的关系。

乳白铬层的电解规范中，温度较高(65 ℃以上)，电流密度范围较宽。它的硬度不高(HV500~600)，韧性较好，裂纹很少或没有裂纹，有较高的化学稳定性。

光泽铬层的电解规范中，温度中等，电流密度范围较宽。它的硬度较高(可达HV900)，脆性不大，与基体金属结合强度高，裂纹较少，外观光亮。

灰暗铬层的电解规范中，温度较低(35~40 ℃)，电流密度任何范围。它的硬度高(可达HV1200)，脆性大，裂纹较多。

当电流密度很低，平均为4~5 A/dm^2时，阴极上不能沉积铬。

在镀铬过程中，对电解范围必须严格控制，尤其是温度，在电镀过程中温度偏差不得超过±(1~2)℃，否则不能获得良好的铬镀层。

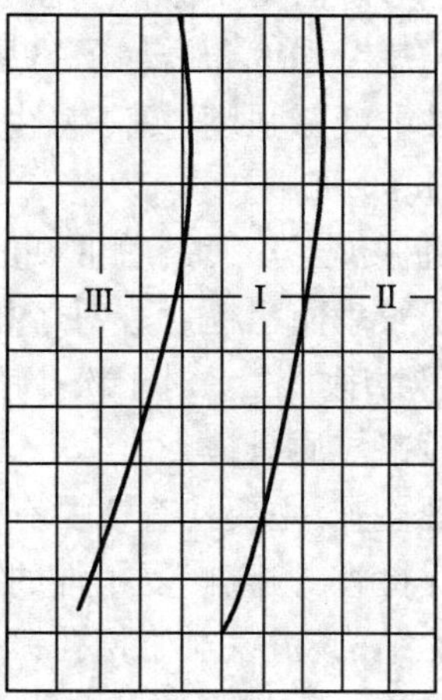

图1-3-3 中等浓度电解液中获得各种铬镀层的区域范围

Ⅰ—光泽铬(硬铬)；Ⅱ—乳白铬；Ⅲ—灰暗铬

②镀硬铬

硬铬是指硬度高而又耐磨的光泽铬镀层。一般镀层厚度为0.03~0.3 mm，最厚可达到1 mm。

电解规范：

电解液成分	铬酐(CrO_3)	230~250 g/L
	硫酸(H_2SO_4)	2.3~2.5 g/L
电流密度		35~50 A/dm^2
电解液温度		55~63 ℃

③松孔镀铬

松孔镀铬是耐磨镀铬的一种特殊形式。它的表面经过松孔处理而形成许多网状或点状的沟纹。这些沟纹或孔隙能储存一定的润滑油。零件工作时，这些润滑油被压出或带出并溢满工作表面，同时润滑油可以沿着沟纹或孔隙从润滑油多的地方流到润滑油少的地方。这样可改善两个偶合件的摩擦条件，降低机械零件摩擦表面的磨损。

松孔铬镀层耐磨性的好坏取决于网纹的密度、宽度和深度。如果裂纹密度及深度太小，分布稀疏，则达不到改善润滑条件的目的；相反，如果网纹太密，裂纹太宽，则会使摩擦面的承压面积减少，导热性差，工作条件恶化。实践证明，较好的网纹是：宽度小于0.06 mm，深度为0.04~0.09 mm，孔隙率为25%~35%。

松孔镀铬层上的网纹形成方法有：机械松孔，即预先在被镀表面上用机械方法形成小孔或凹坑，如铣削、喷丸或滚压等，然后再镀铬；电化学松孔，是在已镀铬的工作表面上罩以带孔的衬套，再在镀槽中进行阳极浸蚀(零极作阳极)；周期换向松孔，是镀铬过程中每镀15 min阴、阳极进行交换，进行很短时间的阳极处理后再继续在零件表面镀铬。

松孔镀铬层适用于润滑不良和承受较大负荷的零件表面，一般用来提高润滑不良和承受较大负荷零件的耐磨性。气缸套松孔镀铬层厚度一般为0.15～0.25 mm，活塞环为0.10～0.15 mm。

(3)镀后表面处理及加工

①热处理。由于镀铬过程中铬晶体组织转化和氢气的渗入产生了很大的内应力，降低了零件的疲劳强度和增加了铬层的脆性，因此镀后热处理的目的是除去氢气消除内应力，恢复零件的疲劳强度，提高韧性。热处理在矿物油里或烘箱中进行，温度为180～200 ℃，保温2～3 h即可。

②机械加工。镀铬后机械加工的目的是消除镀层偏差，达到所需的尺寸精度、正确的几何形状及表面粗糙度。对于松孔铬层，要消除沟纹附近的凸起，提高磨合性能。光滑铬层常采用磨削加工。对于松孔镀铬层应采用细粒度的油石进行珩磨加工。

③镀铬层质量检查。

外观检查：主要检查镀层有无明显的缺陷和脱落现象。

尺寸检查：检查修复零件的尺寸及形位公差，应符合零件修理技术标准。

松孔结构检查：对于松孔镀铬层采用松孔样板对照检查，且达到所需要求。

镀铬层与零件基体结合强度检查：镀铬零件经磨削或珩磨加工后，以镀铬层不脱落为合格。

三、镀铁

镀铁是在常温下的氯化亚铁电解液中以工业纯铁或低碳钢板作阳极、被镀零件作阴极，依次经过不对称交流电起镀、不对称交流电过渡镀和直流镀，使被镀零件表面牢固地沉积一层硬度高的铁镀层，以恢复磨损零件的尺寸。

1. 镀铁的特点

(1)镀铁层与基体金属的结合强度高，一般可达到100～160 MPa，最高可达320 MPa。

(2)镀铁层晶粒细、硬度高，可达HRC56～58，最高可达HRC62。镀铁层的硬度在工艺规范选择适当时可在一定范围内调节，耐磨性好，镀铁层质量较稳定。

(3)镀铁层沉积速度快，可达0.4～0.7 mm/h(直径方向)。镀厚能力强，一般可达2～4 mm(直径方向)，能满足多种零件的修复要求。

(4)电流效率高，可达90%以上。

(5)原料来源广，成本低，设备简单，易于推广。

(6)电解液温度低，挥发性小，有害气体少，污染小。

(7)电源为不对称交流电和直流电。

2. 镀铁工艺

(1)镀前准备

①镀件检查。待镀件应无裂纹，有一定的精度和表面粗糙度。原来镀过铬的要退铬，原来经过渗碳淬火的要退火。

②除油污、除锈。用有机溶剂如汽油、丙酮等洗涤镀件表面除去油污。用“00”号细砂纸打磨镀件表面，除锈。

除锈后，将镀件浸入10%～15%的苛性钠溶液中5～7 min，进一步除油脱脂。碱洗后要用清水冲洗干净。

③酸洗。将除油后的镀件，浸入10%～30%的工业盐酸中2～5 min，以除去待镀表面的氧化膜，然后用清水冲洗干净。

④阳极刻蚀。在30%的工业硫酸溶液中，以铅板作阴极、镀件作阳极，阴、阳极面积之比为(4～8)∶1。常温下通常以40～80 A/dm^{2}的直流电，电压为6～12 V，经过0.5～2 min后取出并立即用清水冲净。

⑤浸渍及预热，镀件入镀槽后，不通电，利用电解液中的盐酸将钝化膜溶解掉，并预热镀件，使镀件温度与电解液温度一致。

(2)镀铁

镀铁分为不对称交流电起镀、过渡镀和直流镀三个阶段。

①不对称交流电起镀　根据电解液的浓度、温度，起镀时电流密度为2～4 A/dm^2。一般逐渐降低负半波电流，当正负半波不对称比β为1.3时，镀1～3 min，以获得应力小、硬度低、结合强度高的底镀层。

②不对称交流电过渡镀　起镀后均匀地改变不对称比β，在4～5 min内将β从1.3变为8，再镀5～10 min，使镀层应力与硬度均匀增加。防止由于应力剧增而造成镀层中间脱层现象发生。

③直流镀　过渡镀后在不断电的情况下把交流电转换成直流电。为了不产生冲击电流而影响结合强度，先把负半波电流降至零，把正半波也降低一些，再逐渐升高正半波电流，3～5 min内调整到要求的电流密度，在达到所要求的镀层厚度后断电。

(3)镀后处理和加工

①钝化处理　镀后零件立即用清水冲洗，放入10%～20%的苛性钠溶液中浸泡15～30 min，取出后再用清水冲洗干净。在镀层表面生成一层很薄的碱性钝化膜，可防止镀层生锈。

②检查　仔细检查镀层表面，应无孔隙、麻点，厚度和硬度达到要求。

③热处理　将镀件放入180～200 ℃的矿物油或烘箱中保温2～3 h，驱氢，除内应力。

④机械加工　可采用磨削工艺使镀件达到修理技术要求。

四、电刷镀

电刷镀又称涂镀、刷镀、快速电镀等，它是在常温和无电镀槽的条件下，对金属零件表面快速电化学沉积金属镀层，用于修复、强化和装饰金属零件表面。

1. 电刷镀基本原理

电刷镀时，直流电的负极接在待镀零件上，正极与镀笔相接。镀笔上石墨阳极外面有包套，阳极包套起到储存镀液和防止阴、阳极短路的作用。镀液不断添加到阳极包套上，使阳极包套与镀件接触并保持相对运动。通电后镀液中的金属阳离子在电场下移向镀件表面，放电后沉积在镀件表面，形成金属层。其原理如图1－3－4所示。随着刷镀时间的增长沉积层逐渐增至所需厚度。

2. 电刷镀的特点

(1)设备简单，工艺灵活，适用范围广，大型零部件可在不拆卸的情况下进行局部修复。适用于碳钢、合金钢、铸铁、铝、铜及其合金材质零件的修复。

(2)镀层与基体金属的结合强度高，机械性能良好，质量稳定。一台设备可镀多种金属和合金。

(3)由于电刷镀时镀件温度低于70 ℃,不会引起镀件的变形及金相组织变化。镀层厚度可按镀前要求精确控制。

(4)镀层沉积速度快,是一般电镀的10~15倍。

(5)电刷镀的镀液不含氰化物,可循环使用,对人身危害小。耗电、耗水少,成本低。

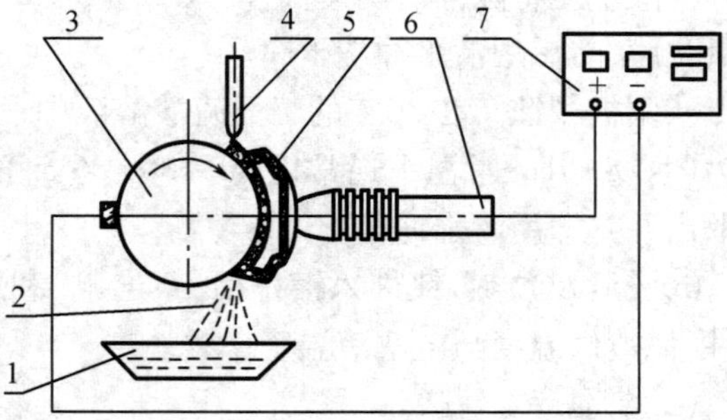

图1-3-4 电刷镀基本原理

1—盛液盆;2—电镀液;3—工件;4—输液管;5—阳极包套;6—镀笔;7—直流稳压电源

3. 电刷镀设备

(1)电源

直流电源是电刷镀的主要设备,常用电压范围为0~50 V,按其额定输出电流的大小已形成系列产品,国内已有专门厂家生产。电源电压可连续无级调节,并可方便地改变输出电压的极性,以满足不同的工艺要求。其直流电路具有过载或短路快速切断能力,电路切断时间仅为0.02 s。这不仅可以防止内部元件过载,还可以防止阳极包套被磨破时阳极与工件短路而产生火花烧伤工件表面。

(2)镀笔

镀笔是电刷镀的关键工具,它由导电手柄、阳极、阳极包套等组成。结构如图1-3-5所示。

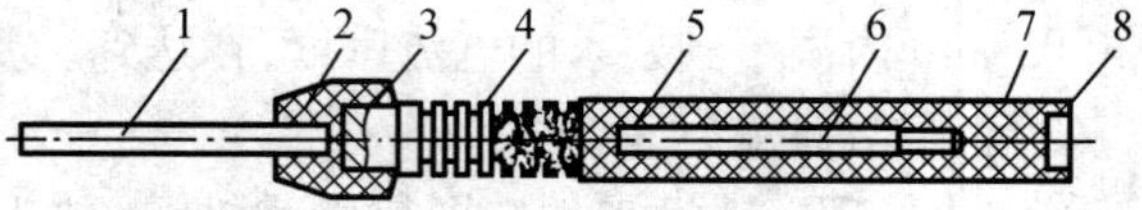

图1-3-5 电刷镀笔的结构

1—阳极;2—O型密封圈;3—锁紧螺母;4—散热片;5—尼龙手柄;6—导电螺栓;7—电缆插座;8—电缆插口

阳极是镀笔的工作部分,采用不溶性材料制成,如石墨、铂-铱合金等。为适应不同形状和不同尺寸工作的需要,阳极的形状要与被镀工件的形状相吻合。常见的有圆柱、月牙、方条、半圆、线状、平板等形状,如图1-3-6所示。

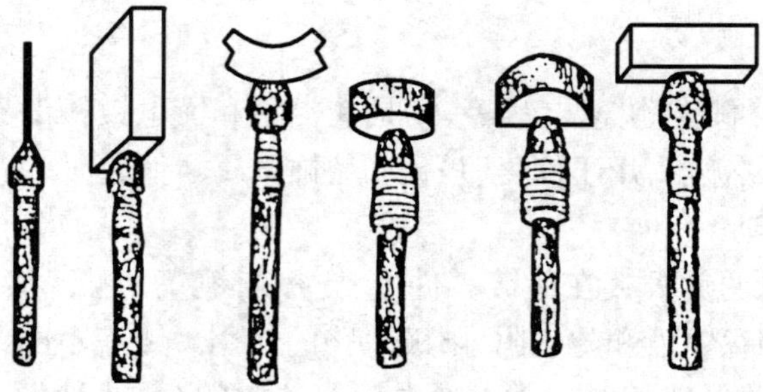

图1-3-6 几种常见的阳极形状

导电手柄的作用是连接电源和阳极,手柄上装有绝缘塑料套管,保证操作安全。操作者握持手柄可以移动阳极做所需要的动作。

电刷镀时,对每一种镀液必须用专用镀笔,不能混用,以免相互污染。镀笔用完后要用清水冲洗干净后分别存放。

4. 电刷镀溶液

电刷镀溶液按其作用不同可分为表面预处理溶液、沉积金属溶液、退镀溶液和钝化溶液四大类，机械维修中最常用的是前两种。

(1)表面预处理溶液

表面预处理溶液的作用是除去待镀零件表面的油污和氧化物，它包括电净液和活化液两种。

①电净液　电净液用来清洗零件表面的油污，是一种无色透明的水溶液，呈碱性，pH值为13左右。它在电流作用下具有较强的去油污能力。同时也具有轻度的去锈能力。它适用于大多数基体金属的净化处理。操作时通常将工件接电源负极。但对于有色金属则用阳极电净法。如果工件表面有严重的锈蚀和油污，最好先用机械方法或化学方法除锈和除油污后再进行电净处理。

②活化液　活化液具有较强的去除金属表面氧化膜的作用。基体金属表面经净化处理后，要用活化液活化，使其金属显露出新鲜金相组织，形成一层活化表面，在其上沉积金属，能保证金属镀层与基体金属间良好结合。

活化液由各种酸类组成，常用的1~4号活化液的用途及特点见表1-3-2。

表1-3-2　介质表面预处理溶液

名称	用途及特点
电镀液	消除金属表面油污，有轻度去锈，对工件表面无腐蚀
活化1号(THY-1)	去除金属表面氧化膜，适用于铸铁、钢，作用温和
活化2号(THY-2)	去除金属表面氧化膜，适用于铸铁、钢、铝、不锈钢等，作用较强烈
活化3号(THY-3)	去除经活化1,2号作用后仍残留的污垢，适用于高碳钢、铸铁等
活化4号(THY-4)	去除工件毛刺或剥蚀层

(2)沉积金属溶液

沉积金属溶液是专门配制的金属离子的有机络合物，其种类很多，常见的有数十种。根据镀层所需获得的成分不同，可分为单金属沉积和合金沉积金属溶液。而各种沉积金属溶液根据其沉积速度、镀液性质和所能获得的镀层性能等特征，可以分为许多不同的品种。国内已投入使用的主要镀液种类、应用范围及特点见表1-3-3。

表1-3-3　沉积金属溶液

名称	应用及特点
特殊镍	应用各种金属的过渡层、防腐和耐磨层，沉积速度慢，镀层细密，结合力强
快速钢	用于恢复尺寸和提高工件表面的耐磨性，沉积速度快，镀层孔隙多，耐磨性好
低应力镍	用于防腐层和中间层，沉积速度中等，镀层较致密
镍钨合金	主要用于耐磨层，沉积速度中等，镀层致密
半光亮镍	主要用于表面装饰，沉积速度慢，表面致密光亮
快速钢	主要用于恢复尺寸，沉积速度快，但不能在钢铁上直接刷镀
碱铜	主要用于过渡层和改善工件表面理化性能，镀层细密，结合强度高
半光亮铜	主要用于表面装饰，沉积速度慢，表面细密光亮
铁	主要用于恢复尺寸，改善导磁性，沉积速度快，具有一定的耐磨性

(3)退镀液

退镀液是用来去掉过量或不合要求的镀层。专用的退镀液主要有退铬液、退镍液、退铜液等。操作时,工件接正极,工作电压 8 ~ 20 V。室温下操作时,唯有铜的退镀液不需通电。若无专用退镀液,采用活化液在反向电流下操作,亦可退除各种镀层。

(4)钝化液

钝化液主要是用来对某些镀层进行钝化处理,以提高镀层表面的抗腐蚀能力。

5. 电刷镀工艺

电刷镀工艺工程可分为镀前准备、镀过渡层、镀工作层等。

(1)镀前准备

①表面预处理　待镀工件的表面在镀前通常要求上机床切削,或用砂布、油石等打磨,以去除表面的毛刺、飞边、疲劳层,修整圆度、圆柱度以获得正确的几何形状和一定的表面粗糙度。

②去锈除油　用汽油或丙酮等洗涤镀件表面,去除油污。用"00"号细砂布打磨镀件表面,除锈。

③电净　通电时电净液发生组分离解,在镀件表面形成气泡,机械地把膜撕裂,而电净液中的乳化剂产生强烈的乳化作用把油脂清除。电净化后用清水冲洗镀件表面。

④活化处理　电净化的镀件用活化液进行活化处理,以彻底清除零件表面的氧化膜和其他杂质,使其露出新鲜洁净的基体金属,保证镀层与基体金属牢固地结合。

(2)镀过渡层

过渡层又称打底层。镀件经活化处理后选用合适的镀液先在镀件表面镀上一层金属作为过渡层,然后再在过渡层上镀工作层,改善了基体金属的可镀性,扩大了可镀金属的种类。特殊镍和碱铜是较理想的过渡层,适用于各种铜、钢、镍、铬、铸铁、铝及其合金等材质的零件。先镀过渡层可以防止基体金属与镀层的互相扩散现象,提高了工作层的稳定性。过渡层的厚度一般为 0.001 ~0.005 mm。

(3)镀工作层

工作层是直接承受工作负荷的镀层,应使工作层本身具有足够的强度,与过渡层之间具有良好的结合强度。

工作层结构的选择是根据镀件的具体情况而定。如果要求恢复工件尺寸且镀层厚度又较大,若使用单一镀层,随着镀层厚度增加镀层内应力增大,镀层与基体的结合强度以及镀层本身的抗拉强度随之下降,易引起镀层的脱落及镀层晶粒粗大。单一金属镀层的安全厚度可见表 1 - 3 - 4 所示。

表 1 - 3 - 4　单一金属镀层的安全厚度

镀液	单边厚度/mm		
	平面	外圆面	内圆面
特殊镍	0.03	0.06	0.03
快速镍	0.03	0.50	0.25
低应力镍	0.03	0.06	0.05
镍钨合金	0.03	0.06	0.05
快速铜	0.30	0.50	0.25

对于镀层较厚的镀件可采用在某一金属镀层尚未达到安全厚度之前，改换成另一种金属镀层镀至所需镀层厚度的方法，但最终镀层的性能应能满足对镀件表面的机械、物理性能方面的要求。

6. 镀层质量检验

(1)外观检查　要求镀层表面平整、光滑，色泽均匀一致，不得存在气孔、凹坑、剥落、烧坏等缺陷。

(2)尺寸检查　用量具测量修复零件是否符合零件修理尺寸标准。

(3)结合强度检验　由于电刷镀零件往往符合零件修复尺寸精度无须机械加工，这时可采用定性试验方法来检验镀层与基体金属的结合强度。

①淬火试验：将镀后的镀件放入烘箱内加热至镀件材质和镀层材料规定的试验温度(150～250 ℃)范围内保温足够时间，取出浸入室温中的水或其他合适溶液中急冷。如果镀层有剥落、脱层现象，则说明镀层结合强度不合格。

②黏结试验：使用某种具有高黏结力的胶带或胶带纸，将其牢固地黏合在镀层表面，然后用手握住胶带的自由端沿与镀层表面成90°角的方向猛力地撕脱胶带。如胶带的黏结面上有剥离的镀层，则说明镀层结合强度不合格。

第三节　热喷涂工艺

热喷涂是各种喷涂的总称，概括了喷涂和喷焊两种工艺。它是利用高温热源将待喷涂材料(丝材或粉末)加热至熔融状态，以高速喷在专门准备好的零件(基体)表面，形成特殊表面覆盖层的一项技术。它不仅能在普通材料上制备出具有耐磨、耐高温、隔热、抗氧化等理化性能的涂层，而且还能恢复零件的尺寸。

根据涂层形成的机制不同，热喷涂又分为喷涂和喷焊两种工艺。所喷得的覆盖层分别为喷涂层和喷焊层。

根据热喷涂所使用的热源不同，可大体分为四类：

(1)电弧喷涂；

(2)等离子喷涂；

(3)氧－乙炔火焰喷涂(火焰喷涂)；

(4)爆炸喷涂。

一、氧－乙炔火焰喷涂和喷焊(火焰喷涂)

1. 喷涂

(1)喷涂的基本原理

喷枪通过气阀引入乙炔、氧气和压缩空气，将待喷的材料(金属粉末或丝材)在喷枪内加热到熔融状态，借助于火焰推力或在压缩空气的作用下，以120～250 m/s 的速度将熔融的材料(金属粉末或线材)雾化成微细颗粒，喷射到零件表面上，形成具有特殊性能(如耐热、耐腐蚀、耐磨以及装饰性等)的表面覆盖层(喷涂层)，如图1－3－7所示。

(2)喷涂的特点

①工件受热小。在喷涂过程中，工件温度一般不超过250 ℃，因此工件变形小，对基体的热影响也小，不会改变基体原有的金相组织和性能。

②结合强度低。由于喷涂层与工件基体之间无融合过程，只有机械嵌合堆积成涂层。因而其结合强度很低，不能承受冲击载荷以及较大的接触应力。

③涂层的物理机械性能好。因涂层孔隙率高，储油性好，又因涂层金属较原金属粉末（丝材）的硬度提高 30% ~ 50%，因此涂层具有很好的耐磨性。

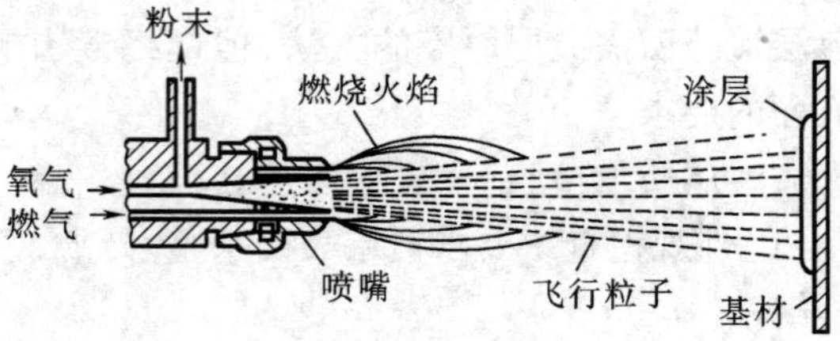

图 1－3－7　火焰金属粉末喷涂原理示意图

④被喷涂的基体材料不受限制，可将待喷材料喷涂在任何固体材料表面上，形成所需要的各种性能的涂层。

⑤对工件机械强度影响小。用金属喷涂法修复的工件，其机械性能仅仅取决于基体金属的机械性能，因此喷涂只能修复那些磨损后仍然具有足够机械强度的工件。

⑥成本低，效率高，设备简单，工艺灵活容易掌握，便于推广。

（3）喷涂工艺

①喷前准备，包括以下几项：

a. 恢复零件的正确几何形状：通常采用车削或磨削等方法。

b. 表面粗糙处理：常用喷砂、车螺纹、电火花拉毛（在没有条件时可用粗砂轮磨削后用电焊拉毛）的方法。

c. 表面除油污、锈蚀和氧化皮：分别可采用蒸汽、液体、超声波、烘烤等方法。常用液体清洗法采用的有机溶剂有汽油，丙酮等。

d. 零件预热：在喷涂前对零件预热，温度一般控制在 80 ~ 150 ℃左右为宜，目的是除去零件表面的潮气，降低涂层的收缩应力，防止涂层产生裂纹。

②喷涂，喷涂前首先要准备好喷涂设备，其中包括喷枪和喷涂材料的选用、工件装卡方法确定、空压机选择等。

喷涂工艺选择：

a. 空气压力　550 ~ 600 kPa；

b. 喷射距离　150 ~ 200 mm；

c. 喷射角度　一般为 60° ~ 90°；

d. 送丝速度　1 ~ 2 m/min；

e. 零件回转线速度　10 ~ 15 m/min；

f. 喷打底层　根据涂层设计及对涂层强度的要求，可选用提高结合强度的镍铝复合丝材料打底层，其厚度一般以 0. 1 ~ 0. 15 mm 为宜；

g. 喷工作层　在喷前彻底消除因使用镍铝复合材料打底层而残留下的沉淀污染物，然后选用性能良好的丝材来喷工作层；

h. 喷后冷却　一般情况下可在空气中缓慢冷却，而对大型或结构复杂的零件可采用石棉布包裹或其他降温方法进行缓冷。

③喷后的加工处理

喷涂完毕后可用小锤轻轻敲击涂层，如声音清脆，表示涂层与基体金属结合良好；如声音嘶哑则表示结合不良，应除去涂层重喷。

由于涂层具有高硬度、高耐磨性的特点，通常采用磨削加工，磨削时进给量要小，使用的冷却液应是油溶性冷却液,并且供给量要大。这样一方面带走了磨削热量,同时也带走了磨削产生的金属微粒,防止这些微粒进入喷涂层的孔隙。

机加工完毕后,零件应在 80 ~ 100 ℃的机油中浸煮 8 ~ 10 h 进行渗油处理。

2. 喷焊

(1)喷焊的基本原理

喷焊是利用氧 - 乙炔火焰将自熔性合金粉末加热至熔融状态或高塑性状态,以高速喷到金属工件表面上,然后将此喷敷层熔化形成牢固的冶金结合层。此时,喷焊层与基体结合的实质是固态金属表面被液态金属所熔化而相互渗透、扩散,形成表面合金将基体金属与喷焊层两者结合在一起。这种工艺叫作喷焊,也称"喷熔"。

(2)喷焊的特点

①结合强度高。喷焊层与基体结合牢固(一般均在 350 MPa 以上),不仅可以承受摩擦副之间的机械剪切作用,而且还能承受交变、冲击负荷或挤压应力等。适用于修复各种轴类零件、排气阀、凸轮等。

②喷焊层的厚度易于控制。喷焊层的厚度可控制在 0.1 ~ 2 mm,而且表面成型好,加工余量小。

③喷焊层的组织致密、孔隙率低、表面光滑,又可喷焊不同的金属,可获得耐磨、耐热、耐腐蚀、抗氧化等多种性能的喷焊层,可以修复在多种工况条件下工作的零件。

④由于喷焊时工件受热较大,易变形,靠近喷焊部位基体的组织和性能有所变化。

(3)喷焊工艺

①喷前准备

喷焊前零件表面恢复正确的几何形状、清洁等都与喷涂工艺相同,只是喷焊时零件的预热温度比较高,一般钢材取 250 ~ 300 ℃,奥氏体不锈钢取 450 ~ 500 ℃。

②喷焊方法选择

喷焊可根据喷粉和熔化的先后次序分为两种基本操作方法,即一步法和两步法。

一步法是指喷撒粉末和重熔几乎是同时进行,即边喷边熔。一步法的优点是输入工件的热量小,零件变形小,粉末飞溅少,对基体金属的金相组织无大影响。另外速度快、效率高、粉末利用率也高,如进行多次连续喷焊,可获得较厚的喷焊层。一步法的缺点是喷焊层表面不平整,适用于零件表面局部小面积,或不规则表面和大中型零件边角处的喷焊,如喷焊排气阀的阀面、凸轮的工作面等。

两步法是先喷粉后熔化,即粉末喷射和熔化是分开进行的。对工件待喷表面进行预保护和预热之后,先向整个表面均匀地喷粉,然后立即对涂层进行重熔处理。两步法的优点是喷层表面光滑平整均匀一致,加工量小。缺点是工件受热较多,致使工件易变形,基体金属的金相组织易发生改变。适用于大面积和规则表面的喷焊,如轴类零件的喷焊等。

③喷焊后工件的加工处理

喷焊后的工件尤其要注意缓冷,一般是将工件放入炉内,在石棉灰或草木灰中冷却。由于喷焊层的硬度可达 HRC50 ~ 60,通常可采用粗车和精磨两道工序进行加工。

3. 喷涂、喷焊层质量检验

首先应从外观进行检查。然后可通过金相分析、硬度测定、结合强度试验等方法检测涂层的机械性能。在加工工艺定型后为了检验工艺和质量的稳定性,在生产现场可进行一些定性试验,如对喷涂层进行外观检查、车偏心试验、弯曲试验,对喷焊层进行弯曲试验、热校验等。

(1)外观检查

喷涂层外观应当是表面平整、均匀,无裂纹、夹渣、气孔及局部脱落等缺陷。涂层表面色泽、厚度也应均匀一致,涂层及工件无氧化色。

(2)车偏心检查

将喷涂后的零件与车床主轴略不同心(偏心量约为 2 ~ 3 mm)装卡在车床上,用正前角锋利的外圆车刀车削喷涂层,当加工至局部露出基体金属时即停止车削。观察涂层与基体的结合部位过渡处的逆刀侧有无脱落现象,如无脱落现象,则质量合格。

(3)喷涂层试片弯曲试验

取低碳钢板三块(100 mm × 50 mm × 1.5 mm),经喷砂处理后按正式喷涂零件的工艺进行,分三层喷涂,每层厚度不小于 0.15 mm。层与层之间的喷枪运行方向要互相垂直,每喷一层要待试片冷却后再喷下一层。涂层的总厚度取 0.45 ~ 0.6 mm。将弯曲器夹持在虎钳上缓慢地将可动扳连同试片转过 90°后取下观察。涂层上允许有裂纹但无脱落为合格。

(4)喷焊层的弯曲试验

取尺寸为 10 mm × 30 mm × 250 mm 与零件同材料的试件,在试件上喷焊 1 mm 厚度的喷焊层,待试件冷却后使其绕 ϕ25 mm 圆轴弯曲 180°。如果喷焊层只是开裂而不脱落,说明结合良好,质量合格。

(5)热校验法

在用两步法喷焊时,如重熔中发现局部温度升高很快并被烧红,说明该处喷焊层与基体表面是假结合,中间有间隙,需局部返工处理。如果重熔时各处温度均匀上升无局部急速烧红部位,说明喷焊层与基体结合良好。

二、等离子喷涂和喷焊

根据电离的不同,等离子喷涂可以分为气稳等离子喷涂和水稳等离子喷涂,但在工业生产中气稳等离子喷涂应用更为广泛。在气稳等离子喷涂中,当温度很高时,气体分子互相激烈碰撞,会分解成为正、负两种离子。这两种离子的数量是相等的,它们的正、负电荷也是相等的,称为等离子。

目前工业上常用于产生等离子弧的气体有氩气、氮气、氢气、氦气以及其混合气体。

1. 等离子喷涂和喷焊的基本原理

(1)等离子喷涂

等离子喷涂是利用非转移型等离子弧阳极与喷嘴之间形成的焰流作为热源,将喷涂材料加热到熔融或半熔融状态,并在高速等离子焰流的带动下撞击工件表面。被撞扁的细小熔融颗粒嵌塞在经过粗化处理的洁净工件表面上,淬冷凝固后与工件形成结合牢固的喷涂层。其工作原理如图 1 - 3 - 8 所示。

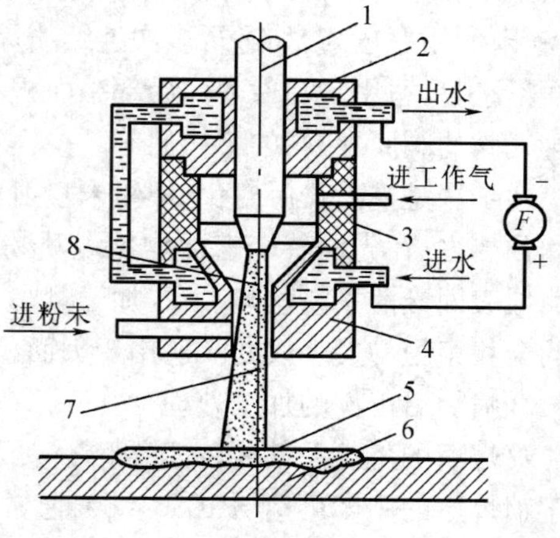

图 1 - 3 - 8　等离子喷涂原理

1—阴极;2—阴极卡头;3—绝缘体;4—喷嘴;5—喷涂层;6—工件;7—等离子弧焰流;8—等离子面

(2)等离子喷焊

等离子喷焊是利用氩气产生的等离子弧焰流作为热源,采用由转移和非转移弧联合组成的联合型等离子弧。转移弧使工件局部表面熔化形成熔池,合金粉末由非转移焰流加热至熔化或半熔化状态,随焰流高速喷射到工件熔池内再充分熔化,而后熔池逐渐冷却凝固形成与工件基体呈冶金结合的喷焊层。

2. 等离子喷涂和喷焊的特点

(1)等离子喷涂的特点

①喷涂层致密性好,涂层与基体的结合强度比氧－乙炔焰金属粉末喷涂的高,仍保留了涂层多孔性的特点,耐磨、耐蚀有利于磨合及润滑。

②利用等离子弧焰流具有很高的温度、速度、能量集中的特点,不仅能在金属零件表面喷涂金属,也能喷涂陶瓷等耐热、耐磨、耐腐蚀、绝缘的非金属涂层。

③喷涂过程中工件受热温度一般不超过 250 ℃,工件的热变形很小。

④可以在金属和非金属材料的工件表面进行等离子喷涂。

(2)等离子喷焊的特点

①喷焊层与工件基体呈冶金结合,结合强度和机械强度大大提高,消除了气孔,使表面更平整、平滑,减少了机械加工余量,提高了喷焊层与其配合件的耐磨性能。可以修复在巨大交变负荷和接触负荷条件下工作的工件表面,如凸轮、曲轴轴颈等。

②喷焊材料广,可选用不同的喷焊材料获得各种特殊性能的喷焊层。

③工件表面与喷焊材料在等离子弧焰下充分熔化后起到了强化作用,使工件的疲劳强度提高了 20% ~30% 。

④喷焊过程可半自动化或自动化操作,既保证了喷焊层质量又提高了生产率,减轻了劳动强度。

3. 等离子喷涂和喷焊工艺

等离子喷涂和喷焊工艺包括喷前的准备、喷涂、喷焊规范的确定及喷后处理等。

(1)喷前零件的准备

喷涂、喷焊前,必须对待喷零件表面进行必要的机械加工,彻底清洗、除油,对非喷表面保护和待喷表面喷砂。

①待喷表面的预加工　待喷零件表面预加工就是用机械加工的方法在零件表面预先切除一层,然后依靠喷涂或喷焊将它补偿到名义尺寸。预加工量应由所需最合理涂层或焊层厚度决定。喷涂层的厚度应根据零件的工作情况确定,一般以 0. 10 ~0. 40 mm 为宜。喷焊层最大厚度在 1. 5 ~3. 5 mm 范围内确定。

②零件的清洗、除油　零件的清洗除油,特别是待喷表面的清洗除油情况将直接影响喷涂、喷焊层与基体的结合强度,必须引起重视。

③非喷涂、喷焊表面的保护　非喷涂、喷焊表面可用薄铜皮包裹,或用其他方法遮盖。

④待喷表面的喷砂　待喷表面的喷砂在专用的喷砂设备上进行,常用吸射式喷砂机。喷砂用的压缩空气必须经油水分离器净化后才能使用。

应采用粒度合适,较锐利和清洁的砂粒。最常用的砂子为碳化硅和白刚砂,其粒度为 #20,即直径为 0. 75 ~1 mm。喷砂枪口距零件表面约为 70 ~100 mm。

待喷表面经喷砂后,应用净化的压缩空气吹净喷砂表面的尘埃。要特别注意不要用手摸喷砂后的零件表面,并应尽快喷涂,其时间间隔不得超过 2 h,如超过,则应重新喷砂。

(2)工作气体的选择

等离子喷涂和喷焊的工作气体和送粉气体应根据所用的粉末材料选择费用低、传给粉末的热量最大、与粉末材料反应有害性最小的气体。

目前常用的工作气体有氮、氩、氮加5% ~10%氢、氩加5% ~10%氢等。常用氢来提高热焓和调节工作电压,但当它的加入量超过10%后,会加剧喷嘴的烧损。

在船舶机械零件的喷涂修复中,以应用氮和氮加5% ~10%氢为多,只有在氮与所喷涂的材料间要发生有害反应的情况下才考虑使用氩和氩加5% ~10%氢。例如在喷涂碳化钨和碳化铬等材料时,为减轻材料的失碳而应采用氩加5% ~10%氢作工作气体。

用于喷焊的等离子弧不需要热量高度集中,也不需要焰流的高流速,而只需要弧柱的稳定性和方向性。喷焊时不选用氮(因为等离子弧较散,弧流不稳,刚性较大,而且高温时对熔池保护效果较差)而选用氩气。氩等离子弧电压低、燃烧稳定、钨极与喷嘴烧损小。

(3)粉末粒度和送粉量的确定

在等离子喷涂、喷焊时,粉末的形状以球形为最佳。球形粉末的送粉流畅、均匀,熔化也良好。

粉末的粒度应根据涂层的要求确定。一般来说,粗粒子粉末的涂层较粗糙,孔隙率也较大;细粒子粉末的涂层较致密。等离子喷涂的粉末粒度一般都在150目以上。在我国现有送粉器的条件下,用于喷涂的最细粉末可达300~350目,更细的粉末受到送粉器的限制比较难喷。喷焊的粉末粒度较粗,通常为80~200目。在喷涂和喷焊生产中,应该筛分。切忌粗细粉混合使用。否则,在一定功率条件下,粗粉还未全部熔化而细粉却已经气化,将直接影响沉积效率和涂层质量。

粉末的送粉量应通过试验确定。因为它与所用的设备和粉末种类有关。一般来说,喷涂在15~18 g/min范围;喷焊在20~100 g/min范围。如果送粉量太大,会造成粉末熔化不良而降低沉积效率,还会影响涂(焊)层质量;相反,如果送粉量太小,则会影响喷涂、喷焊效率。

(4)电参数的确定

电参数是指工作电压和工作电流。针对具体设备,工作电压已经基本确定,只能对主气的流量和加入氢气的不同流量做小范围的调整。因此,电参数的确定实际上是工作电流的确定。

工作电流可通过测定沉积效率来确定。所谓沉积效率即为在某一时间内沉积在涂层上的质量与输送的粉末质量之比。几种合金粉末在喷涂的最佳沉积效率时的电参数如表1-3-5所示。喷焊的规范参数参考表如表1-3-6所示。

表1-3-5　几种合金粉末的喷涂电参数

粉末牌号	在70 V时的工作台电流/A	喷涂功率/kW
NiO4	260~300	18~21
FeO4	280~320	19.5~22.5
FEO7	310~340	21.5~24
NT2	260~310	18~22
Ni/Al	400~500	28~31.5

表 1-3-6 等离子喷焊规范参数

喷焊材料	转移弧		非转移弧		气体流量/(m^3/h)			送粉量/(g/min)	喷焊速度/(cm/min)	摆频/(次/min)	喷焊层宽度/mm	喷焊层厚度/mm	冲淡率/%
	电流/A	电压/V	电流/A	电压/V	主气	送粉气	保护气						
CoCrWB 合金	130	27	150	14	0.254	0.425	无	15	12.7	100	16	0.4	3
CoCrW 合金	135	33	55	13	0.143	0.368	1.75	15	12.7	190	14	0.4	3
NiCrBSi 合金	130	27	55	13	0.143	0.368	1.75	25	25.4	150	16	1.2	3
高碳高铬铸铁	150	30	80	14	0.170	0.198	无	11	13.2	无	24	0.4	5
铜	110	29	55	13	0.143	0.368	1.75	24	12.7	150	16	2.0	1
90% Cu + 10% Al	130	35	55	13	0.143	0.368	1.75	25	20.3	150	17.5	1.6	1

注:基体材料为低碳钢,内喷直径 4.8 mm,均为纯氩。

(5)零件的温度控制和喷涂、焊接距离

在等离子喷涂过程中,零件的温升必须严加控制。这不仅能保证零件基体的性能不被破坏,而且有利于涂层的结合。实践证明,在喷涂过程中零件的温升以限制在 200 ℃以下为好。

喷涂过程中控制零件温升的有三个办法。一是控制合适的喷涂距离,在喷涂自熔性合金粉末时以 100 ~ 120 mm 为宜,喷涂陶瓷粉末时以 60 ~ 80 mm 为宜;二是采用间歇喷涂法,即将所要喷涂的总厚度分为两次或三次喷完,每次喷涂时保证在零件的温度之内,然后让零件冷却至低温后再喷第二次;三是喷涂过程中,对零件的合适部位用压缩空气等冷却。

喷焊距离在 6 ~ 10 mm 范围内调整。

(6)喷后处理

喷涂、喷焊后工件应注意保持缓冷。工件表面可通过机械加工的方法达到所需的尺寸要求。

第四节 焊 补 工 艺

焊补工艺是船机零件的修理方法之一,对于零件的裂纹、断裂、严重磨损、腐蚀和烧蚀等损坏的修理有其独特的作用。焊补工艺包括焊接和堆焊,可采用手工电弧焊或气焊等方法实施焊补工艺。

一、焊补工艺

1. 焊接

焊接是通过加热或加压,或同时加热加压的方法,使两个金属件连接达到原子间的冶金结合,形成永久性连接的一种工艺。焊接方法依施加能量不同分为熔焊和压焊两大类。

熔焊是用加热使金属熔化的方法进行焊接。随加热的热源不同有气焊、电弧焊、电渣焊、铝热焊、等离子弧焊、电子束焊和激光焊等。

压焊是用加压或同时加热、加压的方法进行焊接。依加压形式的不同有接触焊、摩擦焊和超声波焊等。修船厂通常多选用气焊和电弧焊修理损坏的零件。例如应急焊接断裂的曲轴和曲轴裂纹、焊接修理螺旋桨桨叶裂纹等。

2. 堆焊

堆焊是用熔化焊条的方法在零件磨损或腐蚀的表面上熔敷一层或多层金属的操作。堆焊一般采用熔焊。堆焊工艺适用于修补大面积磨损、腐蚀破坏或补偿较大尺寸以恢复零件原有尺寸。为了保证堆焊修理的质量应注意以下几点：

(1)堆焊前零件待修表面清除油污、锈痕，露出金属光泽。

(2)预热，依零件材料和焊条确定预热温度。

(3)依零件材料和对表面性能的要求选择焊条。

(4)堆焊时采用分段多层堆焊法和逐步退焊法。分段多层堆焊法是把长焊层分成若干短焊层，然后分段一层层堆焊；逐步退焊法是把长焊道分成若干短焊道，每段由后向前焊。以上两种方法在堆焊时零件受热均匀，可大大降低热应力和热变形。

多道焊堆焊时，各焊道应有一定的重叠；多层焊堆焊时，焊层之间依焊道方向成90°重叠。

(5)零件堆焊后进行消除应力的低温退火和机械加工。

二、铸铁件的焊补修理

铸铁船机零部件占所有船机零部件总质量的一多半，其中基本上都是灰口铸铁材料。由于灰口铸铁材料几乎没有塑性，强度极限低和耐腐蚀性差，因此铸铁船机零部件在使用中容易出现裂纹、磨损、锈蚀或烧蚀。在修船工作中，经常遇到因裂纹、磨损、锈蚀或烧蚀而损坏的铸铁船机零部件。例如，气缸盖或气缸套裂纹、增压器壳体裂纹或锈蚀、铸铁活塞环槽磨损等。焊接是修复这些损坏的船机铸铁零部件常用、有效的工艺。但是由于灰口铸铁的含碳量和硫、磷杂质的含量较高，强度低、塑性几乎为零，对冷却速度敏感性强，而焊接过程一般都具有加热快、冷却快以及工件受热不均匀等特点，因此给铸铁焊接带来了很大的困难。

船用铸铁件焊接时经常出现的问题有：①焊缝产生白口组织；②焊缝产生裂纹；③焊缝金属产生气孔；④焊液不润湿工件母材表面（即发生焊滴“打滚”现象）。

1. 防止白口组织形成的办法

防止形成白口组织的办法有以下三种：

(1)减慢冷却速度，在工艺措施上表现为焊前预热、焊中保温和焊后缓冷。通过这些措施，可以延长焊缝区及半熔化区处于红热状态的时间，以使石墨充分析出，从而防止或基本消除焊缝区及半熔化区的白口组织。例如采用热焊法，在焊前将焊补区预热至600～700 ℃，并在焊后缓冷，可以减缓冷却速度，从而防止或基本消除白口组织。采用铸铁芯石墨化型焊条焊补时，还可以通过特殊的操作工艺（如大电流、连续焊工艺），利用电弧热减慢半熔化区的冷却速度来防止白口组织。

(2)合理选择焊接材料，改变焊缝材料中的化学成分，可以在一定条件下防止焊缝金属产生白口组织。例如，在气焊用铸铁焊丝中增加石墨化元素碳、硅的含量，碳、硅含量较普通灰口铸铁要高，并采用中性焰或还原焰施焊，以防止碳、硅元素过分烧损，这样在预热、缓冷的条件下可以防止焊缝产生白口组织。采用电弧焊时，所用的铸铁焊条也要求有较强的石墨化能力，以便在一定焊接工艺的配合下，使焊缝金属形成灰口组织。此外，采用非铸铁成分的焊接材料（如镍基材料）施焊，可以避免焊缝区产生白口组织。

(3)采用钎焊工艺时，由于施焊温度低，铸铁母材不熔化，故钎焊接头不会形成白口组织。但钎焊时如果铸铁母材的加热温度超过灰口铸铁共析转变的上限温度(820 ℃),则在快冷条件下,在焊缝的热影响区会产生马氏体组织。

2. 产生冷裂纹的原因及防止办法

(1)冷裂纹产生的原因

由于灰铸铁强度较低,塑性很差,在力的作用下不能产生伸长、弯曲等塑性变形来松弛应力,而在焊接过程中,整个工件受热不均匀,熔池处于熔化状态,熔池附近处于高温状态,体积膨胀。如果焊补区处于铸铁件约束度较大的部位,红热的金属向外膨胀时受到周围金属的限制,焊补区产生压缩塑变。而在焊后的快速冷却过程中,焊补区已经被压缩的部分体积要进一步缩小,此时又受到周围金属的牵制,于是应力状态发生了变化。原来受压应力的焊补区,此时开始受到拉应力,在冷至500 ℃以下时,拉应力继续增大,当应力大于焊缝金属的抗拉强度时,便产生了裂纹。当焊缝产生白口组织时,由于白口铸铁的收缩率较灰口铸铁的收缩率大,也增加了母材与焊缝间的应力,促使焊缝裂纹产生。

(2)防止冷裂纹产生的工艺措施

防止冷裂纹产生的主要途径首先是减小焊接应力,其次是防止或减少白口组织的产生。当工件各部分的温差大、热影响区的宽度大和焊接部位的约束度大时所引起的热应力较大。因此,防止冷裂纹的主要工艺措施是:

①采用热焊或半热焊,以提高工件的整体温度、减小各部分温差。

②冷焊时采用细焊材、小电流、短电弧、短焊道和断续分散焊及焊后立即锤击的焊补工艺。

③焊接速度不宜过慢,焊条和焊枪不要做横向摆动。因为焊接速度越慢,焊条横向摆动越大,则焊接区处在较高温度区的宽度越大,热应力增大。

④坡口开成U形,坡口开得越小则填充金属越少,焊后收缩产生的热应力也就越小。

⑤正确选择加热感应区,可有效地减少焊接应力。

3. 产生热裂纹的原因及防止办法

(1)产生热裂纹的原因

热裂纹大多产生在非铸铁焊材的焊缝上,当焊缝为铸铁组织时,则不易产生热裂纹。这是因为铸铁的结晶区间小,液、固相转变快;加之铁水流动性好,所以焊缝为铸铁组织时,热裂纹倾向较小。当采用镍基焊材时,由于铸铁中含有较多的硫和磷,焊接时铸铁母材中的硫和磷熔入焊缝后与镍形成低熔点共晶($Ni—Ni_3S_2$和$Ni—Ni_3P$),高熔点的镍基焊缝金属结晶后,这些低熔点的共晶在晶粒间呈连续分布,在焊接应力的作用下,晶粒间这些低熔点的共晶薄层就被拉裂,从而产生了热裂纹。

(2)防止热裂纹产生的工艺措施

由于热裂纹的产生与熔池金属中的硫、磷杂质的含量有关,因此为了防止热裂纹的产生,必须控制铸铁母材向熔池中的熔化量,其工艺措施是:

①在保证焊透的前提下,熔池越浅越好,即采用小焊接电流以减少熔池。修磨焊接部位,去掉尖角和尖锐棱边,坡口底部应呈U形,这样可以减少母材在焊缝中的比例。

②采用具有抗热裂纹性能碱性焊条,焊接速度不宜过慢,焊条和焊枪尽量不要做横向摆动,以减少焊缝金属在熔融状态下的时间。

4. 产生气孔的原因和防止办法

(1) 直气孔产生的原因

铸铁的含碳量很高。在焊接过程中，碳被氧化形成大量的一氧化碳气体，如果这些气体在冷却结晶时来不及析出，便在焊缝金属中形成气孔。另外，焊补区坡口内存在油、锈、污垢、水分以及焊条吸潮等都可产生气孔。

(2) 防止气孔产生的工艺措施

①焊接前严格清理坡口，除去焊补区表面的油、锈和污垢。可用角磨机打磨，也可以用汽油或丙酮擦洗，或用气焊火焰烧，但温度要控制在 400 ℃以下。

②采用气焊焊补时，要采用良好的熔剂，可保护熔池使铁水不被氧化。

③焊条使用前要烘干，特别是碱性焊条和石墨化型焊条。

④使用直流焊机时要反接。

5. 焊缝金属与母材不熔合的原因和解决办法

焊补在高温条件下长期使用的铸件时，如柴油机排气管、气缸盖排气阀孔和锅炉片等，有时会出现焊液不润湿工件母材表面，即焊滴在母材上“打滚”而不与母材熔合的现象。这是由于灰铸铁工作后，碳元素不断析出，基体组织由原先的珠光体（铁素体组织）转变为铁素体基体，石墨增多且不断长大为粗大片状石墨。由于石墨熔点高、量多又粗大，因此出现不熔合现象。解决的办法是：采用电弧焊时，选用脱氧性强的焊条，其药皮中含有强脱氧元素，可使变质铸铁中的氧化物在一定程度上被还原，从而改善熔合性。也可采用气焊碳化焰焊补法。即采用碳化焰，内焰长度约为焰心的 2 倍，用内焰端部烘烤焊补部位，开始时熔池中无清亮的铁水，有一些白色的氧化物，但维持数分钟后，熔池中的白色氧化物即可减少，提高了可焊性。这也是因为碳化焰具有脱氧还原性，使熔池中的氧化物一定程度上被还原的缘故。另外，还可采用金属扣合法进行修复，并且修复效果更加可靠。

第五节　机械加工修复

船机零件产生磨损、腐蚀等损坏后可以采用机械加工修复方法进行修复。此法虽然改变了零件的尺寸，但是使零件具有要求的几何形状和配合间隙，从而恢复使用性能。常用的方法有修理尺寸法、附加零件法、局部更换法、尺寸选配法和成套更换法。

一、修理尺寸法

为了恢复已磨损零件的原有配合性质，需对配合件中较贵重零件的磨损表面进行机械加工，消除零件几何形状误差，使其具有正确的几何形状。此时，零件的原始尺寸改变为另一尺寸——修理尺寸，并对配合件中的另一零件按修理尺寸换新，从而使配合件恢复原有的配合性质。

轴类零件的修理尺寸小于原有尺寸，孔类零件的修理尺寸大于零件原有尺寸。

确定零件的修理尺寸有两种原则：

1. 最小加工余量原则

零件修理尺寸等于实际测得的尺寸减去（或者加上）为消除损伤缺陷需要的最小加工余量。而与之相配合零件的修理尺寸等于上述修理尺寸加上（或者减去）配合间隙值。从延长零件的寿命为出发点，这种修理方法是最经济的，但因限于单件生产，修理时间长。

2. 分级修理原则

零件按预先规定好的分级修理尺寸进行机械加工。一般来说，这时零件的加工余量就不是最小加工余量。而与之相配合的零件可以按相应的分级修理尺寸预先成批生产，制成备件供选用，使修理周期缩短，修理的经济性提高。

采用修理尺寸法修复零件时应考虑修理后零件的机械强度是否满足工作要求，对于重要的零件应参照有关规范、标准进行强度校核。如确定的修理尺寸已使零件的强度不足，则可以考虑采用其他方法修复。

修理尺寸法具有加工方法简单，修理质量高等优点，广泛应用于结构复杂和贵重零件的修复，如修复船用柴油机的曲轴、气缸套、活塞、气阀等零部件。

二、附加零件法

在零件结构和强度允许的情况下，将零件损坏的工作表面经机械加工至能够安装附加衬套的尺寸，然后将附加衬套压入再对衬套进行必要的机械加工，使其恢复原有尺寸或达到某级修理尺寸。

由于附加衬套具有一定的厚度要求，被修复机械必须去除相应的厚度才能装入衬套，这对被修复零件的机械强度有一定影响，事先必须进行强度校核，以保证零件修复后具有足够的机械强度。

衬套的材料通常与被修复零件的材料相同，目的是受热后两者膨胀一致，不产生附加应力或松脱。衬套的厚度不宜过薄，否则刚度过低。

衬套与被修复零件配合必须有一定的过盈量，以使两者紧密贴合，满足传递力和传热的要求。过盈量的大小，依零件的尺寸不同而有所不同。

如缸盖阀座处有较深裂纹时，阀座处可用衬套修复，如图 1－3－9 所示。

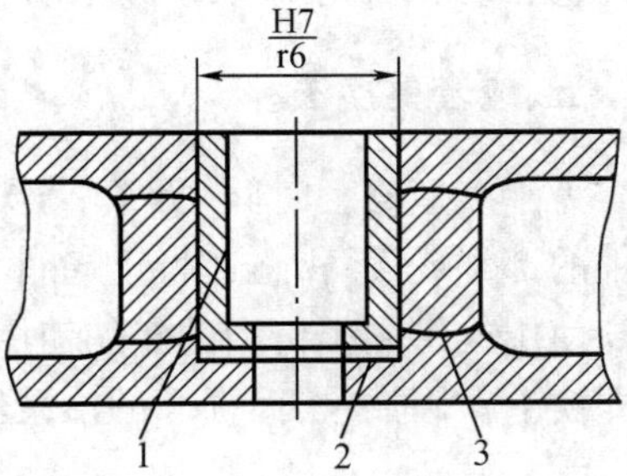

图 1－3－9　气缸盖裂纹的镶套修理

1—衬套；2—紫铜垫；3—裂纹

三、局部更换法

零件局部磨损或损伤严重时，在能够保证零件机械强度的前提下，从零件上去除该损伤的部分，并按损伤部分应有的正确几何形状和尺寸精度制造这一部分的新件，再用焊接或其他方法将新件与零件余留部分牢固地结合在一起。如图 1－3－10 中(b)所示，如活塞顶发生严重裂纹，可将顶部裂纹处车削去，并车削出矩形螺纹，另外按车削去的部分配制相同材料的塞头 3 并将其旋入活塞 1。旋入时要旋紧，然后用压板 2 固定或用三只均布的止动螺钉 4 将塞头牢固地固定在活塞上，如图 1－3－10(a)所示。

如果活塞是铸钢的，则可将整个顶部割去，然后依割去部分的形状用同样的材料重新制作一只，并用焊接法连接，如图 1－3－11 所示。

焊后应进行热处理和必要的加工，以达到使用技术要求。

四、尺寸选配法

集中一小批相同机型的已过度磨损的配合件，分别进行机械加工消除配合表面的缺陷和几何形状误差，再按原配合间隙重新配合成对。组成一些具有不同基本尺寸但具有相同

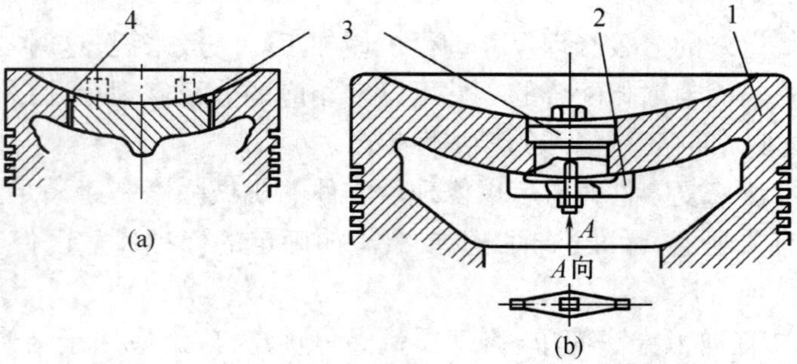

图 1－3－10　活塞顶部裂纹修复

1—活塞;2—压板;3—塞头;4—止裂螺丝钉

配合间隙的新的配合件,此种方法称为尺寸选配法。例如柴油机喷油泵和喷油器中的精密偶件就可以采用此法修理。

此法简单、方便、经济,可使一部分已报废的配合件重新投入使用。缺点是必须有一小批配合件,数量太少,则不易组成新的配合件。

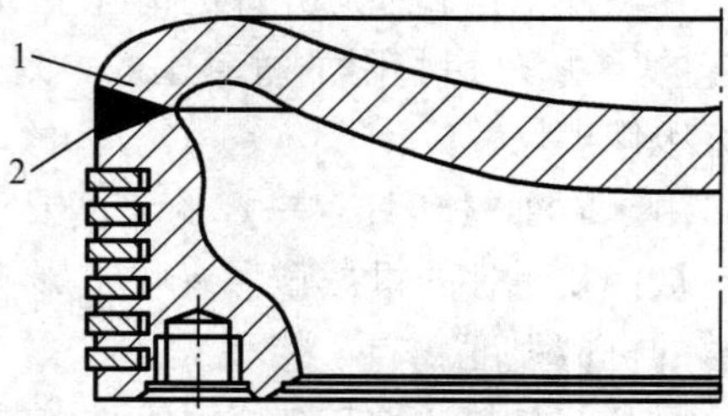

图 1－3－11　活塞顶部换新用焊接连接

1—新活塞顶;2—焊缝

五、成套更换法

为了缩短修理时间,拆下有严重磨损或损伤零件的部件或设备,迅速换上备件继续运转,称为成套更换法。设备或部件经修理后作为备件使用或供同类机型的船舶使用。例如柴油机运转中的高压油泵柱塞－套筒偶件咬死,立即换上备用油泵,而损坏的油泵经修理后作为备件使用。

第六节　金属扣合工艺

金属扣合工艺法是利用高强度合金材料制成特殊的连接件把零件损坏处用机械方法连接起来,达到修复的目的。金属扣合工艺往往与粘接方法结合起来使用,修复效果更佳,如缸盖、机座、机架和气缸体等的裂纹修理均可采用。

一、金属扣合工艺的特点

(1)修复工艺简单,成本低。修复工作一般不受场地限制,可就地施工。

(2)不破坏原有精度。修复是在常温下进行,不会引起机件变形。

(3)修复质量可靠。修复后的机件具有足够的强度和良好的密封性。

二、金属扣合工艺法的分类

1. 波浪键扣合法(强固扣合法)

适用于有一般强度要求,且壁厚在 8～45 mm 范围的机件。

2. 波浪键－螺钉扣合密封法(强密扣合法)

适用于不仅有强度要求,还有密封要求的机件。

3. 加强块扣合法

适用于承受大载荷，壁厚超过 45 mm 的厚壁机件。

三、扣合键的材料

作为金属扣合工艺的连接件，即扣合键的材料一般要求具有强度高、塑性和韧性好、冷加工硬化性能好的特点。材料冷加工塑性变形后强度大大提高，受热零件用的扣合键材料膨胀系数应略低于或与零件材料的膨胀系数相同。一般选用镍铬不锈钢：1Cr18Ni9，1Cr18Ni9Ti 等，冷变形后强度可提高 50%；也可选用普通低碳钢 10，15，20 钢等，冷变形后强度可提高 10% ~20%。高温零件可选用含镍量高并与零件材料膨胀系数相近的高温镍基合金：Ni36，Ni42 等，此种材料膨胀系数与铸铁相近，或选用 10，15，20 钢。

四、金属扣合工艺的应用

目前，金属扣合工艺作为修理裂纹和断裂的方法被广泛应用，尤其对于难焊补的铸钢件、铸铁零件和不允许有变形的零件，是一种最佳修理方法。例如船用主机、副柴油机的机座、机架、气缸体、气缸套和气缸盖，各种机械的壳体和螺旋桨的裂纹修复均可采用这种方法。近年来金属扣合工艺与胶黏剂配合使用不仅增大连接强度，而且有利于提高密封性。

1. 波浪键扣合法

这种方法适用于一般强度要求的机件的修复，机件厚度在 8 ~45 mm 左右。其实质是在垂直于机件裂纹或折断面的方向上加工出具有一定形状和尺寸的波形槽，把由特殊合金材料或 10，15，20 钢制成的形状和尺寸与波形槽相吻合的波浪键嵌入。在常温下铆击波浪键，使其产生变形而充满槽腔。借助波浪键的凸缘与波形槽的凹洼互相扣合，将损坏的机件重新牢固地机械连接为一体，如图 1 -3 -12 所示。为使裂纹两端应力能够分散，可在裂纹两端钻止裂孔。

(1)波浪键形状和尺寸的确定

波浪键的尺寸由凸缘部分 d，颈部宽度 b，凸缘间距 l，键的厚度 t 组成，如图 1 -3 -13 所示。

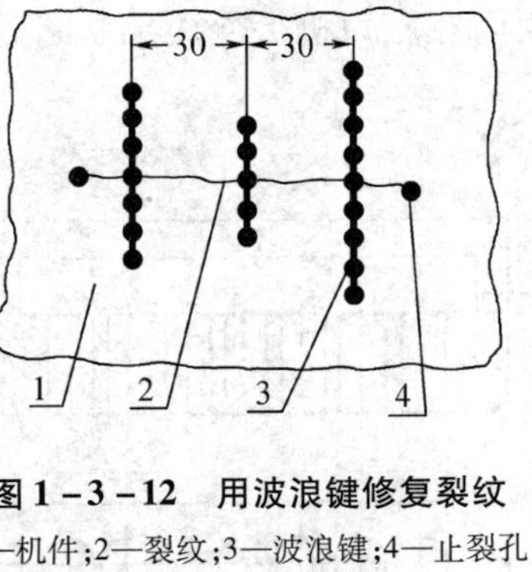

图 1 -3 -12　用波浪键修复裂纹

1—机件；2—裂纹；3—波浪键；4—止裂孔

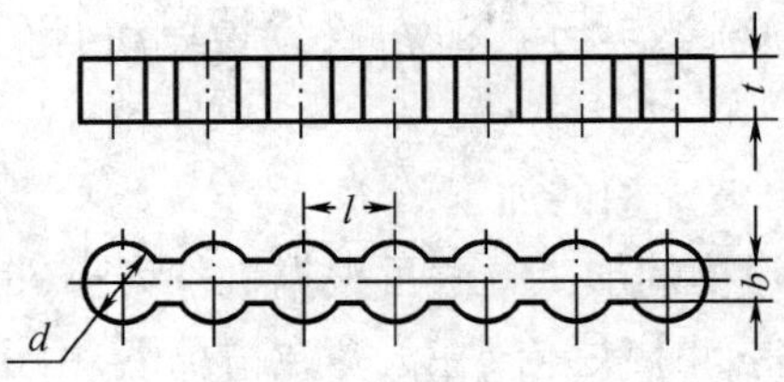

图 1 -3 -13　波浪键尺寸

波浪键的颈部宽度 b 是基本尺寸，它是根据被修复机件的大小，安装的可能性和铆击是否方便等因素来确定。通常取 b 为 3 ~6 mm，其他尺寸可按下式确定：

凸缘部分：$d = (1.4 \sim 1.6)b$

凹缘部分：$l=(2\sim2.2)b$

波浪键厚度：$t=(1\sim1.2)b$

波浪键的凸缘个数一般取5,7,9,因为将当中一个凸缘设在裂纹上较好。在位置允许的情况下,尽可能采取7或9个凸缘。

为了改善机件受力情况,长的和短的波浪键最好相间使用,如7个凸缘的波浪键和9个凸缘的波浪键间隔使用。

(2)波形槽的形状、尺寸和间距

机件上的波形槽的尺寸和形状应加工成与波浪键一样,为使波浪键能够嵌入,并且不会有过大的铆击胀大量,要求槽与键的配合间隙为0.1 mm,最大不超过0.2 mm。槽的深度 T 依该处机件的厚度 H 而定,一般取 $T=(0.65\sim0.75)H$,之所以不将槽开穿而留有基底(厚度为 S),是由于铆击波浪键时键的背后要有支承,如图1-3-14所示。

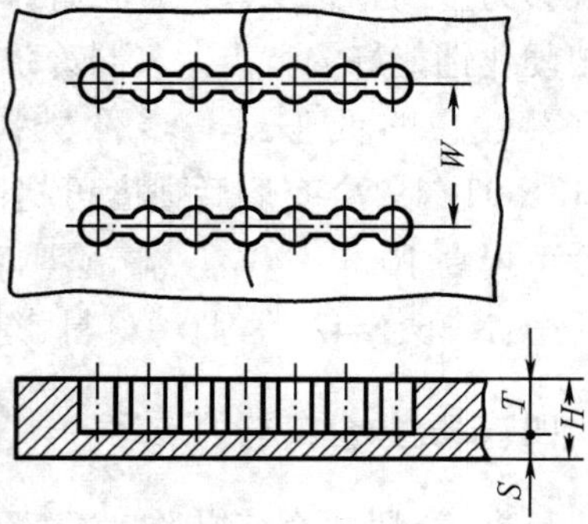

图1-3-14 波形槽

波形槽之间距 W 可按下式计算

$$W=bT/H(\sigma_R/\sigma_b+1)$$

式中 σ_R——铆击后的抗拉强度,MPa;

σ_b——机件的抗拉强度,MPa;

一般取 W 为30~100 mm。

(3)波浪键的加工

波浪键的毛坯经锻造加工成板状,板厚等于凸缘尺寸 d,板宽略大于波浪键的长度,板长根据准备割成几条波浪键而定,然后依波浪键厚度 t 大小切割成条料。

锻造和机械加工后条料要进行热处理,使其塑性增加。对0Cr18Ni9,1Cr18Ni9等材料的热处理规范是加热到1 100~1 150 ℃,水淬。对10,15,20钢等材料的热处理规范可选用淬火→回火,淬火加热温度为Ac3+50~70 ℃,盐浴,保温时间为1 min/mm;以15% NaOH水溶液为冷却剂淬火;回火温度为100~200 ℃,保温时间为1 h。

波浪键的最后成形是模压而成的,将条料放入压模内在压力机上冷压。压制后一般不再加工,即允许其上下平面有压制时的凸峰存在(主要在颈部两边),但在修复重要机件时则要求刨平。

(4)波形槽的加工

波形槽的加工方法可根据机件大小,拆装是否方便等因素决定。在大多数情况下,由于机件大,拆装不方便,波形槽的加工只能就地进行。使用的工具有普通的风钻、风枪,以及若干专用工具,如钻模、凿子、铆击头等。图1-3-15所示为加工波形槽用的钻槽,其中7个凸缘的直径为8 mm。

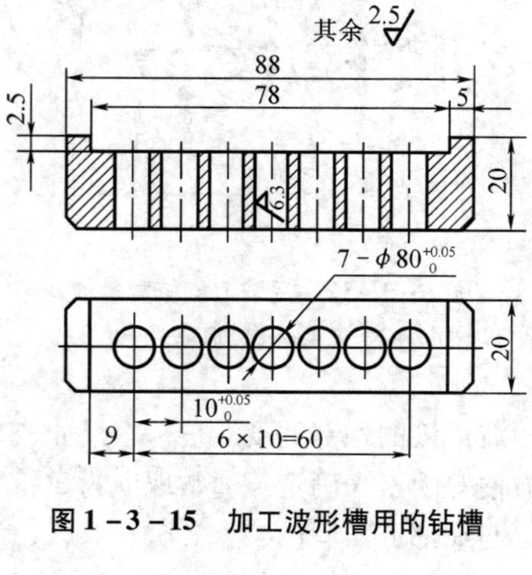

图1-3-15 加工波形槽用的钻槽

波形槽的加工顺序是先在裂纹或折断面处

钻一直径为 d(波浪键凸缘尺寸)的孔,深度为要求的波形槽深 T,然后将钻模放在上面并使之与裂纹垂直(即未来的波形槽位置),将直径为 d 的定位销插入。再依钻模上的孔钻第二个孔,钻后插入第二个定位销,使钻模位置固定下来。再依次钻其他孔。孔钻好后,用凿子开出中间槽,使各孔连接起来成为波形槽。加工过程中应随时检查所加工的尺寸,使之与键有正确的配合间隙(0.1~0.2 mm),否则键与槽配合不当,可能引起裂纹增大。

(5)波浪键嵌入

波形槽加工完毕后,应用压缩空气吹净槽内残留金属末屑,并用丙酮清洗干净,再涂黏结剂(一般用环氧树脂黏接剂,如果是在高温下工作的机件,又有密封要求,则用无机黏结剂)。波浪键用丙酮清洗后,嵌入槽内,用风枪铆击。铆击时,先用凸圆铆击头,如图 1-3-16(a)所示。铆击各凸缘中间部分,再用凹圆铆击头铆击凸缘边缘部分。最后以扁平铆击头,如图 1-3-16(b)所示,铆击颈部。铆击顺序是由键的两端逐个向中间铆,铆击力量应逐渐由强至弱,否则可能使裂纹扩大。

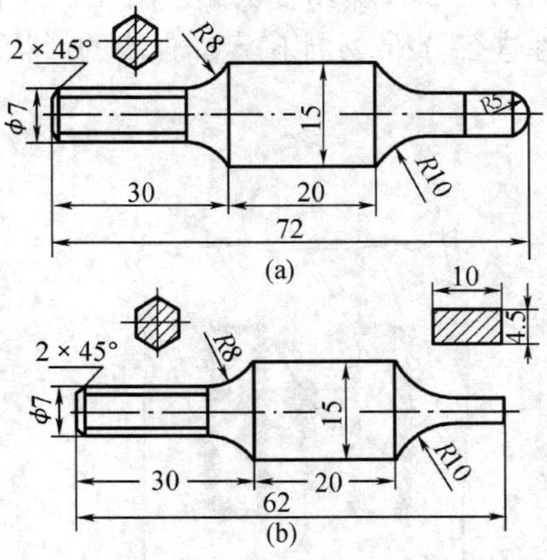

图 1-3-16　波浪键扣合用的铆击头

第一块波浪键铆击好后,依上述顺序再铆击第二块波浪键,第三块波浪键,…,直至全部嵌铆完毕。

2. 波浪键-螺钉扣合密封法

该方法是以波浪键扣合为基础,沿裂纹或折断面按顺序钻孔、攻螺纹,将涂了环氧树脂或无机黏接剂的密封螺钉旋入,如图 1-3-17 所示。

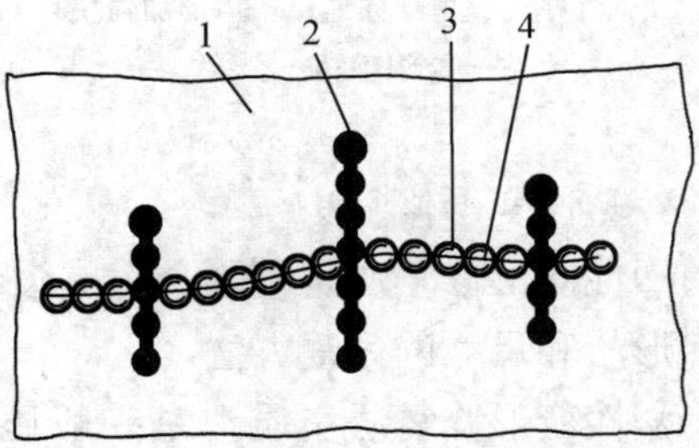

图 1-3-17　波浪键-螺钉密封法

1—机件;2—波浪键;
3—密封螺钉;4—原裂纹位置

这种修复工艺除了可使裂纹或折断面有密封性外,保证了修复件具有了一定的强度,可增加机件的刚性。

密封螺钉材料的选择与波浪键选用材料相一致,但在不重要的地方可选用标准螺钉代替。螺钉直径应按两波浪键之间裂纹的长度来确定,通常选 6~10 mm 左右,其旋入深度应与波形槽的深度大致相等。

螺钉密封法的工艺程序是:

在每根波浪键的两侧先钻孔和攻螺纹,钻孔位置应使密封螺钉与波浪键凸缘有 0.5~1.5 mm 的重叠。用压缩空气吹净螺纹孔内的切屑后用丙酮清洗干净。在孔内填入黏结剂,将螺钉逐个旋入螺纹孔。密封螺钉之间应有 0.5~1.5 mm 的重叠。密封螺钉全部旋入后,用砂轮修平螺钉上平面。

3. 加强块扣合法

在工作中要承受高载荷,且壁厚超过 45 mm 的机件,单用波浪键修复难以保证可靠的修理质量,需用加强块扣合法进行修复。

它是在垂直于裂纹或折断面的方向上加工出矩形空穴,嵌入相应尺寸和形状的矩形高强度合金钢加强块。然后在加强块与机件本体的结合线上加工出连续的圆销孔(圆销孔的中心在结合线上),在圆销孔中逐个嵌塞并铆击用波浪键相同合金材料制成的短圆柱销。圆柱销的一半嵌在加强块上,一半嵌在机件上,使矩形加强块与机件本体牢固结合,使载荷能分布到更多的面积上和更远离裂纹或折断面的地方,如图1-3-18所示。必要时在加强块的主要受力方向上再用波浪键对加强块和机件进行扣合,如图1-3-19所示。

采用加强块扣合法必须对机件工作时承受的载荷大小、方向、性质和安置加强块的可能性进行分析,才能确定加强块的形状、大小、数量和合适的材料。

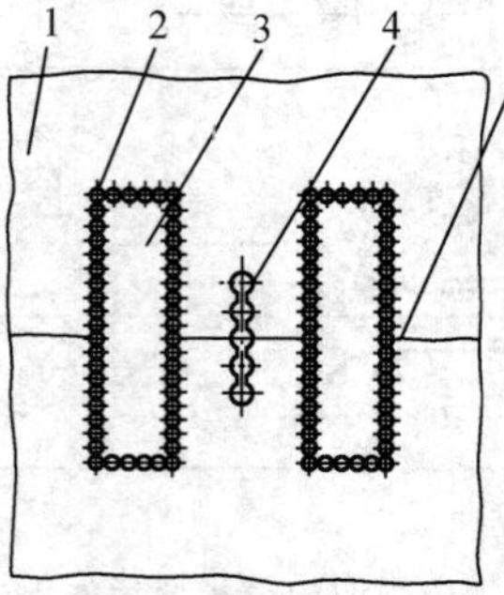

图1-3-18 矩形加强块扣合

1—机件;2—短圆柱销;3—矩形加强块;
4—波浪键;5—裂纹

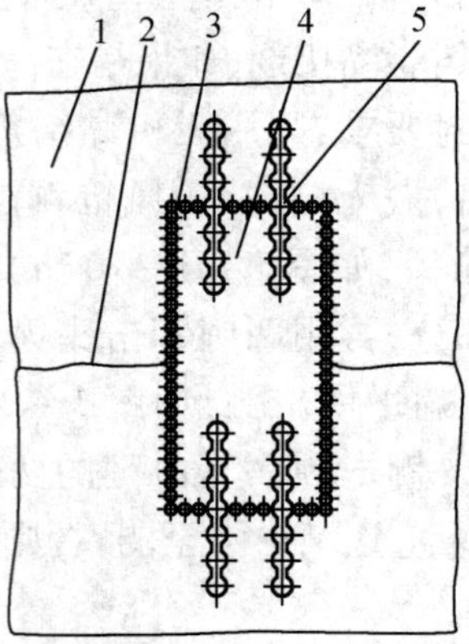

图1-3-19 加强块扣合时用波浪键加强

1—工件;2—裂纹;3—短圆柱销;
4—矩形加强块;5—波浪键

4. 塑性变形修复法

塑性变形修复法是利用金属或合金的塑性,在一定外力作用下改变或恢复零件的原有几何形状和尺寸的修复方法。

塑性变形修复法实质上是一般压力加工的方法,只不过压力加工的对象不是零件毛坯,而是失效的零件,如磨损、变形的零件。

(1)修复磨损的零件

利用塑性变形修复磨损的零件是将零件非工作部位的部分金属转移到零件磨损的工作部分上以恢复零件工作表面的原有尺寸。所以,此种方法不仅改变了零件的形状、尺寸而且也改变了金属的机械性能和组织结构。

对于含碳量低于0.3%的未经热处理和碳钢零件或有色金属(或合金)零件进行塑性变形修复时可不加热;对于含碳量大于0.3%的碳钢或合金钢零件,因其塑性低,变形阻力大而需要加热后进行塑性变形修复。常采用的方法主要有镦粗法、挤压法和扩张法。

(2)修复变形零件

零件在长期使用中,由于受到弯曲、扭转等作用产生变形,例如柴油机曲轴的弯曲变形,连杆的弯曲、扭转和平面方向的弯曲变形见图1-3-20所示。另外零件在长期的使过程中,由于受到机械碰撞而引起变形,如船舶螺旋桨桨叶打在缆绳或礁石上而使桨叶弯曲变形。零件产生的变形只要得到校正仍然可以继续使用。因此,生产中常采用冷校法、热校法、加热-机械校直法等进行修复,根据零件的变形程度选用。修理前,对于零件的变形部位和程度应进行准确检测予以确定。

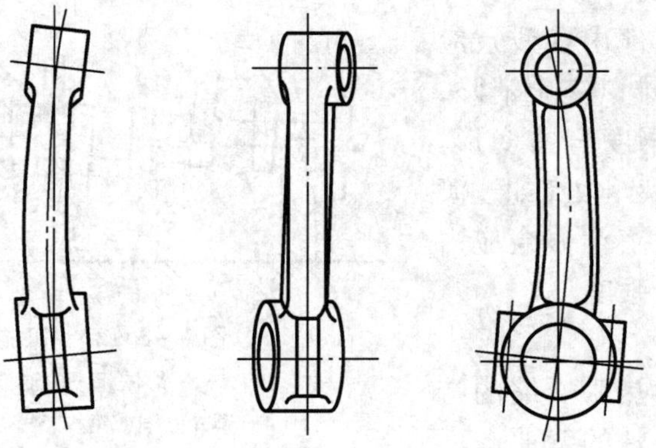

图 1－3－20　连杆变形

①冷校法

对于材料塑性较高和尺寸较小的零件可以选用冷校法。冷校法是基于反变形原理，即使零件变形部位发生相反的变形。由于弹性变形使反变形减小，所以反变形应较原变形适当增大，达到变形消失，恢复零件原有形状的目的。

a. 敲击法　用锤子敲击零件变形处的背面，使其发生反向变形。根据零件材料、形状、尺寸及变形程度选用木槌、铜锤或铁锤和锤击力度。敲击时，不可在一处多次敲击，而应移动地敲击，每处敲击 3 ~4 次。

此法校正变形稳定，并且对于零件的疲劳强度影响不大。例如，小型曲轴的弯曲变形采用敲击法进行校直。用铁锤敲击曲柄臂内侧，使变形的曲轴轴线发生变化达到校直的目的，如图 1－3－21 所示。螺旋桨桨叶变形不大时亦可用此法校正。

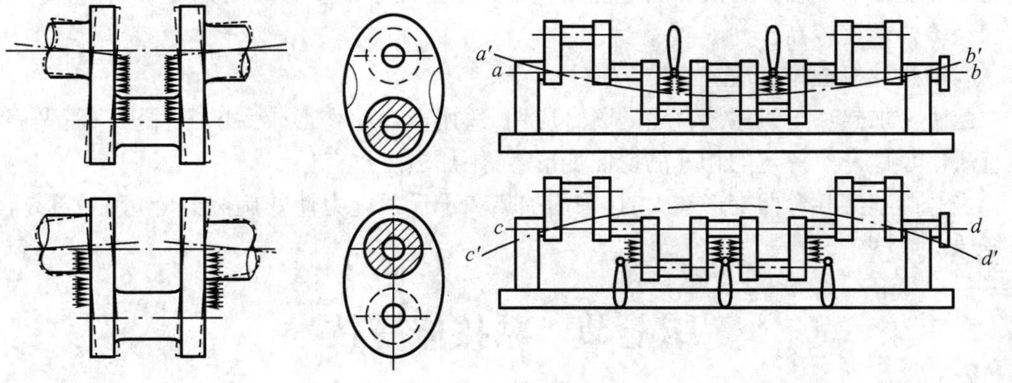

图 1－3－21　敲击法校直曲轴

$a'b'$，$c'd'$—校直前主轴线位置；ab，cd—校直后主轴颈轴线位置

b. 机械校直法（或称静载荷法）　在一般压床或专用机床上进行校直，适用于弯曲变形不大的小型轴类零件。例如小型曲轴校直，在曲轴两端或弯曲部位附近的两个主轴颈处支承曲轴，并将弯曲凸面朝上，用压力机或千斤顶作用使之反向变形，且比原弯曲量大 10 ~15 倍，保持压力 1 ~2 min 后卸载。如此施压数次可使曲轴较直，如图 1－3－22 所示，也可校

正变形不大的螺旋桨桨叶。

此法校直后的零件内存残余应力,采用低温退火也难以完全消除,会在以后的使用中再度弯曲变形。由于校直后轴上截面变化处(如过渡圆角)塑性变形较大,产生残余应力较大,降低了轴的疲劳强度。

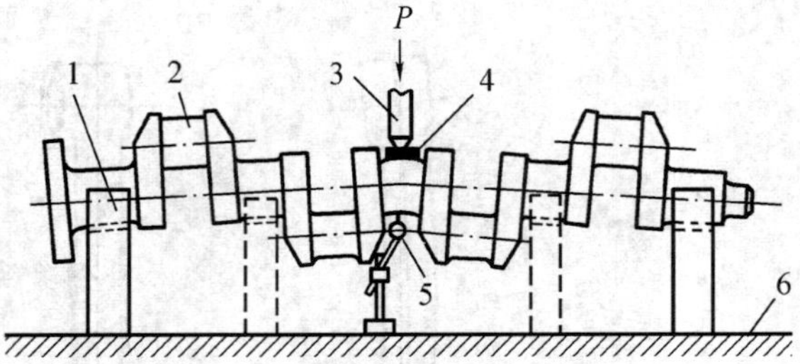

图 1-3-22 机械校直曲轴

1—V 形铁;2—曲轴;3—压力机;
4—铜片叵铜或铅皮;5—百分表;6—平台

②热校法

利用金属材料的热胀冷缩的特性校正变形零件。在轴的弯曲凸面进行局部快速均匀加热,因受热膨胀,使轴的两端向下弯曲,即轴的弯曲变形增大。当冷却时,受热部分收缩产生相反方向弯曲变形,从而达到校正变形的目的。图 1-3-23 所示为轴的热校直。

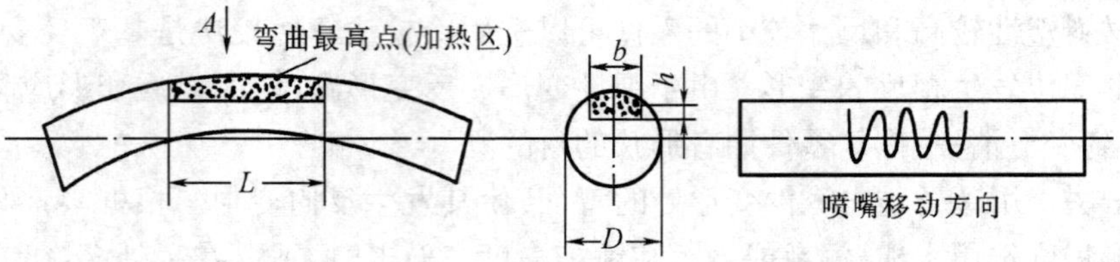

图 1-3-23 加热校直轴类零件

加热校直曲轴时,采用氧-乙炔焰或喷灯,在最大弯曲变形的轴颈的 1/6~1/3 圆周上加热,加热温度达 250~550 ℃。自最大弯曲处向两端降温加热,加热后保温缓冷达室温时检测弯曲变化。一般经数次加热才能校直。此法适用弯曲变形较大的零件,并且对操作水平和经验要求比较高。

③加热-机械校直法

此法为加热法与机械校直法的联合应用,适用于弯曲变形较大的零件。一般先用机械校直法使零件产生一定的相反的弯曲变形,再用加热法校直。

当螺旋桨桨叶弯曲变形较大时,采用加热和千斤顶施力使螺旋桨桨叶弯曲变形得以矫正复原。

第七节 粘接修复技术

利用胶黏剂把相同或不同材料或损坏的零件连接成一个牢固的整体,使其恢复使用性能的方法,称为粘接修复技术。用胶黏剂修复损坏的船机零件成功地解决了某些用其他方法无法修复的零件的维修问题,使之恢复使用。另外,利用胶黏剂还可进行装配工作和使零件保持密封性要求,从而使修船工作的某些配装工艺大大简化,生产率明显提高。因此,粘接修复技术广泛地应用在修造船领域。

船机修造中常用的黏结剂有环氧树脂黏结剂和无机黏结剂。

一、环氧树脂黏结剂

1. 黏结剂的组成

环氧树脂黏结剂是以环氧树脂为主体,加入增塑剂、固化剂、稀释剂和各种填料调配而成的一种黏结剂。其中,环氧树脂、固化剂是黏结剂的必要成分,其他成分则根据需要选择。

(1)环氧树脂

我国目前常用的是一种双酚A型环氧树脂,由环氧丙烷与二酚丙烷在苛性钠中缩聚而成的化合物,呈琥珀色,无毒无味,能溶于丙酮、酒精等有机溶剂中。常温下呈胶稠状态,加热到50 ℃以上时软化成流体。

(2)固化剂(硬化剂)

是一种能与环氧树脂发生反应,而使环氧树脂固化的物质。固化剂的用量对环氧树脂黏结剂的机械强度影响很大,特别是对剪切强度的影响,所以必须严格控制其用量。

常用的固化剂有乙二胺、二乙烯三胺、三乙烯四胺、多乙烯多胺等。这些胺类固化剂的特点是能使环氧树脂在室温下固化,固化速度快,黏度低,使用方便。

(3)增塑剂

其作用是增加环氧树脂黏结剂的柔韧性,提高冲击强度和弯曲强度。

增塑剂分为活性增塑剂和非活性增塑剂两种。活性增塑剂含有活性基因,能直接参与固化反应,克服了环氧树脂质脆,易开裂的缺点。常用的活性增塑剂有聚酰胺树脂、丁腈橡胶等。非塑性增速剂不含活性基因,不参与固化反应,对改善环氧树脂韧性的效果较差。常用的有邻苯二甲酸二丁酯、邻苯二甲酸二辛酯等。

(4)稀释剂

为了便于操作和延长使用,稀释剂的作用是降低黏结剂黏度,便于浸润胶合表面,提高黏结合力。常用的有丙酮、苯、环氧丙烷苯基醚等。

2. 黏结剂的性能

(1)黏结力强。除了对聚氟塑料、聚氯乙烷、聚苯乙烯、聚乙烯等部分材料以外,环氧树脂黏结剂对其他金属和非金属的黏结力极强。

(2)耐腐蚀性较好。固化后的环氧树脂分子中含有稳定的苯环及醚键和羟基。可以抵抗一般酸、碱的腐蚀和有机溶剂如汽油、苯、丙酮等的浸蚀。

(3)固化时的收缩小。环氧树脂黏结剂固化时的体积收缩率一般小于2%,如加入填料后收缩率小于0.2%。

(4)热膨胀系数较小。环氧树脂黏结剂的热膨胀系数较小,一般为60×10^{-6}℃,几乎不受温度的影响。

(5)电绝缘性能优良。主要是它不像金属那样有自由电子,也不是离子化合物,因此绝缘性能良好,可用于制作电器零件。

(6)抗震性能和耐老化性能高,适合于船机零件的胶合。未加入固化剂的环氧树脂稳定性高,长期放置不会变质。

(7)抗冲击性能和耐热性低。环氧树脂黏结剂较脆,受高温软化,不适合于受冲击、大负荷和在高于80 ℃的条件下工作的零件。

3. 黏结工艺

(1) 表面处理

为了保证黏结质量,胶合的零件表面必须进行机械处理和清洗。通常用砂轮、砂布、钢丝刷等打磨零件表面,清除表面的锈迹、氧化膜和使表面变粗糙,然后用酒精、丙酮等溶剂清除表面油污。

(2) 接头制备

黏结接头方式是影响黏结强度的重要因素之一。黏结接头一般采用叠结、槽接和套接形式,其中槽接和轴孔套接式可达到较高的黏结强度。

(3) 调胶

按配方将各组分用天平分别称重,需加填料时应预先干燥。调胶的顺序是:先将环氧树脂烘熔至能流动状态放入调胶器皿中,然后依次加增塑剂、稀释剂、固化剂、填料。

调胶注意事项:

①每次调胶量不宜过多。否则,在使用过程中即发生固化,造成施工困难,并会影响黏结质量,或因不能继续使用而造成浪费。

主、副机垫片黏结剂的主要配方:

6101 环氧树脂	100 份
邻苯二甲酸二丁酯	15 份

②每加入一种组分必须搅匀后加另一组分。

③胺类固化剂及某些稀释剂有毒性,应在通风良好的地方调胶,并带好口罩和手套。乙二胺易燃,不可接近火源和高温。

④从加入固化剂到开始涂胶的间隔时间不宜过长,以免因黏结剂固化而影响黏结力。时间间隔控制:室温低于 20 ℃时为 2 h,室温高于 35 ℃时为 0.5 h。

(4) 涂胶

零件黏合表面经处理后保持清洁,在涂胶前将零件加热至 30 ~ 40 ℃,以增加黏结剂的流动性和渗透力,并使胶合面的水汽蒸发。将配制好的黏结剂均匀地涂刷在零件待胶合表面上,涂层的厚度一般应控制在 0.2 ~ 0.4 mm 范围内。涂胶后即将两黏接件贴合加压,有条件的话用夹具固定。

(5) 固化

黏结件涂胶贴合后在室温下(25 ℃)自然固化 24 h 即可使用。若需缩短固化时间,可在自然固化 4 ~ 5 h 后,从低温逐渐加温至 50 ~ 80 ℃保温 1 h,可达到加速固化的目的。

4. 应用

环氧树脂黏结剂在修、造船生产中的应用十分广泛,配方较多。下面介绍一种配方及胶合工艺。

配方:

多乙烯多胺	14 份
铁粉(200 目)	100 份
石棉绒	5 份

图 1-3-24 为主、副机垫片胶合结构示意图。主、副机定位后,测量垫片的实际需要厚度 H。垫片 5 的实际厚度比 H 少 0.5 ~ 1.0 mm。其上、下平面已在车间加工好,表面粗糙度 R_a 要求在 12.5 ~ 25 μm 即可。基座 1 的孔用木塞堵住。对垫片两面清洁后分别涂上上述

配方的黏结剂，插进安装位置，然后在机座螺孔内填满黏结剂，用定位棒继续往下压。当垫片四周有黏结剂冒出时取出木塞，定位棒继续往下压，以清除孔内的黏结剂。等黏结剂固化后，紧固基座螺栓。

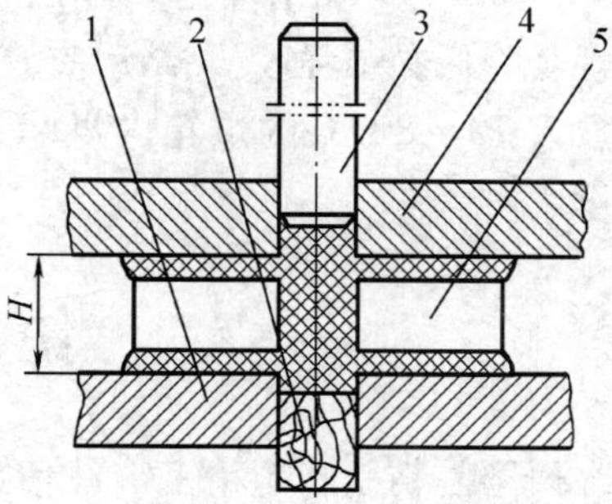

图 1－3－24　主、副机垫片胶合结构示意图

1—基座；2—木塞；3—定位棒；4—机座；5—铸铁垫片

二、无机黏结剂

1. 黏结剂的主要性能

(1) 热稳定性好，耐高温。无机黏结剂能在500 ℃高温下长期工作，短时间可耐 700 ℃的高温。

(2) 适用范围：适用于金属构件，尤其是碳钢的胶合，但不适合非金属构件的胶合。因其黏结强度较低，脆性较大，只适用于受力不大、不需拆卸的紧固件连接，可以代替焊接。适用于套接零件的黏结和平面之间的密封，不宜用于冲击负荷较大的零件胶合。

(3) 成本低、工艺简单，不需特殊设备，常温下即可操作，易于在船上使用。

(4) 无机黏结剂在固化前溶于水，固化后不溶于水，并能耐油、耐酸，但不耐强碱和氨水。

2. 黏结剂的成分、配方和调制

(1) 成分

磷酸－氧化铜无机黏结剂的主要成分为：正磷酸（H_3PO_4）、氧化铜（CuO）和氢氧化铝［$Al(OH)_3$］。

(2) 配方

正磷酸：100 mL。

氢氧化铝：5 ~ 10 g。

氧化铜粉：每毫升磷酸－氢氧化铝溶液用氧化铜粉 4 ~ 4.5 g。

(3) 调制

①每取正磷酸 100 mL，加入 5 ~ 10 g 氢氧化铝，将其加热至 110 ℃，保温 30 ~ 40 min，待氢氧化铝全部溶解后停止加热。冷却后成稠状或淡黄色透明液体时再加入 10% 的蒸馏水待用。

②将氧化铜粉倒在铜制容器或铜板上，在氧化铜粉中央挖一凹坑，再将相应比例的磷酸－氢氧化铝溶液倒入。然后用竹片或铜棒慢慢拌匀，2 ~ 3 min 后便成浓胶状。待其能拉成 10 ~ 30 mm 以上的长胶丝时即可使用。

3. 黏结工艺

(1) 表面处理　零件胶合表面的油污、锈斑必须清除干净，并要求胶合的表面粗糙度 R_a 在 25 ~ 100 μm。

(2) 调胶比例　调胶时应控制好每毫升磷酸溶液中的氧化铜的克数。氧化铜粉的克数越大，黏结强度越高，固化速度越快。一般情况下每毫升磷酸溶液中加入 4 ~ 4.5 g 氧化铜较合适。

(3) 胶合　将调好的黏结剂均匀地涂在胶合面上。涂层的厚度一般控制在 0.1 ~ 0.3 mm 左右，为保证胶合面贴合紧密，应对胶合面施以适当的压力。

(4)烘烤　黏结件在室温下的自然固化时间为24 h。由于磷酸－氧化铜无机黏结剂吸潮性会降低黏结强度,黏结后应放在干燥温暖的地方。最好先在室温下自然固化2～3 h,再放入70～80 ℃的烘箱内烘烤2～3 h即可使用。经烘烤的黏结件可获得较高的黏结强度。

第八节　研磨技术

研磨是精密和超精密零件精加工的主要方法之一。研磨加工可使零件获得极高的尺寸精度、几何形状和位置精度,最高的表面粗糙度等级以及提高配合精度。零件的内、外圆表面、平面、圆锥面、斜面、螺旋面、齿轮的齿面及其他特殊的表面均可采用此种方法进行加工。船舶主、副柴油机燃油系统中的三对精密偶件:柱塞－套筒偶件、针阀－针阀体偶件、出油阀－出油阀座偶件的内、外圆表面、圆锥面、平面在制造时都需要采用研磨进行精加工。在针阀－针阀体配合锥面磨损和柴油机的进排气阀配合锥面磨损后均需采用研磨技术进行修复,使配合面恢复密封性能。

进行研磨的零件材料可以是经淬火或未经淬火的碳钢、合金钢、硬质合金,也可以是铸铁、铜及其合金等有色金属材料,玻璃、水晶和塑料等非金属材料。

灵活的研磨技术是进行精密零件修理的有效方法,尤其是在备件缺乏、时间紧迫的情况下此法尤为重要。例如,主、副柴油机的喷油器故障大多数是针阀－针阀体偶件的锥面配合不良引起,轮机人员经常进行针阀偶件的研配工作。所以,研磨技术在船上工作中是克服精密设备短缺,延长零件寿命,节省修理费用和保证船舶正常航行的有效工艺,轮机人员应该掌握研磨技术。

1. 研磨原理

研磨是使零件与研磨工具在无强制的相对滑动或滚动的情况下,通过加入其间的研磨剂进行微切削和研磨液的化学作用,在零件表面生成易被磨削的氧化膜,从而加速研磨过程。所以研磨加工是机械、化学联合作用完成的精密加工。

(1)零件与研磨工具的相对运动

零件与研磨工具不受外力的强制引导,以免引起误差和缺陷;运动方向周期变换,以使研磨剂均匀分布在零件表面上并加工出纵横交叉的切削痕,均匀研磨零件表面;研磨表面上各点相对于研磨工具表面的滑动路程相等,以达到均匀切削。

(2)研磨压力

在实际应用的压力范围内,研磨效率随压力增加而且提高。研磨压力取决于零件材料、研磨工具材料和外界压力等因素,一般通过实验确定。常有的压力范围为0.05～0.3 MPa,粗研磨宜用0.1～0.2 MPa,精研磨宜用0.01～0.1 MPa。研磨压力过大研磨剂磨粒被压碎,切削作用减小,表面划痕加深,研磨质量降低;过小则研磨效率大大降低。

(3)研磨速度

研磨速度影响研磨效率,一定条件下,研磨速度增加将使研磨效率提高。研磨速度取决于零件加工精度、材质、质量、硬度、研磨面积等。一般研磨速度在10～150 m/min。速度过高产生的热量较多,引起零件变形、表面加工痕迹明显等质量问题,所以精密零件研磨速度不应超过30 m/min。一般手工粗研往复次数为30～60次/min,精研为20～40次/min。

(4)研磨时间

研磨开始阶段,因研磨剂磨粒锋利,微切削作用强,零件研磨表面的几何形状误差和粗糙度较快得以纠正。随着研磨时间延长,磨粒纯化,微切削作用下降,不仅加工精度不能提高,反而因热量增加质量下降。一般精研时间约为 1 ~3 min,超过 3 min 研磨效果不大。

所以,粗研时选用较粗的研磨剂,较高的压力和较低的速度进行研磨,以期较快地消除几何形状误差和切去较多的加工余量;精研时选用较细的研磨剂、较小的压力和较快的速度进行研磨,以获得精确的形状、尺寸和最高的粗糙度等级。

2. 研磨膏

研磨膏是在研磨粉中加入油溶性或水溶性辅助材料制成的。研磨膏在使用时需用研磨液稀释。

(1)磨料

常用的磨料有以 Al_2O_3 为主要成分的各种刚玉、SiC 和 Cr_2O_3 等,其种类和用途如表1 -3 -7 所示。

表 1 -3 -7　常用磨料的种类及用途

名称	代号	主要化学成分	颜色	硬度和强度	用途	
					加工方法	工件材料
棕刚玉	A	92.5% ~97% Al_2O_3	棕褐、灰褐、暗红	具有较高的硬度、韧性高、承受力大、锋利	粗研	各种碳钢、合金钢、铸铁、硬青铜
白刚玉	WA	97% ~98.5% Al_2O_3	白色	比棕刚玉硬,但韧性稍低,锋利、切削性能好	粗研和精研	淬硬钢、高速钢、铸铁
黑碳化硅	C	97% ~98.5% SiC	黑色(半透明)、深蓝	比白刚玉硬,性脆、锋利	粗研	青铜、黄铜、铸铁、大理石、玻璃等非金属材料
绿碳化硅	GC	94% ~99% SiC	绿色(半透明)	比黑碳化硅硬,但次于人造金刚石和碳化硼,锋利、性脆	粗研和精研	淬硬钢、硬质合金、硬铬、金刚石、硬度高的非金属材料
铬刚玉	PA	97.5% ~98% Al_2O_3	玫瑰红色	比白刚玉韧性好	粗研和精研	淬硬钢、工具钢、合金钢等韧性大的材料
立方碳化硅	SC	87% ~92% SiC	黄绿色	强度大、棱角锋利	精研	轴承钢、淬硬钢
碳化硼	BC	85% ~95% B_4C	灰色至黑色	比绿碳化硅硬而脆,但次于人造金刚石,颗粒能自行修磨保持锋利,高温易氧化	粗研和精研	硬质合金、硬铬、宝石、淬硬钢

表 1-3-7(续)

名称	代号	主要化学成分	颜色	硬度和强度	用途	
					加工方法	工件材料
人造金刚石	JR	(FeO, Fe_2O_3)	灰色至黄白色	硬度仅次于天然金刚石,强度也稍低,自锐性较好	粗研和精研	硬质合金、光学玻璃
氧化铬		Cr_2O_3	深绿色	质软,极细抛光剂	精研及抛光	铜、青铜、淬硬钢、铸铁
氧化铁		Fe_2O_2 或 (FeO, Fe_2O_3)	红色、暗红	比氧化铬软,极细抛光剂	抛光	淬硬钢、玻璃、水晶铜
氧化镁			白色	质软	抛光	淬硬钢、玻璃、水晶铜
氧化铈			土黄色	质软	抛光	淬硬钢、玻璃、水晶铜

磨料的粒度是指磨料颗粒的尺寸大小,粒度号是根据 1 英寸[①]长度上有多少个孔筛而定。按磨粒的颗粒尺寸范围和粒度号分为磨粒、磨粉、微粉和超微粉四种,如表 1-3-8 所示。研磨加工仅使用粒度号为 100 以上的磨料,称为磨粉。研磨加工常用磨粒号和所能达到的表面粗糙度分别如表 1-3-9、表 1-3-10 所示。

表 1-3-8 磨料粒度号及对应的磨粒公称尺寸

种类	粒度号	基本颗粒尺寸范围/μm	种类	粒度号	基本颗粒尺寸范围/μm
磨粒	12	2 000 ~ 1 600	微粉	W63	63 ~ 50
	14	1 600 ~ 1 250		W50	50 ~ 40
	16	1 250 ~ 1 000		W40	40 ~ 28
	20	1 000 ~ 800		W28	28 ~ 20
	24	800 ~ 630		W20	20 ~ 14
	30	630 ~ 500		W14	14 ~ 10
	36	500 ~ 400		W10	10 ~ 7
	46	400 ~ 315		W7	7 ~ 5
	60	315 ~ 250		W5	5 ~ 3.3
	70	250 ~ 200			
	80	200 ~ 160			
磨粉	100	160 ~ 125	超微粉	W3.5	3.5 ~ 2.5
	120	125 ~ 100		W2.5	2.5 ~ 1.5
	150	100 ~ 80		W1.5	1.5 ~ 1.0
	180	80 ~ 63		W1.0	1.0 ~ 0.5
	240	63 ~ 50		W0.5	0.5 及更细
	280	50 ~ 40			

① 1 英寸 = 2.54 cm

表 1-3-9 常用磨料度范围

加工方法	粒度	应用
粗研磨 精研磨	100 ~ 240 240 ~ W14	一般零件的研磨
粗研磨 半精研 精研磨	W14 ~ W10 W7 ~ W5 W5 以下	精密零件、量具、刃具的精密研磨

表 1-3-10 常用磨料加工能达到的表面粗糙度范围

加工方法	磨料粒度		能达到的表面粗糙度/μm
粗研磨	磨粉	240 ~ 280	R_a0.20
		280 ~ 40	R_a0.10
半精研磨	微粉	W28 ~ W20	R_a0.10
		W20 ~ W14	R_a0.05
		W14 ~ W10	R_a0.025
精研磨		W7	R_a0.012
		W5	R_a0.008

磨料的研磨性能与其粒度、硬度和强度有关。磨料的硬度是指磨料表面抵抗局部塑性变形的能力。研磨加工就是利用磨粒与零件材料的硬度差来实现的,所以磨料硬度越高,切削能力越强,研磨性能越好,磨料的强度是磨粒承受外力不被压碎的能力。磨粒强度越高,切削力越强,寿命越长,研磨性也越好。以金刚石的研磨能力为准,设为 1,其他的研磨能力为:

碳化硼	0.50	绿碳化硅	0.28	棕刚玉	0.10
黑碳化硅	0.26	白刚玉	0.12		

(2)研磨膏 研磨膏分为油溶和水溶性两大类。油溶性研磨膏使用时需用煤油或其他油类研磨液稀释。油溶性研磨膏可使加工表面获得最高粗糙度等级和精度尺寸,水溶性研磨膏使用时需用水、甘油等研磨液稀释,研磨后需用水、酒精等将零件洗涤干净。研磨膏用研磨液稀释后才能进行研磨加工。研磨液应具有一定的黏度和稀释能力才能粘吸磨料并使之均匀,具有较好的润滑和冷却能力,此外还应具有加速研磨的化学作用及具有化学活性和无腐蚀性。

研磨膏是一种重要的表面光整加工材料,除船用外,广泛用于仪表、仪器、光学玻璃镜头、量具、金相试片和精密零件的精研磨和抛光。常用氧化铬、氧化铝、碳化硼、碳化硅、氧化铁等研磨膏。常用研磨膏的品种、规格和应用范围如表 1-3-11 所示。

表 1-3-11 普通研磨膏的品种、规格及应用范围

产品名称	颜色	磨料代号	粒度范围	应用范围
氧化铬研磨膏	深绿	Cr_2O_3	W3.5 以下	金属镀件的精抛和钢件的最后抛光
氧化铁研磨膏	深红	Fe_2O_3	W3.5 以下	贵金属,如金银制品、有机玻璃和玻璃制品的抛光
棕刚玉研磨膏	棕白	A	60 ~ 280	普通碳钢、合金钢、可锻铸铁、硬青铜的研磨
白刚玉研磨膏	白色	WA	60 ~ W1	淬火钢、高速钢、轴承钢、不锈钢等的研磨、抛光
绿碳化研磨膏	淡绿	GC	60 ~ W5	铜、铝等有色金属、硬质合金、玻璃的研磨、抛光
绿化硼研磨膏	褐黑色	BC	60 ~ 280	硬质合金、陶瓷、宝石、光学玻璃等的研磨、抛光

研磨分为粗研、半精研、精研三种。粗研可选用 W14 ~ W10 的氧化铝研磨膏;半精研选用 W7 ~ W5 氧化铬研磨膏;精研和偶件互研时选用 W5 以下的氧化铬研磨膏。

3. 研磨工具

研磨是精密和超精密加工方法，是精密零件加工制造的最后工序。在研磨过程中，零件与研具表面接触并相对运动。研具的几何形状精度直接影响零件的加工表面，因此对研具有较高的要求。

研具分为手工研具和机械研具；按研具工作表面形状分为研磨平板、研磨尺、研磨盘、研磨棒、研磨套和研磨环等；按用途分为平面研磨工具，外圆、内孔、锥面、球面、螺纹、齿轮等研磨工具。研磨工具的材料一般常用灰碳钢、铜、铝和木材、皮革等。

零件外圆或内孔研磨时，分别用机床夹持零件或研磨棒，使之按一定转速回转，然后用手握研磨套或零件，涂上研磨膏使磨粒随研磨具做往复和回转运动进行研磨切削。

配合件配合面磨损、腐蚀用研磨进行修复时则采用在配合面上涂研磨膏使之相对运动相互研磨，即互研。

4. 船机零件的研磨修复

在船上，当配合件失效时由轮机员研磨修复，例如柴油机的进、排气阀和燃油系统精密偶件的配合面失效后，是由轮机员进行研磨自修恢复其使用功能的。

(1) 平面研磨修复

船机零件工作表面或其他配合面为平面的配合件，当平面发生磨损或腐蚀时，如果零件尺寸较小和研磨要求不太高，可以在精度高的研磨平板上手工研磨修复。

研磨前，先将零件加工表面和平板清洗干净，将研磨剂均匀涂于零件待修表面上，并放于研磨板上；研磨时，用手按住零件，沿 8 字形轨迹运动，使磨痕交叉以提高表面粗糙度等级；研磨一段时间后，将零件转动一定角度再继续研磨。一般圆形零件转 120°，方形零件转 90°，矩形零件转 180°，目的是研磨均匀。研磨平板是带有交叉沟槽（深度为 1.5～2 mm）的铸铁板。

针阀体端面发生腐蚀，套筒端面密封不良均可以在平板上研磨修复，如图 1－3－25 所示。研磨时根据腐蚀、磨损情况，即研磨量的大小确定研磨工序和选用研磨膏。当研磨量大，就需要先进行粗研、再精研。一般选用氧化铝研磨膏粗研，氧化铬研磨膏精研。按 8 字形轨迹在研磨平板上滑动，直至零件端面呈均匀暗灰色为止。清洗后，再与相对应的配合平面互研，使之吻合。互研时只需加润滑油而不需研磨膏。

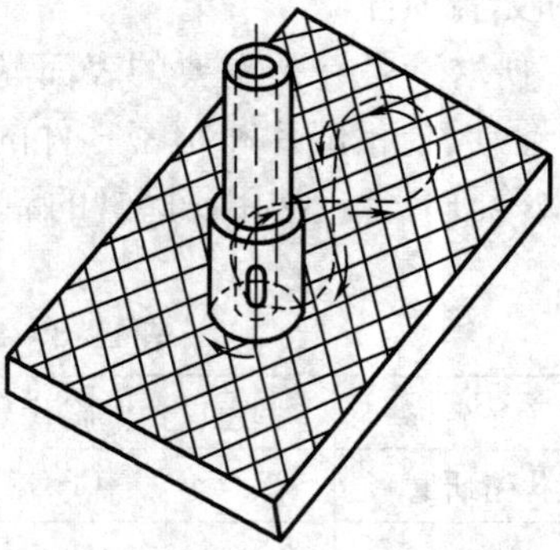

图 1－3－25　高压油泵筒套端面的研磨

(2) 锥面研磨修复

喷油器针阀偶件的锥面配合面和进、排气阀的阀面磨损、腐蚀后，在船上条件下采用互研方法进行修复。

针阀偶件锥面磨损后锥面上环形密封带（正常宽度为 0.3～0.5 mm）变宽或中断，模糊不清时，采用互研修复。一向选用极细的氧化铬研磨膏或润滑油进行手工互研。先在针阀锥面上放少量（一点点）研磨膏，准确迅速插入到针阀体座面，严防研磨膏粘到内圆表面上以免破坏内孔精度。一手握针阀体，另一手拿针阀，适当施力使二者相对左右转动，相互研磨，直到针阀锥面上出现细窄光亮环形密封带为止。研磨中，依针阀锥面磨损情况可先用研磨膏互研再用润滑油互研，或只用油互研。最后进行雾化试验以检验针阀密封性。研磨是一项精细的工作，研磨中的清洁尤为重要，并应细心、耐心地研磨,操之过急,效果不良。

(3)圆柱面的研磨修复

喷油泵柱塞偶件和喷油器针阀偶件的圆柱配合面磨损后偶件密封性下降,使泵油压力和喷油压力下降。一般采用镀铬修复,镀后机械加工和最后研磨、互研、使之恢复偶件的配合间隙。修复后进行泵油、喷油器密封试验。船上条件下难以修复。

第九节　表面强化工艺

磨损、腐蚀和疲劳裂纹等是柴油机零部件失效的主要形式,多发生在零件的表面或始于表面。所以,提高材料的表面性能对提高零件的使用性能和延长使用寿命极为重要。镀铬、镀铁、电刷镀、热喷涂等是修复工艺,也是强化表面的工艺,因为这些工艺不仅恢复零件的尺寸而且还使零件表面具有耐磨性、耐蚀性等。当这些工艺仅仅为了使零件表面具有某种性能时,这些工艺是一种强化表面性能的工艺。一般是在新造零件表面上涂敷或进行表面处理。以下简介其他几种表面强化工艺。

1. 氮化

氮化就是渗氮,是在一定的温度条件下使活性氮原子渗入零件的工作表面的化学热处理工艺。目前最常用的氮化法有:

(1)气体氮化　一般使用无水氨气作为供氧介质加热分解产生氮原子被零件表面吸附、扩散形成氮化层。

(2)离子渗氮(辉光离子氮化)　离子渗氮是利用高压电场在含氮的稀薄气体中引起辉光放电的物理现象,使电离的氮原子渗入零件的表面形成氮化层。

氮化层表面的性能特点:

①高硬度和高耐磨性。渗氮后的零件表面硬度可以达到950～1 200 HV,而且到600 ℃时仍可维持相当高的硬度。

②较高的疲劳强度。渗氮后的表面产生较大的残余应力,能部分抵消在疲劳载荷下产生的拉应力,延缓疲劳破坏过程,使疲劳强度显著提高。

③良好的抗咬合性能及抗蚀性。渗氮后的零件表面在短时间缺乏润滑或过热的条件下,不容易发生卡死或擦伤损坏,具有良好的抗咬合性能。并且能抵抗大气、自来水、弱碱性溶液等的腐蚀,具有良好的抗蚀性。

④变形小。由于渗氮温度低,升降温速度又很慢,处理过程中零件芯部无组织转变,仍保持调质状态的组织,所以渗氮后零件变形小。

⑤工艺过程较长,工艺复杂。

⑥渗氮层较薄,不能承受太大的接触应力。

2. 氮碳共渗

俗称软氮化,是在一定的温度条件下渗入碳和氮,并以渗氮为主的化学热处理工艺。

氮碳共渗与渗氮相比有以下特点:

(1)氮碳共渗处理的工艺时间短。

(2)氮碳共渗处理获得的氮化层,除含有氮以外还含有少量的碳,含碳的氮化层化学稳定性高,具有良好的耐磨性和一定的韧性。

(3)共渗层的抗疲劳强度高于渗氮和淬火。低、中碳钢可提高40%～80%,合金结构钢提高 25%～35%，不锈钢提高 30%～40%，铸铁提高 20%左右。

3. 表面淬火

(1)激光表面淬火

激光是方向性极好的单色光，能集中为很细的光束，并具有很高的能量，当激光束照射到金属表面，使之受热升温，当温度超过 Ac3(碳钢在加热时铁素体向奥氏体转变的温度，又称临界点)以上时，即实现淬火。因为只要光束位移，原加热部位便冷却到了 Ms 点(碳钢的奥氏体向马氏体转变的温度)以下，其临界冷却速率很大，足以实现淬火。

(2)电子束热处理

电子束热处理是利用高能量密度的电子束加热，由于电子束加热速度和冷却速度都很快，在相变过程中，表面奥氏体化时间很短，故能获得超细晶粒组织。

表面淬火的特点：

①快速加热、快速冷却、不需冷却介质；

②精确的局部加热范围，加热层和基体之间过渡层很窄，对基体的组织影响不大；

③硬度、硬化层浅，零件变形很小；

④零件表面层残余压应力高，可显著提高零件表面的疲劳强度、耐磨性和耐蚀性；

⑤加热时间短，生产率高；

⑥设备费用高，测温困难，质量不稳定。

4. 氧化和磷化处理

(1)氧化处理

钢的氧化处理又称发蓝或发黑处理。零件经氧化处理后在零件表面生成一层 Fe_3O_4 保护性氧化膜。膜的颜色取决于零件表面状态、材料成分和氧化处理工艺，一般呈黑色或蓝黑色，有的呈黑褐色。膜厚度约为 0.6～1.5 μm。

氧化处理可提高零件表面的耐蚀性，且不影响零件精度。钢铁氧化处理的方法有：碱性氧化法、无碱氧化法和电解法，可用于处理仪器和仪表的外壳、工具、手柄、轮和一些标准件(螺栓、螺母)以及武器等。

(2)磷化处理

钢铁零件在含有锰、铁、锌的磷酸溶液中进行处理，使零件表面生成一层难溶于水的磷酸盐保护膜。膜的成分主要是磷酸盐等，膜的颜色由于零件材料和磷化工艺不同而呈暗灰色到黑灰色，膜厚约为 5～20 μm。

磷化膜在大气条件下较为稳定，耐蚀性是氧化处理的 2 倍以上。磷化膜呈显微孔隙，所以，具有润滑性能，此外还具有较高的电绝缘性能。一般电机转子、定子等电磁装置的硅钢片均采用磷化处理。

磷化处理设备简单、操作方便、成本低和效率高，在船舶工业中广泛应用。

5. 金属表面机械强化

采用喷丸、滚压等的机械方法使零件表面金属发生塑性变形，从而形成一定厚度的冷加工硬化层，并产生较高的残余压应力。当零件受到交变载荷时可以抵消一部分拉应力，从而使零件的疲劳强度显著提高。

(1)喷丸加工强化

将金属球以高速(50～70 m/s)喷射至零件表面上使之发生变形强化。喷丸强化层可达 0.5～0.6 mm，表面硬度可达 HRC40～HRC50，有效地提高零件表面的疲劳强度和耐磨性。喷丸强化不影响零件的形状、材料和热处理。目前柴油机曲轴、连杆、气阀弹簧、摇臂、传动齿轮等均已采用。例如曲轴喷丸强化可使其疲劳强度提高15% ~25%,但由于轴颈表面变得粗糙而应用不普遍。但对过渡圆角处喷丸强化效果更佳,可使其疲劳强度提高40%。

(2)滚压加工强化

在零件表面用滚轮或滚珠进行滚压加工使表面变形强化。滚压强化层可达0.2 ~5 mm。滚压加工使表面产生残余压应力,可使表面获得较高的疲劳强度和零件表面粗糙度等级提高,耐磨性和耐蚀性也得到改善。

外圆表面的滚压加工适用于常温下塑性变形金属,如低、中碳钢,铸铁,铝、铜及其合金等。常用于大型零件,如船舶轴系的中间轴、柴油机曲轴轴颈等的光整加工。又如钢曲轴过渡圆角经滚压可使弯曲疲劳强度提高20% ~70%,球墨铸铁曲轴弯曲疲劳强度提高50% ~90%。

由于镀铬零件的镀层中产生残余拉应力和微细裂纹使疲劳强度降低,因此零件镀铬后常采用喷丸或滚压进行强化处理。

第四章　船机零件的维修过程

船舶机械损坏后,依据机器的大小、在动力装置中的作用和损坏的范围、程度的不同,亦即修理工程量的不同,或是采用船员自修方式,或者采用船舶进厂修理方式,使机器恢复使用性能。然而,无论是何种机器采用何种修理方式均有一个维修过程:航行勘验、拆卸、清洗、检验、修理、装复和试验。其中,检验则贯穿于修理前、后的拆卸与装复过程中,如图1－4－1所示。

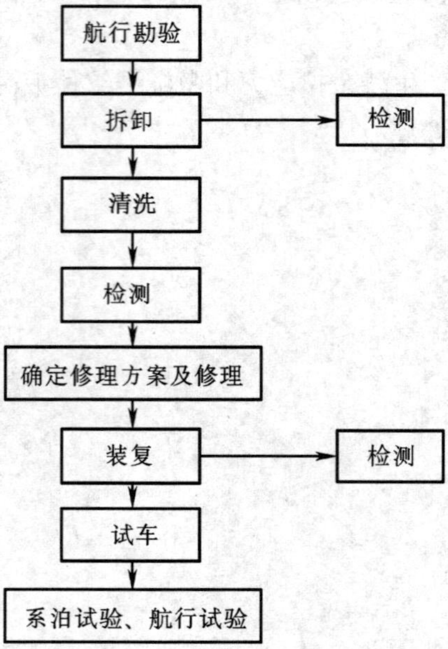

图1－4－1　船机维修过程

对于自修项目,通常是通过航行中的观察和必要的检测来了解和确定零部件损坏的程度、性质等;对于厂修项目则要进行进厂前的航行勘验,了解船舶技术状况和故障情况,确定修理项目和范围等。修理过程中除机舱内的船机修理外,还有坞修工程,如船体、轴系、螺旋桨和舵等的修理。本章简介维修过程中的有关拆卸、清洗、坞修和交船试验等,从而对船机维修过程有一全面的了解。

第一节　维修工作中的专用工具、量具和物料

船机维修过程中需要进行机器和部件的拆卸、测量和安装等项工作。为了顺利、迅速和方便地拆、装和测量,除需要大量的各种通用工具和设备、通用量具外,还需要针对某些机器的结构特点和装配特点配备专用工具和专用量具进行拆装和检测。这些专用工具和专用量具或者是随机供应的,或者是专门制作的。它们具有使拆装更为简便和迅速的特点,也是完成这些机器的维修保养工作不可缺少的物质条件。否则,不仅难以安装,甚至还

会损坏机器。

在装配工作中，由于机器、零部件安装的密封性、连接的紧固性和调节装配精度等要求，需要各种不同材质的物料辅助，使机器检修后达到规定的技术要求，恢复其使用性能。

以下对主要的专用工具、专用量具和物料做一简介。

一、主要专用工具

根据专用工具的用途不同分为拆卸用、安装用、拆装两用和上紧螺栓用的专用工具。例如，专用扳手、专用拉具、专用吊环螺钉、专用液压工具等。

1. 液压拉伸工具

液压拉伸工具是目前船上广泛使用的一种能较为准确地控制预紧力和省力的螺栓上紧与松脱的装置。船上中、低速柴油机的气缸盖螺栓、贯穿螺栓、主轴承螺栓和底脚螺栓等均普遍采用。如图 1-4-2 所示，液压拉伸工具由手动高压油泵 A，液压拉伸器 B、高压软管 C 和压力表 M 组成。

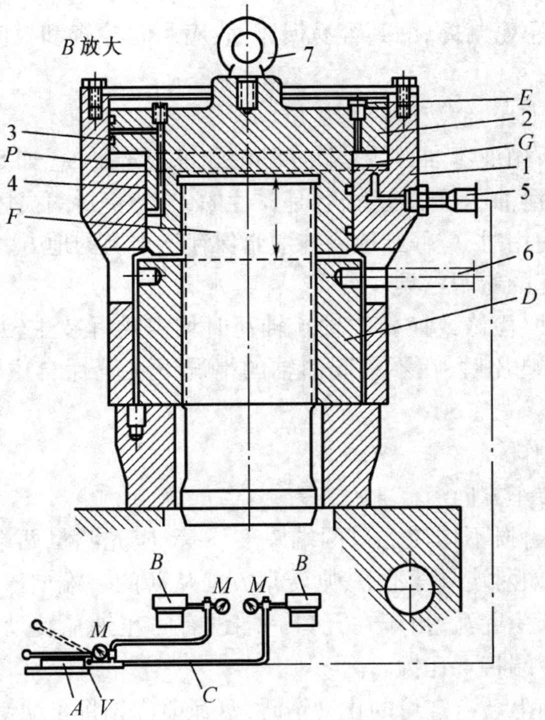

图 1-4-2 液压拉伸工具

1—液压油缸；2—液压活塞；3，4—上、下密封圈；5—接头；6—杆子；7—吊环；A—高压油泵；B—液压活塞；C—高压软管；D—间隔环；E—放气螺钉；F—螺栓；G—液压油空间；M—压力表；V—释放阀；X—上紧螺母后，螺栓露出的长度

(1)液压拉伸器的结构和原理

液压拉伸器是由液压油缸 1、液压活塞 2、间隔环 D 等构成。它是利用油压使螺栓受拉伸长和变细(直径减小)，然后轻易地将螺母旋到预定的位置上或将螺母拆卸下来。

(2)使用方法

使用时，将液压拉伸器 B 安装在螺栓上，通过接头 5 与高压软管 C 连接。上紧螺母的方法：

①用扳手上紧螺母，并测量螺栓外露长度 X 和记录数值。

②安装液压拉伸器。

③手动泵油，使高压油自接头 5 进入液压活塞下部 G 空间，驱除空气后，上紧放气螺钉 E，使油缸封闭。在油压作用下，液压活塞上行，并带动螺栓 F 使其伸长，在螺母上方出现间隙。

④待压力表 M 显示达到要求的油压时，用杆 6 上紧螺母，再次测量和记录螺栓外露长度 X_1，螺栓伸长量 $\Delta X_1 = X_1 - X$，此值应与说明书规定值相符。

⑤依上述方法进行第二次上紧螺母，求出螺栓伸长量 ΔX_2 并符合说明书规定值。

(3)液压拉伸器的管理

①使用液压拉伸器应按说明书规定油压泵油，任何情况下均不得超过规定油压的 10% 和不得超过最大拉伸量。

②使用前，应检查下密封圈，因其容易损坏，故应及时检查和及时更换。安装时注意不可损伤密封圈。

③使用后，应释放油压，使液压活塞复位。

④液压系统中的所用液压油必须是纯净的液压油或透平油(如 SAE20 等)，绝不可使用系统滑油或气缸油，因滑油不仅黏度大，且是碱性的，易使密封圈损坏。

⑤液压拉伸器不使用时，应仔细地涂抹油脂保存于干燥的地方，以备再用。

2. 盘出主轴承下瓦的专用工具

当检验或修理曲轴、检修或换新主轴承轴瓦时均需要拆装主轴承。松脱主轴承螺母，拆去主轴承盖、上瓦和垫片后，在不吊起曲轴的情况下将下瓦自主轴承座中盘出或装入。为此需要专用盘瓦工具。

(1)盘瓦的准备工作

①确定盘瓦时的转车方向

对于厚壁瓦，由于磨损不均使瓦口两端厚度不等，应先测量两端厚度。如两端厚度相等则转车方向可随意；如两端厚度不等，则转车方向从薄的一端向厚的一端转动，即将下瓦从厚的一端拨出。对于薄壁瓦，由于在瓦口一端设有防止轴瓦转动和移动的定位唇，转车方向应向有定位唇的一端将下瓦拨出。

③当下瓦的结合面上装有定位的止动销时，盘瓦前应先将止动销拆除。

③盘瓦前，应先松开该道主轴承两边的主轴承螺母，以使该下瓦转出过程中因曲轴的稍微抬高而便于下瓦盘出。

(2)盘瓦的方法

①利用主轴颈上的油孔盘瓦　一般中、小型柴油机和某些大型低速柴油机多利用主轴颈上的油孔，在孔中插入销钉，盘车转动曲轴，销钉随主轴颈转动将下瓦拨出，如图 1-4-3(a) 所示。

②利用中空的曲柄销颈盘瓦　将专用的直角形专用工具上的螺栓顶撑在曲柄销中心孔中并锁紧，盘车时直角形工具随之转动并拨动下瓦使之转出。

③在曲柄臂上安装专用工具盘瓦　利用图 1-4-3(b) 的专用工具 7，将其安装在曲柄

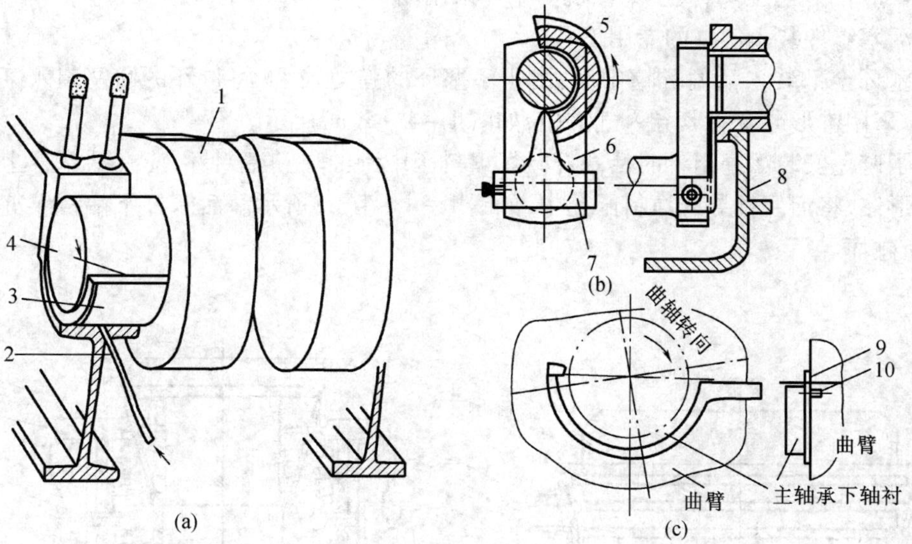

图 1-4-3 盘出主轴承下瓦的工具

(a)利用销子盘出下瓦;(b)用固定在曲柄臂上的工具盘瓦;(c)用钩形工具盘瓦

1—曲轴;2—压力油管接头;3—下瓦;4—销子;5—下瓦;6—曲柄壁;

7—专用工具;8—机座;9—钩形工具;10—卡销

臂的外侧靠近曲柄销处。盘车时,工具3随曲轴转动并以其尖端部分将下瓦拨出。

④用钩形专用工具盘瓦　将图1-4-3(c)中钩形工具紧贴在下瓦端面的凸缘上,使工具的钩头钩住下瓦瓦口的一端面上,工具另一端上的销子紧贴曲柄臂。转车时,曲柄臂带动钩形工具转动将下瓦转出。

3. 活塞环拆装专用工具

将活塞环装于活塞环槽中或自环槽中拆卸下来,应采用专用的拆装工具,如图1-4-4所示。

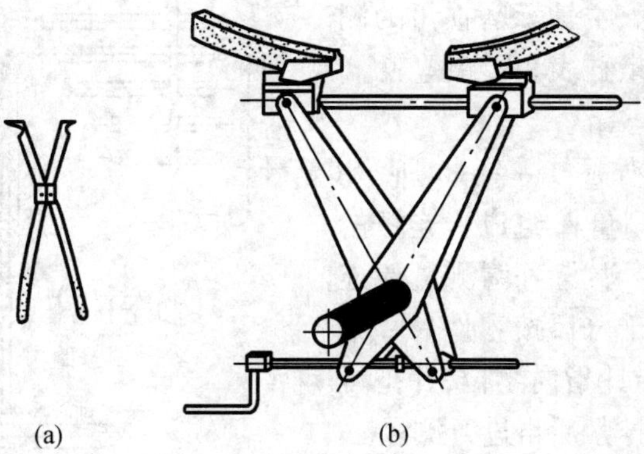

图 1-4-4 活塞环拆装工具

(a)小型柴油机拆装环专用工具;(b)大型柴油机拆装环专用工具

由于活塞环具有一定的弹力,需用力将开口撑大装于槽中。用力小了开口达不到一定开度,难于安装;用力过大易使活塞环变形或折断。小型柴油机活塞环可采用细绳或图

1－4－4(a)的专用工具，大型柴油机活塞环采用图1－4－4(b)的专用工具。

4. 活塞组件装入气缸的专用工具

活塞环全部装入活塞环槽中后，由于活塞环的弹力较大，将带环的活塞装入气缸较为困难，应采用锥形导套将其导入气缸中，如图1－4－5(a)所示。

为了避免安装活塞组件时活塞杆碰坏填料函中刮油环和密封环，应在活塞杆上安装两半式锥形体，将活塞杆导入填料函孔中，如图1－4－5(b)所示。活塞杆下端螺纹亦应包扎好，以免碰坏。

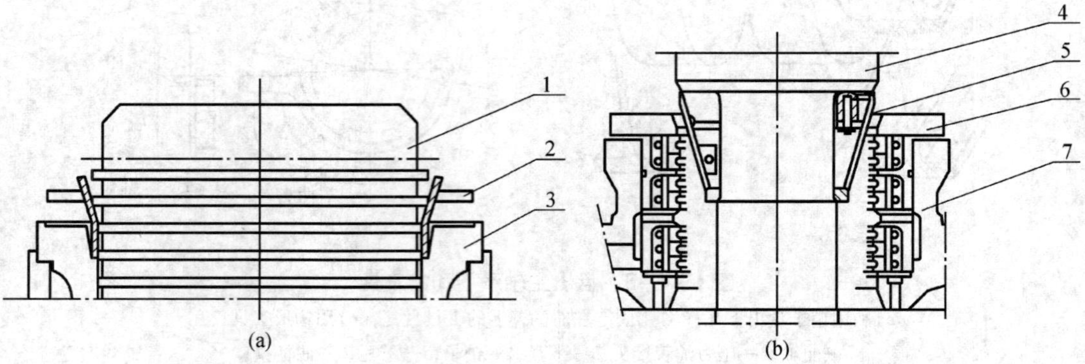

图1－4－5　安装活塞组件专用工具

(a)锥形导套；(b)两半式锥形体

1—活塞和活塞环；2—锥形导套；3—气缸套；4—活塞杆；5—两半式锥形体；6—填料；7—气缸体

二、主要专用量具

船舶机舱检修工作中，有些设备的测量用普通量具是较困难的，为此常配有专用量具。如测量臂距差的臂距差表，测量气缸内径的量缸表，测量艉轴承、主轴承磨损量的测深尺等。这里主要介绍量缸表和臂距差表。

1. 内径千分表

内径千分表的结构如图1－4－6所示。由千分表、连杆和可调测量棒组成。连杆的一端与千分表相连，另一端与可调测量棒连接。使用时最好用外径千分尺按零件尺寸先进行校正，使千分表的指针指向零位，并把可调测量棒上的紧固螺母拧紧后再进行测量。

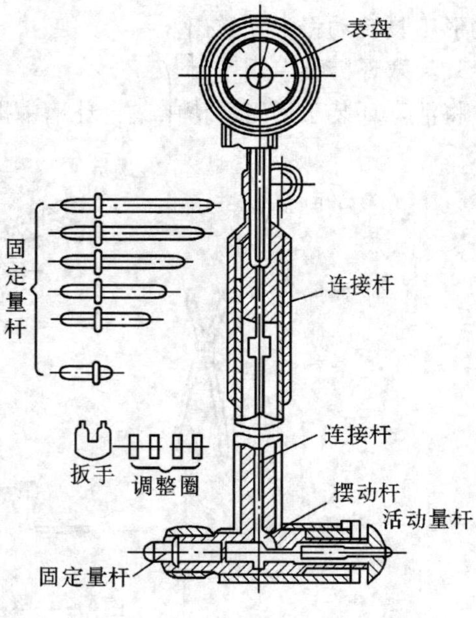

图1－4－6　内径千分表

在测量气缸内径时，根据气缸的大小配上适当的测量棒，将外径千分尺调到与标准缸径一样。将内径千分表的测量杆放到外径千分尺里，调到比缸径稍大(视缸套磨损情况而定)，再将千分表放到气缸内进行测量。

2. 量缸表

量缸表是一种专用内径千分表或百分表。为方便缸套测量，大型柴油机一般都随机配有专用量缸表，其组成如图 1－4－7 所示。原理与普通内径千分表基本相同：活动测量杆 1 感受的位置变化通过表身内部的连接杆传递到千分表 3，从而达到内径测量的目的。为适应不同尺寸缸径的需要，固定测量杆 1 有一组不同尺寸的杆可供选择，同时调整垫片 6 也有一组可供选配。

使用量缸表时，在各杆件连接组装后先用游标卡尺校验表的尺寸，即测量活动测量杆顶端与固定测量杆顶端的最大长度 L。测量时将量缸表的固定测量端插入缸套测量样板的孔中定位，用手摇动连杆 7，使活动测量杆端上下摆动。千分表指针指示刻度的最小位置即是欲测的直径位置。缸径应为测量杆长度 L 减去表的读数。支承头的作用是在测量时和缸壁接触，确定测量杆的位置。

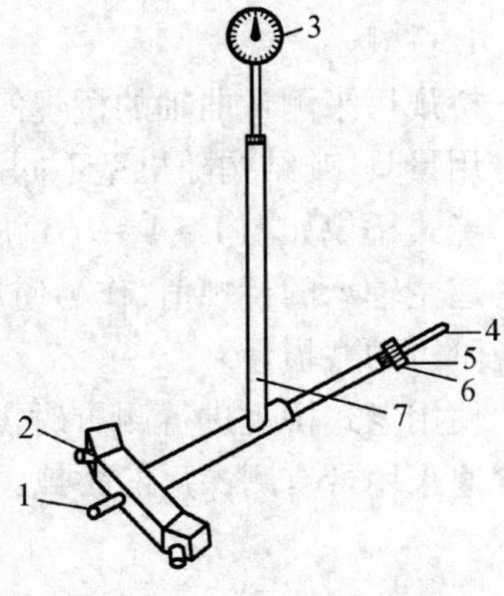

图 1－4－7　量缸表

1—活动量杆；2—支承头；3—千分表；4—固定量杆；5—锁紧螺母；6—调整垫片；7—连杆

量缸表使用后，拆下各部分零件清洁，涂油脂并放入表盒中保存。

3. 臂距差表

臂距差表也称为拐档表，如图 1－4－8 所示，是一种特殊的百分表，可以测量曲柄臂距变化的数值，一般随机配备。它的测量精度为 0.01 mm。也可用普通百分表改制，但臂距差百分表的正负号指向与普通百分表相反。当用这种表测量臂距差时，曲柄臂张开，臂距增大，表的指针指向正（＋）值或读数增大方向；曲柄臂缩合，臂距减小，则表的指针指向负（－）值或读数减小方向。这样，表上指针的正负或读数的增减与臂距的增减相一致。但用普通百分表改制时表上读数的增减是相反的。

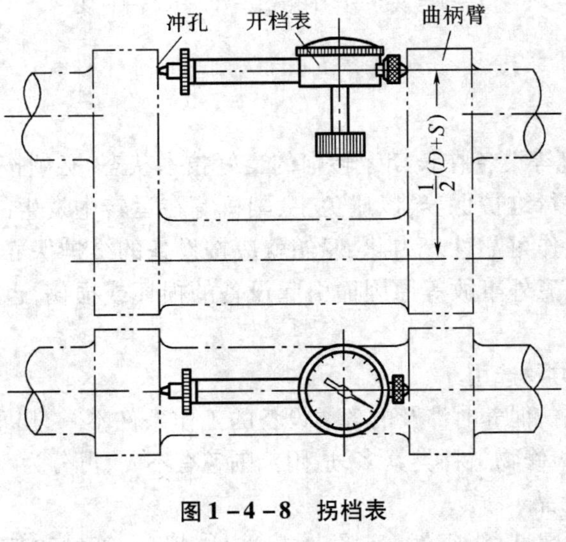

图 1－4－8　拐档表

在测量臂距差时，表杆两尖端顶在曲柄臂上专门的冲眼内，表有 1～2 mm 的预压缩后再将表杆长度锁定。表安装后用手在下保护并轻轻转动两圈检查是否装牢，以免掉下摔坏。表装好后应调零，以方便测量时读数。装表时预压缩量不应过大或过小。过大，在曲柄收缩时会压坏表;过小,在曲柄张开时会使表掉下摔坏。

4. 桥规

桥规用来测量曲轴的桥规值和主轴颈下沉量,以确定主轴承下瓦的磨损量。桥规是随机专用量具,其结构随机型不同而异。

老式桥规如图 1 – 4 – 9(a)所示。柴油机的桥规铭牌上标记着柴油机台架试验时测量的各道主轴承的桥规值,作为使用中测量比较的依据。前后两次测量桥规值之差即是轴瓦相应阶段的磨损量。

使用老式桥规进行测量时需拆下主轴承螺栓、上盖和上瓦,操作不便。目前大型柴油机普遍采用带有测深尺的桥规,在主轴承两端测量而无须拆卸主轴承。如图 1 – 4 – 9(b)所示。

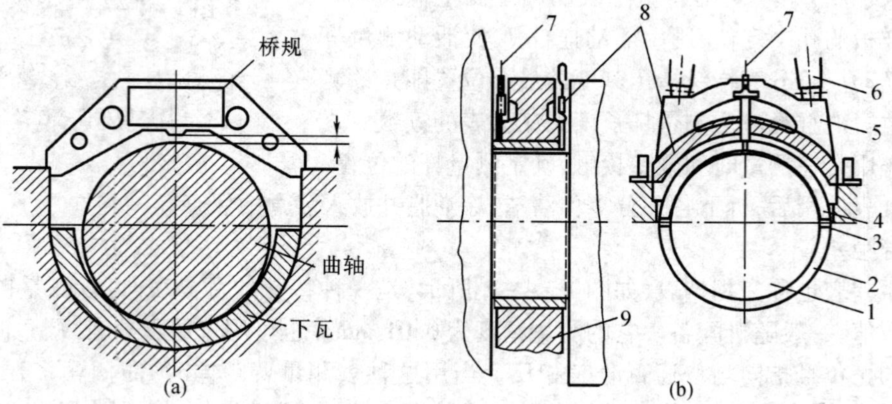

图 1 – 4 – 9　桥规和桥规值的测量

(a)一般老式桥规;(b)Sulzer RTA 型柴油机桥规

1—曲轴;2—主轴承下瓦;3—垫片;4—主轴承上瓦;

5—轴承盖;6—撑杆螺栓;7—测深尺;8—桥规

三、检修物料

为了保持主、副机等设备在长期运转中的良好技术状态,必须按预防维修保养计划定期对主、副机等设备进行维护保养,以避免主、副机等在运转中发生故障,延长机器设备使用寿命,提高设备的工作可靠性。为此,船舶就应按设备的维护保养计划准备必要的检修物料;同时还应考虑因意外事故等原因而引起设备的损坏或损伤,也需要有应急使用的检修物料。

1. 检修物料的种类及选用

主、副机等设备维护保养时涉及的各类设备的工作条件不一,出现的故障部位、性质不一。所以船舶所需的检修物料种类繁多,适用范围各有不同,可分为:

(1)金属及金属制品

包括金属原材、金属型材、阀件、管接头、标准件、焊条、管材和其他金属制品等。各类管材及适用场合见表 1 – 4 – 1。

表 1-4-1　船舶管子材料

管路名称	管子材料
舱底水管、空气管、溢流管、测量管、透气管、海水管、冷却水管、凝水管、甲板排水和卫生排泄管	镀锌焊接钢管
给水管、锅炉排污管、滑油管，加热燃油、滑油的蒸汽管或压力超过 1.0 MPa 的蒸汽管和压缩空气管、压力燃油管和热燃油管	无缝钢管
油舱的空气管、测量管、溢流管、货油管、燃油驳运管	焊接钢管
水泵吸入管、压缩机或空气瓶和减压阀之间的干管、压力柜充气管、油泵吸入管、润滑油和燃油压力表管，滑油和燃油灌入、放泄、旁通及溢流管，泄水、舱底水及压载水管	铜管
泄水、舱底水及压载水管	铸铁管
通风管、传话管	硬铝管

(2)化学品

包括胶黏剂、清洗剂等。

胶黏剂按基料化学成分可分为：有机胶黏剂和无机胶黏剂两大类。有机胶黏剂中常用的为环氧树脂胶黏剂，其黏结力很强，能够黏结各种金属、非金属材料，但只适用胶合工作温度在 80 ℃以下的零件。

无机胶黏剂中的塑料钢黏合剂，可用来修理管子、阀门、水泵、柜和其他金属构件，修理后能加工、钻孔，能在 500 ℃高温下长期工作，但不适用于非金属构件的胶合。

(3)填料、垫料等

船舶上常用的垫料品种繁多，必须根据介质、压力和温度正确选择。见表 1-4-2。

表 1-4-2　船舶填料

用途	名称	国际船舶供应协会编号
多用途(用于船舶和泵、阀等)	通用盼更	810601-13
高温(用于阀)	高温高压阀用盼更	810101-35
	高温阀用石墨盼更	810151-52
化学品	聚四氟乙烯盼更	810161-75
蒸汽	蒸汽盼更	810621-31
	高温盼更	810641-52
蒸汽和水	高温阀用盼更	810661-72
水	水盼更	810701-12
酸碱溶液、油和水(用于泵和阀)	纤维盼更	810451-57
艉轴管(用于艉轴管格栏)	艉轴管盼更	810681-91
静态处(用于柜顶盖)	人孔门用盼更	810721-29
饱和蒸汽(用于运转轴)	蒸汽盼更	810181-95
淡水和海水	泵轴盼更	810201-15
	聚四氟乙烯泵轴盼更	810221-35

表 1-4-2(续)

用途	名称	国际船舶供应协会编号
淡水、海水和油	石墨石棉盼更 石棉夹半金属丝盼更	810241-55 810261-75
热水	金属盼更 半金属丝盼更 石墨盼更	810281-95 810301-15 810321
油、弱酸和弱碱	聚四氟乙烯石棉盼更 聚四氟乙烯石棉盼更 通用碳质纤维盼更	810341-55 810361-75 810381-94
酸、碱溶液,油和水(用于往复泵)	合成纤维盼更	810461-67

①石棉橡胶板适用于各种蒸汽、海水、淡水(饮用水除外)、空气、烟气和惰性气体场合。根据其组成材料成分比例的不同,分为高、中、低压三种。高压石棉橡胶板(紫色)适用于公称压力为6.4 MPa和工作温度为400 ℃的场合;中压石棉橡胶板(红色)适用于公称压力为4.0 MPa和工作温度为300 ℃的场合;低压石棉橡胶板(灰色)适用于公称压力1.6 MPa和工作温度为200 ℃的场合。耐油石棉橡胶板用于公称压力6.4 MPa和工作温度为100 ℃的燃油、滑油管路上。

②夹布橡胶垫片适用于公称压力为0.6 MPa和工作温度为60 ℃以下的海水、淡水(饮用水除外)、空气和燃油管路上。但不能用于蒸汽、高温水管路。

③紫铜垫片能承受很高的压力并可以直接与高温物体接触。适用于高压压缩空气、液压管路和柴油机高温、高压部件之间的连接垫片。

④压板主要用于管路中仪表、压力表等管接头上,也可以用于饮水和卫生设备的管路上。

第二节　船机零件的拆卸

船舶机械修理前的拆卸和检验是其维修过程的开始阶段,也是修理前的重要准备工作,关系到修理质量、修理时间和修理费用。通过拆卸和拆卸中的检验、测量,摸清故障的范围、程度,找出故障的原因。所以,不论是自修还是厂修,对任何损坏的机器修理均应做好修前的拆卸及检验工作。

一、船机拆卸

任何一台机械修理时首先进行的工作就是拆卸:把机器的运动部件从其固定件上拆下来,将机器进行局部或全部解体。拆卸过程是一个对机器技术状况和存在故障的调查研究的过程。零部件表面的油污、积炭、水迹等均是发现故障的线索。燃烧室组成零件的积炭情况有助于了解燃烧情况和相关零部件的故障,如喷油器、喷油定时的故障情况等。

拆卸机器初看似乎是一件极容易的事情,其实不然,在实地拆卸时往往会遇到一个最简单的难题——拆不下来,或者硬拆下来但零件受损或不能装复。所以,拆卸工作必须正确、顺利,保证零件完好和容易装复。

1. 拆卸原则

(1)确定拆卸范围

根据机器存在故障确定一定的拆卸范围,能不拆的机件尽量不拆,不要随意扩大拆卸范围。因为不必要的拆卸势必破坏机件良好的配合精度或改变已磨合部位的相对位置,增加零件损伤和安装误差。

(2)正确的拆卸顺序

机器结构不同,其安装与拆卸的顺序也不同。不了解机器的结构特点随意乱拆是对机器的破坏。因此,拆卸前不仅应该充分掌握机器的结构特点,而且应仔细阅读说明书,了解拆装要求、随机专用工具及其使用方法等,以便顺利拆卸。

机器的结构千差万别,但基本的拆卸顺序大致相同。一般来说,拆卸机器应从上到下、从外到里;先拆附属件、易损件,后拆主要机件;先拆部件,再将部件拆成零件。

(3)保证零部件原有的精度

拆卸过程中应保证不损伤零件,不破坏零件的尺寸精度、形状与位置精度,尤其是保护好配合件的工作表面。特殊情况下允许在保护大件、重要件精度的前提下牺牲小件、不重要件,以完成拆卸工作。例如,活塞环黏着在环槽中,可将活塞环损坏,分段自环槽中取出,但要保护环槽不受损。

(4)保证正确装复机器

拆卸过程中,对拆下的零部件要做记号,系标签,这是一件容易常被忽视的工作。对零件连接部位的相对位置做记号,将拆下的零件系标签,对机器正确、顺利地装配和防止零件损坏非常重要。对不熟悉的机器可采用画图、照相等方法显示零部件的装配关系。对重要的或精密的部件不要在现场拆解,应系标明所属的标签,送船上专门工作室或船厂车间解体修复。例如,柴油机喷油泵和喷油器应在船上油泵实验间或船厂车间解体,由于精密偶件不可互换的特点,更应系标签,切勿混乱。

2. 拆卸的准备工作

为了方便、顺利地拆卸机器,应做好拆卸前的准备工作,主要包括工具、起重设备和物料的准备。

(1)工具的准备

在船上检修时需要的工具包括:通用和专用工具、通用和专用量具,各种随机辅助设备等。对所用通用工具和量具的品种、规格、使用性能或精度进行检查,以方便拆卸和测量使用。

常用的通用工具:

各种尺寸和规格的扳手(死扳手、活络扳手、套筒扳手、扭力扳手等)。

各种材料的锤子:铁锤、铜锤、木锤和橡皮锤等。

各种钳子:克丝钳、鲤鱼钳、尖嘴钳和管子钳等。

其他钳工工具:钢锯、锉刀、螺丝刀和冲子等。

专用工具:拆装活塞环工具、盘主轴承下瓦工具、吊装活塞工具、液压拉伸器等。

常用量具:塞尺、内径和外径千分尺、内径百分表、臂距表(拐档表)、百分表、游标卡尺、钢直尺和平尺等。

专用量具:如测量轴承间隙、活塞—气缸间隙的专用塞尺、各种测量用样板等。

(2)起重设备的准备

拆卸过程中,一些大而重的零部件可用机舱固定起重设备吊运;当机舱无固定起重设备或无法在机旁使用时,采用撬杠、钢缆绳索、连接螺栓、手动葫芦和千斤顶等起重设备。根据零部件的质量选用相应规格的葫芦与钢缆。

(3)其他物料的准备

为了支垫重要零件和包扎管口等,需准备木板、厚纸板、布或木塞等。此外还需各种消耗品,如棉纱、油料。

3. 拆卸技术

(1)拆下的零件和机器拆开部位的保护

从机器上拆下的仪表、管子、附件和零部件等应系标签,分门别类地妥善放置与保管,不可乱丢乱放。仪表、精密零件和零件配合表面尤其应慎重放置与保护。

机器拆卸后,固定件上的孔口、管系的管口裸露,为了防止异物落入造成损伤和后患,应用木板、纸板、布或塑料膜等将孔口、管口堵塞或包扎。例如,柴油机的油底壳油孔、轴上的油孔。

(2)过盈配合件的拆卸

机器上具有过盈配合的配合件,例如齿轮与轴,柴油机上的气阀导管与导管孔,活塞销与销座等。拆卸时应使用专用工具、随机专用工具或采用适当加热配合件的方法才能顺利拆卸和不会损伤零件,切勿硬打硬砸,否则损伤零件。

(3)螺栓的拆卸

机器拆卸时,将会拆卸大量的螺母、螺栓、销子和垫圈等。一般来说,螺母、螺栓的拆卸并不困难,但应注意以下问题:

①柴油机气缸盖螺栓、主轴承螺栓等一般采用双头螺栓,螺栓的一端旋入机件。拆卸时,不需将双头螺栓从机件上拆下。

②拆下的螺母、螺栓等应套装于原位,以防丢失造成安装时的麻烦。

③生锈螺母拆不下时,可采用以下方法:

先将螺母上紧 1/4 圈,然后反向旋出;

轻轻敲击振动生锈螺母周边;

在螺母和螺栓之间灌入煤油或喷松动剂,浸泡 20 ~ 30 min 后旋出;

用喷灯均匀加热螺母,使之受热膨胀后旋出;

以上诸方法均不奏效时,用扁铲将螺母破坏取下。

④螺栓断于螺纹孔中可采用以下方法将断头螺栓取出:

在露出的断头螺栓顶面锯出小槽,用螺丝刀旋出;

挫平露出的断头螺栓两侧面,用扳手拧出;

在断头螺栓上焊一折角钢杆或螺母,将断头螺栓旋出;

在断头螺栓顶面钻孔攻丝(反向螺丝)和拧入螺钉,拧出螺钉将断头螺栓带出;

选用直径小于断头螺栓根圆直径 0.5 ~ 1.0 mm 的钻头,将螺栓钻掉,再用与原螺栓螺距相同的丝锥将螺纹孔中残存断头螺栓除去,但应不损坏原螺纹孔的精度。

(4)拆卸安全

为确保拆卸安全,在拆卸中应注意以下问题:

①选用工具要恰当,应适于工作场合的需要;不可任意加长扳手以免扭断螺栓。

②注意吊运安全，严禁超重吊运，吊运捆绑要牢靠且不损伤零件、仪表，吊运操作要稳妥等。

二、拆卸中的检测

船机拆卸前、拆卸过程中的检验和测量是对机器的剖析和透视，是查明故障、分析和诊断故障原因、制订修理方案的重要依据。

1. 运转中的观察

通过拆卸前的航行勘验了解主机工况、记录各项性能指标和对运转缺陷进行检验。检查主柴油机的运转的平稳性，有无振动，启动换向操作是否灵敏，有无水、气、油的漏泄现象等；通过对船机的日常运转管理，观察了解其故障信息和现象，必要时测定温度、压力等参数，以确定船机运转状况和机器性能变化，从而初步确定存在的问题。

2. 拆卸中的检测

船机拆卸过程中，对拆开的配合件工作表面进行观察，从配合件表面的氧化、变色、拉毛、擦伤、腐蚀、变形和裂纹等现象判断故障的部位、范围和程度。测量零件的绝对尺寸、磨损量、几何形状误差和配合间隙等，判断零件的磨损、腐蚀或变形程度。例如，测量气缸套内径、曲轴外径的绝对尺寸，测量轴承间隙、曲轴臂距差和活塞顶形状等。

在拆卸过程中，必要时对重要的零件进行无损检测，以查明零件内部存在的损伤，如裂纹等。如发电柴油机修理时，对连杆螺栓进行着色探伤或磁粉探伤，检查连杆螺栓表面有无疲劳裂纹，并且测量其长度，以掌握其有无变形。

总之，通过船机运转中的观察来发现船机故障，通过拆卸中的检测来确定船机零件损坏的性质、部位、程度、范围等。具体零件和装置的损坏和测量将在后面详细介绍。

第三节　清　　洗

机器拆卸后应对其零件进行清洗，必要时还应对管系进行冲洗。对零件清洗是除去零件表面上的油垢、积炭、铁锈等污物；对管系进行冲洗是清除系统中带入、残存和沉积的杂质污垢。零件表面清洁便于发现和检测缺陷，测量准确，也为修理和装配提供良好条件；管系清洁，润滑油品质好，有利于机器的正常运转。为此，要求清洗工作迅速和彻底，对零件无损伤和腐蚀作用，保证零件工作表面的精度。

一、零件的清洗

常用的零件清洗方法有：常规清洗（油洗）、机械清洗和化学清洗。或者针对零件上不同的污垢有：除油垢、除积炭和除锈等。

1. 常规清洗

常规清洗又称油洗。利用有机溶剂，如汽油、柴油或煤油溶解零件表面上油污垢的一种手工清洗方法。清洗时，先将零件浸泡在油中，用抹布或刷子除去零件上的油污。此种方法操作简便，易于实现，使用灵活。对于油污积垢不严重的零件清洗效果又快又好，船上和船厂广泛采用。但对积炭、铁锈和水垢无效。此种方法使用不够安全，应注意防火，尤其汽油容易挥发，要防止引起火灾。

2. 机械清洗

利用毛刷、钢丝刷、砂布或油石等进行人工刷、刮、擦和磨的机械方法清除零件表面沉积较重的积炭、铁锈和水垢，再用柴油或汽油清洗干净。常用于清洗柴油机燃烧室的零件。此种清洗方法操作简便，使用灵活，适用范围广，对清除零件表面积垢十分有效，广泛用于船上和修船厂。但此法容易损伤零件表面，产生划痕与擦伤，且劳动量大。

3. 化学清洗

利用化学药品的溶解和化学作用，清洗除去零件表面上的油、油脂、污垢、漆皮、水垢和氧化物。常用于热交换器的清洗。依化学清洗剂不同有以下三种：

(1) 碱性清洗剂

碱性清洗剂能有效地清除零件表面上的油、油脂污垢、油脂的高温氧化物、漆皮等附着物。根据零件材料不同有不同的配方。例如，清除钢质零件表面油污、积炭和漆皮的强碱性清洗剂配方：

苛性钠($NaOH$)60 ~ 70 g/L　　磷酸钠(Na_3PO_4) 40 ~ 50 g/L

碳酸钠(Na_2CO_3)50 ~ 60 g/L　　硅酸钠(Na_2SiO_3) 8 ~ 10 g/L

将零件浸泡在 80 ~ 90 ℃碱性清洗液中 3 ~ 4 h 后，用压力为 5 MPa 的清水冲洗干净，但零件表面容易生锈。铸铁、铝和铜等材料可采用中、弱碱性清洗剂清洗。

(2) 酸性清洗剂

酸性清洗剂能与水垢、金属氧化物发生强烈的化学反应，使之溶解或脱落。酸性清洗剂是用无机酸或有机酸配制，用来清除零件上的水垢和铁锈。

(3) 合成洗涤剂

合成洗涤剂是近年发展起来的一种现代的新型清洗剂。对于机舱中不同的机器及其不同的脏污有不同的清洗剂。以下列举国外的几种清洗剂。

①"奥妙能"(AMEROYA1)全能清洁剂　全能清洁剂是一种中性多功能水溶性清洗剂，室温下可以迅速清除零件表面上的油污、铁锈、积炭和氧化物。在 60 ~ 80 ℃下清洗效果更好。全能清洁剂完全溶于水，无异味和无腐蚀性，但有刺激性，应避免与眼睛、皮肤和衣物等接触，使用时应戴保护镜和手套。全能清洁剂能有效地清洗涡轮增压器、热交换器、泵和管系等。

②SNC2000 除炭剂　积炭清洁剂具有很强的溶解力，可溶解油、油脂。能渗透和软化积炭（碳、烟灰、泥垢等），但不能溶解积炭，积炭软化松动后用水冲掉。较小零件一般浸泡 4 ~ 8 h，可使积垢完全溶解与松动；零件上积垢严重时，可在加热至 55 ~ 60 ℃的除炭剂中浸泡 24 h（最长），即可用水冲掉或用刷子刷洗，再用压缩空气吹干。大型固定件可刷洗清除积炭。表 1 – 4 – 3 中列出几种清洁剂的特性、使用方法及用途。

表 1 – 4 – 3　几种清洁剂的特性、使用方法及用途

名称	特性	使用方法	用途
多用途油污清洁剂 (DEGREASERAP)	溶于水、使用安全、不需水冲洗，清洗时间短	擦抹或喷刷，纯清洁剂可与海水、淡水混合使用	用于清除舱底各类油、油泥，清洁零件表面油污
快速清洁剂 (QUICK SEPARATING DEGREASER)	可溶性乳化清洁剂，具有特殊的清洁特性，快速分解，不损伤机器	用淡水或海水稀释。注意勿与眼睛、皮肤接触，勿吸入肺部	用于清洁机舱、舱底等处的污油

表 1-4-3(续)

名称	特性	使用方法	用途
"奥妙能"净油机叶片清洁剂(DISC CLEANER)	完全溶于水,无腐蚀性,使用安全	室温浸泡或加热至 50~60 ℃使用更佳,最后清水洗净零件	清除净油机叶片上的炭渣等沉积物
"奥妙能"油和油脂清洁剂(DREW OIL AND GREASER REMOVER)	中性、无毒,不损伤零件	未经稀释或已稀释清洁剂刷,抹零件脏污表面,最后用水冲洗	除机器、零件、工具和甲板、舱壁的油、油脂等脏污

使用清洗剂应注意的事项:

①选用清洗剂时应选用对人体健康无损害的清洗剂。还应注意有的清洗剂是易燃液体,因此在使用、储存等时严格按照说明书的要求操作使用。

②船用清洗剂应满足下列安全因素:

闪点 >61 ℃;

不含苯、四氯化碳、四氯乙烷、五氯乙烷和其他有毒成分的化学品。

③清洗时工作场所应通风良好,要求佩戴保护器具,以减少与皮肤和呼吸道的接触。

④依清洗目的选用清洗剂,选用时认真查看商标或产品说明。

⑤使用乳化型清洗剂不允许排入舱底或机器处所。因为许多清洗剂都会引起油水混合物乳化,或者几种不同品种的清洗剂同时排入机舱舱底,可能引起永久性乳化状油污水混合物,以致会造成分离设备不能正常运转,从而造成海洋环境的污染。

二、管系的清洗

任何新造或修理后的发动机在启动运转前都必须冲洗其各种油或水的系统。为了保护发动机的部件及使其正常运转,启动前应认真、细心地冲洗主滑油系统、凸轮轴滑油系统和燃油系统。

当一台新造柴油机或一台完成大修的柴油机启动投入运转前,不论是在造机厂、船厂还是船上,都应该注意柴油机的各种油系统的清洁,以免留下后患。因为船舶建造或修理时各种作业,如船体喷砂、舱盖焊接等不利于主柴油机的装配工作,落下的灰尘、焊渣、粉末等会进入机器、油箱和管系。在管子制造和管系组装时也可能带入灰尘、污物颗粒。经过长期运转的柴油机各种油系统中还会有污物积存,甚至沉积在管壁上。因此,柴油机启动前必须进行专门冲洗,以保证各种油系统的清洁,尤其是润滑油系统的清洁最为重要。

通常,柴油机的主滑油系统采用标准润滑油进行清洗,燃油系统用柴油进行清洗。主滑油系统脏污和润滑油不清洁将造成配合件的磨损加剧和其他故障。造成主轴承、十字头轴承、连杆大端轴承和各种轴承的损伤和轴颈的磨损,破坏润滑油膜,引起抱轴、拉缸等新的故障发生。清洗主滑油系统是为了彻底清除管路中残存的杂质、污物颗粒以及管壁上的污垢,防止它们进入轴承等配合件中,确保柴油机安全、可靠地运转。柴油机主润滑系统清洗时应注意以下问题:

1. 准备工作

主滑油系统清洗前最主要的准备是，首先清洁柴油机的内部和链条箱的内部等，可用连接到主滑油管上的软管进行冲洗。其次对主机外部的管路中的污物，通过滤器和分油机进行清除。但应注意，柴油机外部滑油管路清洗一定要与其内部滑油管路分开来，绝不允许清洗外部管路的油液流经主机。

2. 管口的堵塞

堵住连通到曲柄箱的各主轴承的滑油支管，使滑油不能进入各主轴承、链条箱轴承和喷嘴、推力轴承和十字头轴承、纵振和扭振减振器、力矩平衡器和增压器轴承。图 1－4－10 为 MAN－B&W 柴油机主滑油系统清洗时堵塞管口的示意图。图中①②分别为装于主轴承、伸缩套管和十字头轴承的盲板法兰，如图 1－4－11 所示。

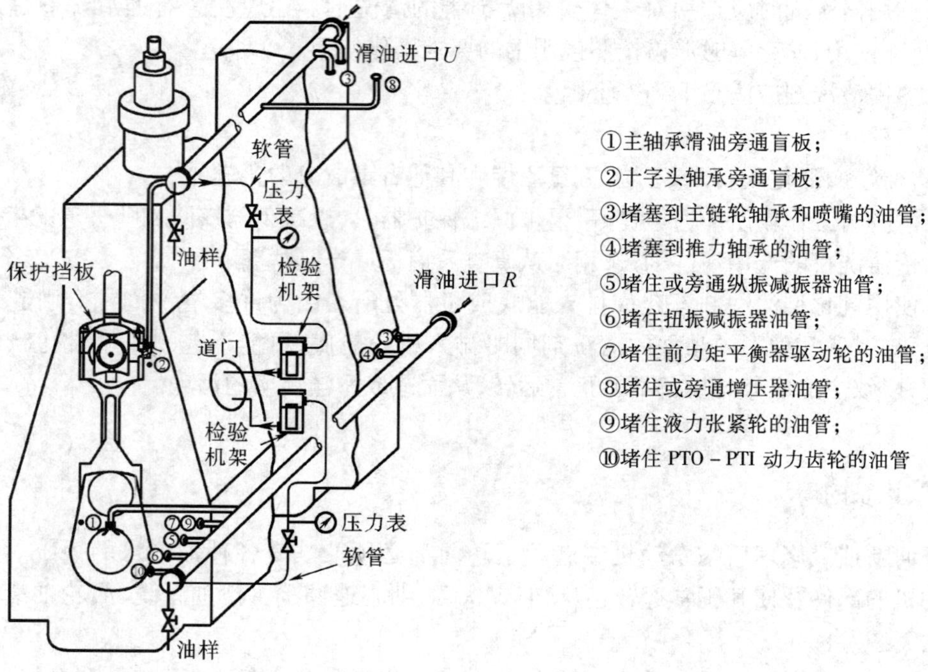

图 1－4－10　MAN－B&W 主柴油机主滑油系统的管口堵塞

3. 保护十字头轴承

由于十字头轴承上盖设计成开式，在主机安装过程中和整个清洗过程中均应将其盖住，以防脏污物落入轴承。

4. 振动或敲击管系

清洗期间，为了使沉积于管壁上的污垢松动，采用便携式振动器或手锤敲击管子，然后将脱落的污物清除。

5. 清洁油柜和管端

清洗时应注意清洁油柜和管端，因为滑油中的颗粒和污物会沉淀在油柜底部和管端，如果不被清洁，当柴油机运转时，滤器就会频繁堵塞。这是由于油温升高或船舶的摇摆倾斜，使沉淀在油柜底部的颗粒、污物与油再次掺混所致。

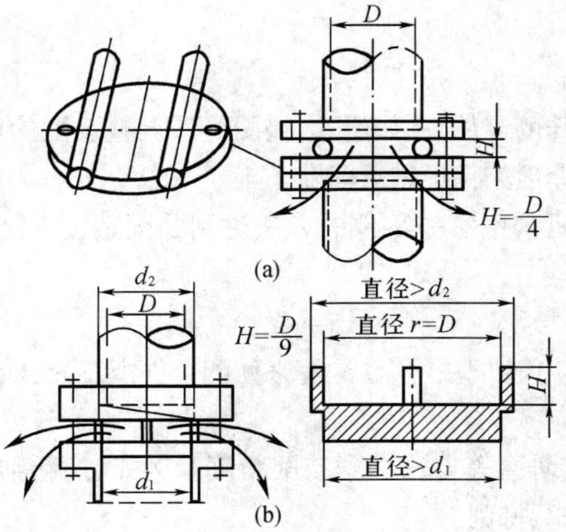

图 1－4－11　盲板法兰结构

(a)装于主轴承油管;(b)装于十字头轴承油管

6. 润滑油的流速和温度

清洗时,应将润滑油加热至 60～65 ℃为宜。为了造成管系内润滑油的充分扰动,滑油应以一定的流速流经主滑油系统。

第四节　船机零件的安装

船舶机械经拆卸、检验和清洗后,对损坏的零件进行修复或更换,然后进行装复和调试,恢复其原有的功能。船机装配是把拆卸下来的各个零件按照技术要求、装配规则和一定的装配方法装成部件,再把这些部件按一定的次序和要求总装成一部完整的机器。船舶主、副柴油机在检修中可能包括以下部件的装配:气缸套的安装、活塞组件的装配、活塞杆填料函的安装、筒状活塞与连杆的装配,十字头式柴油机的活塞运动部件的装配、气缸盖的安装和主轴承的安装等。

一、装配要求

装配工作是一项极为重要的工作,装配质量直接关系到柴油机运转的可靠性、经济性和使用寿命。装配好的主要机件应达到正确配合、可靠固定、运转灵活。具体要求如下:

(1)保证各相互运动的配合件之间的正确配合间隙;

(2)保证机件连接的可靠性;

(3)保证各机件轴心线之间的正确位置关系;

(4)保证定时、定量机构的正确连接;

(5)保证运动机件的动力平衡;

(6)确保装配过程中的清洁。

二、装配方法

零件装配成部件时,可能是原件装配,也可能是更换的备件或者是更换加工的配制件进行装配。一般原件装配较为顺利，如果换新零件则装配工作需要采用一定的方法才能达到装配要求。

1. 调节装配法

采用调节某一个特殊的零件，例如垫片、垫圈等来调整装配的精度。例如，用增减厚壁轴瓦结合面之间垫片的厚度来保证轴承间隙。

还可以用移动连接机构中某一零件的方法达到装配精度。例如，气阀间隙的调节，气阀定时和喷油定时的调整。

2. 机械加工修配法

采用修理尺寸法、尺寸选配法、镶套法等来使配合件恢复配合间隙和使用性能。

3. 钳工修配法

用钳工修锉、刮研或研磨等方法达到装配精度。例如，换新轴瓦后为了满足轴与瓦的配合要求，需要对轴瓦进行拂刮。

三、装配工作的主要内容

(1)清洁工作。装配前，应将零件彻底清洁干净，清除备件、修理的或新配制的零件上的毛刺、尖角，尤其是应使配合面上无瑕疵与脏污等。

(2)对连接零件的结合面进行必要的修锉与拂刮，以保证连接件的紧密贴合。例如，气缸套与气缸体的结合面的修刮。

(3)对有过盈配合的配合件采用敲击、压力装配或热套合装配、冷套合装配。

(4)采用液压试验检验零件或系统的密封性，如对气缸套、活塞的液压试验。

(5)对各种部件、配合件及机构进行试验、调整和磨合运转等。

(6)进行机器的装复，并做整机检验与调试，以检验机器的技术性能和修理质量，达到检修的目的。

四、装配过程中的注意事项

(1)应熟悉机器的构造和零件之间的相互关系，以免装错或漏装。

(2)有相对运动的配合件和零件，工作表面上不允许有擦伤、划痕和毛刺等，并保持清洁、干净。

(3)零件的摩擦表面(如气缸套内表面、活塞和活塞环外圆面)和螺纹应涂以清洁的机油，防止生锈。

(4)装配过程中对各活动部件应边装配边活动，以检查转动或移动的灵活性，应无卡阻。若待全部装配完毕再活动则不能及时发现装配工作中的问题，甚至造成返工。

(5)对于有方向性要求的零件不应装错，例如装在活塞上的刮油环刮刃尖端应在下方，才能将气缸壁上多余的润滑油刮下。如装反了就会向上刮油，加强了压力环的泵油作用，使大量滑油进入燃烧室。

(6)旧的金属垫片，如完好无损，可继续使用。而纸质、软木、石棉等旧垫片则一律换新。

(7)重要螺栓如有变形、伸长、螺纹损伤和裂纹等均应换新。安装固定螺栓的预紧力和上紧顺序均应按说明书或有关规定操作。

(8)对规定安装开口销、锁紧片、弹簧垫圈、保险铁丝等锁紧零件的部位，均应按要求装妥，锁紧零件的尺寸规格亦应符合要求。

(9)安装中，需用锤敲击的时候，一般采用木槌或软金属棒敲击，且不能敲打零件工作表面或配合面。

第五节 船舶坞修

一、船坞

船坞是重要的修船设施，船体以外和轴系的修理均需在船坞中进行。因此，船坞的容积吨位标志着一个国家或一个修船企业的修船能力和修船水平。国际上的修船大国，如日本、韩国和新加坡等的坞容均达数百万吨以上。近年来，我国的修船业发展很快，总坞容已达800多万吨，尤其是经过近10年的飞速发展，我国已经可以修理目前世界上几乎所有类型的船舶。当前，修大船、修高附加值的船已是国际修船业的发展趋势，欲参与国际修船竞争、发展我国的修船业就必须具有各种现代化的修船坞。

船坞是用于建造或修理船舶的大型水工建筑物。船坞是由坞首、坞门、坞室、注泄水系统、拖曳系缆设备、动力和公用设施及其他设备构成。新型现代化船坞还有自动化的设施，如自动化坞墩、坞壁作业车和起重设施等。船坞的种类按用途分为造船坞和修船坞；按构造分为干船坞、浮船坞和注水式船坞。目前干船坞、浮船坞应用较为广泛。

1. 造船坞

专门用于建造新船的干船坞，坞深较浅，可浮起建成的船体空壳，所以又称为浅坞。造船需要较大的起重能力，故造船坞均配有大型门式起重设备。为便于同时建造几条船或超大型船舶，并可分期出坞，所以船坞又有单坞室、双坞室、多坞室和分室隔离等不同结构。

2. 修船坞

专门用于修理和改装船舶的干船坞。船坞较深，具有曳船、疏水等设备，不需较大的起重能力。修船坞主要用于船体水线以下部位的检验和修理，如船体除锈和涂装、艉轴和螺旋桨修理等。

3. 干船坞

干船坞是建于水域边缘的池形水工建筑物。坞底低于水面，三面是坚固的坞壁，临水一面安装活动的坞门。坞底设置支撑船舶的坞墩，船坞两侧布置引船进出坞的曳船装置，坞壁上部地面安装起重设施。坞口附近设水泵站和泄水系统，并配置修造船用的动力管系。坞门开启，船坞与水域相通，船舶进、出坞；坞门关闭泵站排水，船舶坐墩，进行修船作业。干船坞分为造船坞和修船坞。

坞墩有木结构和铁木混合结构。在坞底随分布的位置不同有龙骨墩、中墩和左、右边墩，目前有较先进的液压坞墩，可以液压调节坞墩的高度和进行遥控。

此外，有的船坞还在坞壁安装坞壁牵引车，是牵引船舶进、出坞的设施。坞壁脚手架或称坞壁作业车，是可以在坞壁轨道上行走的机械化工作台。

4. 浮船坞

浮船坞是可以在水上沉浮和移动的船坞，是两端可以敞开，横截面呈槽形的箱式结构。

坞体是由坞墙、坞底组成,并配备必要的修船和造船的设施。浮船坞中央监控装置具有测量、遥控、监测和报警多种功能,如对浮船坞挠度变形监测、四角吃水和纵横倾监测、压载水舱液位测量及对压载阀和排水泵的遥控等。此外,通过对浮船坞的各水密舱的充水和排水,实现船坞的上浮与下沉,从而将修理船舶托出水面或沉入水中。浮船坞一般常泊于修船厂附近码头,也可拖至需要修船地点。浮船坞不仅用于修造船,也可以打捞沉船、运送深水船舶通过浅水航道以及战时作为流动修船基地。我国也建有很多浮船坞,如 30 万吨级"中海峨眉山"浮船坞等。

二、坞修工程

船舶长期航行,船体水线以下的船体表面,特别是船底会生锈,生长海藻、贝类等,致使船体水下部分和船底表面脏污和粗糙,这种现象称为污底。显然,船舶污底将会增加船舶航行的阻力,降低航速。当船舶发生海损事故时可能会产生船体破损。所以,船体的坞修工程主要是船体的除污除锈和涂漆,船体损坏部位的焊补修理以及船舶改装或改建等。

轮机坞修工程主要是船舶推进装置、舵和水线下的船舷阀件等的检修。具体项目如下:

(1)海底阀、海底阀箱和舷外排出阀的检查与修理。海底阀、海水出海阀、锅炉排污阀等水线以下的阀或阀箱解体清洁、除锈、修理和换新;阀箱内防腐锌块的更换;阀箱钢板除锈、测厚和换新等。

(2)螺旋桨的检查与修理。螺旋桨的损坏与修理,螺旋桨的螺距测量与静平衡试验。

(3)螺旋桨轴、艉轴和艉管轴承的检修。轴颈损坏的检测和艉管轴承间隙测量;轴与轴承的修理;密封装置的检修。

(4)舵、舵承的检修。

此外,对具有 CCS 船级的船舶为了保持船级还应按照《钢质海船入级与建造规范》要求定期进行坞内检验、螺旋桨与艉轴的检验。按照 CCS 的规范要求,船舶在 5 年内不少于 2 次坞内检验;螺旋桨轴和艉轴的检验一般不超过 5 年。以上两项检验均需船舶进坞完成,船级检验可以和船舶坞修结合进行。

第六节　交船试验

船舶进厂修理完工之后,应进行交船试验:系泊试验和航行试验。交船试验的目的是检验船舶修理质量及其技术性能,以确保船舶符合 CCS 保持船级的要求和安全可靠地航行。

一、交验项目

根据我国《民用钢质海船修船交验项目》的规定,为了保持船级和营运安全,船舶修理后,厂修项目由修船厂,自修项目由船方向验船师提交检验。轮机交验项目中柴油机和轴系交验项目如表 1-4-4 所示。

表 1-4-4　柴油机和轴系交验项目

序号	柴油机交验项目	轴系交验项目
1	机座底部垫片及铰孔螺栓接触面	推力面与推力块的接触面、间隙
2	曲轴主轴颈与主轴承接触面、间隙	推力轴承底座垫片接触面
3	主轴承全部安装后曲轴臂距差	推力轴、轴承外观及轴承安装间隙
4	气缸盖本体水压试验	中间轴承底座垫片接触面
5	气缸套、气缸盖安装后紧密性水压试验	中间轴与轴瓦接触面，轴承安装间隙
6	活塞组装后，冷却水腔水压试验	艉轴铜套、套合
7	气缸体冷却水腔水压试验	新换铜套水压试验
8	活塞运动部件在船上安装校中	艉轴、艉管前、后轴承外观，轴承安装间隙
9	十字头轴承和连杆大端轴承安装间隙	艉轴可拆联轴节锥度、接触面及探伤
10	活塞行至上止点时，活塞与气缸盖的余隙	艉轴油封装置外观及安装后油压试验
11	气缸盖安全阀试验	轴系校中
12	废气涡轮增压器油封、气封、轴承间隙	轴系联轴节铰孔精度
13	废气涡轮增压器外壳水压试验	轴系航行试验
14	废气涡轮增压器转子动平衡试验	
15	防爆门防爆装置开启压力	
16	热交换器水压试验	
17	调速器性能试验	
18	码头系泊试验	
19	试车后的曲轴臂距差	
20	航行试验	

二、系泊试验和航行试验

船舶在下列情况下应进行试验：

(1)特别检验需要时；

(2)较大范围或重要项目进行修理后；

(3)临时检验项目的要求或者验船师认为必要时。

此外，新造的船舶和更换国籍、更换船东、更换航区及长期停航后启用的船舶均应经系泊试验和航行试验，只是各自的要求和内容不同。

船舶动力装置修理后进行系泊试验和航行试验，其试验大纲是由船和船厂双方共同拟定，并经验船师同意。轮机员作为船方代表参加试验。由船方、厂方和验船师共同对试验进行鉴定和验收。对试验中发现的问题共同分析研究，协商解决。重大缺陷应在修复后重新试验，局部小缺陷可在使用中观察情况或限期修复使之符合要求。

三、船用主柴油机的系泊试验和航行试验

1. 试验前的技术准备

船用主柴油机进厂修理后，除对具体修理项目进行检查验收外，还应依规定进行系泊试验和航行试验，即船舶在码头和航行条件下对修理过的船用主柴油机进行试车，检查其修理质量和综合技术性能。

试验前应进行以下技术准备：

(1)船用主柴油机的零件修理、部件装配、总装调试、系统安装和仪表检验等质量均应检验合格。

(2)舵叶应在正舵位置，辅机、推进装置、机舵与驾驶台的联系均处于正常状态。

(3)舵机及其操纵系统(包括应急舵)均应进行性能试验后并且合格。

(4)遥控及自动化系统试验合格：按设计要求，柴油机启动、调速、换向、紧急停车等效用试验各进行2~3次，操纵时主柴油机自动工作的程序必须准确可靠；按照主机说明书要求试验各控制站之间转换及连锁装置的功能，动作应灵活、准确可靠。

(5)安全装置试验：主机的安全装置(紧急停车)，超速保护，防爆门，油、水、气的压力保护，油、水、气的温度报警均须在系泊试验前完成效用试验，要求动作灵敏、准确和可靠，并且试验次数均应不少于2次。

2. 船用主柴油机的系泊试验

系泊试验是在船厂码头进行，故又称码头试验。试验时船舶处于静止状态(船速为零，即 $V_s=0$)，主机带动螺旋桨工作，产生最大的转矩和推力，即 $100\% M_H$，而转速仅为 $75\% n_H \sim 80\% n_H$。这是由于受码头堤岸坚固性和系泊状态的限制，主机和轴系推进装置不可能全负荷运转。

系泊试验是在验船师监督之下，为确保船舶具备航行条件对船舶动力装置进行的一次安装、修理质量和工作效用的试验。系泊试验是为航行试验做准备，合格后方可进行航行试验。如若系泊试验中发现不正常现象，则应在修复后重新试验。船用主柴油机修理后须经系泊试验。

(1)启动试验

①主柴油机启动试验一般在冷态下进行。对于说明书规定启动时暖缸温度的机型，应按说明书规定进行。

②压力为额定值的空气瓶，在中途不充气的情况下，可换向的主机应能连续启动不少于12次，试验时应正倒车交替进行；不可换向的主机应能连续启动不少于6次，每次启动均应按规定时间完成。

(2)换向试验

①主柴油机换向试验应在热态下进行；

②对于可逆转的主柴油机，换向次数应不少于3次；

③对于不可逆转的主柴油机，用离合器换向的次数应不少于3次。

(3)磨合试验

①主柴油机更换活塞、活塞环、气缸套或轴瓦等零部件后，应按照柴油机说明书的规定进行磨合试验；

②不具备码头动车条件的，磨合试验可结合航行试验进行。

(4)运转试验

①主柴油机系泊试验时,运转的最高转速一般可按主机系泊试验的最高转速 $n_M < 0.8n_H$ 计算。n_H 是主机修理前航行中常用最高转速。

②运转试验工况与时间按表 1－4－5 进行。

表 1－4－5　运转试验工况与时间

序号	工况转速（以航行中常用最高转速乘以百分数表示）		试验时间/h		
			≤360 kW（500 hp）	>360 kW（500 hp）~2 207 kW（3 000 hp）	>2 207 kW（3 000 hp）
1	正车	n_H ×50%	1/4	1/2	1/2
2		n_H ×70%	1/2	1	1
3		n_H ×80%	2	2	2
4	倒车	n_H ×70%	1/4	1/4	1/4

③在 80% n_H 工况试验时应测取表 1－4－6 中各项参数,并初步调整各缸压缩压力和最大爆发压力、各缸排气温度。运转试验时,应注意主柴油机运转的声音和有无振动、发热、漏泄等情况。

表 1－4－6　试验时应测取的参数

序号	参数名称	单位	序号	参数名称	单位
1	主机油门度数(负荷指示器度数)	格	11	废气涡轮增压器前废气温度	℃
2	主柴油机转速	r/min	12	废气涡轮增压器后废气温度	℃
3	废气涡轮增压器转速	r/min	13	空冷器前气体温度	℃
4	各缸压缩压力	MPa	14	空冷器后气体温度	℃
5	各缸最大爆发压力	MPa	15	扫气压力或增压压力	MPa
6	各缸排气温度	℃	16	扫气箱温度(总)	℃
7	各缸冷却水出口温度	℃	17	扫气箱温度(各缸)	℃
8	冷却水压力	MPa	18	空冷器前冷却水温度	℃
9	滑油温度	℃	19	空冷器后冷却水温度	℃
10	滑油压力	MPa	20	各缸油泵油门开度	格

系泊试验后,应按照说明书要求检查主轴承、连杆轴承、十字头轴承等处的温度,吊缸检查活塞、缸壁等情况。

3. 船用主柴油机的航行试验

系泊试验合格后进行航行试验。船舶修理后进行海上航行试验是为了在航行条件下对船舶动力装置做进一步的考查,以保证修理、安装质量,运转的稳定性和可靠性。

(1)启动试验　按系泊试验要求进行;

(2)航行试验　其工况与时间按表1－4－7进行;

(3)试验时间　试验必须连续进行,停机拆验时一般不超过0.5 h;

表1－4－7　航行试验工况与时间

工况转速(以航行中常用最高转速的百分比表示)	试验时间/h		
	≤360 kW (500 hp)	>360 kW(500 hp)～2 207 kW(3 000 hp)	>2 207 kW (3 000 hp)
80%	1/2	1/2	1/2
91%	1	1	1
100%	2	3	4
倒车(常用转速)	1/4	1/4	1/4

(4)参数测定　航行试验时在100% n_H 工况转速下按表1－4－8测取各项参数,各缸主要参数对于平均值的差异百分数不得大于表1－4－8或说明书规定值;

表1－4－8　各缸主要参数对于平均值的差异百分数

压缩压力	±25%
最大爆发压力	±4%
排气温度	±5%(中、高速柴油机±7%)

(5)最低工作稳定转速试验　航行试验中应进行主柴油机最低稳定转速试验,试验时间为压缩压力15 min,记录转速值;

(6)换向试验　主柴油机的换向试验在热态排气温度下进行,试验时间一般应不超过15 s,试验时间是主柴油机自换向操作算起,至主柴油机开始反向工作时为止;

(7)遥控及自动化功能检查　同试验前的技术准备的要求;

(8)安全装置检查　对主柴油机各种保安装置及极限调速器功能的检查同试验前的技术准备的要求;

(9)航行试验后的检查　应按说明书要求检查主轴承、连杆轴承、十字头轴承等处的温度,吊缸检查活塞组件和缸壁情况,曲轴臂距差应符合要求。

第二部分

船机检修工作任务

项目一　船舶柴油机燃烧室部件维修

维修任务一　气缸盖的维修

【学习目标】

1. 了解气缸盖常见的失效形式、部位。
2. 重点掌握气缸盖裂纹的部位、产生的原因及其修理方式。

【学习任务】

掌握气缸盖的常见破坏形式及检修方法。

【背景知识】

气缸盖是柴油机的固定件和燃烧室的组成部分。气缸盖上安装着喷油器、启动空气阀、安全阀和示功阀等。筒状活塞式柴油机缸盖上还装有进、排气阀，二冲程直流扫气式柴油机气缸盖上装有排气阀。此外，气缸盖内部有各种气道和冷却水空间。船用柴油机气缸盖的结构形式繁多，随机型而异，但共同特点是结构复杂、孔道较多、壁厚不均。

气缸盖的工作条件极其恶劣。气缸盖底面为触火面，直接与高温、高压燃气接触，承受较高的周期变化的机械负荷与热负荷、燃气腐蚀与冲刷，产生很大的机械应力与热应力。冷却面承受机械应力与腐蚀。气缸盖螺栓预紧力使气缸盖受到压应力，在截面变化处还会产生应力集中。

气缸盖常见的损坏形式有底面和冷却面的裂纹、腐蚀，气阀座面和导套的磨损等。

一、气缸盖的裂纹

1. 部位

气缸盖底面裂纹一般产生在底面阀孔的边缘过渡圆角处和孔之间，即有应力集中之处。具体裂纹部位将随机型、结构和材料不同而异。

(1)气缸盖底面裂纹

Sulzer RD 和 RND 型柴油机气缸盖裂纹大多发生在中央小缸盖底面上喷油器孔、启动阀孔和安全阀孔四周的过渡圆角处，且沿径向扩展；在大缸盖底面上产生圆周向裂纹，如图 2-1-1 所示。新式气缸盖多为钻孔冷却，冷却效果好，一般较少产生裂纹。

船用四冲程柴油机气缸盖底面积小但孔多，气缸盖的强度被严重削弱。所以在进、排气间孔和喷油器孔等孔之间、阀座面上容易产生径向裂纹，且大多自中央喷油器孔向其他阀孔扩展。

(2)气缸盖冷却侧裂纹

由于下半部缸盖冷却水侧有环形冷却水道，裂纹多发生在冷却水道的环形筋根部有应

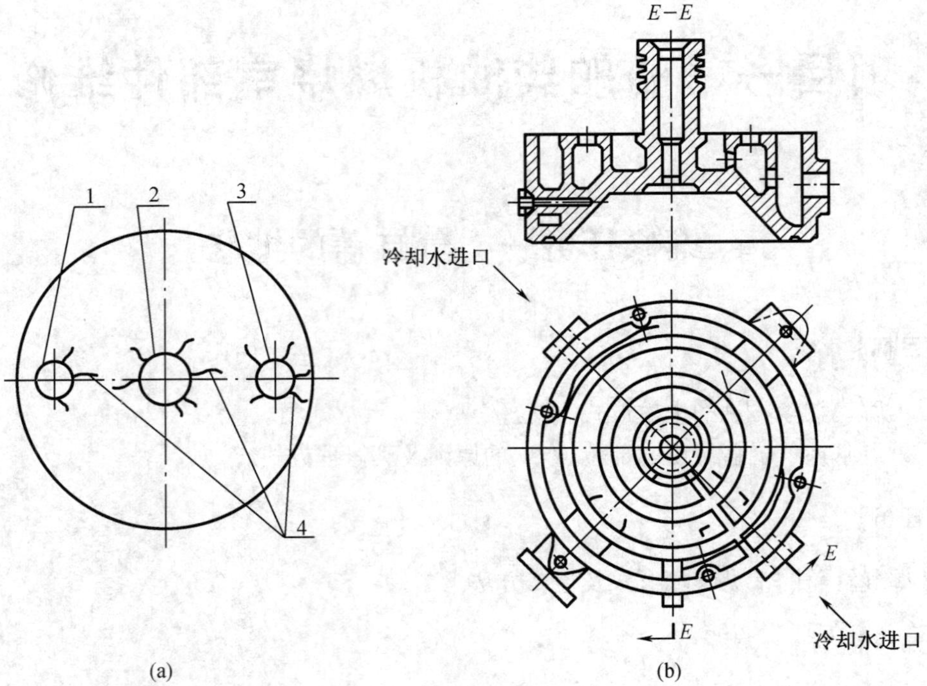

图 2－1－1　气缸盖底面裂纹

(a)RD 型柴油机小缸盖底面裂纹；(b)6ESDZ76/160 型柴油机气缸盖裂纹

1—安全阀孔；2—喷油器孔；3—启动阀孔；4—裂纹

力集中处，裂纹沿圆周方向向深度(即向触火面)扩展，乃至裂穿，如图 2－1－2 所示。

B&W 型柴油机气缸盖是由耐热合金钢制成的整体式结构，其下部呈锥形，可插入气缸套上部的喇叭口中，两者装配后使气缸盖冷却水腔位置下移，增强了燃烧室的冷却效果，改善了机件的受热状况，从而防止了裂纹发生。当紧固力过大时，缸盖受弯曲应力较大，故在抗弯截面较小的部位容易产生裂纹，此外，还会在冷却水腔的底部和阀孔上产生裂纹。如图 2－1－3 所示。

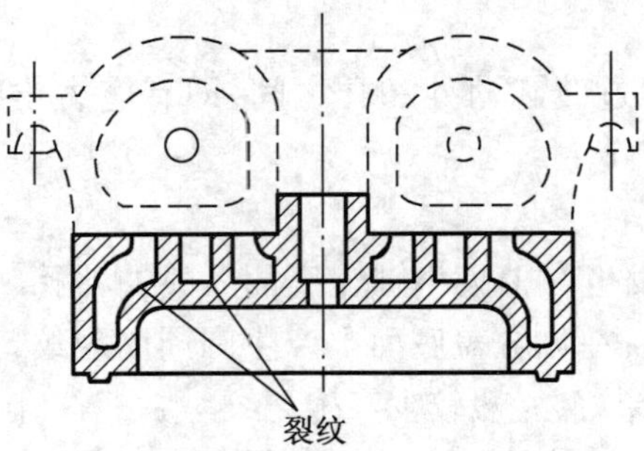

图 2－1－2　MAN 型柴油机气缸盖裂纹

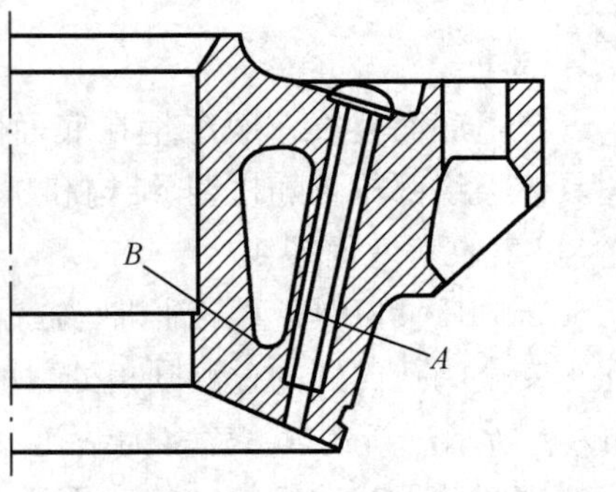

图 2－1－3　B&W 型柴油机气缸盖裂纹

2. 气缸盖裂纹产生的原因

气缸盖裂纹产生的根本原因是热应力和机械应力。缸盖底面高温区的温度可达

400～480 ℃，在热膨胀变形受到限制时，产生高的压应力。铸铁材料温度超过 350 ℃，抗蠕变性能下降，抗蠕变发生塑性变形，导致压应力逐渐下降。停车后，受热面温度未降到室温，压应力就完全消失。降到室温，表面出现了拉应力。柴油机的启动、运行、停车、经过若干次加热和冷却，拉应力逐渐增加，最终出现裂纹。就是这种低频热应力引起的疲劳破坏。

柴油机的爆发压力作用在气缸盖底面，使底面产生了弯曲变形，触火面受压，水腔面受拉。柴油机每一个工作循环一次，这种应力就循环作用一次，因此，应力变化的频率高。这种高频的机械应力不断地作用，使水腔面上、圆角根部存在应力集小；或原始铸造缺陷，就可能产生裂纹，并逐渐扩展。此外，水波面局部区域的冷却水往往处于沸腾状态，产生的 SO_4^{2-} 和 Cl^- 等酸离子会使电位不同的晶粒间产生电化学腐蚀。同时因水中溶解有一定数量的氧，会使金属氧化，水温越高腐蚀越强烈。高频交变应力和腐蚀同时作用，将引起金属材料的疲劳强度显著下降，造成疲劳腐蚀破坏。水蒸气与金属作用产生金属氧化物与氢，当氢渗透到裂纹尖端周围时，会使金属材料脆化，造成应力腐蚀。

除了上述热应力、机械应力、疲劳腐蚀及应力腐蚀之外，因设计的结构不合理、安装不当、铸造缺陷、材料缺陷、操作管理不当等都会引起缸盖产生裂纹。

(1)设计、结构上的原因

气缸盖底面气阀孔周围之所以经常产生裂纹，是由于该处的结构使金属有较大的表面积，在受热时膨胀速度和冷却时收缩速度都较大。例如：柴油机在停车时，气缸盖温度分布变化剧烈，热量由冷却水和进、排气道迅速散发，所以底面中央部分，尤其是气阀孔处收缩快，产生拉伸应力，铸铁的抗拉强度低，故此处极易产生裂纹；喷油孔加工呈尖角，如图 2－1－4 所示，造成应力集中，更助长了裂纹的生成。当将孔口尖角改成圆角过渡后，如图中虚线所示，减小应力集中，对消除裂纹起到一定的效果。

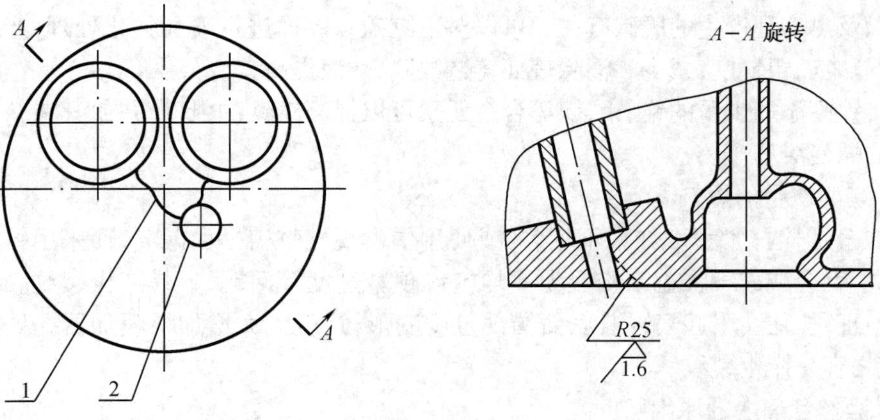

图 2－1－4　气缸盖喷油器孔口修圆

1—裂纹；2—喷油器孔

6ESDZ76/160 型柴油机气缸盖如图 2－1－5 所示，经常在下盖环形支承筋处产生裂纹。其原因是：上紧缸盖螺栓后，上缸盖产生上拱变形。当缸盖四圈支承筋（*M*，*N*，*P*，*Q*）事先做成在一个平面上时，由于上紧后的拱曲变形，使得只有 *M* 筋处在压紧状态，而内层的 *N*，*P*，*Q* 结合面存在间隙处不受力。柴油机工作爆发压力时，下缸盖产生向上弯曲不受限制，正好在水腔面产生拉应力，加上支承筋圆角处应力集中，就产生了裂纹。改进后的结构为，将四圈支承筋做成阶梯,中间高、边缘低,各相差0.20 mm。上紧后,即使上盖上拱变形,但 M,N,P,Q 4 个结合面上也不会出现间隙。柴油机爆发压力时下盖向上弯曲变形,就受到上盖的限制,使拉应力值减小,从而达到了防止裂纹产生的目的。

正确地设计冷却水道有利于减少在气缸盖上产生裂纹。为了保证气缸盖燃烧室内的温度不超过 350 ℃,水腔面的温度不宜超过 120 ~ 160 ℃,否则,冷却水就可能沸腾,使传热效率大大下降,从而使冷却面温度上升。如此恶性循环,最后促使受热面温度高到不可收拾的地步。因此,必须增加气缸盖局部高温区的冷却水量,如喷油器和进、排气阀壁应得到充分冷却。例如:135 型柴油机缸盖原设计中布置有一个平行底面的定向喷管以强制冷却高温区,当柴油机强载程度提高以后,此种结构又不适应了,将水道改为垂直于底面的定向水流后,冷却效果更佳。

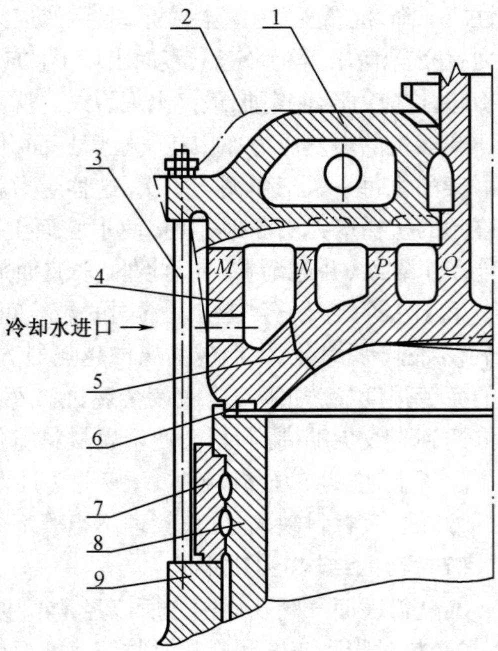

图 2-1-5　6ESDZ76/160 型柴油机上、下缸盖组合示意图

1—上缸盖;2—上拱变形后的缸盖;3—气缸盖螺栓;4—下缸盖;5—裂纹;6—气缸盖垫片;7—水套;8—气缸套;9—气缸体

(2)材料、工艺上的原因

铸铁表面的任何缺陷都会使疲劳强度下降。疲劳源与铸造产生的微小裂纹、氧化物、夹杂物以及热处理产生的脱碳有关。可以对下缸盖水腔面进行喷丸强化处理,产生残余压应力,降低表面粗糙度,减少和消除表面铸造缺陷,从而提高其疲劳强度。

在铸铁中添加少量的铬、钼、镍等合金元素可以提高铸铁的强度,并使其在一定温度及应力下的蠕变缓和。

(3)装配质量的影响

气缸盖螺栓拧紧程度如果不均匀,或使用中发现气缸盖平面漏气,而采用拧紧该处螺母来解决,就会造成气缸盖结构受力不均匀或预紧过度等问题,容易产生裂纹。由于喷油器安装不正,往往会引起气缸盖底面局部过度变形,这就大大增加了喷油器孔处所受的拉应力,使之容易产生裂纹。

(4)操作管理上的原因

柴油机冷车启动或启动后加速太快,致使气缸盖底面与水腔面温差过大,热应力增大引起裂纹。故应该在暖机后再启动,启动后待油、水温度升高后方可加速。频繁启动、停车和长期超负荷运转,均会使机械应力和热应力增加,引起裂纹;冷却水量不足或中断,停车时过早中断循环冷却水,都会导致机件过热;长期运转后,对冷却水不进行投药处理或处理不当使冷却水腔积垢严重影响传热效果、使局部过热等都会引起裂纹。

二、气阀座面的损伤

1. 气阀座面的磨损

气阀座面磨损主要表现在气阀座面上拉毛的伤痕，磨损严重时，会导致气阀座严重下陷。这是由于气阀座受到气阀的冲击，使工作表面塑性变形而产生的。此外，由于爆发压力将迫使气缸盖底部及气阀产生弹性变形，引起气阀与气阀座之间很微小滑动，因而引起微动磨损。

燃烧的产物、硬的颗粒、金属屑及其他杂质落到气阀座面上，起磨料的作用，引起磨粒磨损。

燃料中含有钒、硫等，高温时引起钒腐蚀，低温时引起硫酸腐蚀，因而使气阀座引起腐蚀磨损。

气阀座与气阀受冲击载荷，因接触疲劳产生表面疲劳磨损。

因此，气阀与气阀座之间存在着上述几种磨损形式的综合作用。

在非增压柴油机上，由于进气阀工作条件较排气阀好，所以进气阀座面的磨损较小。但是在增压柴油机上，情况则相反，即进气阀座面的磨损较排气阀座面大。因为增压柴油机的进气压力较高，使得润滑油无法从导管中进入座面，润滑条件差，导致磨损增大。排气阀座靠残留在废气中的滑油、灰末与烟粒组成一层很薄的非金属层，使得气阀工作面不发生金属的直接接触，因而磨损减轻。

2. 气阀座面的烧伤

烧伤发生在排气阀座面上，其主要原因是气阀座扭曲变形和积炭，以致使气阀与气阀座接触面暴露于高温燃气中引起烧损。气阀磨损过大、裂开，气阀杆与导管间隙太小及气阀盘翘起等也能引起气阀座的烧损。燃料与滑油不完全燃烧生成的炭粒，堆积在气阀与气阀座的接触面上，在气阀的冲击作用下，它便不稳定而碎裂，部分脱离。从而使燃气经常流过其间。时间一长，就在此处发生吹蚀，甚至在气阀座面上会形成若干条沟，烧损使其表面产生麻点及凹坑。

3. 气阀座的裂纹

气阀座在高温下受强烈的冲击载荷，常常会产生裂纹。由于排气阀座的工作条件差，因此排气阀座开裂的现象更多一些。

上述缺陷都严重地破坏了气阀与气阀座的密封性。由于漏气，导致柴油机各缸功率不均匀，启动困难，甚至不发火。同时火焰还会从不密封的部分穿出，引起局部过热，进一步损坏气阀座。

【操作指导】

一、裂纹的检查

气缸盖裂纹通常可以在下列各种检验中被发现：

(1)根据中国船级社(CCS)的规范：营运船舶每5年进行一次保持船级的特别检验，其中对柴油机气缸盖及其阀件等进行打开检验。

(2)按照主、副柴油机说明书维修保养大纲的要求检验气缸及其阀件等。

(3)新造、修理的气缸盖或怀疑有裂纹的气缸盖采用观察法粗检，采用无损探伤如渗透探伤、磁粉探伤、超声波探伤和水压试验法等进行精检,判断气缸盖上有无裂纹。

另外,航行中可根据下列现象判断燃烧室组成零件有无穿透性裂纹:

(1)柴油机在运转中,可根据冷却水压力波动和膨胀水柜中水的波动或气泡来判断缸盖是否发生了穿透性的裂纹。当缸盖有穿透性裂纹时,燃烧室中的高压燃气会沿着裂缝进入冷却水腔,使冷却水系统的压力波动,当系统放气后上述现象仍然出现,说明缸盖确有裂纹产生。若冷却水温升高,出现淡水消耗量增加及扫气箱有水流出等现象时,亦可证明缸盖或缸套有裂纹存在。

(2)膨胀水柜的通气管有气泡,冷却水中有油渍,打开各缸示功阀有水汽或水珠,排气冒白烟或燃烧不良则可确定该缸产生了裂纹。

(3)曲轴箱(或循环油柜)中滑油量不正常增多或润滑油水分明显增加,或滑油迅速乳化变质,均表明由于燃烧室组成零件有穿透性裂纹使冷却水大量漏入。

(4)吊缸检修时,轮机员应认真观察各个零件,如发现活塞、气缸套或气缸盖工作表面有锈痕,或活塞顶部积水等,说明燃烧室组成零件有穿透性裂纹。

二、气缸盖裂纹的修理

气缸盖发生了穿透性的裂纹或裂纹的程度严重,则应换新。当裂纹不太严重时,或为了应急,可采用下述方法修理:

1. 波浪键——螺钉密封扣合法

此方法的特点是保证了连接强度,并有良好的密封性,用它修理气缸盖底面裂纹,较其他方法可靠,能满足使用要求。对于非燃烧室的工作面也常采用;燃烧室面扣合时应加磷酸-氧化铜无机黏结剂。

2. 焊补

铸铁或铸钢气缸盖都可用加热(缓慢加热到150~400 ℃)或不加热的办法焊补。加热焊补容易保证质量,特别是在冬天,不但应预热后焊补,而且焊补之后还应该保温,为其缓冷。气缸盖结构复杂,如果加热不均,可能反而引起新的裂纹。

焊补前应先在裂纹的两端各钻一止裂孔,并沿裂纹开U形坡口,坡口底端应成圆弧形,因为尖角不易焊透,而且焊接应力会使裂纹扩展。对于铸铁缸盖,用镍基铸铁焊条,而铸钢气缸盖则可用耐热钢焊条。用氧-乙炔焰对焊补部位进行较大面积烘烤,预热缸盖。焊补时每次焊补长度不得超过30~40 mm,并趁红热状态用小锤快速轻轻敲击整个焊道,以防止裂纹产生。锤击后立即用氧-乙炔焰对焊缝加热回火,回火时焊缝表面呈暗红色即可。

采用在坡口中加焊药的细丝CO_2保护冷焊,焊补铸铁缸盖裂纹的效果较好。焊药以铝粉为佳,用钛粉也可以。焊丝为$H08Mn_2Si$,直径0.8 mm。焊补法是目前常用的一种修理方法。

3. 螺钉密封法

从裂纹的一端开始顺着裂缝,每相隔16d(d为螺钉孔直径)钻-攻一个外径为M6~M8的螺钉孔,直至裂纹的另一端,拧入头部涂有白漆的紫铜螺钉,然后切断。再在每两个螺钉的中间钻-攻同样大小的螺钉孔,再拧入螺钉。将全部螺钉头部锉平,使之高出裂纹所在平面1~1.5 mm,用小锤捻缝。本法是较为简便的临时应急措施。

4. 镶套

主要用于气缸盖进、排气阀孔或喷油器孔内裂纹而发生渗漏的修理,亦可用于毛坯制造缺陷而产生的缩松、气孔等引起渗漏的修复。衬套材料一般为青铜或不锈钢。其外圆面与镗大后的孔径配合为 H7/r6。衬套端面与气缸盖座孔之间用紫铜垫圈密封，以免冷却水渗漏入燃烧室，如图 2-1-6 所示。

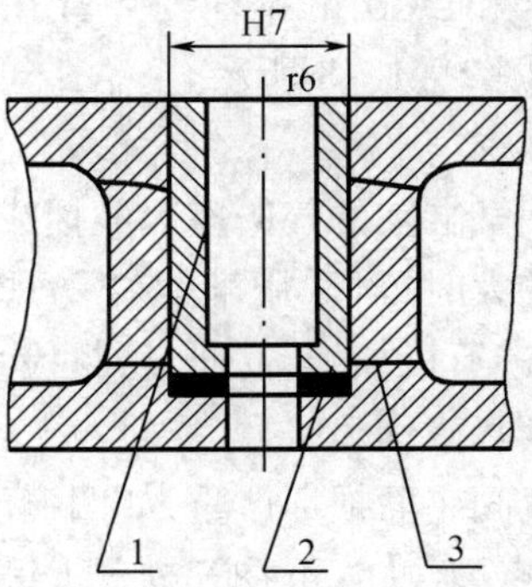

图 2-1-6　气缸盖裂纹的镶套修理

1—衬套；2—紫铜垫；3—裂纹

5. 无机黏结剂胶合法

对于气缸盖底面裂纹，可采用磷酸－氧化铜无机黏结剂进行修补。修补前将表面污垢清除干净，然后用有机溶剂清洗，砂纸打磨，烘烤去表面水汽。胶补，再烘烤，可加快固化速度，提高修补质量，使之可在 500 ℃ 高温下长期工作。

6. 复板修理法

用复板修理时，应先将裂纹两端钻止裂孔、再将复板盖在裂纹上，最后用螺钉紧固。这种方法适合用于气缸盖外部裂纹的修复，如图2-1-7 所示。

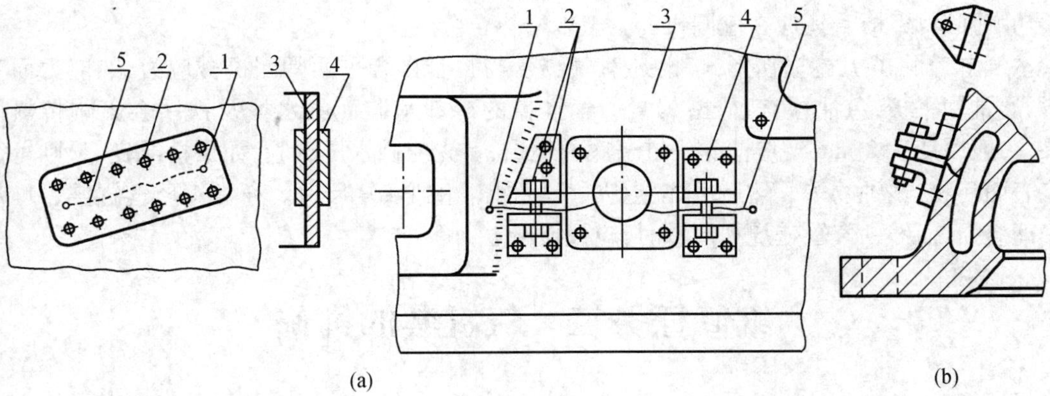

图 2-1-7　气缸盖裂纹的复板修理

1—止裂孔；2—紧固螺钉；3—气缸盖；4—复板；5—裂纹

三、气缸盖气阀座面的修理

气缸盖上的进、排气阀长期工作使阀座面产生磨损、烧蚀、凹痕和裂纹等，破坏了阀与阀座的密封性，并影响柴油机的工作性能。

气阀损坏进行修复是一项经常性的工作。如何修理主要取决于损伤形式及其严重程度。

1. 手工研磨

此法用于损伤不严重，凹痕很小时。其方法是：将缸盖倒置，利用已经光整过的气阀盘锥面，与气阀座面互相研磨，研磨时两者之间涂上一层研磨剂。研磨好后，应做密封性检查。

2. 用气阀绞刀修正气阀座面，再互研

此法用于凹痕较严重，变形或磨损较大时。气阀绞刀有导向芯杆插在气阀导管孔内作定位用,保证绞出的锥面与导管孔有较好的同轴度,如图 2-1-8 所示。

3. 堆焊

铸钢气缸盖的气阀座因磨损或经过多次修理下凹较大时,可采用堆焊修复,焊后应保温,缓冷,再进行机加工,互研,密封检查。

4. 镶套修理

当气阀座面损坏严重,如凹痕已超过 2 mm 以上,或有裂纹时,可在气缸盖上镶套或更换座圈。镶套的实质就是附加一个零件,以恢复气阀座的尺寸。座圈与座孔采用过盈配合,过盈量在 0.1 ~ 0.2 mm 范围内。用增大过盈量来防止座圈松脱是不正确的,因为座圈工作温度比缸盖高,承受压应力,如材料强度不够或断面尺寸太小,致使压应力超过材料屈服极限时,座圈在孔中将松弛。座圈材料可采用 HT 250的细晶粒灰铸铁制成。有的排气阀座圈衬套用中碳硅铬钢制成,如 $4Cr_{10}Si_2Mo$。进气阀座圈衬套用中碳镍铬钢制成,如 40CrNi,40Cr,35CrMo 等;也有采用合金铸铁的。对于大功率强载柴油机,还应在座圈锥面上覆以耐热合金层。

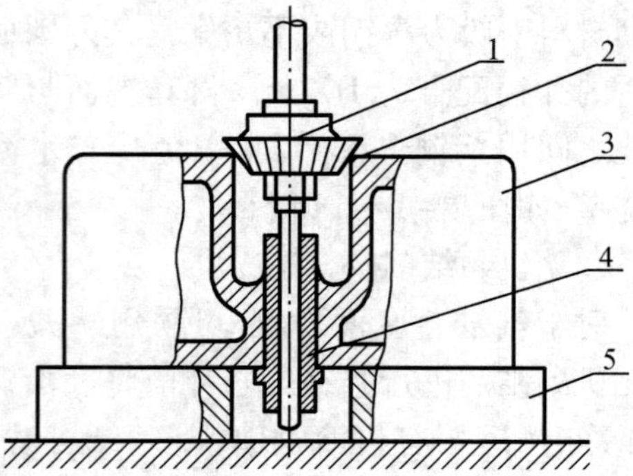

图 2-1-8　绞阀座示意图

1—绞刀;2—阀座;3—气缸盖;4—芯杆;5—垫块

气缸盖除了上述损伤形式外,还有气缸盖与缸套接合平面常因机械应力、热应力而变形,通常用平板,色油检查,研磨修复。气缸盖的冷却水腔面的水垢及铁锈会影响传热效果,一般厚度达 2 mm 便应清除。缸盖底面烧损,首先应做水压试验,如果情况良好、则可清除表面污物、锈蚀物等。然后堆焊、退火、机械加工达到恢复尺寸。通常钢质气缸盖可堆焊修理烧损,而铸铁气缸盖烧损严重时,应该换新。

维修任务二　气缸套的维修

【学习目标】

1. 掌握气缸套的常见失效形式及部位。
2. 掌握气缸套磨损的检测方法。
3. 学会气缸套常见失效形式的修理。

【学习任务】

1. 气缸套内圆表面磨损的测量。
2. 气缸套磨损、裂纹等故障的检修方法。
3. 气缸套拉缸的表现形式及预防措施。

【环境设备】

1. 量缸表。
2. 扣合键。

【背景知识】

一、气缸套的破坏形式

气缸套是柴油机的重要零件之一。它的内圆工作表面的上部是柴油机燃烧室的组成部分之一，直接受到燃气高温、高压及腐蚀的作用。同时，气缸套的内圆表面与活塞组件还存在相对运动，承受侧推力和摩擦；气缸套外圆表面与气缸体组成冷却水腔，受到穴蚀等腐蚀作用。所以气缸套是在恶劣环境下工作的零件，是柴油机的易损零件之一。

气缸套的常见损伤形式有：内圆工作表面的磨损、擦伤及拉缸；外圆面的穴蚀及裂纹等。

1. 气缸套的磨损

新造气缸套内孔具有一定的尺寸精度、几何形状精度和粗糙度精度等级。一般几何形状的加工误差，如圆度误差和圆柱度误差应在 0.015 ~ 0.045 mm 以内，粗糙度 R_a 在 0.4 ~ 1.6 μm 以内。气缸套安装到气缸体上后几何形状误差增大，圆度误差和圆柱度误差应控制在 0.05 mm 以内。柴油机运转时，活塞运动部件在缸套内做往复运动使缸套内圆表面产生不均匀磨损，壁厚减薄，圆度误差和圆柱度误差大大增加。通常气缸套磨损量超过 (0.4% ~ 0.8%) D(D 为缸径) 时，燃烧室就失去密封性。所以气缸套过度磨损会使其工作性能变坏，柴油机功率下降和导致其他零件的损坏。

工作人员应该依照说明书的要求和柴油机的运转情况对气缸套磨损进行检测，掌握和控制气缸套磨损状况，防止发生过度磨损。大型低速柴油机铸铁气缸套的正常磨损率应小于 0.1 mm/kh，镀铬气缸套正常磨损率在 0.01 ~ 0.03 mm/kh 范围之内。

2. 气缸套的裂纹

柴油机气缸套裂纹损坏虽然比缸套过度磨损的数量少，但在大缸径、强载的中、低速柴油机的气缸套中是常见的损坏形式。气缸套裂纹大多为热疲劳和机械疲劳等破坏。引起疲劳裂纹的原因与缸套的结构、材料、毛坯缺陷及维护管理等有关。在船上工作条件下往往维护保养不良管理不当是产生裂纹的直接原因。一般来说，缸套裂纹总是发生在结构设计不合理、强度较差和有应力集中的部位。常见的缸套裂纹部位主要有：

(1) 气缸套冷却侧裂纹

在气缸套外表面上部支承凸缘的根部多发生周向裂纹，严重时扩展伸入到缸套内表面，即裂穿，甚至整个圆周上裂纹连通，造成支承凸缘以下部分缸套脱落的严重事故。例如国产 9ESDZ43/82 型柴油机、B&W 型高增压柴油机气缸套均有此种损坏。

产生裂纹的原因多为设计不合理，由于设计时支承力点布置不当致使缸套受力后在支承凸缘的根部产生过大的弯曲应力，加上凸缘根部圆角处的应力集中，使缸套不可避免的产生裂纹。目前，通过改变支承力点位置或减小弯矩、增大凸缘根部圆角半径和控制气缸盖螺栓预紧力等措施均使裂纹情况得到改善。

柴油机气缸套冷却水侧因流道设计结构不良使冷却水流速过高，局部过度冷却引起过大的热应力，再加上流道圆根处的应力集中使缸套冷却侧上部产生裂纹并向内表面扩展，造成植套上部纵向裂纹。

此外，如果二冲程柴油机气缸套有内铸冷却水管，会产生纵向裂纹，甚至裂穿至内表面。这是由于铸造缸套时内铸冷却水管与气缸套之间熔合不良或因冷却水压力波动，也可能因冷却水处理不佳发生腐蚀等导致。

(2)气缸套内表面裂纹

二冲程柴油机气缸套内表面上部纵向裂纹或龟裂严重时会扩展到冷却侧。当缸套冷却水侧结垢较厚或有死水区时,会使缸套局部过热产生裂纹或者是过大交变热应力引起的热疲劳裂纹。裂纹始于缸套内表面,经较长时间运转后裂穿。另外,如果燃油黏度过高,喷射压力较大,使燃油喷射距离加长,炽烈的火焰侵袭缸套内表面造成局部过热亦使缸套上部产生裂纹。

气缸套排气口附近裂纹是由于排气温度过高,排气口附近金属过热所致。拉缸使内表面产生纵向裂纹,气口处产生裂纹。

3. 拉缸

在活塞环、气缸套和活塞工作表面上,沿着活塞运动方向,出现条纹状损伤,细看时能看出熔融的粗糙表面,大多数情况下伴有暗红、发蓝等颜色的损伤时,就可以判断气缸套产生了拉缸。拉缸是柴油机制造、修理试车及运行中常易出现的事故,强载柴油机上这种情况尤其严重。拉缸时的磨损率很高,可达正常磨损率的几十倍,甚至几百倍。拉缸严重时,会产生咬缸,继而造成严重的机损事故。

拉缸多发生在磨合阶段,但也有在长期运转后发生的。如在运行中出现下列情况,就可能出现拉缸,必须慢慢地停车检查。

①运转的声音不正常,如发出“咄咄”“答答”声等。

②车速下降或自动停车,曲柄箱或扫气箱冒烟。

③排气、冷却水和润滑油温显著提高。

(1)拉缸的原因

“拉缸”实质上就是黏着磨损,气缸套与活塞环之间出于油膜减薄或被破坏,在高压力作用下,炽热的摩擦引起材料的显微熔化、黏着,并与其周围质点扯断。轻微的拉缸很难与磨料磨损区别,只是磨损量大一点而已。再重一点,由于黏着磨损产生塑性变形,常常露出新的金属表面,因此,磨损表面特别光亮;在磨损大的情况下,滑动表面可以看到伤痕,开始是几条细纹,以后伤痕沟纹越来越多,而且越来越大,最后摩擦面熔融黏成粗糙的表面,出现咬缸,使柴油机停止运转。同样,活塞裙部和气缸套工作表面也会因油膜遭到破坏而黏着。

四冲程柴油机拉缸多出现在活塞位于上止点位置时第一道活塞环附近,而二冲程柴油机在排气口附近易出现拉缸。

引起拉缸的因素是多方面的,往往是几个因素的综合,但最根本的一点是油膜过薄。而油膜过薄的原因不外乎两个方面:一是供油状况不佳,难以形成足够的油膜;二是窜气或过大的局部压力破坏了正常的油膜。在实际运行中,引起拉缸的因素有:

①活塞环和气缸套表面粗糙度及精度配合不当;或不均匀磨料磨损处,两者不能完全吻合,引起过大的局部接触压力。前者使柴油机在磨合期易引起拉缸,后者在长期运转后易引起拉缸。

②导板间隙过大,活塞部件安装不正,引起活塞和气缸套过度磨损并产生过热,使机件变形增加,同时会产生变形不均匀现象,都能引起拉缸。例如,某轮主机(筒形活塞柴油机)在修船后的试车中,第5缸和第1缸先后发生拉缸。从活塞和气缸套间的间隙数据(见表2-1-1)中可以看出,间隙在前后方向上出现零值,说明活塞运动装置对中不良,以致产生拉缸。

表 2-1-1　活塞和气缸套间隙测量记录　　　　单位：mm

缸号		第 1 缸		第 5 缸		缸号		第 1 缸		第 5 缸	
测量部位		前	后	前	后	测量部位		前	后	前	后
上止点	上	0.51	0.84	0.46	0.91	下止点	上	0.69	0.67	0.70	0.64
	下	0.33	0	0.31	0		下	0.20	0.15	0.28	0

③气缸套、活塞组件装配间隙过大或过小。间隙过大，不仅窜气严重，破坏油膜，而且活塞在气缸套内摆动大时，活塞环外圆工作面的上、下棱缘与气缸壁接触，使接触压力增大，容易破坏油膜。

间隙过小，使活塞环出现所谓“机械黏着”，随着活塞环的往复上、下运动，环和气缸套壁之间可能出现过大的接触压力而黏着，使环胀死，甚至折断。

④气缸套变形。例如封水橡皮圈太粗，使气缸套装进机体时过紧，引起气缸套内圆表面变形。

⑤活塞环折断。

⑥操作管理不当。例如活塞环弹力丧失后，未及时更换，引起窜气，破坏油膜，甚至环折断而引起拉缸。

【操作指导】

一、气缸套内圆表面磨损的检查

为了检查气缸套内圆表面不均匀磨损情况，应沿气缸套纵向的几个部位进行测量，每个部位的测量应在垂直于曲轴轴心线及平行于曲轴轴心线两个方向上进行。

中、小型四冲程柴油机筒形活塞式柴油机如无测量用的定位样板，又缺少说明书等资料时，可参考以下 4 个位置进行缸套磨损测量：

(1) 当活塞位于上止点时，第一道活塞环所对应的缸壁位置；

(2) 当活塞位于行程中点时，第一道活塞环所对应的缸壁位置；

(3) 当活塞位于行程中点时，末道刮油环所对应的缸壁位置；

(4) 当活塞位于下止点时，末道刮油环所对应的缸壁位置。

还可根据气缸套磨损规律，在如图 2-1-9 所示部位测量较为合理。其中部位Ⅰ为活塞处于上止点时第一道活塞环所在的位置；Ⅱ，Ⅲ，Ⅳ分别为第一道活塞环行程的 10%，50% 及 100% 的位置；而部位Ⅴ为距气缸套下端 5～10 mm 的位置。

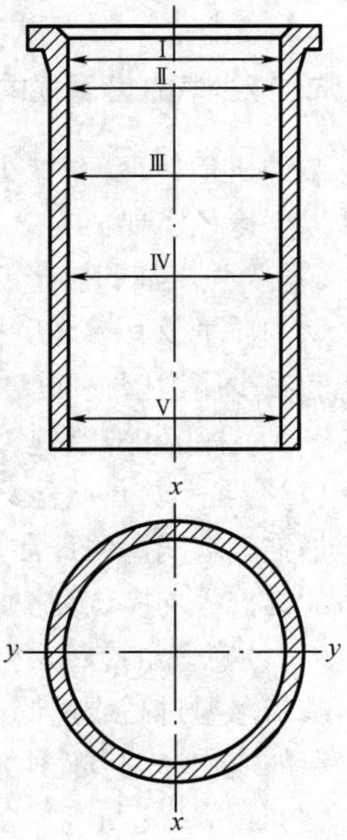

图 2-1-9　气缸套磨损测量位置

以上仅是一般的规定，对不同结构和不同类型柴油机可根据说明书规定来测量。为了使测量工作方便、迅速以及每次测量都在同一部位，从而减小测量误差，便于测量数据的比较，可使用专用样板在测量中定位。使用时将样板挂在气缸套的上端面上，样板紧贴内圆表面，如图 2－1－10 所示。当被测缸套的圆度或圆柱度超过或接近极限值时，则应予以修理。

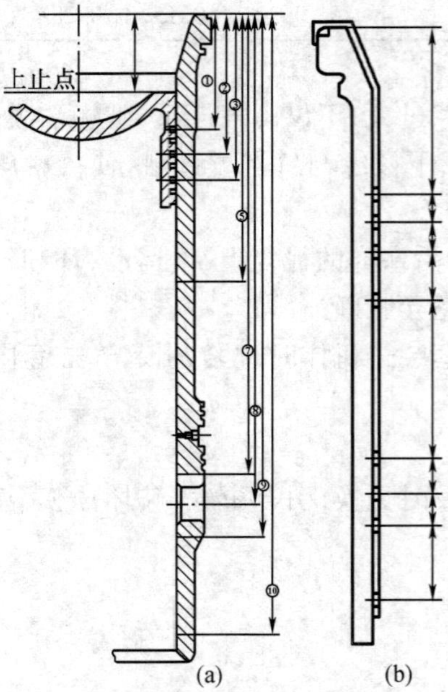

①活塞在上止点，第 1 环的中央；
②活塞在上止点，第 3 环的中央；
③活塞在上止点，第 5 环的中央；
④活塞在上止点后 45°曲柄转角处，第 1 环中央附近；
⑤活塞在上止点以下 1/3 行程处，第 1 环中央附近；
⑥活塞在注油孔附近；
⑦活塞在扫气口上部附近；
⑧活塞在扫气口中央；
⑨活塞在扫气口下部附近；
⑩活塞在下止点第 6 环下部附近（用于确定气缸直径）

图 2－1－10　B&W 型柴油机气缸测量位置
（a）测量位置；（b）测量样板

二、减少气缸套磨损的途径

柴油机运转期间，减少气缸活塞组件磨损的重要措施就是加强柴油机的运转管理，主要从以下途径实现：

（1）加强燃油和燃烧的管理

燃油质量及其燃烧质量对缸套磨损影响很大，加强燃油品质的选择和净化处理可有效防止和减少腐蚀磨损和磨粒磨损。对目前船上广泛使用的低质燃油的缺点（黏度高、杂质和硫分大）采取相应措施，保证燃油完全燃烧，以减少其引起的各种磨损。

（2）保证良好的气缸润滑条件

加强气缸润滑的日常管理，对气缸润滑油品质的选择、净化处理、定时定量供给及供油设备的维护等均应认真按规定处理。

（3）注意气缸冷却水温度

冷却水温过高或过低均会加剧缸套的磨损。加强冷却水的管理和定期进行水处理，注意水温的变化和调节使水温保持在要求的温度范围内。

（4）保持活塞与气缸套之间的正常配合间隙

据统计，在气缸套磨损原因中，由于活塞运动装置不正引起的磨损约占 1/3。因此，应定期吊缸检测，调整活塞与气缸之间的配合间隙，保证活塞装置良好的对中性。

三、气缸套磨损的修理

当气缸套磨损量不大,未超过说明书或标准,只是内圆表面有轻微拉痕或擦伤时,可在船上由轮机员自修:

(1)轻微拉痕用粗粒度金刚砂磨石或砂纸打磨(与水平成20°~30°交叉打磨)形成交叉痕迹,拉痕也不必完全除去。

(2)较大擦伤和缸套上部的磨台可镗缸消除;当擦伤较轻(深度<0.5 mm)时用油石、锉刀、风砂轮等手工消除。

气缸套过度磨损,超过说明书或标准时,应拆下缸套送厂修复,主要方法有:

(1)修理尺寸法

首先在保证缸套壁厚强度的前提下镗缸,消除内圆表面几何形状误差和表面拉痕、擦伤、磨台等,然后依镗缸后的直径配制新的活塞组件,恢复气缸套和活塞之间的配合间隙。

(2)恢复尺寸法

首先镗缸消除几何形状误差和表面损伤,根据缸套要求增加的厚度值选用镀铬、镀铁或镀铬加镀铁;也可以采用喷涂工艺,恢复气缸套原有缸径和气缸套与活塞之间的配合间隙。

气缸套修复后装机正常运转前,必须进行磨合运转,按说明书或视修理状况进行。

四、缸套裂纹的修理

裂纹是气缸套最严重的损伤形式,在柴油机拆验时要特别注意检查。如果已经破裂,一般情况下是换新缸套。气缸套的裂纹可以采用波浪键扣合法进行修复,在裂纹上装上螺塞,以加强紧密性,亦可在螺塞上涂上黏结剂,加强水密性。在裂纹较短的情况下,经验船部门的同意,可在裂纹两端钻孔、攻丝、拧入螺塞,以防止裂纹继续扩展,供临时使用。但船舶进厂修理时必须更换气缸套或装上波浪键。

航行中缸套裂纹又无备件时,可采用封缸措施实行减缸航行。

五、防止拉缸的主要措施

(1)保证零件的加工质量和柴油机装配质量。

(2)适宜的气缸套和活塞环的材料及其良好的组合。根据试验,在气缸套、润滑油、活塞环的各种组合中,活塞环的材料是一个主要因素。马氏体球墨铸铁活塞环抗拉缸性能较好。在活塞环外圆表面上镀覆一层5~10 μm的锡、铅、锌等金属可加快磨合;喷钼则可明显改善抗咬合性能;镀铬环的性能也不错。

(3)使摩擦表面具有充分的保油性。如采用多孔镀铬或表面采用波纹切削或珩磨加工。某拖轮两台主机,其中一台气缸套采用了多孔镀铬,长期运转,未出现过拉切,而另一台未镀铬的柴油机则经常因拉缸而更换活塞环、气缸套,图2-1-11为

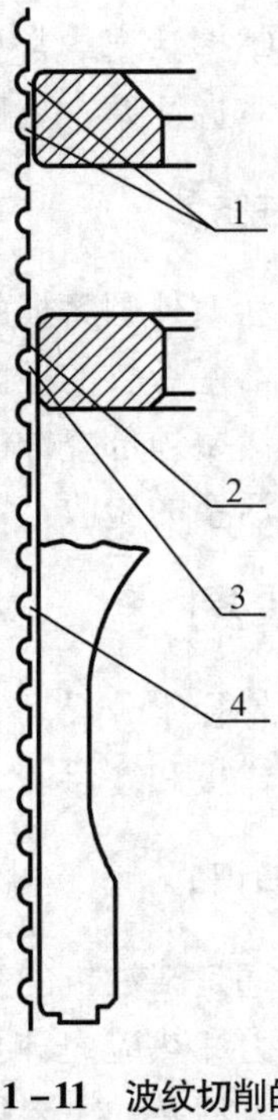

图2-1-11　波纹切削的气缸套的润滑机能示意图

1—迷宫式密封效应与漏气减少;2—单位面积压力高,跑合迅速良好;3—润滑油膜保持良好,气缸套和活塞环的磨损小;4—气缸套和活塞环之间保持充分润滑,不会引起烧伤

波纹切削缸套的润滑机能示意图,波纹切削缸套在实际中也取得较好的效果。

(4)改进零件的结构设计。如选用筒形活塞环。这种环的外圆工作面加工成凸圆形,它不易划破油膜,且形状更利于油膜生成。现在的研究表明,筒形中心有一定偏心时效果更好。

(5)进行表面强化处理,一方面可以提高耐磨性,另一方面可以提高抗咬合性。镀铬,离子氮化,以及喷钼等表面处理均可减少拉缸。

(6)正确的管理与维护。在航行中,柴油机一旦发生拉缸事故,轮机员应沉着冷静地分析情况,积极设法采取可行的应急措施。根据拉缸程度、海况、海域或航道情况、柴油机结构特点等,按说明书指导或自行决定应急措施。例如,当拉缸尚不严重,海面情况不允许停车检修或者距目的港(或任何港口)较近时,可采取简单的减缸航行措施;拉缸较为严重,发生咬缸或自动停车时,虽距目的港较远,但海面平静,则可停车吊缸修理;若无备件,可采用完全减缸航行。

维修任务三　活塞的维修

【学习目标】

1. 掌握活塞的常见破坏形式。
2. 掌握活塞常见破坏形式的检修方法。

【学习任务】

1. 活塞外圆磨损的检测方法。
2. 活塞裂纹的检测方法。
3. 活塞顶部烧蚀的检测方法。
4. 活塞的验收。

【环境设备】

1. 外径千分尺。
2. 样板和塞尺。

【背景知识】

活塞是柴油机的主要运动机件之一,是燃烧室的组成部分。活塞工作时承受着很大的机械应力和热应力,同时还承受着摩擦。因此,在使用中活塞容易损坏,特别是高速柴油机的活塞。活塞的主要损坏形式有外圆表面及环槽的磨损、裂纹和破裂,顶部烧蚀等。气缸套内圆表面会因磨损而产生圆度及圆柱度误差、直径增大、磨台、擦伤与划痕等,严重拉缸时表面还会产生金属熔融黏着的现象。这些缺陷的存在会影响柴油机的正常运转。例如,圆度误差太大时活塞和气缸套接触不紧密造成漏气;磨台可能导致活塞环的折断。

一、活塞外表面的磨损

一般中、小型柴油机的筒形活塞裙部外表面容易发生磨损,这是由于运转中活塞裙部起导向作用和承受侧推力的结果。大型十字头式柴油机活塞运动部件的运动是靠导板、滑块起导向作用和承受侧推力，况且活塞与气缸之间的间隙较大，所以正常运转中活塞外圆面是不会磨损的，只有在活塞运动装置不正和拉缸等异常情况下才会发生。

活塞裙部外表面磨损后，裙部直径减小，活塞与气缸的间隙增大；横截面产生圆度误差，纵截面产生圆柱度误差。这些都直接影响活塞的工作性能和柴油机的功率。

二、活塞环槽的磨损

环槽磨损是活塞的常见损坏形式，尤以铝合金活塞为多。环槽磨损的原因主要是环在环槽中的相对运动：往复、径向、回转和扭曲运动。其次是新气中的灰尘硬质微粒、燃气中的炭粒，特别是燃用重油时炭粒更大、更坚硬，这些磨粒加速环槽的磨损。此外，燃烧室的高温使活塞头部和环槽变形，材料性能下降，使环与环槽间的油膜破坏，环槽磨损更加严重。

环槽磨损使其与环的配合间隙增大，活塞环的密封性下降，产生漏气，压缩压力和爆发压力降低，进入环背面燃气增多，高压燃气将环压向缸壁致使环容易折断。环槽磨损使环槽截面形状由矩形变为梯形或出现磨台，且以第一、二道环槽磨损为重为快，如图 2－1－12 所示。一般活塞环槽的磨损率在 0.01 mm/kh 以内为正常磨损。

三、活塞的裂纹

1. 活塞头部触火面裂纹

活塞头部触火面一般指在活塞顶面产生的径向或周向裂纹、起吊孔边缘裂纹及第一道环槽根部裂纹，如图 2－1－13 所示。

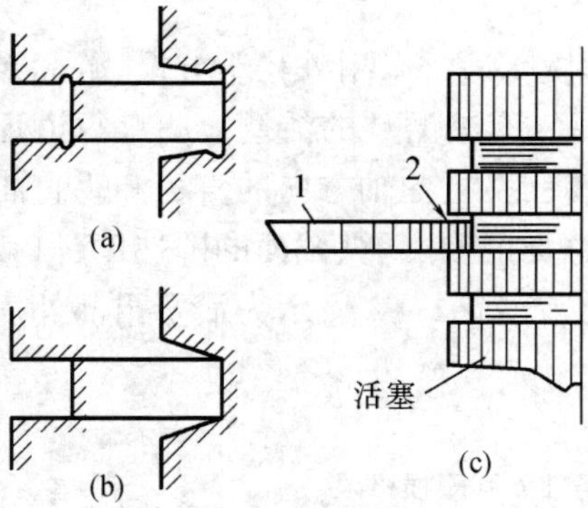

图 2－1－12　活塞环槽磨损及测量

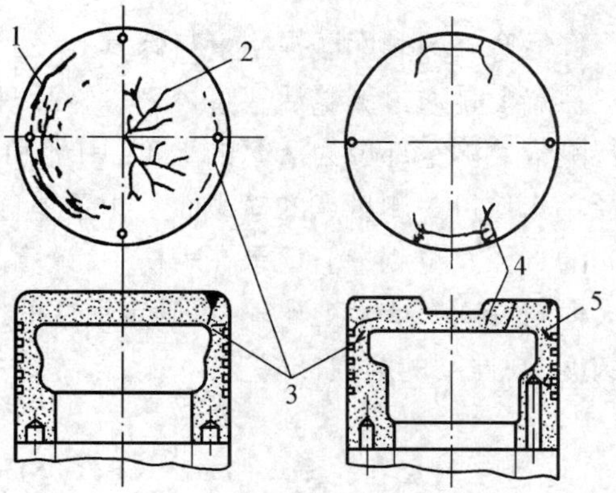

图 2－1－13　活塞头部裂纹

1—周向裂纹；2—径向裂纹；3—冷却侧裂纹；
4—顶部尖角处裂纹；5—环槽裂纹

活塞头部裂纹主要是热应力引起的，同时还有机械应力的作用。柴油机运转时，活塞顶部温度分布不均：顶部中央或边缘温度最高，铸钢活塞可达 450 ℃，铝活塞可达 300 ~ 375 ℃；顶面冷却侧和第一道环槽附近温度在 200 ℃左右。在正常工作条件下，活塞头部各处存在着温差应力和高压燃气作用的机械应力等，而且这些应力又都是周期性的；当喷油定时不正、燃油雾化不良或火焰直接触及活塞顶面就会造成局部过热，引起热应力；当柴油机超负荷运转或活塞顶部冷却不充分也会引起热应力。因此一旦柴油机频繁启动、停车就会在活塞头部产生热疲劳裂纹。活塞顶面的起吊孔和环槽根部等处都存在应力集中而产生裂纹。

活塞顶面冷却不充分是水冷活塞冷却侧结垢严重或油冷活塞顶面积炭严重的结果，都会使活塞散热不良引起局部过热，导致裂纹。通常，结垢层或积炭层厚度超过 0.5 mm 时，就会使因过热产生裂纹的可能性急剧增加。所以，柴油机应定期吊缸检修、保养，防止裂纹产生。

2. 活塞冷却侧裂纹

筒状活塞的活塞销座、顶面冷却产生裂纹更是屡见不鲜，主要是机械应力过大引起，同时由于设计不良、材质不佳和毛坯制造缺陷在这些部位都会有应力集中。

四、活塞顶部烧蚀

首先由于活塞顶部直接与燃气和火焰接触，温度很高，尤其当喷油定时不正、喷油器安装不良或冷却侧结垢时使顶部局部过热，温度过高；其次由于柴油机燃用重油中含钒、钠过多，就会在活塞顶部达 550 ℃以上的部位产生高温腐蚀。同时，活塞材料过热时发生氧化、脱碳而使其化学成分变化。在以上因素综合作用下，活塞顶部金属产生层层剥落使顶部厚度逐渐减薄，出现钒腐蚀的麻点或凹坑，大小、深浅不一地分布于活塞顶部，这种现象称为活塞顶部烧蚀。严重时可使顶部烧穿。

活塞顶部烧蚀使顶部厚度减薄、强度降低，甚至影响气缸压缩比，降低柴油机的工作性能。

【操作指导】

一、活塞磨损的测量与修复

1. 活塞外圆表面磨损测量与修复

在船上是通过测量活塞直径来检验活塞的磨损程度。通常采用外径千分尺、游标卡尺进行测量。测量部位为活塞的上部、中部和裙部的外径，有减磨环的活塞应测量每道环的外径。测量每一测量点的横截面上相互垂直的两个直径：平行曲轴方向的直径和垂直曲轴方向的直径。将测量值记录在表格中，计算出每个横截面的圆度、纵截面的圆柱度，以其中最大值与说明书或标准比较，以确定活塞的磨损程度。表 2－1－2 所示为活塞裙部外表面的圆度、圆柱度的磨损极限。

表 2－1－2　CB/T 3543—94 活塞裙部外圆磨损极限　　单位：mm

气缸直径	筒形活塞裙部 圆度、圆柱度磨损极限	十字头式活塞裙部 圆度、圆柱度磨损极限
>100	0.10	—
>100～150	0.12	—
>150～200	0.12	—
>200～350	0.15	0.30
>350～400	0.20	0.30
>400～500	0.25	0.38

表 2-1-2(续)

气缸直径	筒形活塞裙部 圆度、圆柱度磨损极限	十字头式活塞裙部 圆度、圆柱度磨损极限
>500~550	0.30	0.45
>550~600	—	0.50
>600~650	—	0.60
>650~700	—	0.65
>700~750	—	0.75
>750~800	—	0.85
>800~850	—	0.95
>850~900	—	1.05
>900~950	—	1.15
>950~1 000	—	1.25
>1 000~1 050	—	1.35
>1 050~1 100	—	1.40

活塞裙部外表面磨损不太严重时,采用光车裙部外圆,消除几何形状误差。光车后仍满足活塞-气缸间隙时可继续使用。否则依活塞材料不同采用不同的对策:铝活塞采用换新;铸铁活塞采用热喷涂、镀铁等恢复尺寸;铸钢活塞采用镀铁、堆焊金属等恢复尺寸。减磨环过度磨损、严重拉伤或松动时应换新。

2. 活塞环槽的磨损测量与修复

环槽磨损情况是通过样板和塞尺测量环槽高度的变化来确定的。样板是以新环环槽高度为准制作的,也可以用一只新环作样板。测量时,将样板水平插入环槽并紧贴环槽下端面,用塞尺测量环与环槽上端面之间的距离,即配合间隙,称为平面间隙。测量值与说明书或标准比较,当超过极限值时,说明环槽磨损严重,应予以修复。根据具体情况可选用以下方法:

(1)光车或磨削环槽端面,依此修理尺寸配以相应加大尺寸的活塞环,保证平面间隙符合要求。采用此法时应考虑到环槽加大将使槽脊厚度减小、强度降低。为了不使槽脊过分减薄,要求槽脊减薄量不得超过原槽脊设计厚度的 20% ~25%。另外,要求同一活塞上不得有两个环槽采用此法修理。因为各环槽的修理尺寸不同,新配活塞环尺寸不同,同一活塞上有多种规格的活塞环将给备件供应和管理带来麻烦。

(2)光车环槽端面后采用喷焊、堆焊、镀铬等方法恢复原有尺寸。例如,MAN-B&WL60MC/MCE 型柴油机环与环槽最大平面间隙超过 0.7 mm 时采用恢复尺寸的方法修复,使平面间隙值恢复到 0.4~0.45 mm。

(3)环槽镶垫环。低速柴油机钢制活塞的环槽端面严重磨损可用镶垫环修理。首先光车环槽端面消除几何形状误差,然后在环槽下端面上镶耐磨垫环使环槽恢复原始高度尺寸和恢复与环的配合间隙。垫环采用焊接工艺焊于环槽下端面上形成永久性连接,称为镶死环法,此法连接牢固,使用中不会脱落,但垫环磨损后难以修理;采用过盈配合将环镶于环槽端面上,称为镶活环法,由于环不固死在端面上便于再度磨损后更换,但也易于松动脱落到缸内引起事故。图 2-1-14 为环槽镶垫环修复法。

二、活塞裂纹的修复

钢质、铝质活塞顶部裂纹较轻时可采用焊补工艺修理或采用钢活塞顶部局部更换。活塞环槽部裂纹、活塞上穿透性裂纹及冷却侧裂纹因无法修理而应换新。

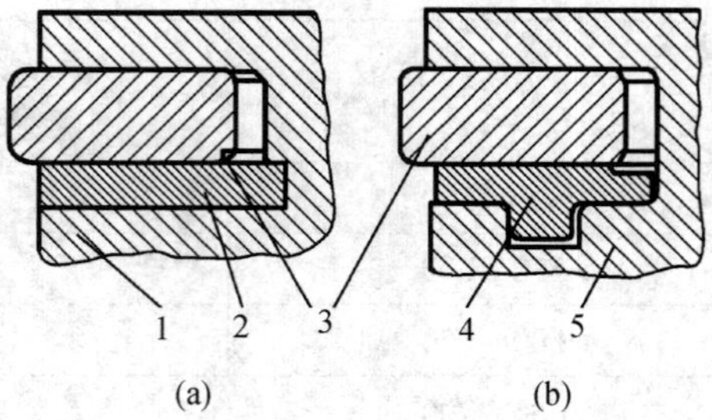

图 2-1-14 活塞环槽镶垫环

三、活塞顶部烧蚀的修复

活塞顶部烧蚀的程度可用活塞顶部样板和塞尺进行测量。测量时，将样板置于活塞顶部，用塞尺测量样板与顶部之间的最大间隙。使样板绕活塞轴线转动，每转过 45°角测量一次，取其最大值 t。图 2-1-15 为柴油机活塞顶部烧蚀的测量，当超过 15 mm 时应换新活塞。

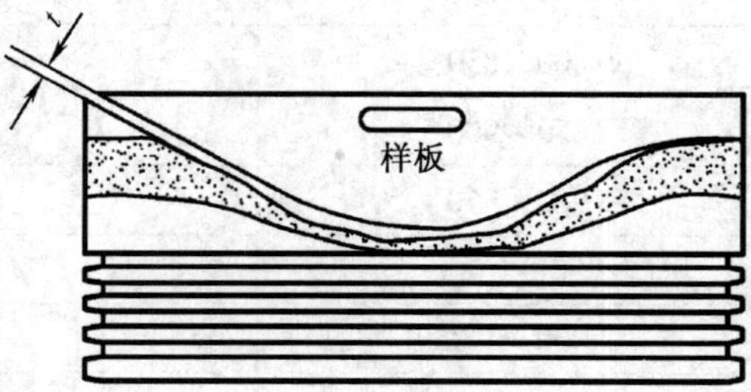

图 2-1-15 柴油机活塞顶部烧蚀测量

可采用以下措施：

(1) 改变活塞的安装位置。当烧蚀尚不严重时，在活塞结构允许的情况下改变活塞安装角度。例如，B&W 型柴油机活塞顶部烧蚀部位对应喷油器喷油方向，燃油在此部位集中燃烧和采用油冷效果不良导致该部位产生烧蚀。当烧蚀尚不严重时，将活塞安装位置转过 90°角，使烧蚀部位不对应喷油方向而继续工作。

(2) 焊补修理。烧蚀严重时(最大烧损量接近规定值)，可采用堆焊金属工艺，机械加工使之恢复活塞顶部原状。

(3) 换新。当顶部最大烧损量超过说明书规定或使活塞顶部厚度减至设计厚度一半时，应报废换新。

四、活塞的验收

船上购置的成品活塞或专门配制的活塞在装机前必须进行验收，确保质量合格和装机后的正常运转。

所购置的成品活塞是按照柴油机制造厂的备件编号册订购，由厂家供应，不需专门验收审查，厂家负责产品质量。除此之外购置的成品活塞或配制活塞均应对其材料成分、性能、尺寸、形状和位置精度、表面粗糙度等进行验收。

1. 材料成分和机械性能符合原机设计要求

由供应商和制造厂提供活塞材料成分、机械性能检验报告单，轮机员应认真审核。

2. 活塞的尺寸、形状和位置精度及表面粗糙度等均应符合设计图纸的要求

轮机员除对活塞尺寸、形状和表面粗糙度做一般性检验外，还应对其位置精度进行平台检验。

(1) 活塞销孔中心线与活塞中心线垂直度检验　采用间接测量法。活塞置于平台上，活塞中心线垂直平台时，检测活塞销中心线与平台的平行度，则在 L 长度内百分表读数差值即为垂直度误差，如图 2-1-16(a)所示。

(2)活塞销孔中心线与活塞中心线位置度检验　销孔插有心轴 3 的活塞 1 垂直平台放置,用内径千分尺分别测量立式直角平台 5 紧贴活塞左、右两侧时与心轴的距离。两侧距离平均值差的一半即为位量度误差,如图 2 - 1 - 16(b)所示。

(3)活塞环平面与活塞中心线垂直度检验如图 2 - 1 - 16(a)所示,用百分表沿环槽端平面转动一周,其平面跳动量即为环槽平面与活塞中心线垂直度误差。

(4)活塞顶面形状的检测是用样板检测活塞顶面形状是否符合图纸要求。

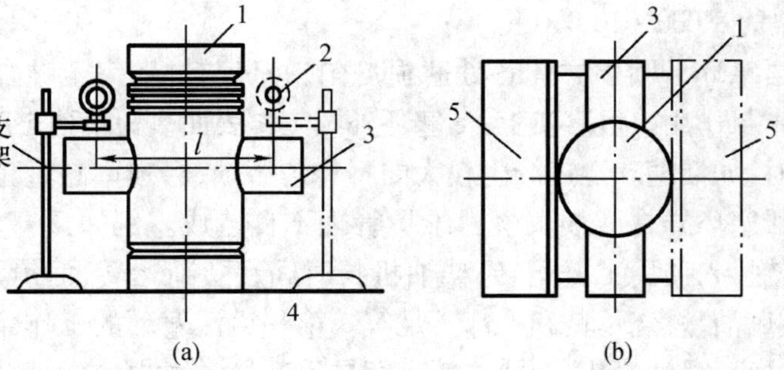

图 2 - 1 - 16　活塞位置精度的检验

(a)垂直度检验;(b)位置度检验

1—活塞;2—百分表;3—心轴;4—平台;5—立式平台

维修任务四　活塞环的维修

【学习目标】

1. 掌握活塞环常见的破坏形式及其原因。
2. 掌握活塞环工作间隙的测量。
3. 掌握更换活塞环时的注意事项。

【学习任务】

1. 平面间隙、搭口间隙的测量。
2. 通过扫气口检查活塞环状态。

【环境设备】

1. 外径千分尺。
2. 活塞环拆装专用工具。
3. 锉刀。

【背景知识】

活塞环是柴油机燃烧室的组成零件之一,具有保持活塞与气缸套之间的有效密封作用和将活塞热量传递给气缸壁的散热作用,以及调节气缸润滑油的作用。活塞环又是柴油机的易损零件，主要损坏形式有过度磨损、折断、黏着和弹力丧失等。活塞环的工作性能直接影响气缸和柴油机的工作性能。

一、活塞环过度磨损

活塞环随活塞在气缸内做往复运动，使活塞环外圆工作表面磨损，径向厚度减小，工作开口即搭口间隙增大；活塞环在环槽内运动使环的上、下端面磨损，轴向高度减小，环与环槽的间隙即平面间隙增大。通常，柴油机正常运转时活塞环的正常磨损率在 0.1～0.5 mm/kh 之内，活塞环的寿命一般为 8 000～10 000 h。

正常磨损的活塞环沿圆周方向各处磨损均匀，并仍与缸壁完全贴合。所以，正常磨损的活塞环仍具有密封作用。但事实上，活塞环外圆工作表面多为不均匀磨损。

柴油机运转时，如活塞环迅速产生较大的不均匀磨损，磨损率超过正常值，表明活塞环发生异常磨损。活塞环异常磨损大多由维护管理不良造成。例如活塞环换新后磨合不良甚至不进行磨合就投入使用工况运转；柴油机长时间超负荷运转；润滑油品质不佳或供油不充分；燃用劣质燃油、燃烧不良和冷却不足等。第一道活塞环的工作条件尤为恶劣，高温燃气使缸壁温度过高，滑油氧化，润滑条件变坏导致其异常磨损；高温使活塞头和环槽过热变形，破坏环与环槽配合也会发生异常磨损。

二、活塞环折断

活塞环折断是活塞环常见的损坏形式，多是第一、二道活塞环发生折断，断裂部位多在搭口附近。折断后的活塞环有的折成几段，有的呈现破碎状态，有的甚至失踪。二冲程柴油机的断环可能被吹到排气管或扫气箱中，甚至吹入增压器涡轮端打坏涡轮叶片。

活塞环折断的原因很多，除材料缺陷和加工质量外，在使用中产生的损坏主要是轮机管理的问题所致，主要有：

1. 搭口间隙过小

活塞环搭口间隙是为了满足工作时搭口金属的热膨胀需要，一般第一、二道环搭口间隙稍大，其他环依次减小。搭口间隙过小，运转中活塞环因搭口处无充分膨胀余地而对顶弯曲，在搭口对面折断。高增压柴油机因燃烧室温度更高，尤其要注意搭口间隙。

2. 环槽积炭

燃烧不良或高温使润滑油烧损或氧化，均会使缸中积炭严重。环槽下端面的积炭尚软时，环仍可活动和保持气缸密封性；当积炭增多使环活动受阻时，环与缸壁强力作用刮下的滑油和金属屑混合，在燃气作用下在环槽下端面形成局部坚硬积炭。环在此坚硬积炭上受到周期性燃气压力作用发生弯曲疲劳折断，

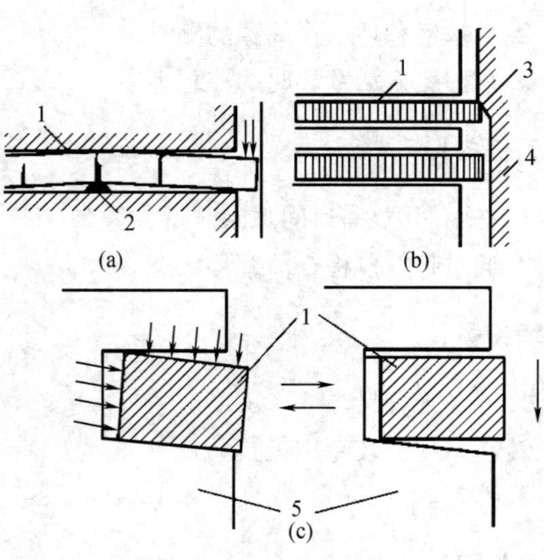

图 2－1－17　活塞环的折断

(a)环槽积炭断环；(b)缸套磨台断环；(c)环槽磨损断环

1—活塞环；2—积炭；3—磨台；4—气缸套；5—活塞

如图 2－1－17(a)所示。活塞环一处折断后，燃气漏泄量增加，积炭更加严重，并且活塞横摆时的冲击使环继续折成多段或碎块，环槽和气缸的磨损更加剧烈。

3. 冲击折断

气缸套磨损后在缸套上部出现磨台。当活塞上行至上止点时，第一道环碰撞磨台受冲击折断，如图 2－1－17(b)所示。

4. 环槽过度磨损

环槽下端面过度磨损后呈倾斜状，当活塞在上止点附近时，燃气压力使环紧贴倾斜的下端面，环发生扭曲变形，随着活塞下行，燃气压力下降，环扭曲变形减小而恢复水平状态。活塞环周期性地扭曲、水平变形以致疲劳折断，如图 2－1－17(c)所示。

5. 活塞环挂住气口

二冲程柴油机活塞环挂住扫、排气口使环折断。由于环开口处张力最大，受热变形大，而气口之间的筋也受热变形。当活塞运动时，环与气口相遇，只要稍稍挂住气口就会使环折断。为了防止环被挂断，使用前应修锉搭口。目前新造活塞环大多已将搭口修整，棱边倒角。

6. 活塞环径向胀缩疲劳

活塞环弹力不足或缸套过度磨损，使环与缸壁不能紧贴，以致高压燃气漏泄将环压入环槽。当缸内燃气压力降低时，环又从槽内弹出。活塞环因不断地径向胀缩而疲劳折断。

三、活塞环黏着

活塞环黏着或称固着，是环槽内油污和积炭堆积使活塞环不能自由运动的现象。活塞环黏着使其密封作用丧失，引起气缸窜气、功率下降、活塞环折断和缸套磨损加重等故障。

活塞环黏着大多是由于活塞和气缸套过热、滑油过多和燃烧不良等造成。过热的活塞、缸套使滑油氧化或烧焦，燃烧不良使缸内积炭严重，以致较多的积炭、油污填满环槽使活塞环黏固在槽内。通常第一、二道环易黏着，严重时活塞上所有的环黏着。

活塞环黏着可以从扫气口观察和用木棒触动检查。此外，环黏着引起燃气下窜使环表面变黑，也易识别。活塞环黏着在环槽中，一般不易取出。取环时切勿用扁铲、凿子等工具，以免损伤环槽。可用木棒轻轻敲击使之松动，或先用煤油浸泡使积炭等变软后再用木棒敲击，松动后用专用工具将环取出。

防止活塞环黏着的方法是防止气缸过热和滑油过多，尤其防止多余滑油进入气缸上部。大型二冲程柴油机采用气缸注油器注油润滑，油量可调节，故环黏着现象较少。但因缸径大、温度高使活塞头部变形，环槽随之变形致使环在槽内卡死，如图2－1－18 所示。采用加强活塞冷却和适当增加平面间隙防止环卡死。

图 2－1－18　环槽变形使环卡死

四、活塞环弹力丧失

把活塞环装入未经磨损的气缸内，环靠弹力压在缸壁上，由此产生的径向压力分布为正圆形，亦即活塞环实际弹力的分布状态。活塞环的密封作用、寿命与其径向压力分布有关。通常有三种径向压力分布的活塞环：等压环、苹果形压力环和梨形压力环，如图 2－1－19 所示。等压环主要用于四冲程中速柴油机;苹果形压力环用于二冲程柴油机,特别是二冲程大型船用柴油机;梨形压力环适用于高速柴油机,由于梨形压力环装入气缸后开口处压力较高,即使磨损后开口处仍保持一定的径向压力,具有很好的密封性。

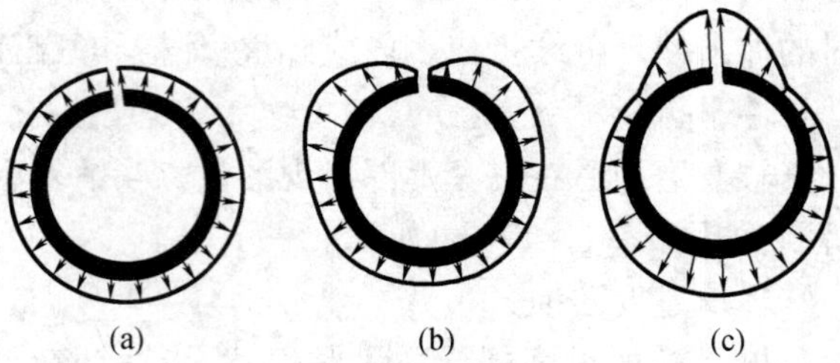

图 2-1-19　活塞环径向压力分布形式

(a)正圆形压力分布;(b)苹果形压力分布;(c)梨形压力分布

柴油机运转时,处于工作状态的活塞环径向压力是环本身弹力、气体压力和环受热变形产生的附加径向弹力之和。附加弹力是活塞环在气缸内受高温产生热膨胀,使环在自由状态下曲率半径增加,但在气缸限制下产生径向应力,即附加径向弹力。活塞环搭口间隙只给予环受热后圆周向热膨胀的余地,而没有考虑径向变热膨胀的影响,以致附加径向压力使搭口两端局部压力过大,容易引起擦伤和挂住气口、窜气等。为此,目前国外采用减少活塞环直径和冷态开口处有少许漏光等方法减少热变形附加径向压力。

【操作指导】

一、扫气口检查

通过扫气口检查活塞环等零件是获取柴油机运转过程中气缸工作信息的直接、简便和经济的方法。

1. 检查方法

(1)准备　柴油机停车后一段时间,拆除扫气箱上操纵侧的气缸观察孔盖板,清洁观察孔。借助一长柄强光灯泡伸入缸中进行观察。此工作应由两人配合进行,一人观察,一人记录观察情况。

检查中应使冷却水或冷却油保持循环,以便检查有无漏泄;关闭主启动阀和启动空气并啮合盘车机;盘车使活塞处于下止点,并由此位置开始检查。为了观察清楚和判断正确,必须把零件工作表面擦拭干净。

(2)观察部位　观察时,盘车使活塞上行至扫气口下方,自观察孔观看检查气缸壁和活塞头部;当活塞上行通过扫气口时,清洁并查看活塞头、活塞环和活塞裙工作表面;活塞继续上行,查看气缸套下部和活塞杆的情况。

2. 观察活塞环的状况

(1)活塞环良好工作状态:活塞环与气缸工作表面光亮、湿润,环在环槽内活动自如,无过度磨损痕迹,环的棱边可能尖锐但无毛刺。

(2)活塞环表面有局部轻微擦伤,且对应棱边尖锐有毛刺,对应缸壁也有轻微磨损。

(3)活塞环表面上有纵向拉痕,是由燃油中硬质颗粒造成。

(4)活塞环槽内如积炭较厚和较硬使环粘于环槽中,密封不良。用木棒触动活塞环检查其是否黏着。

(5)活塞环裂纹或折断亦可用木棒触动进行判断。

(6)活塞环漏气,使环表面干燥发黑,且缸壁上有大面积干燥发黑。

(7)活塞头、头几道环和环槽内有带颜色(稍白、黄、褐色等)的灰状堆积物,这是气缸油中碱性添加剂导致,可引起缸套严重磨损。

(8)润滑情况:观察缸壁和环上油膜是否充分,除第一道环外其他环的棱边上应有润滑油。缸套内表面上白色或褐色部分表明有硫酸引起的腐蚀磨损。

二、搭口间隙测量

搭口间隙是活塞环处于工作状态时的开口大小。它是活塞环工作时的热胀间隙,搭口间隙过小会使活塞环受热膨胀在环槽内对顶折断;搭口间隙过大会使燃气漏泄。所以说明书或标准中有规定的最小值(装配值)和极限值,如表 2-1-3 所示。

表 2-1-3　CB/T 3540—94 活塞环平面间隙和搭口间隙　　单位:mm

<table>
<tr><th colspan="2" rowspan="5">气缸直径 D</th><th colspan="12">气环</th></tr>
<tr><th colspan="8">二冲程</th><th colspan="4">四冲程</th></tr>
<tr><th colspan="4">平面间隙</th><th colspan="4">搭口间隙</th><th colspan="4">平面间隙</th></tr>
<tr><th colspan="2">顶部二根</th><th colspan="2">其余</th><th colspan="2">顶部二根</th><th colspan="2">其余</th><th colspan="2">顶部二根</th><th colspan="2">其余</th></tr>
<tr><th>装配</th><th>极限</th><th>装配</th><th>极限</th><th>装配</th><th>极限</th><th>装配</th><th>极限</th><th>装配</th><th>极限</th><th>装配</th><th>极限</th></tr>
<tr><td rowspan="4">筒形活塞式柴油机</td><td><150</td><td>0.15</td><td>0.25</td><td>0.10</td><td>0.25</td><td rowspan="4">0.005D</td><td rowspan="4">0.015D</td><td rowspan="4">0.004D</td><td rowspan="4">0.015D</td><td>0.10</td><td>0.20</td><td>0.08</td><td>0.20</td></tr>
<tr><td>>150~225</td><td>0.30</td><td>0.35</td><td>0.15</td><td>0.35</td><td>0.15</td><td>0.30</td><td>0.12</td><td>0.30</td></tr>
<tr><td>>225~300</td><td>0.35</td><td>0.40</td><td>0.30</td><td>0.40</td><td>0.20</td><td>0.35</td><td>0.16</td><td>0.35</td></tr>
<tr><td>>300</td><td>0.30</td><td>0.50</td><td>0.25</td><td>0.50</td><td>0.25</td><td>0.45</td><td>0.30</td><td>0.45</td></tr>
<tr><td rowspan="4">十字头式柴油机</td><td>>400~500</td><td>0.20</td><td>0.40</td><td>0.14</td><td>0.40</td><td rowspan="4">0.007 5D</td><td rowspan="4">0.25D</td><td rowspan="4">0.006D</td><td rowspan="4">0.025D</td><td rowspan="4" colspan="4"></td></tr>
<tr><td>>550~700</td><td>0.27</td><td>0.60</td><td>0.17</td><td>0.50</td></tr>
<tr><td>>700~850</td><td>0.34</td><td>0.30</td><td>0.30</td><td>0.30</td></tr>
<tr><td>>850</td><td>0.45</td><td>0.90</td><td>0.40</td><td>0.90</td></tr>
</table>

<table>
<tr><th colspan="2" rowspan="5">气缸直径 D</th><th colspan="4">气环</th><th colspan="8">油环</th></tr>
<tr><th colspan="4">四冲程</th><th colspan="4">二冲程</th><th colspan="4">四冲程</th></tr>
<tr><th colspan="4">搭口间隙</th><th colspan="2" rowspan="2">平面间隙</th><th colspan="2" rowspan="2">搭口间隙</th><th colspan="2" rowspan="2">平面间隙</th><th colspan="2" rowspan="2">搭口间隙</th></tr>
<tr><th colspan="2">顶部二根</th><th colspan="2">其余</th></tr>
<tr><th>装配</th><th>极限</th><th>装配</th><th>极限</th><th>装配</th><th>极限</th><th>装配</th><th>极限</th><th>装配</th><th>极限</th><th>装配</th><th>极限</th></tr>
<tr><td rowspan="4">筒形活塞式柴油机</td><td><150</td><td rowspan="4">0.006D</td><td rowspan="4">0.015D</td><td rowspan="4">0.004D</td><td rowspan="4">0.015D</td><td>0.05</td><td>0.25</td><td rowspan="4">0.003D</td><td rowspan="4">0.015D</td><td>0.035</td><td>0.20</td><td rowspan="4">0.003D</td><td rowspan="4">0.015D</td></tr>
<tr><td>>150~225</td><td>0.06</td><td>0.35</td><td>0.05</td><td>0.30</td></tr>
<tr><td>>225~300</td><td>0.08</td><td>0.40</td><td>0.065</td><td>0.35</td></tr>
<tr><td>>300</td><td>0.09</td><td>0.50</td><td>0.075</td><td>0.45</td></tr>
</table>

活塞环外圆磨损后,径向厚度减小,环的直径 d 变小,但弹力使环仍紧贴缸壁。所以环的直径 d 胀大与缸径 D 相等,活塞环搭口间隙 δ 变为 δ',如图 2-1-20 所示。

测量搭口间隙前,先将活塞自缸中吊出,取下活塞环并进行清洁。将活塞环依其在活塞上的顺序放入已清洁的缸套下部磨损最小部位或缸套上部,也可以把活塞环放到活塞导套中,并使环保持水平,然后用塞尺依次测量各道活塞环搭口间隙。将实测搭口间隙值与说明书或标准进行比较,超过极限值时应换新活塞环。

MAN – B&WS/L60MC/MCE 柴油机活塞环搭口间隙装配值为 4 mm,活塞环外圆面的磨损极限依环的径向厚度而定。一般要求活塞环搭口间隙大于或等于装配值,小于极限值。

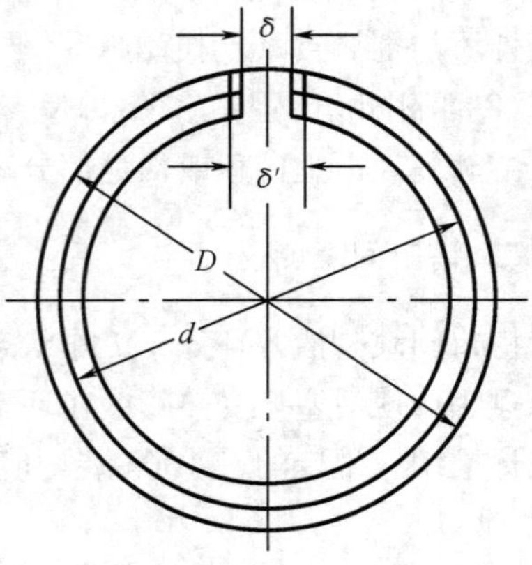

图 2–1–20　活塞环外圆磨损与搭口间隙的关系

三、平面间隙测量

平面间隙俗称天地间隙,它是活塞环紧贴环槽下端面时环与环槽上端面之间的间隙。当活塞环与环槽端面磨损后将使端面配合间隙增大。平面间隙过小使环热膨胀受阻和影响环在环槽中的运动;平面间隙过大会使燃气漏泄。说明书和标准中规定了平面间隙的最小值,即装配值和极限值,如表 2–1–3 所示。

测量平面间隙时,首先将活塞自缸中吊出,取下活塞环并分别清洁活塞、环槽和环。如果活塞环尺寸较大,可将环依次装入各道环槽中,并使环的下端面紧贴环槽下端面,用塞尺沿圆周或在圆周上几点测量间隙;如果活塞环尺寸较小,质量较轻,测量者可一手持环,将环水平局部插入环槽,并使环与环槽下端面紧贴;另一手用塞尺测量二者间的间隙,可使环与环槽在圆周上对应几处测量,如图 2–1–21 所示。实测平面间隙值与说明书或标准比较,超过极限值时修复环槽或换新活塞环;实测平面间隙变小说明环槽变形或因脏污影响测量的准确性。通常,第一道环的平面间隙较大,其他环依次减小。

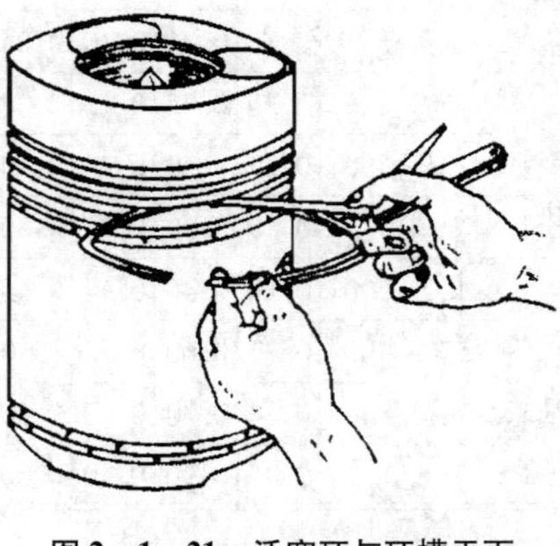
图 2–1–21　活塞环与环槽平面间隙的测量

安装新的活塞环时,要求活塞环平面间隙大于或等于安装间隙,小于极限间隙。

四、活塞环径向厚度的测量

活塞环外表面磨损使其径向厚度减小,所以径向厚度也是衡量活塞环磨损的参数,可用外径千分尺进行测量。依说明书规定,当活塞环径向厚度小于一定值时换新活塞环。例如,MAN B&WS/L60MC/MCE 的活塞环径向厚度最小值为 17 mm 时换新活塞环(径向厚度设计值为 20 mm)。

五、活塞环弹力检查

活塞环经过长期使用产生不均匀磨损或由于过热、黏着和疲劳等使其弹力部分或全部丧失,也就是径向压力降低或消失,造成活塞环的密封作用下降或消失。检查弹力的方法有以下几种。

(1)测量活塞环自由开口。活塞环自由开口是活塞在自由状态下开口间的距离,其大小直接影响环的弹力。在弹力范围内,开口越小弹力也越小;反之,弹力越大。所以利用改变自由开口大小来调节环的弹力。活塞环的弹力受其材料和加工方法的限制。一般活塞环自由开口 a_0(mm)与环直径 D 的关系为

$$a_0=(0.10\sim0.13)D$$

实测活塞环的自由开口 $a_{实测}<a_0$ 或小于新环的自由开口,表明活塞环的弹力下降;若明显减小,表明活塞环弹力丧失。

(2)吊缸时将自活塞上取下的活塞环进行清洁,人为使其自由开口闭合或扩大一倍,松开后测量变形后的自由开口大小。若变形后的开口增大量超过 $10\%a_0$ 时,表明活塞环的弹力过大。

(3)对比法是用新旧环的弹力对比检查弹力的方法。如图 2-1-22 所示,将新旧环竖立在一起,用力使环开口闭合,如旧环开口已闭合,而新环还有一定间隙时,表明旧环弹力不足。

(4)吊缸后将活塞环和气缸分别清洁干净,将环装入气缸并用手推动。一般正常弹力的活塞环是不容易装入气缸的,装入缸中也难以用手力使之移动。如果旧环易于装入缸中且轻轻触动环即沿缸壁移动,表明活塞环弹力过小。

活塞环弹力部分或全部丧失时应换新活塞环。但在无备件的情况下可采用应急方法暂时恢复环的部分弹力。具体做法是用小锤敲击活塞环内圆表面。自搭口对面部位开始重敲,然后逐渐向两侧敲击,用力逐渐减小,使环的开口增大,弹力增加。但应注意不可用力过大,以免将环敲断。

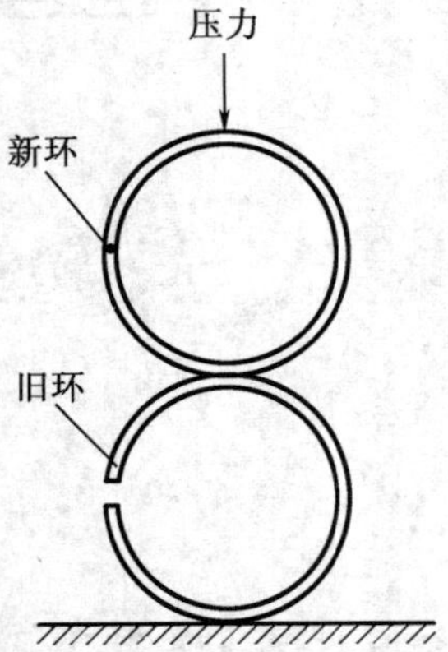

图 2-1-22　对比法检查活塞环弹力

六、配换活塞环

活塞环是易损件,损坏后一般采用换新处理,所以在船上轮机员配换活塞环工作是经常性的检修工作。为了保证装配质量,在配换活塞环时应注意以下问题。

1. 新环的检查

使用活塞环的备件前应对其进行必要的检查:

(1)外观检查应首先清洁新环表面的油脂和锈痕,仔细观察活塞环有无变形和表面碰伤、裂纹等损坏。一般新环上有"直径×宽×高"的尺寸标记和上、下端面标记,镀铬端面应为下端面。如无标记,应测量活塞环尺寸及确定下端面。

(2)测量搭口间隙和平面间隙过小时应分别修锉搭口两端和环的上端面,切不可修锉下端面,并防止修锉时损伤环表面和产生变形。

(3)测量环的径向厚度和环槽深度时要求环的径向厚度比环槽深度小 0.5~1.0 mm,否则修锉环的内圆表面使符合要求。

(4)检查环的弹力可采用测量活塞环自由开口来检查。

2. 新环的修配

(1)修锉搭口。为了防止活塞环搭口两端锋利棱边刮伤缸壁及挂住气口,应将搭口两端修锉成较大圆角,一般圆角半径为 3~5 mm。目前,有的新环在制造时已将搭口修锉好,

故安装前不需修锉。

(2)修锉上、下两端的棱边。为了减少气缸的磨损和擦伤及有利润滑,应修锉活塞环上、下端棱边的尖锋和毛刺。

(3)新环检查后为保证各种间隙值而提出的修配工作。

3. 新环的安装

(1)活塞环安装在活塞环槽中,应采用随机专用工具将环的开口扩大,如图 2-1-23 所示。如无专用工具可用结实的绳子套在环开口两端,手拉扩大开口,切勿使开口过分开大,以免使环变形或折断。

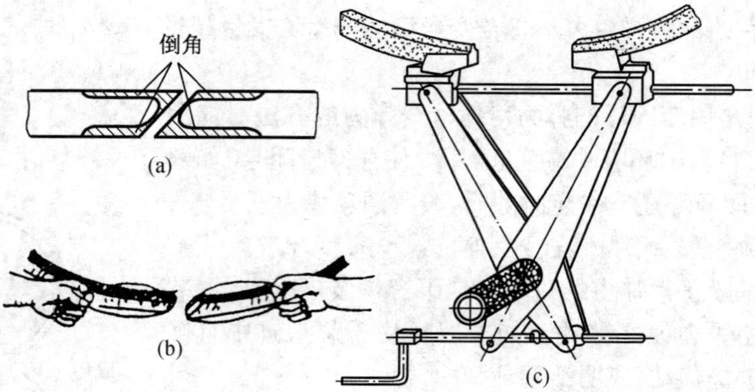

图 2-1-23 活塞环的安装

(2)应把新环装在第一、二道环槽中,旧环装在其他环槽中。既便于新环磨合又能发挥旧环的密封作用。一般情况下,不应一次更换所有旧环,更不可因一环损坏更换所有旧环。

(3)装到活塞上的各道环的开口位置应错开,切勿使开口在同一位置,以免燃气下窜。

(4)装好环的活塞在未吊入缸中之前,应放于木板上妥善保管,以免损伤活塞和活塞环的工作表面,小型柴油机尤为重要。

4. 新环的磨合运转

活塞环换新后必须经磨合运转才能投入使用工况运转,一般需经 20 ~ 24 h 磨合运转。例如 MAN B&WS/L60MC/MCE 型柴油机换新环后的磨合运转为:在 2 ~ 4 h 内转速逐渐增加至最大转速的 80%;保持 80% 最大转速运转 6 h;在 12 ~ 14 h 内转速继续增加至全速,并且逐渐增加负荷,总计磨合 20 ~ 24 h。在磨合期间应使气缸油供油量达最大值。

七、验收活塞环

当活塞环备件难以订购而需要活塞环制造厂或修船厂制造时,对其生产的活塞环产品应进行验收。

(1)活塞环的尺寸、形状和位置精度及表面粗糙度应符合图纸要求。

(2)活塞环的材料、金相组织和硬度等机械性能应符合以下要求:

材料:高磷铸铁、钒钛铸铁。

金相组织:在细片状珠光体基体上均匀分布着细直片状或蜷曲状的小片石墨,磷共晶体呈断续块状分布。分散的细小铁素体晶粒不超过试片总面积的 5%。

硬度:在 HB 180 ~ HB 250 之间,同一活塞环上硬度差不超过 HB 20。要求活塞环硬度比缸套硬度高 HB 10 ~ HB 20,目的是既保护缸套不被很快磨损,又有较长的活塞环寿命。

(3)活塞环外观检查。

(4)活塞环弹力检查。

(5)活塞环密封性检查。采用漏光法检查:将环装入气缸中未磨损部位,在环下面用强灯光照光,要求一处漏光弧度不超过 30°,几处漏光弧度总和不超过 90°,且搭口附近 30°范围内不允许漏光,以保证活塞环工作表面与缸套工作表面紧密贴合,从而使气缸燃烧室有较高的密封性。

项目二　船舶柴油机主要附件维修

维修任务一　精密偶件的维修

【学习目标】

1. 掌握精密偶件的常见破坏形式。
2. 掌握精密偶件常见故障的检修方法。
3. 精密偶件的密封性检验。
4. 掌握精密偶件的清洗，了解零件和管系的清洗。

【学习任务】

1. 精密偶件常见破坏形式的认识。
2. 精密偶件的检查。

【环境设备】

1. 雾化装置试验台。
2. 研磨工具。

【背景知识】

柴油机燃油系统中，高压油泵中的柱塞－套筒偶件、出油阀－阀座偶件，喷油器中的针阀－针阀体偶件，是三对极为精密的零件。由于它们都是经过极精细的机械加工，所以它们的尺寸和形位精度高、表面粗糙度等级高、偶件的配合精度高。例如，柱塞、套筒的圆度和圆柱度误差不超过 0.001 mm，工作表面的粗糙度 R_a 为 0.1～0.05 μm，柱塞与套筒的配合间隙只有 0.002～0.003 mm。为了满足柴油机运转时的工作要求，这些偶件还应该具有较高的耐磨性、耐蚀性和尺寸稳定性。

精密偶件在高压燃油的介质中工作，受到高压、摩擦与腐蚀的作用，因此偶件极易产生配合面的磨损、腐蚀等损坏。值得注意的是，即使偶件工作表面的微小损坏也会严重地影响高压油泵、喷油器、燃油系统和柴油机的正常工作，所以，对这三对偶件特殊关注是非常必要的。

一、精密偶件的主要损伤形式

1. 柱塞－套筒偶件

(1)圆柱配合面的过度磨损

高压油泵工作一段时间后，在柱塞和套筒的工作表面产生磨损，特别是回油孔式油泵的柱塞螺旋槽附近的工作表面磨损最为严重，如图 2－2－1(a)所示。配合面的磨损使配合间隙增大,高压油泵的泵油压力降低,进而使喷油压力降低,雾化不良,燃烧恶化;各缸油泵的柱塞－套筒偶件磨损不同,油泵的泵油压力不同,各缸喷油量不等,以致各缸功率不同。

(2)柱塞表面的穴蚀

柱塞螺旋槽附近的工作表面上产生穴蚀,如图2－2－1(b)所示。穴蚀是由于燃油喷射终了时,螺旋槽的边缘将回油孔打开的瞬间,套筒内的高压油急速冲出,使套筒内压力骤然降低。螺旋槽边缘的油压低到该处温度对应的燃油蒸发压力时,燃油汽化形成气泡。随后的高压燃油或其压力波使气泡溃灭,强大的冲击波作用使该处金属剥蚀,即产生穴蚀。

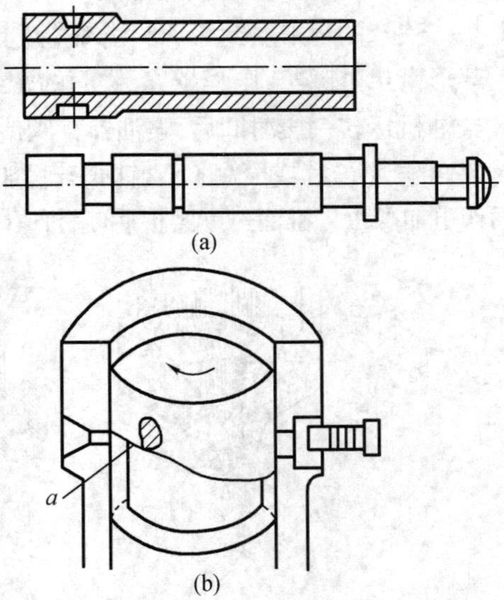

图2－2－1　柱塞与套筒的磨损

(3)偶件配合面的拉痕和咬死

柱塞和套筒工作表面上还会产生纵向拉痕、磨损,柱塞与套筒卡紧甚至咬死。这种损坏主要是由燃油净化不良、含有较多坚硬的机械杂质、配合间隙过小和零件材料热处理不当等引起。

2. 出油阀和阀座偶件

出油阀和阀座是高压油泵中的另一对精密偶件,在高压油泵中起着蓄压、止回和减压作用。等容卸载式出油阀偶件的结构如图2－2－2所示。

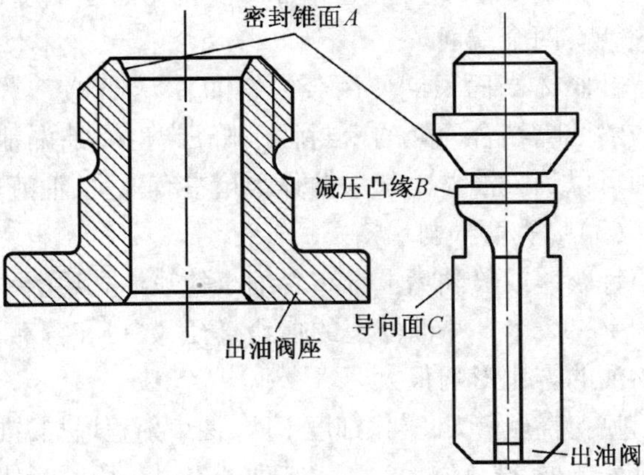

图2－2－2　出油阀偶件

出油阀主要在导向面C、减压凸缘B、密封锥面A处产生磨损,出油阀座的锥面和内孔产生磨损。出油阀的C,B面和阀座的内孔磨损会使配合间隙增大、泵油量增多,造成不完全燃烧。A面和座面的磨损导致密封性下降,高压油回流,泵油压力下降。此外,还会产生阀与座的卡紧、咬死或阀关闭不严而处于“常开”的故障。

3. 针阀和针阀体偶件

(1)圆柱配合面和锥面配合面的过度磨损

磨损是针阀偶件的主要损坏形式,主要发生在针阀外圆表面和针阀体的内孔,针阀锥面和针阀体的座面。

针阀偶件圆柱配合面过度磨损后,使配合面的间隙增大、喷油压力降低和雾化不良等。各缸喷油器针阀偶件磨损程度不同使各缸的喷油量不等,从而影响柴油机功率平衡和低负荷运转的稳定性。

针阀偶件的锥面配合面是重要的密封面。在正常工作时,为了密封和切断燃油迅速,要求

针阀的锥角 θ' 较针阀体座面的锥角 θ 大 0.5°~1°，如图 2-2-3(a)所示；偶件锥面配合面实际上是一狭窄的环形密封带（称为阀线），其宽度 h 一般为 0.3~0.5 mm，如图 2-2-3(b)所示。环形密封带越窄，压强越大，锥面的密封作用和燃油喷射终了时切断燃油的性能就越好。

柴油机运转一段时间后，喷油器针阀偶件的锥面配合面产生过大的磨损，使针阀下沉、环形密封带变宽、不连续或模糊不清，针阀升程加大，针阀与阀座的撞击力增强，使锥面配合面的磨损与损伤更加严重。锥面过度磨损后使针阀下沉，即针阀位置下移，如图 2-2-3(c)所示。

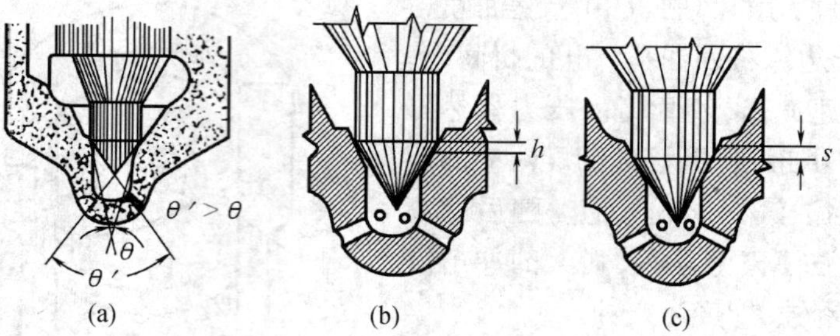

图 2-2-3　针阀偶件配合情况

(a)锥面配合角度；(b)正确配合；(c)磨损后的配合

(2)针阀体端面腐蚀

喷油器的结构不同，有的针阀体头部带喷孔，另一端面与喷油器本体端面相结合；有的针阀体一端不带喷孔而是平面与带喷孔的喷油嘴结合，另一端面与喷油器本体结合，这种针阀就有两个端面。

针阀体端面长期使用会因燃油、冷却水使其发生微观电化学腐蚀，从而使与喷油器本体或喷油嘴结合面处的密封性下降，产生燃油漏泄、油压降低和雾化不良等。针阀体端面腐蚀可以从喷油器冷却水循环水箱中有油星、油迹等现象进行判断。

(3)喷孔磨损与堵塞

针阀体或喷油嘴上分布着细小的喷油孔，孔径一般在 0.12~1.0 mm 范围之内，喷孔数目为 1~12 个。喷油器上的喷孔直径、数目和分布随机型而异。喷孔直径和喷孔的数目比对燃油的雾化影响很大。

喷孔直径增大，雾化细度下降，油束射程增加，锥角减小；喷孔直径减小，雾化细度提高，油束射程减小，锥角增大。所以喷油器经过一段时间使用后，由于高速高压燃油的冲刷使喷孔磨损，孔径变大；燃烧不良，积炭严重时又会使喷孔堵塞，孔径变小。所以，不论喷孔的磨损或堵塞都破坏了燃油雾化与燃烧室的配合，不利于与空气的混合。

针阀体喷孔周围积炭严重时形成炭花，如图 2-2-4(a)所示。这是由于针阀偶件锥面磨损密封不良或针阀关闭不及时，漏油黏附于喷孔四周，高温下形成炭花。喷孔周围积炭影响燃油雾化质量，并使针阀体过热损坏。

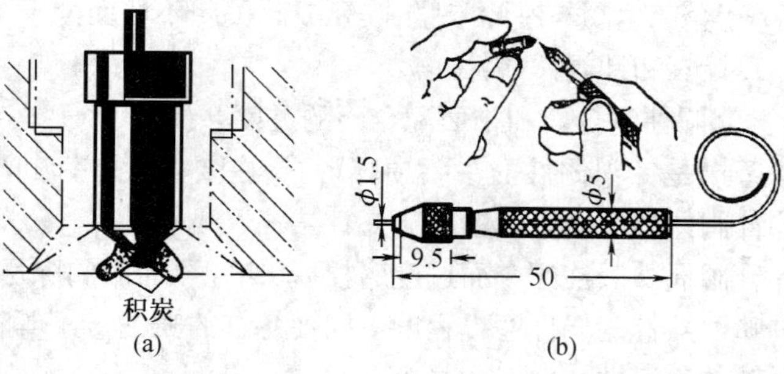

图 2-2-4　针阀体喷孔积炭和通孔工具

【操作指导】

一、精密偶件的检验

在精密偶件的各种损坏形式中最常见的是磨损失效。对精密偶件磨损的检验,由于偶件极为精密难以用测量尺寸变化来掌握磨损程度,同时一些部位也难以进行测量。所以,精密偶件是通过密封性检验来了解其磨损程度和判断能否继续使用。

检验前,偶件应仔细拆卸和清洗。偶件不具有互换性,不能分开乱放。

1. 偶件的清洗

采用轻柴油或煤油清洗偶件,并注意以下几点:

(1)针阀体或喷油嘴等外表面积炭采用钢丝刷清除。清除喷孔周围积炭时切勿损伤喷孔,如喷孔被积炭堵塞应采用专用通孔工具或钻头疏通喷孔。通孔时,切勿用力过猛,以免通针或钻头断在喷孔内。如图 2 - 2 - 4(b)为喷孔通孔工具——通针。

(2)偶件配合面应使用软毛刷或软布进行擦洗。清洗干净后用清洁纸或丝绸擦干,不可用棉纱头或破布擦,以免灰尘或棉纱毛头粘在偶件工作表面上。

(3)清洗后的偶件放于清洁的专用容器中保存。

2. 一般性检查

偶件清洁后借助低倍放大镜对偶件工作表面进行观察,检查有无明显的或严重的磨损、腐蚀、裂纹等缺陷。如发现应依实际情况决定修复或报废。

3. 偶件的磨损检验

偶件配合面磨损使其配合精度下降,燃油漏泄,压力降低。生产中可以通过检查偶件的密封性和燃油雾化质量来了解配合面的磨损部位与磨损程度。

(1)偶件密封性检验

①滑动试验法

该法是检查偶件密封性的最简便的方法。柱塞 - 套筒、针阀 - 针阀体的圆柱配合面密封性检验是用滤净的轻柴油清洗和润滑偶件,使偶件与水平面成 45°倾斜放置,把柱塞(或针阀)抽出 1/3 配合面长度后,使其在自重作用下自由滑下,且柱塞(或针阀)在套筒(或针阀体)内转至任何位置滑下时均不得有阻滞现象。

若下滑速度缓慢、均匀,表明配合面无明显磨损,密封性较好;若下滑速度较快或很快,表明配合面磨损较大或严重,密封性不良。若将柱塞(或针阀)转动 90°再次试验,柱塞(或针阀)下滑缓慢、均匀,表明偶件产生偏磨损。

②油液降压试验法

油液降压试验法或称燃油漏损定量法,也是检验偶件密封性的一种方法。此外,还有油液等压试验法。

油液降压试验法是用通过偶件的油液压力下降一定值时所需要的时间作为检验密封性的标准,或者是用在一定时间内油液漏损量作为检验密封性的标准。

柱塞偶件油液降压试验法:试验时将油液自套筒上端泵入,套筒端面应密封。此时柱塞相对于套筒回油孔的角度位置,应相当于喷油泵额定供油量时柱塞配油端面在柱塞额定供油量有效行程二分之一处。油压从 30 MPa 降至 5 MPa 的时间应不少于 20 s,表明柱塞圆柱面密封良好。

针阀偶件圆柱配合面密封性油液降压试验法:试验前必须进行数次喷油,以排净系统内的空气。试验时燃油从喷油器进油孔进入，允许将喷油器启阀压力调整到比规定值高 2 ~3 MPa。在启阀压力的油压作用下检查针阀偶件的渗油现象，以手背擦拭针阀体头部喷孔周围，手背应无油，表明针阀偶件圆柱面密封良好。

针阀偶件密封锥面密封性油液降压试验法：试验时，要求在燃油压力比规定的启阀压力低 2 MPa 油压作用下，在 10 s 内不得有渗漏，允许针阀体喷孔周围有微量湿润，但不得有油液集聚现象。针阀偶件锥面密封性检验可与其圆柱面密封性检验同时进行。

偶件配合面密封性试验是在船上利用喷油器试验装置来完成，如图 2 -2 -5 所示。检验柱塞偶件时，将高压油管 5 接到准备好的待检油泵上。检验针阀偶件时，将待检喷油器装于试验装置中，如喷油器 2。试验时，用手动泵 9 供油。

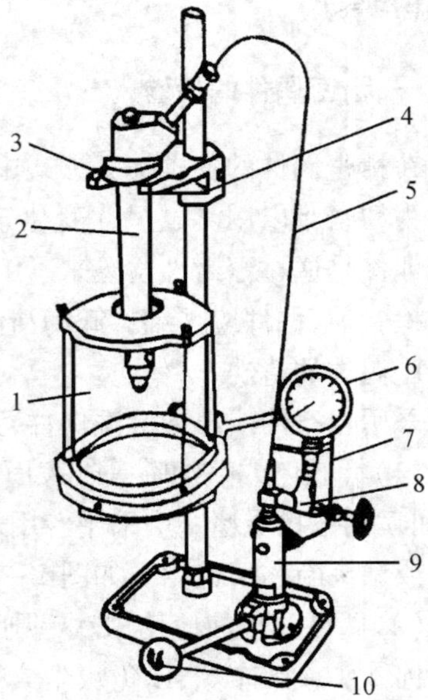

图 2 -2 -5　喷油器试验装置

1—玻璃罩；2—喷油器；3—支架；4—支杆；5—高压油管；6—压力表；7—储油器；8—截止阀；9—手动泵；10—手柄

(2)雾化试验

喷油器雾化试验是对其偶件密封性的综合检验，可与上述密封性检验同时进行。试验时，将启阀压力调至规定值，然后以 40 ~80 次/min 的速度进行喷雾试验，喷雾质量应符合以下要求：

①喷出的燃油应成雾状，无肉眼可见的飞溅油粒、连续油柱和局部浓稀不均匀的现象。

②喷油开始和终了时声音清脆，喷油迅速、利落。

③喷油开始前和终了后不得有渗漏，允许喷孔周围有湿润现象。当针阀直径大于10 mm 时，允许喷孔周围有油液聚集现象，但不得滴漏。

喷油器雾化试验十分重要，根据试验时雾化的形状、分布等检验喷油器的质量和分析故障原因。图 2 -2 -6的雾化状况分别反映了不同的成因。图 2 -2 -6(a)所示为雾化不良，是由于喷孔部分堵塞产生滴油现象；(b)所示为针阀动作不良产生喷雾方向偏单，油粒粗大；(c)所示为针阀锥面磨损，密封性差，在喷雾的同时有滴油现象；(d)所示为正常喷射，雾化良好，雾花均匀分布，喷孔周围无滴油现象。

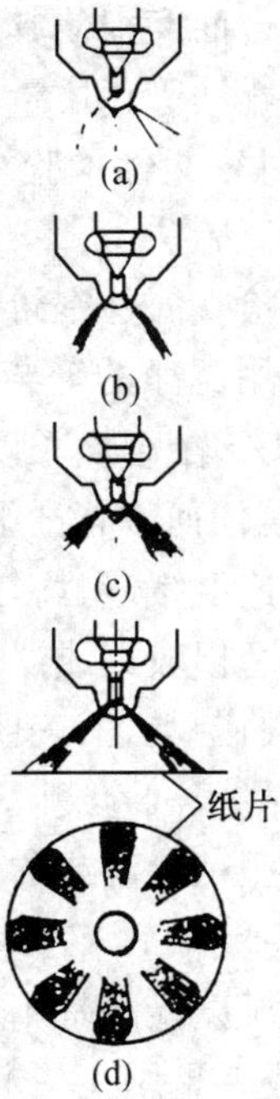

图 2 -2 -6　喷油器几种喷雾情况

(a)喷油孔堵塞；(b)针阀动作不良；(c)滴油；(d)正常喷射

二、精密偶件的修理

1. 柱塞偶件的修复

柱塞偶件圆柱配合面磨损后，一般采用以下方法修复。

(1)尺寸选配法

将一批磨损报废的柱塞、套筒分别精磨和研磨,消除几何形状误差后按加工后的尺寸重新装配,保证要求的配合间隙下互研成一对新偶件。

此法重新选配率较低,一般约为20%,并且在零件数量较少或船上条件下不宜采用此法修复,但可使部分报废零件重新获得使用。

(2)修理尺寸法

保留套筒,机械加工消除几何形状误差,按修理后的套筒尺寸配制柱塞,互研后达到要求的配合间隙。

(3)镀铬修复

采用镀铬工艺修复偶件并恢复要求的配合间隙。常采用偶件之一进行镀铬,即将套筒内孔加工获修理尺寸,使柱塞外圆面镀铬达到修理尺寸,互研成对,保证恢复要求的配合间隙和性能。此法效率高,可使90%以上的偶件恢复使用。

套筒端面腐蚀密封不良时可在平板上按"8"字形研磨。

2. 针阀偶件的修复

针阀偶件圆柱配合面磨损可采用柱塞偶件的修复方法。锥面配合面磨损后,针阀锥面上的环形密封带出现变宽、中断或模糊不清等现象。可采用研磨膏进行偶件的互研或不加研磨膏的互研,使环形密封带恢复正常为止。清洗后,进行密封性检验。

有时针阀偶件经多次研磨修复,但每次又很快磨损失去密封性,这可能由于材质不佳或热处理不当造成。

针阀端面腐蚀亦采用平板研磨修复。

维修任务二　增压器的维修

【学习目标】

1. 掌握增压器常见的破坏形式。
2. 掌握增压器常见故障的检修方法。

【学习任务】

1. 增压器常见的破坏形式的原因。
2. 增压器轴承的检修方法。
3. 增压器的喘振。
4. 增压器的应急处理。

【环境设备】

增压器及相关专用工具。

【背景知识】

废气涡轮增压器是柴油机增压系统中的主要设备,由单级废气涡轮和离心式压气机组成,二者装于同一轴上构成废气涡轮增压器的运动件——转子。废气涡轮增压器的作用是利用柴油机废气能量驱动涡轮,带动同轴上的压气机把空气压力提高送入气缸,使柴油机功率大幅度提高。废气涡轮增压器约使柴油机功率增至原来两倍,而质量只增加10%。而柴油机由四冲程改为二冲程时,在相同缸径、转速下,功率只增加0.6~0.8倍。

废气涡轮增压器是在高转速、高的废气温度、空气和废气的流量和流速大的情况下工作。一般废气的压力为0.25~0.45 MPa,废气温度为500~600 ℃;转速随增压器尺寸不同,一般大尺寸增压器最高转速达10 000 r/min,小尺寸增压器最高转速可达40 000~50 000 r/min。所以,废气涡轮增压器属于精密机械。

柴油机-废气涡轮增压器联合装置运转时,废气涡轮增压器容易产生涡轮壳体腐蚀、轴承损坏、叶片损伤、振动等故障。轮机员日常维护管理工作良好即可减少这些故障的发生。

一、涡轮壳体的腐蚀

废气涡轮增压器涡轮壳体是由废气进气壳与排气壳(即废气经过涡轮叶片后排出的部分)组成。进气壳与排气壳通常采用合金铸铁制成,分为冷却式和非冷却式。冷却式壳体为双层,形成水夹层。进气壳与排气壳内表面经常与具有腐蚀性的高温废气和水接触。壳体内部水夹层——冷却水腔的冷却水自底部引入,经上部排出。为了防止电化学腐蚀,除用淡水冷却外,还在淡水中加防锈剂和在壳体上安装防腐铸块等。

1. 涡轮壳体腐蚀部位

涡轮壳体内表面与废气接触发生腐蚀,特别是在排气壳的底部常发生腐蚀烂穿。通常由于对涡轮壳体腐蚀缺乏认识和应有的重视,不能及时发现腐蚀,以致故障突然发生,造成增压器不能继续运转,需停航修理。因此突然故障需临时紧急订购备件,造成很大的经济损失。

2. 壳体腐蚀原因

(1)硫酸腐蚀

柴油机燃用含硫较多的重油产生含有S02303和水蒸气的废气。废气进入涡轮端进气壳的温度可达400~500 ℃,自排气箱壳排出的温度为300 ℃左右。排气壳体内壁面温度为150 ℃左右,低于硫酸露点(170 ℃)。所以,当废气与排气壳内壁面接触时在壁面上生成亚硫酸或硫酸,并顺壁面流至底部,聚集排气壳底的硫酸溶液使铸铁壳体受到强烈的电化学腐蚀,甚至烂穿。

废气涡轮增压器压气机部分受到空气灰尘等污染,涡轮端喷嘴、叶片及通道受到废气严重污染、积炭堵塞通道,不但使增压器工作性能受到影响,而且影响转子动平衡性。为此两端采取用喷水清除污垢。涡轮端是在低负荷下喷水清洗,一般每周一次,每次约10 min,喷水量随机型而异。由于废气温度较低,会产生更多酸附在壁面上,同时喷水后若未彻底清除排气壳底部积水,会使腐蚀更加严重。

(2)高速气流引起的腐蚀

柴油机排气以高速流入增压器进气壳。排气中含有未燃尽的炭粒与壳体壁面接触造成对壁面的浸蚀,特别是在气流方向改变处,离心力使炭粒冲击壁面。受到浸蚀的壁面裸露在气流中受到更大的腐蚀作用。涡轮端进气壳进气道附近壁面的穿孔大多属于这种腐蚀。

(3)冷却水腔腐蚀

增压器采用海水冷却时,冷却水腔壳体壁面受到电化学腐蚀。

二、轴承的检修

轴承在涡轮增压器中居重要的地位,它不仅保证转子安全可靠地高速回转,还必须保证转子确定在准确位置上。所以,轴承的可靠性对增压器和柴油机正常运转关系极大。涡轮增压器轴承分为滚动式和滑动式,船用增压器多采用滚动轴承,另外还有止推轴承。滚动轴承摩擦系数小,产生热量小,润滑油消耗最小,可使润滑系统简化,一般采用透平油只需要设置油池和自带油泵。滚动轴承拆装方便,启动性能好,效率高。但受其使用寿命限制,规定的使用寿命期满必须更换。

滑动轴承结构简单,造价低,可与柴油机使用同一个润滑系统或专门设置一套外供油装置,所以使增压器整体结构复杂化,并且维护管理要求高,否则容易发生故障。

废气涡轮增压器轴承是在高温、高速和轻负荷条件下工作的。要保证轴承在此工作条件下可靠运转,除轴承本身的结构设计、材料、制造精度等外,在使用中维护管理也是至关重要的,例如运转中的转子的动平衡精度、轴承的润滑和冷却,以及定期检验和滚动轴承的使用寿命期等。

1. 滚动轴承的检修

压气机端轴承采用成对双列向心推力球轴承,除起支承转子外还起止推作用;涡轮端轴承采用单列向心球轴承或单列向心短圆柱滚子轴承,起支承作用。

(1)轴承使用寿命期

一般轴承运行 8 000 h 左右进行检修,压气机端轴承和涡轮端轴承应全套更换。

(2)减震弹簧片

压气机端的轴承中装有两组弹簧片。径向减震弹簧片安装在轴承外圆和轴承座之间,弹簧片间有 0. 25 ~0. 55 mm 的间隙,用以减少震动;轴向减震弹簧片用以减震和调整、确定转子的轴向位置。弹簧片是由数个薄钢片叠成,彼此之间有 0. 13 ~0. 18 mm 的间隙。涡轮端轴承中只有径向减震弹簧片,如图 2 -2 -7 所示。

在轴承运转期间,弹簧片容易磨损或损坏。在船上条件下无法更换弹簧片,只能换新轴承。

2. 油泵和润滑

增压器的转子两端轴承均有自带油泵。应根据增压器使用说明书定期进行油泵检查。例如 VTR 型增压器每隔 12 000 ~16 000 h 对油泵检查一次,以掌握其磨损和漏泄情况。一般应由生产厂专门维修。在重新安装油泵时应检查油泵的轴线是否与转子中心线同轴,偏差应在 0. 01 mm 以内。注意润滑油的使用和管理。

三、叶片与气封装置的检修

1. 叶片损伤与检修

涡轮叶片和压气机叶片的损伤形式主要是碰撞引起的叶片变形、裂纹和断裂。

涡轮叶片变形主要是异物撞击所致。如吊缸检修时由于粗心使工具等物特别是尺寸不大的工具或螺帽等遗落在气缸中,或者活塞环折断后的碎块,甚至由于安装不良使喷油头落入缸中等。当柴油机运转时,这些异物被排气自排气口吹至排气管和增压器涡轮进口

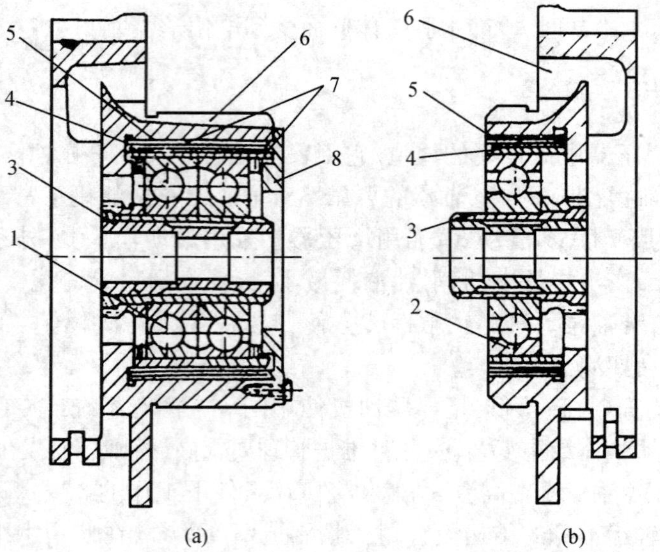

图 2-2-7　增压器滚动轴承

(a)压气机端轴承;(b)涡轮端轴承

1—成对双联向心推力球轴承;2—单列向心球轴承;3—轴承内套;
4—轴承外套;5—弹簧片;6—轴承座;7—调整片;8—轴承盖

壳,这些高速飞来的异物冲破废气进口处的金属隔栅进入涡轮,与高速回转的涡轮叶片相撞击,轻者使叶片变形、裂纹,重者造成叶片折断,并随之碰撞其他叶片导致涡轮叶片的大部分乃至全部损坏。例如,某轮副机在75%负荷下运转,突然增压器发生剧烈震动和巨响,值班轮机员立即切换另一台副机。后经检查发现,由于涡轮上有一叶片折断,其碎块在增压器高速回转时又接连打伤3只、打弯1只叶片,因及时停车才免遭更严重的破坏。

对损伤较轻的叶片仔细观察有无裂纹,必要时进行无损探伤检验,如有裂纹或断裂应换新叶片。海上条件下更换叶片不便时,可将断叶取出并将其对称位置的叶片取下,以保持转子的动平衡性,减少增压器的震动。如叶片有轻微变形可进行冷校。

压气机叶片损伤是由于轴承严重磨损、吸入硬质颗粒、增压器振动等因素,或者发生碰撞破坏了转子与壳体间的正常间隙等造成碰撞或摩擦,使叶片擦伤、变形或裂纹。

增压器的转子或叶片经修理或换新后均应进行动平衡试验,并使之符合要求。涡轮叶片凹面上的撞击伤痕等少量缺陷允许修磨,磨去深度不得超过相应部位叶片厚度的1/6,磨去的面积符合规定要求。叶片上的上、中部区域内的一定缺陷允许焊补修复(详见CB/T 3563—94)。

2. 密封装置的检修

(1)密封装置

废气涡轮增压器的密封装置包括气封和油封两种。气封的作用是防止压气机端的压缩空气和涡轮端的燃气漏泄。压气机端的压缩空气大量漏泄使增压效率降低,涡轮端燃气漏泄造成涡轮功率下降,高温燃气漏入轴承箱污染滑油和损坏轴承。

油封的作用是防止增压器轴承箱中润滑油的漏泄。润滑油漏泄不仅增加润滑油的消耗量和造成轴承润滑不良,还会因润滑油漏至涡轮进气壳燃烧使燃气温度升高以致涡轮叶片烧毁。

所以,良好的密封装置是废气涡轮增压器正常、可靠地工作不可缺少的组成部分。密封装置的结构分为接触式、活塞环式和迷宫式三种。活塞环式密封装置如图 2-2-8 所示,常用于小型废气涡轮增压器中作为油封。

迷宫式密封装置的结构很多,图 2-2-8(a)所示为大型增压器的轴向密封装置,(b)所示为径向密封装置。气封片的间隙越小,密封效果越好。从压气机端引入增压空气到密封装置,可增强密封效果。

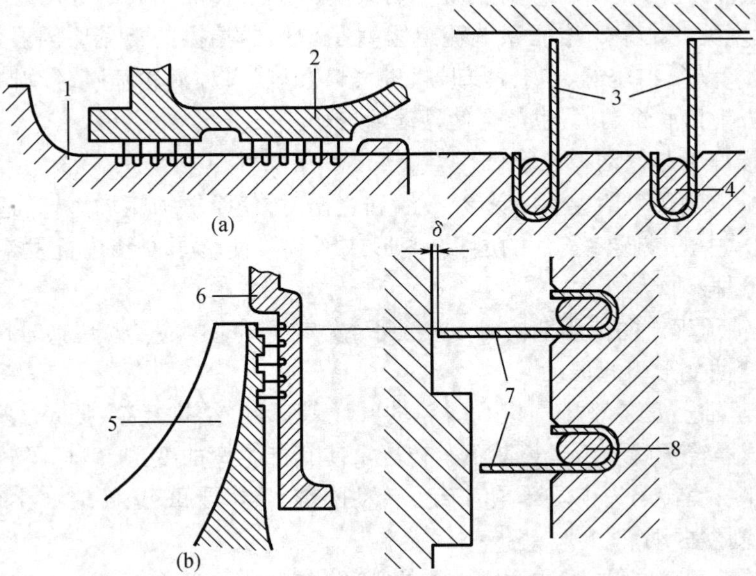

图 2-2-8　活塞环式密封装置

(a)轴向式;(b)径向式

1—转子轴;2—废气进口壳体;3,7—密封带;

4,8—压紧丝;5—压气机叶轮;6—隔热墙壁

(2)密封装置的安装部位

涡轮端:转子与废气进口壳体之间有一定的径向间隙,为防止废气进入轴承箱和润滑油泄入废气排气壳,在转子轴上安装迷宫式轴向密封装置;为了防止增压空气自压气机叶轮背部与隔热墙之间的间隙漏入涡轮端使转子的轴向推力增大,所以在压气机叶轮背面和隔热墙之间安装迷宫式径向密封装置。

压气机端:在转子与进气壳体之间的间隙安装迷宫式轴向密封装置。

(3)密封装置的检修

密封装置的损坏,大多是在增压器拆装过程中不慎碰伤密封带,或者增压器运转中的剧烈振动,或者安装间隙不符合要求等造成。密封带顶部有较轻的弯曲变形时,可用平嘴钳将其夹直校正;若损伤严重时则应换新密封带和压紧丝。在船上条件下更换新的密封带可按增压器说明书中规定的要求和步骤进行。

四、增压器振动检修

废气涡轮增压器运转中产生剧烈振动,使转速下降,柴油机不能正常运转。作高速回转的精密动力机械的废气涡轮增压器，要保持平稳、无振动地高速运转的条件：其一是动平衡精度符合要求，即转子的重心在其回转中心线上或保持要求的偏心距；其二是增压器的安装精度高，对中性好，即回转件转子与固定件壳体的对中精度符合要求；其三是运转中良好地管理与正确地操作。增压器运转中由于种种不能满足以上条件的原因使增压器产生剧烈振动。

1. 增压器振动原因

(1)压气机喘振引起强烈振动

这种振动包含径向振动和轴向振动。喘振是由于压气机流通部分出现气流与叶片强烈撞击与脱流现象的结果。增压系统流道阻塞是增压器喘振的常见原因。管理中注意压气机进气滤器、叶轮、扩压器、空气冷却器、进气口和排气口、涡轮喷嘴环、叶片等流通部分的清洁，就会防止和消除喘振，也就会使振动消失。

(2)轴承损坏引起振动

轴承长时间使用后产生磨损、变形、裂纹和烧伤时，使摩擦力矩增大，转速下降，振动和噪声大增。轴承中的减振弹簧片的磨损、变形或断裂等使转子安装位置发生变化，转子对中不良产生强烈振动。

为此应按轴承规定的使用期按时更换轴承，发生损坏时更应及时更换轴承。

(3)转子弯曲变形引起振动

增压器转子轴上安装着压气机和涡轮的叶轮等部件，结构复杂、质量大。若船舶停航时间较长，增压器转子就会由于长期不运转自重使其产生弯曲变形，破坏了转子与壳体、气封等的配合间隙，使转子失中。严重时转子转动困难，摩擦严重；运转时产生很大的离心力使增压器产生剧烈振动。

所以，船舶长时间停航，应注意增压器的管理，防止转子变形。

(4)转子不平衡引起振动

增压器经过一段时间的运转，由于涡轮叶片上严重积炭或叶片变形、折断，压气机叶轮、叶片变形或损坏等都会使转子质量分布发生变化，改变了转子原有的重心位置，破坏了转子原有的动平衡精度，即偏心距 e 值增大到超过规范要求，造成转子不平衡。当增压器运转时，由于转子动不平衡而产生剧烈振动，工作不平稳。

(5)增压器装配、修理质量差

增压器进行自修或厂修时，如修理质量差或修后装配不良时，就会造成增压器运转时转子与壳体或气封相碰，产生摩擦导致振动。例如气封、轴封安装不正、轴承安装不正确或轴承间隙不符合要求、转子轴线不对中等，特别是轴承安装问题不容忽视。例如 VTR 型增压器压气机端采用双列滚珠止推轴承，涡轮端为单列滚柱轴承。在轴承座内装有弹性减振装置，滚动轴承装于其上。弹性减振装置是由一组带孔的弹簧钢片组成，润滑油在钢片之间形成油膜，产生阻尼作用，吸收和缓冲转子可能产生的振动，并有助于延长轴承寿命和使增压器运转平稳。如果减振弹簧片安装不正确或产生变形、断裂或轴承在减振装置内安装不正确等，都直接影响轴承的位置，因而与转子轴线对中不良，各配合间隙不符合标准，增压器运转时产生振动。

【操作指导】

一、涡轮壳体腐蚀的修理

1. 防止腐蚀的方法

提高冷却水进口温度防止硫酸腐蚀;彻底清除涡轮端喷水清洗后的残水;选用非冷却式增压器等。在进、排气壳内表面容易腐蚀部位钎焊一层耐热耐蚀 M 合金的非冷却式增压器可使其壳体寿命从 3 ~6 年延长至 10 年以上。

2. 修理

(1)壳体腐蚀使其最小壁厚不小于设计壁厚的 50%,壳体冷却水腔经 1.5 倍工作压力(不少于 0.4 MPa)水压试验,合格后可继续使用。

(2)壳体腐蚀使其最小壁厚超过设计壁厚的 50% 或破损时,允许焊补或者用无机胶黏剂焊补,1.5 倍工作压力水压试验,合格后可继续使用。

(3)壳体腐蚀使壁厚很薄或已烂穿时,采用低温焊补厚度适宜的钢板,经水压试验合格后方可使用。

二、增压器振动检修

1. 清洗

利用增压器上的喷水装置清洗涡轮端和压气机端的叶片和通道。清除油垢、积炭,既消除引起喘振的因素,又除去不平衡质量,从而减轻或完全消除由此引起的振动。

2. 换新轴承

若产生振动时轴承已接近换新时间,则可能是因轴承损坏引起的振动,故应首选换新轴承的措施来消除增压器振动。增压器轴承中,以涡轮端轴承温度高、工作条件差而先损坏,所以应首先更换涡轮端轴承,然后再换压气机端轴承。

3. 检查转子的磨损和变形

增压器解体抽出转子检查压气机和涡轮的叶轮、气封和工作轴颈外圆表面有无擦伤、变形和磨损。必要时吊入车间在平台上检测转子轴线状态,以判断转子的弯曲变形和变形程度。

4. 转子动平衡检验

在专用动平衡试验机上检测转子的平衡精度,依测量出的不平衡质量的大小与位置进行修理,除去不平衡质量后再次检验,直至达到要求的平衡精度为止。当然,作转子动平衡检查时,转子应是完好状态,即没有擦伤、变形和磨损等。

5. 安装间隙的检查

安装间隙反映了转子与增压器壳体的对中情况。进行粗检:手动转子使之回转,听声判断对中情况。精检:测量 L,M 等配合间隙,精确判断对中情况。应该注意的是压气机进气道壳体如果发生下沉也会影响对中性,从而引起增压器振动,这种情况虽少见,但在 BBCVTR631 - 1N 型增压器上曾出现过,而且一般不易发现是由此引发的振动故障。

三、增压器的拆装与校中

废气涡轮增压器是高速回转的精密机械,一般检修人员对其抱有惧怕心理,不敢进行拆卸和安装。这是由于对其了解和掌握不够所致。为了正确管理和保养增压器,正确地排除故障和处理异常情况,就必须熟悉增压器的内部结构、工作原理,掌握其拆装顺序和要求,就会保持增压器良好的技术状态。

1. 拆装增压器的要求

(1)认真阅读增压器说明书,结合实际掌握增压器内部结构,即压气机和涡轮的结构形式、轴承的结构形式、润滑方式、叶轮与转子轴的连接方式、密封装置的形式与位置、各零部件的相对安装位置、配合间隙等。在掌握内部结构和明确要求的前提下,才能进行增压器的拆装,拆装时才能做到心中有数。

(2)拆卸时正确使用随机专用拆装工具,才能保证顺利地拆装。按照规定的拆卸顺序和要求进行,不可破坏零部件原有的精度与表面粗糙度,尤其是轴承和轴颈工作表面,应清洁、上油,防止生锈。拆下的相关零件的相对位置必要时打上记号,以免产生安装错误。

(3)安装时应严格按照说明书的安装顺序和要求、规定的装配间隙进行增压器的组装,并按照一定的方法进行间隙检验与调整,以保证转子与壳体的对中性,保证增压器可靠地运转。

2. 增压器拆装顺序

在对增压器结构了解、要求明确的基础上进行拆卸和安装。在船上拆装增压器,不必拆下增压器壳体,只需拆下转子进行检修。下面以 VTR400 为例简要说明拆下和安装转子的顺序。

(1)拆卸压气机端:拆开放油旋塞,放出润滑油;拆下轴承端盖;拆下油泵(自带油泵式);拆下整个轴承组,并用蜡纸包好,以免弄脏。

(2)拆卸涡轮机端:拆下放油旋塞放出轴承箱中的润滑油;拆下轴承端盖;拆下油泵(自带油泵式)。

拔出轴承的内部零件:轴向减震弹簧片组、滚柱轴承外座圈等。把轴承零件用蜡纸包好,以免弄脏。

(3)拆下压气机端的空气进气壳。

(4)把转子从压气机端抽出并用两个木墩支承使之立放。在重新安装前应把轴承箱清洁干净、轴承备件准备好、自带油泵轴线进行检查。按与拆卸相反的顺序进行安装。最后测量压气机端的 K 值,并应符合要求。

3. 涡轮增压器的主要装配间隙

增压器是高温下高速回转的精密机械,为了保证正常运转,必须严格控制运动件与固定件之间的配合间隙。间隙太小,引起擦碰,如叶片与壳体、密封装置与壳体相碰,轻者损坏零件,重者造成严重的事故;间隙过大,漏气损失增大,使增压器的效率大大降低。

增压器的主要装配间隙如图 2-2-8 所示。图中间隙 A 为压气机端导风轮与壳体的径向配合间隙;间隙 B 为扩压器与壳体的轴向间隙;间隙 L 为压气机叶轮与壳体之间的间隙;间隙 M 为压气机叶轮背面与气封板之间的轴向间隙;间隙 D 为轴流式涡轮叶片与喷嘴叶片之间的轴向间隙;间隙 E 为轴流式涡轮叶片与喷嘴外环之间的径向间隙;N 为转子轴向串动量,或者说是转子轴向热膨胀量。

以上各间隙随机型而异,具体数值在增压器说明书中均有明确规定。

注意:拆装时,转子轴上的运动件均有确定位置,不可改动,轴上的零件也不允许随便更换,以免破坏动平衡精度和与固定件的配合间隙。

4. 增压器的校中

增压器重新安装后应检查运动件(转子)与固定件(增压器)壳体之间的相对位置关系,即进行校中检验。但只有在增压器检修更换零件后才进行,一般分为粗略检验和精确测量检验。

粗检是手动增压器转子使之回转,倾听转动时有无擦碰声音。如果有擦碰说明转子对中不良,应查明原因予以消除。

精检是在粗检合格后采用测量方法进行校中检验。

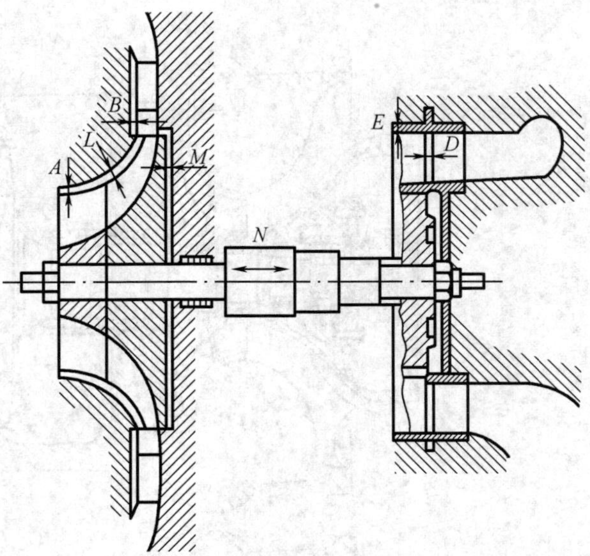

图 2-2-8　增压器的装配间隙

(1)主要测量间隙

①间隙 N　N 为压气机端推力轴承与转子轴端面之间的轴向间隙,即转子的轴向窜动。使在保证转子轴向热膨胀的情况下不会产生压气机叶轮或气封与增压器壳体相碰。

②间隙 L　L 为压气机叶轮前方与壳体之间的间隙。

③间隙 M　M 为压气机叶轮背面与气封板之间的轴向间隙。

(2)测量方法

①测量 N　测量前首先取下增压器两端的轴承端盖,分别在转子轴的左、右端施以轴向推力,使转子轴分别处于左、右两个极端位置,分别测出转子轴端面至压气机壳体端面之间的距离 khk_4 值,则止推轴承处的轴向间隙 $N=K_3-K_4$。如 VTR630 型增压器的止推轴承轴向间隙 $N=0.17\sim0.23$ mm。

②测量 K　为了测量压气机叶轮前后的间隙 L 和 M,先使转子轴恢复到不受轴向力作用的状态,然后测量出转子轴左端面至压气机壳体端面的距离 K,如图 2-2-9(a)。

③测量 L　旋出压气端的连接螺钉 2 的长度约 5 mm,在涡轮端转子轴上施一轴向推力,使转子轴向左移动,此时间隙 L 消失,测量转子轴左端面至压气机壳体端面的距离 K_1,则压气机叶轮前方与壳体之间的间隙 $L=K-K_1$,如图 2-2-9(b)。VTR631 型增压器 $L=1.055\sim1.665$ mm。

④测量 M　将螺母 4,5 及甩油环 6 拆下,在转子轴右端装一吊环螺钉,将转子轴向右拉动,使间隙 M 消失,测量转子轴左端面至压气机壳体端面的距离 K_2,则压气机叶轮背面与气封板之间的间隙 $M=K_2-K$,如图 2-2-9(c)。VTR631 型增压器 $M=0.275\sim1.185$ mm。

当各间隙值符合要求时说明增压器转子与壳体对中性良好,否则应查明原因,调整后再度测量。

5. 转子动平衡试验

机器运转时,除了做等速移动的构件和做等角速回转运动且惯性主轴(回转主轴)通过其质心的构件外,做其他运转的构件均会产生惯性力。惯性力的大小和方向随机器运转做周期性的变化。这种不平衡惯性力将加速机器中运动副的磨损和使机器产生振动,特别是高速、精密机器更为严重。为此应使惯性力得到平衡，消除或减轻振动。

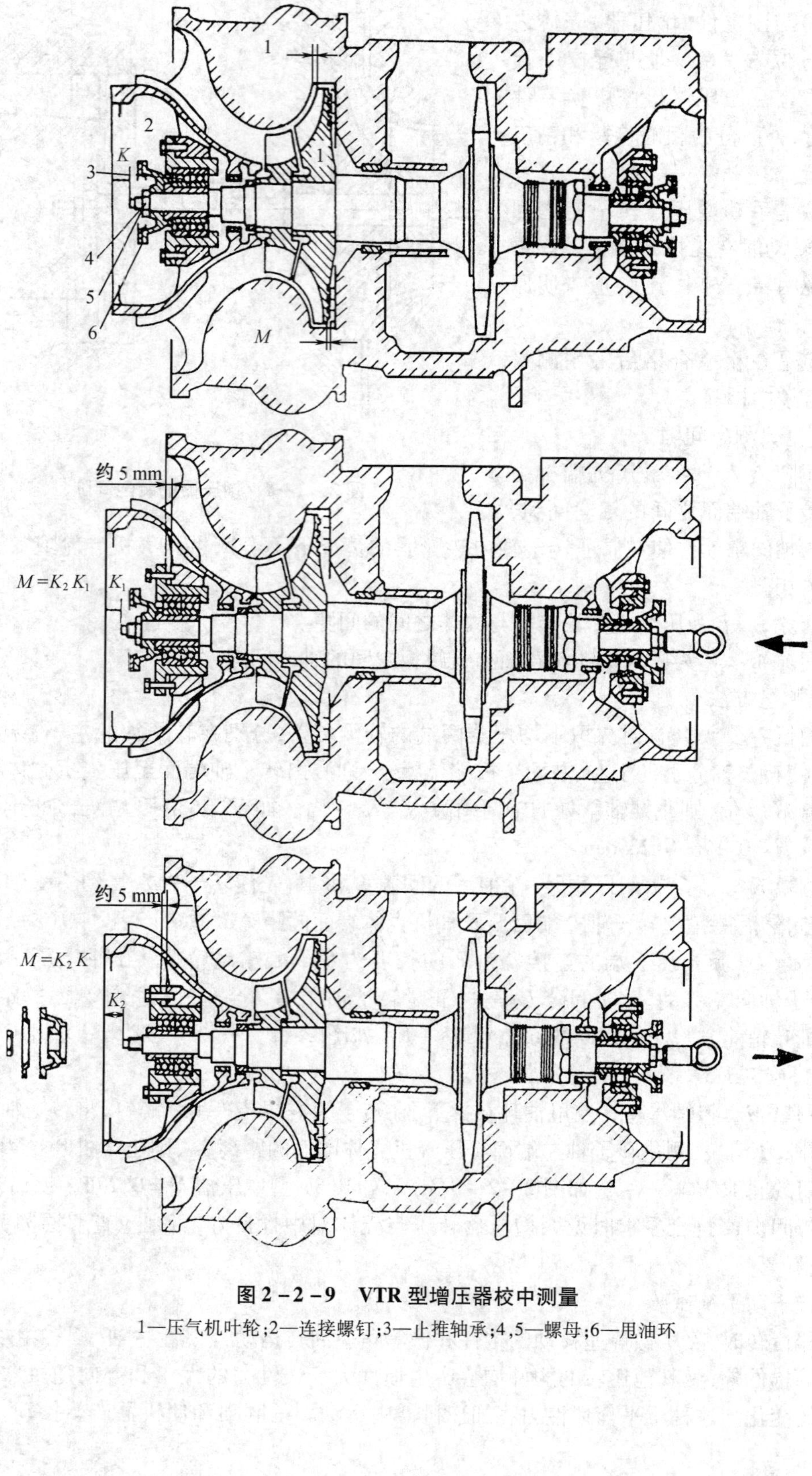

图 2-2-9　VTR 型增压器校中测量

1—压气机叶轮；2—连接螺钉；3—止推轴承；4，5—螺母；6—甩油环

(1)刚性回转件的平衡

绕固定轴回转的回转件常因结构不对称、质量分布不均匀等在回转时产生不平衡。刚性回转件的平衡分为两种:

①质量分布在同一回转面内的构件轴向长度小于直径的回转件,如螺旋桨、叶轮、砂轮、飞轮等,可视为质量近似分布于同一回转面内。当回转件以等速回转时,所产生的离心惯性力构成汇交于回转中心的平面汇交力系。为了平衡惯性力,在同一回转平面内增加一定的平衡质量(或相反位置减去),使其产生的离心力与原有质量所产生的离心力的向量和等于零,该力系为平衡力系,回转件达到平衡状态,在任何位置可保持静止。这种平衡称为静平衡。

②质量分布不在同一回转面内的构件轴向长度大于直径的回转件,如电机转子、增压器转子、多缸柴油机曲轴等,不能视为质量近似分布于同一回转面内。回转件转动时产生的离心力不再是平面汇交力系,而是空间力系。这类构件采用静平衡方法不能解决其转动时的不平衡。为了要完全平衡离心力,可以任意选定两个平面,将各不平衡质量所产生的惯性力分解到两个平面上,从而将空间力系的平衡转化成两个平面上汇交力系的平衡。只需将两个平面内分别加以适当的平衡质量,使两个平面内的惯性力的向量和均为零,离心力所引起的力偶矩向量和也等于零,回转件达到完全平衡。这种平衡称为动平衡。

(2)回转件的平衡试验

对于经过平衡计算并安装了平衡重力的回转件,理论上虽说惯性力完全得到平衡。但是由于计算、制造和安装的误差以及由于材料的不均匀、毛坯缺陷等,使回转件实际上仍然存在不平衡。因此必须通过平衡试验来测定不平衡重力的大小和方位,然后再用加重或减重的方法予以平衡。此外,由于生产中的许多回转件结构复杂,难以进行平衡计算,往往也是通平衡试验的方法进行平衡。营运船舶的增压器转子上零部件经修理或更换时也必须进行平衡试验,船舶螺旋桨桨叶变形或经修理后也须进行平衡试验。

根据回转件的结构和转速平衡试验分为静平衡试验和动平衡试验,如表 2-2-1 所示。

表 2-2-1　平衡试验

平衡试验	回转件直径 D 与其长度 L 比值	工作转速
静平衡	$D/L \geqslant 5$	任何转速
动平衡	$D/L \leqslant 1$	$n > 1\,000$ r/min

①静平衡试验　静平衡试验是为了测定 $D/L \geqslant 5$ 的回转件不平衡重力的大小和方向,确定平衡重力的大小、位置和进行调整,使之达到静平衡要求。这种测量方法称为静平衡试验法。

静平衡试验是将回转件安装在专用心轴上,然后一并装于静平衡试验架上(导轨式或轴承式)。若回转件重心偏离回转轴,所产生的静力矩作用于回转轴,回转件在导轨上滚动或在轴承支架上转动,待运动停止后重心部位处于最低位置。由此确定重心偏离方位,在其反向加平衡重力,逐步试验调整平衡重力的大小和位置,直至回转件在任意位置均可静止不动。最后在回转件上确定部位去掉实测的重力,回转件达到静平衡。

②动平衡试验　动平衡试验是为了测定 $D/L \leq 1$ 的回转件不平衡重力的大小和方位。由于不平衡重力不是在一个回转平面内和不平衡惯性力偶矩不可忽略,必须在任意两个回转平面内分别加一适当的平衡重力才能达到平衡。利用动平衡试验机使回转件在其上试验,测定两个选定平面内所需加的平衡重力或重径积的大小和方位,从而使回转件达到动平衡。

生产中使用的动平衡试验机种类很多。一般机械式动平衡试验机是利用补偿重径积法求不平衡重径积的原理。此外,还有利用电子技术测量校正面内不平衡量的各种动平衡试验机。激光动平衡试验机、带真空筒的大型高速动平衡试验机和整机平衡测振动平衡仪等,为高速、高精度、高生产率和大型挠性回转件的动平衡试验提供了先进的测试技术。

(3)平衡精度

回转件通过平衡试验后,已将不平衡惯性力及其引起的动力效果减少到相当低的程度,但还会有些残存的不平衡存在。这种残存的不平衡愈小,不平衡惯性力的不良影响就愈小,回转件的平衡状况就愈好。所以,把回转件经平衡后的不平衡程度称为平衡精度。它是用来度量回转件不平衡程度的物理量。

对于质量分布在同一平面内,轴向长度较小的回转件,假定其为一重心与回转中心重合的薄圆盘,当距回转半径为 R 处有一不平衡重力(或不平衡力)F 时,回转件的不平衡度为 $F \cdot R$(N·m),或称为重径积。它反映了不平衡惯性力的大小和方向。

不平衡惯性力造成的不良影响由其在轴承中引起的附加负荷和振动振幅来衡量。轴承附加负荷与回转件的重径积、回转角速度有关;振动振幅与重径积、轴承刚度和回转件整机质量有关。所以仅仅依据回转件的重径积大小是不足以表达出不平衡惯性力所造成的不良影响。用重径积表示回转件的不平衡度,没有反映出其与回转件质量的关系。因为同一不平衡度值相对于不同质量的回转件来说,精度是不同的。例如,重径积为 0.5 N·m 的不平衡度对于 500 kg 和 5 kg 的转子的精度不同。所以,应采用回转件的不平衡度(重径积)与其质量中心上的重力之比来表示回转件的平衡精度,即

$$e = \frac{FR}{G}$$

式中　e——偏心距或偏移量,mm;

G——回转件的重力,N。

偏心距 e 是回转件重心相对于回转中心的距离,或称平衡精度。例如,当回转件的偏心距 $e = 10^{-6}$ m 时,说明回转件重心相对于回转中心偏移 1 μm 或 0.001 mm。

对于动平衡试验的回转件,则应以两个选定平面上的代替重力和平衡重力的总重心的偏心距 e 和回转件角速度 ω 的乘积表示惯性力的不良影响,即平衡精度。

目前,我国尚未定出平衡精度的标准,一般均是以回转件的许用偏心距[e]与回转件的角速度 ω 的乘积[e]ω 表示回转件的平衡精度,并按[e]ω 分级,如表 2-2-2 所示。图 2-2-10 为各种平衡精度等级下,因转件最高转速与许用偏心距 e 的关系。

对于静不平衡回转件,由图 2-2-10 中所查到的[e]与回转件重力 G 的乘积即为该回转件的许用重径积[e]·G;对于动不平衡回转件,则是在求得许用重径积[e]·G 后,再将它分配到两个平衡基面上去。

表 2-2-2　各种典型刚性回转件的平衡精度等级

精度等级 G	平衡精度 $[e]\omega$①/1 000 /(mm/s)	典型刚性回转件示例
G4000	4 000	刚性安装的具有奇数气缸的低速②船用柴油机曲轴传动装置③
G1600	1 600	刚性安装的大型二冲程发动机曲轴传动装置
G630	630	刚性安装大型四冲程发动机曲轴传动装置,弹性安装的船用柴油机曲轴传动装置
G250	250	刚性安装的高速四缸柴油机传动装置
G100	100	六缸和六缸以上高速②柴油机曲轴传动装置、汽车和机车用发动机整体(汽油机或柴油机)
G40	40	汽车轮、轮缘、轮组、传动轴、弹性安装的六缸或六缸以上的高速四冲程发动机(汽油机或柴油机)曲轴传动装置、汽车和机车用发动机曲轴传动装置
G16	16	特殊要求的传动轴(螺旋桨轴、万向联轴器轴)、破碎机械的零件、农业机械零件、汽车和机车发动机(汽车机或柴油机)部件、特殊要求的六缸或六缸以上的发动机曲轴传动装置
G6.3	6.3	作业机械零件、船用主汽轮机齿轮(商船用)、离心机鼓轮和风扇、航空燃气轮机转子部件、泵的叶轮、机床及一般机械的回转零件和部件、普通电机转子、特殊要求的发动机部件
G2.5	2.5	燃气轮机和汽轮机的转子部件、刚性汽轮发电机转子、透平压缩机转子、机床主轴和驱动部件、特殊要求的大型和中型电机转子、小型电机转子、透平驱动泵
G1.0	1.0	磁带记录仪及录音机驱动部件、磨床驱动部件、特殊要求的微型电机转子
G0.4	0.4	精密磨床主轴、砂轮盘及电机转子、陀螺仪

①ω 为回转件转动的角速度(s^{-1});$[e]$为许用偏心距(μm)。

②按国际标准,低速柴油机的活塞速度小于 9 m/s,高速柴油机的活塞速度大于 9 m/s。

③曲轴传动装置是包括曲轴、飞轮、离合器、带轮、减振器、连杆回转部分等的组合件。

六、增压器损坏后的应急措施

航行中,当废气涡轮增压器发生严重故障时,既不能修理又无法继续使用,这种情况下只有停止增压器运转。但是废气涡轮增压器与柴油机是联合装置,工作密切相关,增压器停止工作后必须采取相应措施保证柴油机的可靠运转。根据柴油机废气涡轮增压方式、增压器的数量和损坏程度的不同,所采取的应急措施也不一样。具体做法可依增压器说明书的规定进行。一般原则如下:

1. 航行中主机增压器损坏时的处置原则

(1)为避免事故继续扩大,在海况、海域等情况允许时应立即停车进行检修。

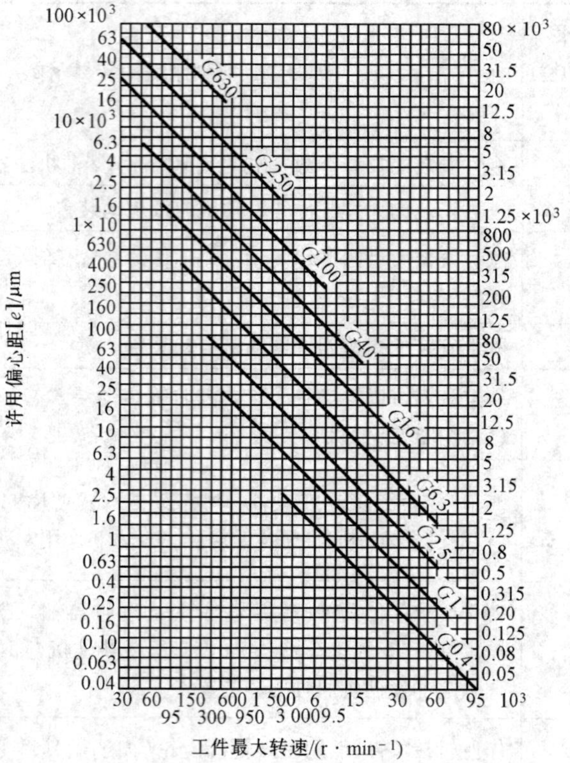

图 2-2-10　回转件许用偏心距图

(2)在海况及海域等情况恶劣时,如风浪太大或航行在狭水道等不允许停车的特殊情况下,应使主机转速降至较低水平保持船舶航行。

2. 对损坏增压器的应急处置

(1)允许短时停车时,锁住转子。当主机增压器损坏停止工作时,主柴油机仍要继续运转,以保证船舶继续航行。为了防止废气冲击转子,应将转子锁住。

定压增压系统中的增压器损坏时,只需锁住转子的压气机端;脉冲增压系统中的增压器损坏时,需锁住转子的两端,因为废气脉冲压力使转子产生过大的扭矩,仅锁住一端是不够的。

一般原则:当柴油机的平均有效压力≥0.5 MPa(或平均指示压力>0.57 MPa)时,就应锁住转子两端。

当柴油机设有旁通排烟管时为最佳,废气由此排放大气不再流经增压器;当柴油机无此设施时,废气不断地流经锁住的转子后排至烟囱。废气不断地加热转子,热量传至压气机端使叶轮有过热的危险。为此需要一定量的空气循环流过压气机进行冷却。对于仅设一台增压器的四冲程柴油机,吸入的空气流经停用的增压器,自然进行冷却。对于具有两台增压器的二冲程柴油机,当一台增压器损坏停用时,为防止扫气箱的新气倒灌而漏损,在锁住转子的增压器空气出口安装封闭的盖板,并在盖板上开一小孔,使由此小孔漏过的空气冷却压气机叶轮。封闭盖板上的通气小孔随增压器型号不同而异。例如,VTR400 型增压器通气小孔直径为 25 mm;VTR500 型孔径为 40 mm。

利用随机专用工具锁住转子，并按说明书操作。转子锁住后，增压器壳体继续冷却，但应停止其轴承润滑。

增压器损坏后锁住转子的应急措施，具有简便、缓解故障和防止事故扩大的优点，但转子受到高温废气和自重作用，短时间尚可，长时间作用将会引起转子变形。

(2) 允许长时间停车时，可拆除转子。增压器损坏后由于时间充裕，可采用拆除转子及在增压器壳体两端和中间安装封闭盖板的措施，如图 2-2-11 所示。此法不仅防止事故扩大，还使转子受到较好的保护，但工作量较大，需要较长的工作时间。

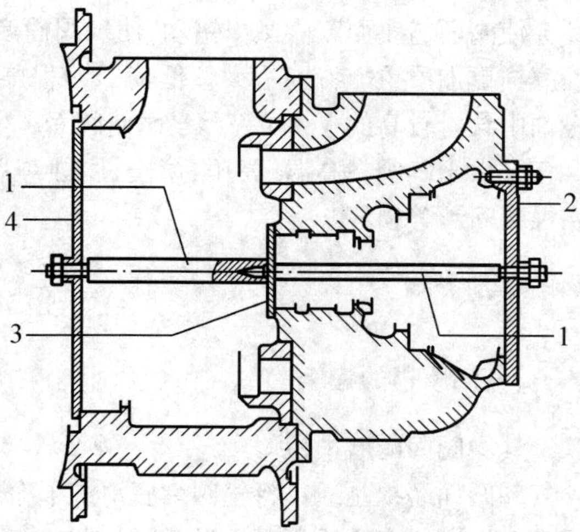

图 2-2-11　增压器转子拆除后装加封闭盖板

1—拉杆；2,3,4—盖板

维修任务三　气阀的维修

【学习目标】

1. 掌握气阀常见的故障。
2. 掌握气阀的检修方法。
3. 掌握气阀更换的方法。

【学习任务】

1. 了解气阀的结构和工作原理。
2. 气阀的破坏形式。
3. 气阀故障的检修方法。

【环境设备】

研磨工具。

【背景知识】

四冲程柴油机的进、排气阀和二冲程直流扫气柴油机的排气阀是燃烧室的组成零件，直接受到高温高压燃气作用，承受着很高的热负荷，尤其是排气阀还受着排气气流的冲刷和加热，温度更高。在高增压柴油机上，排气阀阀盘的温度可达 650~800 ℃；进气阀由于新气的冷却作用，温度相对低一些，可达 450~500 ℃。

常见的气阀的损伤有气阀阀盘锥面与阀杆的磨损，阀面的烧伤与高温腐蚀，阀盘与阀杆的裂纹及阀杆的弯曲变形等。

气阀在关闭时，阀盘锥面和阀座座面不断地相互撞击，致使阀面产生塑性变形，出现凹坑、拉毛现象。高温下金属易变形,阀面损伤更加严重。又由于在高温燃器作用下,爆发压力还会使阀面与座面产生微小错动,使气阀面产生磨损。当有磨损产物、灰分和碳粒等时,阀面磨损更加严重。特别是大型低速二冲程柴油机用重油,不仅使阀面磨损加剧,还会由于燃油中含有较高的V,Na等元素而使阀面产生高温腐蚀。

正是由于气阀在高温、高压、撞击、腐蚀等恶劣条件下工作,因此会产生磨损、烧伤、高温腐蚀和断裂等损坏。

【操作指导】

一、气阀磨损的检修

1.气阀阀面的磨损检修

气阀阀面磨损是通过将气阀彻底清洗干净后检查发现阀面上的磨损凹坑,阀线变宽超过规定值。阀线变宽或模糊不清,使气阀与阀座关闭不严,燃气漏泄,引起阀面和阀座的烧伤、柴油机功率下降等一系列危害。

阀面磨损较轻时,可进行阀与阀座的研磨使阀线恢复;阀面磨损严重时,采用手工电弧焊进行堆焊修复。

2.阀杆磨损检修

气阀阀杆在气阀导管内作往复运动,使阀杆和导管产生磨损,二者的配合间隙增大,产生冒烟、漏气或机油沿导管进入燃烧室的现象,不仅机油耗量增加且使燃烧室积炭加重。

气阀阀杆的磨损检测:可在平台上或车床上对气阀阀杆外圆进行测量,计算出阀杆的圆度误差和圆柱度误差,并与标准比较。当超过标准要求时,可采用镀铬或镀铁工艺修复阀杆,也可以采用喷涂或喷焊工艺修复。

二、气阀阀面腐蚀的检修

气阀阀盘锥面上产生麻点腐蚀或阀盘边缘出现烧穿的孔洞等均是由于阀与阀座关闭不严,高温燃气漏泄使气阀过热、氧化或金属中元素烧损造成,以及燃用重油和气阀温度过高引起的高温腐蚀的结果。

气阀阀面烧穿出现边缘孔洞应报废换新。出现麻点、腐蚀时可采用机械加工修复,也可采用电弧焊接、喷涂或喷焊工艺修复。修复后气阀装入阀座与锥面接触面积不得少于原接触面积的1/3。

三、气阀裂纹的检修

阀盘与阀杆过渡圆角处和阀杆上端凹槽处易发生裂纹和断裂。气阀断裂后落入气缸将会引发波及性事故:击碎气缸盖、活塞和气缸套等。阀盘和阀杆裂纹肉眼外观检查,不得有直观裂纹存在;阀杆直径大于20 mm的发纹,在纵向同一位置上不得有多于两处的发纹。

阀盘与阀杆产生裂纹或断裂,应换新气阀。

阀杆的弯曲变形可在平台或车床上用百分表检验,超过要求时应采用加压校直法予以校正。

维修任务四　重要螺栓的维修

【学习目标】

1. 掌握连杆螺栓的检修和安装。
2. 掌握贯穿螺栓的检修和安装。
3. 掌握底脚螺栓的检修和安装。

【学习任务】

1. 掌握各种柴油机重要螺栓检修中，螺栓的检测方法。
2. 重要螺栓在安装中应注意的事项。

【背景知识】

船用柴油机有各种用于不同作用的连接螺栓，主要有贯穿螺栓、连杆螺栓、主轴承螺栓、缸盖螺栓、底脚螺栓等。这些螺栓都各自具有不同的重要作用，不仅要保证连接强度，而且还要承受运转和安装时各种力的作用，为了保证柴油机的安全可靠运转，对这些重要螺栓在平时的维护保养就显得尤为重要，下面就贯穿螺栓、连杆螺栓和底脚螺栓的检修进行介绍。

【环境设备】

液压拉伸器。

【操作指导】

一、连杆螺栓的检修

连杆螺栓是连接连杆大端轴承的重要零件，连杆在工作时受到很大的拉伸应力，装配时受到很大的预紧力，但由于受到曲柄销直径和连杆大端外廓尺寸的限制，连杆螺栓的直径相对比较小。

连杆螺栓虽然较小，但很重要，因为一旦连杆螺栓断裂破坏，将会引发柴油机的破坏性事故，并将造成缸盖、缸套、活塞、连杆和曲轴的损坏，甚至会造成机体被打破。为此对连杆螺栓平时的维护保养绝不可掉以轻心。

连杆的常见损坏形式有螺纹的变形、螺栓的拉长或颈缩、螺栓弯曲变形、裂纹、螺栓与螺母配合松动等。

1. 连杆螺栓的检测

(1)外观检查

检查螺栓表面有无肉眼可见的缺陷，有无碰伤、拉毛、变形、裂纹、螺纹损坏、螺栓与螺母松动等缺陷。

(2)裂纹检查

采用放大镜、着色探伤或磁粉探伤等方法检查螺栓的各圆角、螺纹之间的过渡处有无裂纹。

(3)测量螺栓长度

测量螺栓长度的目的是发现螺栓的永久变形。四冲程柴油机连杆螺栓伸长量超过原设计长度的2%时即应报废换新。

螺栓的伸长或颈缩大多数是由于安装时用力过大所致,或是柴油机发生拉缸、咬缸时使连杆螺栓受到过大应力的结果。安装螺栓时,由于错误地认为螺栓拧得越紧越好,以致上紧力超过螺栓的拉伸弹性变形限制而造成螺栓变形或断裂。

2. 安装连杆螺栓时的注意事项

为了防止连杆螺栓安装不当引起变形或断裂,安装时应注意以下几点:

(1)安装前,认真进行外观检查和清洁,并检测螺栓与螺母的配合情况,应无卡阻松动现象。

(2)上紧螺栓的方法和预紧力的大小均应按柴油机安装说明书的规定进行,因为预紧力的过大或过小或各螺栓的预紧不均等均要影响其工作可靠性。

(3)检修中不可以随意调换连杆螺栓与其原装配孔的关系,因为连杆螺栓与装配孔属于过渡配合,需用小锤轻轻敲入螺栓。随意调换将影响配合关系,过紧、过松均影响连杆螺栓的可靠工作。

二、贯穿螺栓的检修

在十字头式柴油机中,贯穿螺栓的作用是把气缸体、机架和机座连成一体。在筒状活塞式柴油机中,贯穿螺栓把机体和机座连接成一整体。贯穿螺栓是柴油机中最长和最重的螺栓。在柴油机运转中容易发生贯穿螺栓松动、螺母锈死和螺栓伸长变形等缺陷。

1. 贯穿螺栓松动检查

柴油机在运转中时刻受到拉伸变形的影响,柴油机在停止运转时不再受到拉伸变形影响而开始恢复原形,贯穿螺栓在这交变应力的影响下会产生一些长度上变形,造成贯穿螺栓的松动,贯穿螺栓的松动将会引起柴油机的震动、曲轴臂距差的变化,使柴油机不能正常工作,为此,柴油机每运转一年左右的时间就必对贯穿螺栓的上紧程度进行一次检查。贯穿螺栓预紧力检查程序如下:

(1)拆除全部贯穿螺栓上的保护罩,清洁上中间环的上平面。

(2)将两只液压拉伸器分别安装到对称的贯穿螺栓上,如图2-2-12所示。

(3)开动油泵,泵压至60 MPa并保持不变。

(4)用塞尺通过检查孔K测量贯穿螺栓上螺母与上中间环之间的间隙。如有间隙,则用圆棒R上紧螺母直至S处间隙消失,达到要求的预紧力。释放油压,并拆除拉伸器。

(5)加贯穿螺栓螺纹防腐油和安装保护罩。

2. 贯穿螺栓的检修

贯穿螺栓除了容易发生松动以外,

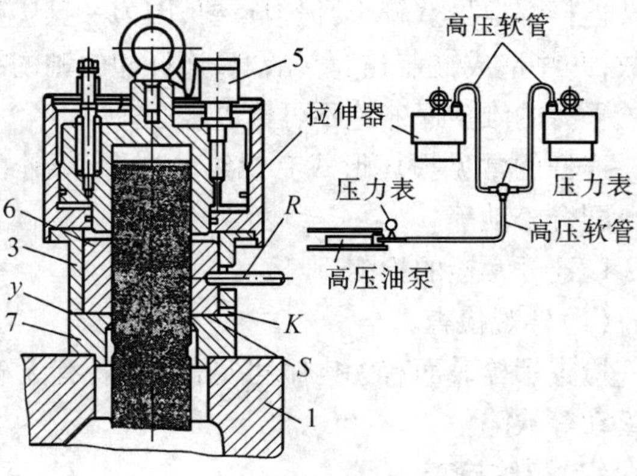

图2-2-12 贯穿螺栓的安装

还会发生裂纹和断裂事故。贯穿螺栓产生裂纹和断裂除了与贯穿螺栓的本身材质和制造质量有关外,最主要还是安装的预紧力是否符合说明书规定及各螺栓的预紧力是否均匀等问题。在日常维护管理中应加强对贯穿螺栓的检查,及早发现断裂的贯穿螺栓并及时更换。为了防止贯穿螺栓断裂,在安装时应注意以下几点:

(1)严格按照说明书规定的预紧力的大小和上紧顺序安装贯穿螺栓,不准螺栓上得过紧或过松,一定要成对进行;

(2)按照说明书的规定每年进行一次贯穿螺栓预紧力的检查;

(3)贯穿螺栓应与螺栓孔同心,以防贯穿螺栓受到附加弯曲应力的作用;

(4)加强贯穿螺栓的日常维护管理。

三、底脚螺栓的检修

柴油机机座安装在船体的双层底的基座上,底脚螺栓的作用就是将机座固定在基座上,以抵抗柴油机在运转中产生的剧烈震动、船舶航行中的猛然摇摆并防止机座位移。

柴油机在机舱的位置经校中定位后,是用底脚螺栓将机座与基座和它们之间的固定垫块和活动垫块连接在一起,牢固地固定在船体双层底上。这种刚性连接方式结构简单、安装方便、工作可靠,但劳动强度大、效率低。

底脚螺栓的日常维护保养:

(1)经常用小尖锤敲击螺栓,以检查螺栓在震动的影响下是否产生松动;

(2)对于损坏的紧配底脚螺栓,应重新予以铰配换新紧配螺栓。

项目三　船舶柴油机曲轴维修

维修任务一　曲轴的维修

【学习目标】

1. 掌握曲轴常见的破坏形式。
2. 曲轴的检修方法。
3. 曲轴臂距差的测量。
4. 理解主轴承高低的影响因素。
5. 掌握疲劳破坏防范措施。

【学习任务】

1. 曲轴磨损、裂纹的检修方法。
2. 曲轴的红套滑移。
3. 曲轴臂距表的使用。
4. 主轴承高度的判断。
5. 曲轴的验收。

【环境设备】

1. 曲轴臂距表。
2. 桥规。

【背景知识】

曲轴是柴油机的重要零件之一。曲轴的作用是把活塞的往复运动变成曲轴的回转运动,汇集并输出各缸的功率。曲轴的形状复杂、刚性差,其质量占整台柴油机质量的7% ~15%,造价占柴油机造价的10% ~20%。曲轴发生损伤将直接影响船舶的安全和正常营运,并造成重大的经济损失。曲轴常见损伤有轴颈的磨损、腐蚀,裂纹和红套滑移。

一、曲轴轴颈的磨损

柴油机曲轴的主轴颈与主轴承是一对做回转运动的运动副;曲柄销颈与连杆大端轴承是曲柄销颈在摆动的大端轴承内作回转运动的运动副。

曲轴在正常运转时,主轴颈与主轴承、曲柄销颈与连杆大端轴承虽然处于液体动压润滑的条件下,但是由于诸多变化的和偶然的因素影响,使运动副实际上处于混合摩擦状态,产生不可避免的磨损。轴颈磨损后失圆,横截面出现圆度误差,纵截面出现圆柱度误差。轴承磨损后使轴承间隙增大。在正常磨损情况下轴的磨损较小,轴瓦磨损较大。

(1)同一台柴油机曲轴的各主轴颈和曲柄销颈的磨损量不同。一般直列式柴油机的连杆轴承负荷较主轴承负荷大,所以曲柄销颈磨损较主轴颈大些。V型柴油机恰好相反,是主轴颈磨损大。

(2)曲轴轴颈在轴向和周向的磨损不均匀。曲轴在运转中,其轴颈不但因磨损导致直径减小,而且因磨损不均匀而产生圆度及圆柱度误差,有时也出现凸台。曲轴轴颈在轴向不均匀磨损产生圆柱度误差,一般以曲柄销颈严重。轴颈轴向不均匀磨损可能是连杆安装不正、连杆或曲轴存在弯曲变形等致使轴颈在轴向受力不均造成的。

曲轴轴颈在周向不均匀磨损产生圆度误差,是由于柴油机运转时,曲轴回转一周在轴颈上作用力的大小和方向均是变化的,轴颈受力大的部位也是理论磨损大的部位,但是还与实际的润滑、间隙等有关。

轴颈产生圆度误差的原因从根本上说,是曲轴运转时,在每一个循环中轴颈上所受力的大小和方向是不断变化的,即由柴油机工作循环本身的特点造成的。而不均匀的程度取决于柴油机的类型、气缸数目与排列顺序、曲柄夹角以及发火顺序等。

对于四冲程柴油机,曲柄销内侧(即靠近曲轴轴心线的一侧)磨损比其外侧(即远离曲轴轴线的一侧)要大些。这是由于四冲程柴油机在运转时,曲轴在一个工作循环中,只有在燃烧冲程内,其曲柄销外侧才受到作用力而使之磨损,而在其余三个冲程期间,由于连杆大端所产生的惯性离心力大大超过往复运动部分的重力,从而迫使连杆具有与曲柄销脱离的倾向,这使得连杆大端轴承经常压在曲柄销的内侧。在这种不等速运动的惯性力引起的摩擦力作用下,曲轴销内侧磨损较大。主轴颈受力方向与曲柄销受力方向相反,所以在靠近曲柄销一侧,主轴颈磨损也较大。

二冲程柴油机曲柄销的磨损情况与四冲程柴油机相反,即曲柄销外侧比内侧磨损大些,而其主轴颈的磨损则是远离曲柄销的一侧大。这是因为爆发压力远比离心力大,因此曲柄销外侧所受的摩擦力较大。

轴颈产生圆柱度误差,一般是曲柄销比主轴颈严重,通常磨成锥形。曲柄销磨损产生圆柱度误差的主要原因有以下几种:

(1)活塞连杆部件安装不正,使曲柄销全长上所受的压力不均匀;

(2)连杆或曲轴的弯曲与扭曲以及缸套的轴向偏斜使曲柄销在全长上受的压力不均匀;

(3)滑油孔中的滑油在离心力和压力作用下,使其中的硬质点夹杂物多集聚在轴颈的一端,如图2-3-1所示。

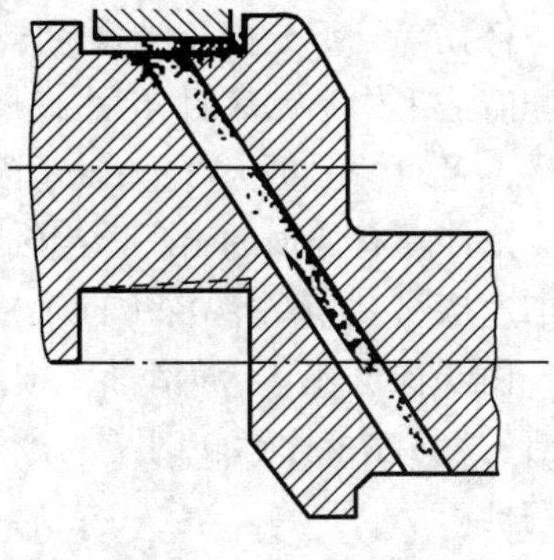

图2-3-1　曲轴销磨成锥形示意图

主轴颈的磨损情况要比曲柄销复杂一些,因为它受前后曲柄销的综合影响。但曲柄销的磨损比主轴颈快,这是因为曲柄销的工作状况比主轴颈差。主轴颈仅作单纯的回转运动,且润滑条件好,易形成油膜;曲柄销运动较复杂,润滑条件差,不易形成油膜,加上惯性力的影响,因而磨损较快。

凸台产生的原因如图2-3-2所示。

(1)图中2-3-2(a)所示的凸台形状是出于轴承中部有环形油槽所致。由于凸起部分没有与轴承减磨合金发生摩擦,故没有磨损,凸起部分常为正确的圆柱形。

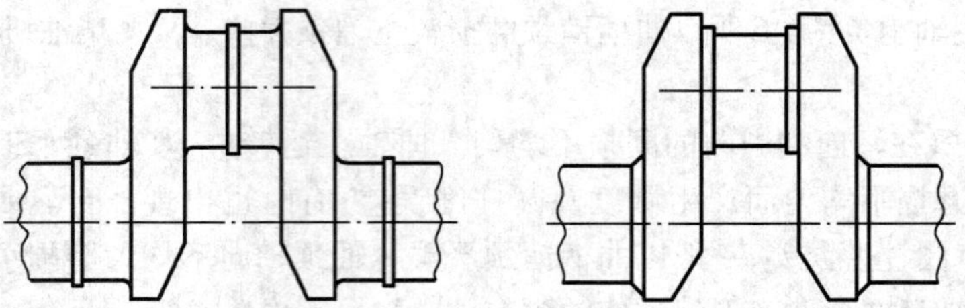

图 2-3-2　轴颈磨成凸台示意图

(2)图中 2-3-2(b)所示的凸台情况是因为连杆大端轴承长度与曲柄销不一致,曲柄销不磨损部分就形成凸台。

下列情况会加剧轴颈的磨损:

(1)润滑油品质不良

如润滑油中含酸量过多,使轴颈受侵蚀性腐蚀磨损;润滑油抗热性差,或因冷却不良,在高温下油质变稀,不易形成油膜;润滑油量不足、油泵不良或油路阻塞不畅,使油压下降;润滑油过滤不良,使灰砂、金属屑等进入润滑油内,并进入轴颈与轴承的间隙内等。

(2)工艺不当

如轴颈表面粗糙度不恰当,其参数值过大或过小,而无论哪种情况,对摩擦均产生不利影响;装配时,轴承间隙过小或过大,前者使润滑油流量小,后者会加大轴颈的振动撞击,使润滑油被挤掉,因而均不易形成油膜;轴瓦材料选择不当;曲轴未经很好平衡,振动较大处轴承润滑油局部压力急剧且波动地增加,造成杂质嵌入轴瓦,加快了轴承和轴颈的磨损等。

二、轴颈的擦伤与腐蚀

擦伤与划痕是由于轴颈的摩擦副表面间落入硬的颗粒或润滑油中有硬的夹杂物所致。当装配清洁工作不彻底时,细小切屑留存在轴瓦与轴承之间,就会引起擦伤与划痕,尤其是润滑油量不足时情况更为严重;轴承因事故烧损后,轴颈直接与轴瓦背壳接触时,会产生严重擦伤,且往往伴随有烧损的出现。当轴颈产生擦伤与划痕后,如润滑油质量不良或有水分侵入时,将会加速擦伤,划痕沿纵深方向及横向扩展,使曲轴疲劳强度降低。

由于保养不善,润滑油污损严重,会导致轴颈发生腐蚀。在柴油机停止运行时,因杂质停滞,其腐蚀将比运转时更为严重。腐蚀使轴颈表面产生小麻点,通常深约 1 mm,是应力集中的地方。

三、曲轴的折断

柴油机在运转中发生曲轴裂纹和断裂事故不为鲜见。曲轴裂纹的形式和产生的部位如图 2-3-3 中(a)所示,其中以 1,2,4 最为常见。整体式曲轴裂纹常发生在曲柄、曲柄臂和主轴颈等处;半组合式曲轴的裂纹则大多发生在曲柄销上;全组合式曲轴裂纹大多发生在铸钢曲柄臂上。裂纹的发展将导致曲轴折断,如图 2-3-3 中(b)所示。

曲轴产生裂纹的主要原因是疲劳破坏。曲轴在回转中受到各缸交变的气体力、往复惯性力和离心力以及由其所引起的弯矩、扭矩的作用。这些力不仅随曲柄转角变化,也随负荷变化。因此曲轴在这些力的作用下发生弯曲和扭转变形，产生复杂的交变应力和引起曲轴的弯曲振动、扭转振动，从而又产生很大的附加应力。曲轴的形状复杂，截面变化较多，刚性很差，存在严重的应力集中，容易产生疲劳破坏。

依曲轴产生裂纹的交变应力的性质不同，主要有以下三种疲劳裂纹：弯曲疲劳裂纹、扭转疲劳裂纹和弯曲－扭转疲劳裂纹。

1. 弯曲疲劳裂纹

曲轴的弯曲疲劳裂纹一般发生在主轴颈或曲柄销颈与曲柄臂连接的过渡圆角处，或逐渐扩展成横断曲柄臂的裂纹，或形成垂直轴线的裂纹，如图 2－3－4 所示。弯曲疲劳试验表明，过渡圆角处的最大应力出现在曲柄臂中心对称线下方。应力沿曲轴长度方向的分布使中间和端部曲柄有较大的弯曲应力峰值。因此，曲轴弯曲疲劳裂纹常发生在曲轴中间或两端的曲柄上。

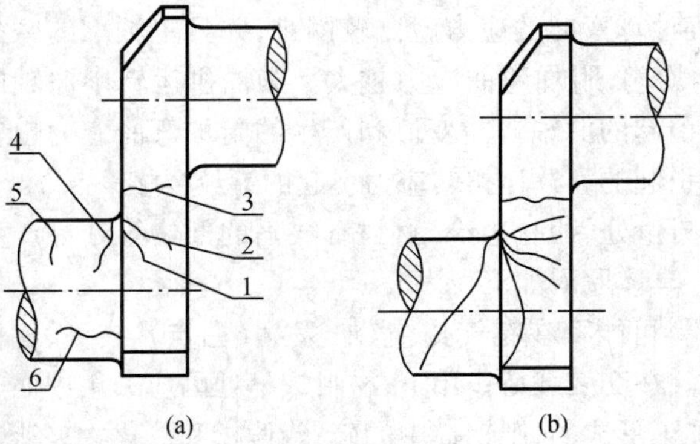

图 2－3－3　曲轴裂纹的形式和部位

1—圆角处裂纹向曲柄臂发展；2，3—曲柄臂上的裂纹；4—圆角处裂纹向轴颈处发展；5—轴颈上周向裂纹；6—轴颈上轴向裂纹

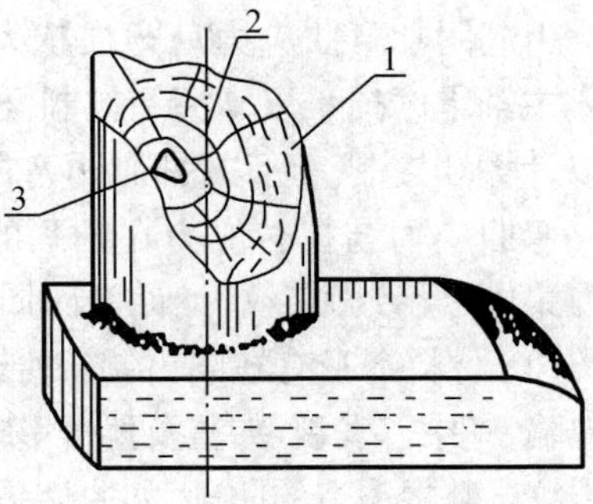

图 2－3－4　弯曲－扭转疲劳断裂

1—裂纹源；2—裂纹扩展区；3—最后断裂区

曲轴弯曲疲劳破坏通常是在发动机经过较长时间运转之后发生。因为长时间运转后发动机各道主轴承磨损不均匀，使曲轴轴线弯曲变形，曲轴回转时产生过大的附加交变弯曲应力。此外，曲轴的曲柄臂、曲柄箱或轴承支座（机座）等的刚性不足，发动机短时间运转后，曲轴也会产生弯曲疲劳破坏。

2. 扭转疲劳裂纹

曲轴在扭转力矩作用下产生交变的扭转应力，存在扭振时还会产生附加交变扭转应力，严重时会引起曲轴的扭转疲劳破坏。

扭转疲劳裂纹一般发生在曲轴上应力集中严重的油孔或过渡圆角处，并在轴颈上沿着与轴线成 45°角的两个方向扩展。这是因为轴颈的抗扭截面模数较曲柄臂的小，所以扭转疲劳裂纹多自过渡圆角向轴颈扩展，而很少向曲柄臂发展。但若同时存在较强的弯曲应力，则裂纹也可自圆角向曲柄臂扩展，造成曲柄臂弯曲断裂。

通常扭转疲劳裂纹发生在曲轴扭振节点附近的曲柄上。发生扭转疲劳裂纹的时间一般是在发动机运转初期和曲轴的临界转速位于工作转速范围内时。断面与轴线倾斜成 45°角，断面上的裂纹线近似螺旋线。

3. 弯曲－扭转疲劳裂纹

曲轴的疲劳破坏还可能是由弯曲与扭转共同作用造成。常常由于主轴承不均匀磨损造成曲轴上产生弯曲疲劳裂纹，继而在弯曲与扭转的共同作用下使裂纹扩展、断裂，最后断裂面与轴线成45°角。断口形貌如图2－3－4所示，断面上自疲劳源起约2/3的面积为贝纹区，呈暗褐色；剩余约1/3的面积为最后断裂区，断面凹凸不平，晶粒明亮。圆形波纹状纹理是弯曲疲劳造成的，放射状纹理是扭转疲劳造成的，两种纹理交织成蛛网状。弯曲－扭转疲劳裂纹有时也呈以弯曲疲劳为主或以扭转疲劳为主的破坏形式。因此，在具体情况下，应根据断面上的纹理、裂纹方向和最后断裂区进行分析判断。它是由弯曲、扭转或两者合成的交变应力所引起的，而弯曲应力是两者中的主要因素。

生产实践中，曲轴的弯曲疲劳破坏远远多于扭转疲劳破坏。这是因为曲轴的弯曲应力集中系数较扭转应力集中系数大，更主要的是扭转应力通常可根据转矩、扭转振动计算掌握，并采取有效的减振措施予以平衡，柴油机运转时避免在临界转速运转和扭转过载，曲轴的扭转疲劳破坏就会相应减少。而要准确计算弯曲的应力就比较困难，并且主轴承的磨损又会引起附加弯曲应力。磨损越大，越不均匀，附加弯曲应力越大。柴油机运转中曲轴的各道主轴承磨损难以掌握和控制，由它所引起的曲轴弯曲变形和产生的附加弯曲应力也就难以计算和控制。所以，曲轴由弯曲应力引起的裂纹比扭转应力引起的裂纹要多。

弯曲应力与扭转应力在轴颈的过渡圆角处、油孔边缘、材料有缺陷的部位等处易产生应力集中，导致微裂纹，继而向四周发展。具体原因如下：

（1）材料本身有缺陷　制造曲轴的材料可能存在有气孔、缩孔、发裂（白点）、夹渣、偏析等缺陷，其中以发裂、夹渣及偏析影响为大。在交变载荷作用下，材料缺陷处因应力集中而产生裂纹。整根锻造的曲轴，如曲柄是机械加工形成的，则钢锭中的硫、磷偏析和氧化物夹渣造成的带状组织缺陷会出现在曲柄销与曲柄臂之间的圆角处。这是该类曲轴产生裂纹的主要原因。球墨铸铁曲轴，因球化不良、球径过大等材料缺陷，会使其疲劳强度下降，从而产生裂纹。

（2）修造工艺方面的缺陷　轴颈过渡圆角半径过小，油孔边缘圆角过小，或表面粗糙度过高，甚至于表面存在加工痕迹，都会引起应力集中而产生裂纹。

在镀铬修复轴颈时，圆角处也镀上铬，则会产生残余拉应力，使疲劳强度降低，产生疲劳裂纹。

（3）维护管理不当　柴油机工作过程中，轴承间隙太大，造成严重冲击，润滑油污染或渗入水分，造成轴颈腐蚀；主轴承不均匀磨损，或机座、船机变形，使曲轴轴心线弯曲过大；经常超负荷运行，都会是裂纹产生的原因。因此，轮机管理人员在管理时要注意主轴承的温度、定期检查曲轴臂距差，以尽量避免裂纹的产生与发展。

由于曲柄臂的抗弯强度比轴颈弱，因此弯曲疲劳往往从圆角处向曲柄臂发展；与之相反，对于扭转，曲柄销比曲柄臂的抗弯强度还要弱，所以扭转疲劳裂纹大多从圆角处以与轴颈轴线成45°角的方向向曲柄销发展。

曲轴的折断，一般是因为产生裂纹后没有及时发现和修理，在继续使用中裂纹逐渐扩大发展的结果；也有因非常事故，在曲轴的薄弱处折断。

从曲轴折断处的断口形貌可以判断断裂的原因。如断面上1/2～2/3部分呈现暗褐色的贝纹状纹理，且光滑，而最后断裂部分呈粗糙晶粒状，则断裂是由弯曲疲劳所致。轴颈表面的小缺陷因受交变负荷而形成疲劳源，经发展生成裂纹，在扩展过程中由于应力的交替变化，裂纹两表面时而压紧，时而拉开，类似于研磨，从而形成断口表面的光滑区，贝纹是裂纹前沿线扩展留下的痕迹，有效承载面减少，当剩余承载面不堪承受所受应力时即会脆性折断，形成粗糙结晶区。如发现以疲劳源为出发点呈发射状线的断面，一般是扭转疲劳所致。

通常，曲轴同时受到扭转和弯曲应力作用。断面上自疲劳源起大约2/3的断面为贝纹区，贝纹与裂纹扩展方向垂直，说明为弯曲疲劳所致；同时，断面上亦有呈放射状纹理，且最后的断面与轴颈轴线呈45°角，表明最后是由于承受过大的扭转应力而折断，同时存在扭转疲劳。两者的同时存在，说明该曲轴是受弯曲－扭转的综合作用造成断裂的。

四、曲轴红套滑移

红套又称热套，是实现零件过盈配合的一种工艺。利用金属材料热胀冷缩的特性把轴和孔装配在一起。

大型柴油机的曲轴为全组合式或半组合式。半组合式中，曲柄臂与曲柄销制成一体，主轴颈单独制造，采用红套工艺将主轴颈装入曲柄。全组合式是主轴颈、曲柄销和曲柄臂均单独制造，通过红套连成一体。曲轴红套工艺是把曲柄臂上小于轴颈直径的孔加热，使孔膨大超过轴的直径，将轴顺利地插入孔内，待冷却后孔颈收缩恢复原值而与轴颈牢固地连接在一起。

冷态轴大孔小，二者直径的差值为过盈量。为了使曲轴传递一定扭矩，红套时必须有一定的过盈量，使曲柄臂孔对主轴颈或曲柄销产生足够的紧固力。过盈量过小，曲轴传递扭矩时轴与孔就会松动，原有配合位置发生变化，即红套滑移；过盈量过大，过大的紧固力使轴孔配合而产生塑性变形甚至裂纹，降低传递扭矩的能力。中国船级社《钢质海船入级与建造规范》中规定组合式曲轴红套过盈量δ限制在最小过盈量δ_{min}和最大过盈量δ_{max}之间。

中国船舶行业标准中曲轴红套过盈量$\delta=\left(\frac{1.4}{1\ 000}\sim\frac{1.8}{1\ 000}\right)d$，式中$d$为红套配合处的轴颈。英国劳氏船级社推荐红套过盈量$\delta=\left(\frac{1}{700}\sim\frac{1}{550}\right)d$（$d$同上）。

为了产生一定过盈量，需将曲柄臂上的孔加热至一定温度。一般在保证足够过盈量的前提下使加热温度尽量低一些。曲轴红套时应保证以下技术要求：

(1)曲柄间轴向距离和曲轴轴向长度应符合图纸要求；

(2)曲柄夹角符合要求；

(3)主轴颈与曲柄销颈的平行度符合要求。

组合式曲轴套合处滑移产生的原因可能是用材不当，其材料的屈服极限不合设计要求；也可能是套合组件各组成部分加工不正确，如孔(轴)的圆度误差过大，表面粗糙或过盈量不够等，造成套合处实际箍紧力不足。过盈量太大时，因受材料屈服极限所限制，会产生塑性变形或产生裂纹而使实际箍紧力下降。套合工艺不当、套合表面不清洁等都会引起套合质量下降，经一段时间的运行后，产生滑移。但最常见的是事故性原因引起套合处滑移，如螺旋桨碰到礁石；柴油机操纵系统的故障而引起超速运转；连杆螺栓折断引起活塞连杆部件对曲轴的冲击；严重拉缸或轴承咬死等。

五、曲轴臂距差

曲轴是一个结构复杂、刚性差的重要零件，容易产生弯曲变形，即便自重也使其产生变形。新造柴油机曲轴安放在机座主轴承上，因各道主轴承孔中心在同一直线上，落座于主轴承上的曲轴轴心线也为一直线。经长时间运转,其他情况正常,仅各道主轴承下瓦产生不同程度磨损,各道主轴承中心不等高,坐落其上的曲轴轴线发生弯曲变形,引起曲轴产生附加弯曲应力。因此,柴油机正常运转情况下,曲轴轴线状态主要取决于主轴承下瓦的高低。反之,曲轴轴线状态也反映了各道主轴承高低,也就是各道主轴承下瓦的磨损情况。

1. 曲轴臂距差的概念

曲轴的变形:运转中的柴油机主轴承高低不等使其上的曲轴产生弹性变形,整根曲轴的变形为宏观的整体变形,每个曲柄的变形为局部的微量变形。曲柄微量变形是曲柄臂之间的距离在曲轴回转一周中产生的微量变化。

2. 运转中的曲柄

研究曲轴变形时,为了便于分析曲柄的微量变形,简化问题,对运转中的曲柄进行以下假定:

(1)主轴颈与曲柄臂之间为刚性连接,夹角为90°并保持不变;

(2)主轴颈、曲柄销和曲柄臂均为刚性,运转中形状不变;

(3)曲柄销与两曲轴臂之间夹角 α,β 不仅相等且变化相同,即保持 $\alpha=\beta$,如图 2-3-5 所示。

3. 曲柄微量变形、曲轴整体变形与主轴承高低的关系

曲轴整体变形时,分析任一曲柄的微量变形:

当曲柄的两个主轴承低于相邻主轴承时,该曲柄的两个主轴颈轴线弯曲成塌腰形。此时将曲柄销转至上止点位置,两曲柄臂向外张开,曲柄臂间距离增大;将曲柄销转至下止点位置,两曲柄臂向内收拢,曲柄臂间距离减小,如图 2-3-6(a)所示。如果主轴承水平方向磨损时,当曲柄的两个主轴承位于相邻主轴承右侧时,将曲柄销分别转至左右水平位置时,曲柄臂间距离亦同样变化。

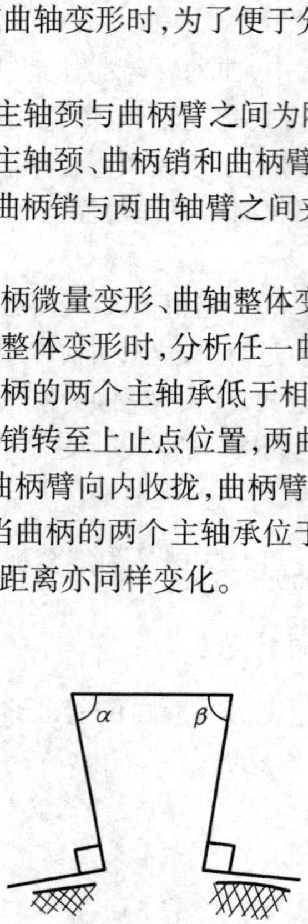

图 2-3-5 对运转中的曲柄的假定

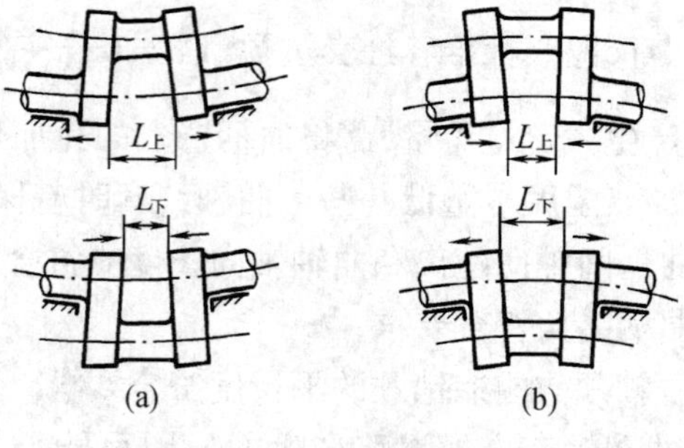

图 2-3-6 主轴承高低对曲柄轴线和臂距的影响

(a)轴承低时轴线呈塌腰形;(b)轴承高时轴线呈拱腰形

当曲柄的两主轴承高于相邻主轴承时,该曲柄的主轴轴线弯曲呈拱腰形。此时,将该曲柄的曲柄销转至上止点位置,曲柄两臂收拢,两臂间距减小;将曲柄销转至下止点位置,两曲柄臂向外张开,两臂间距增大,如图 2-3-6(b)所示。如果主轴承水平方向磨损时,当曲柄的两个主轴承位于相邻主轴承左侧时,将曲柄销分别转至左右水平位置时,曲柄臂间距离亦同样变化。

运转中的柴油机曲轴因主轴承高低不等而产生整体变形。曲轴回转一周时,曲轴上的每个曲柄都会随之产生不同的微量变形,曲轴整体弯曲越严重,曲柄的微量变形也越大。曲轴在

装合状态下的整体变形即轴线弯曲度，难以直接测量，然而曲柄的微量变形是可以定量测出的。所以，通过测量曲柄臂距的微量变化来了解曲轴整体的轴线状态。

曲柄的两个曲柄臂之间的距离称为臂距值，用 L 表示，俗称拐挡值。曲轴回转一周中，曲柄销分别在上、下止点位置或左、右平位置时，曲柄的臂距值之差称为臂距差，俗称拐挡差，用符号 Δ 表示。

$$\Delta_{\perp} = L_{上} - L_{下} \qquad \Delta_{-} = L_{左} - L_{右}$$

$\Delta_{\perp}$，Δ_{-}——分别为垂直平面、水平平面内的臂距差，mm；

$L_{上}$，$L_{下}$——分别为曲柄销在上、下止点位置时的臂距值，mm；

$L_{左}$，$L_{右}$——分别为曲柄销在左、右平位置时的臂距值，mm。

根据图 3－1－6 可以得出

$$\Delta_{\perp} = L_{上} - L_{下} > 0，即 \Delta_{\perp} = (+)$$

$$\Delta_{\perp} = L_{上} - L_{下} < 0，即 \Delta_{\perp} = (-)$$

结论：在垂直平面内，当曲柄的两个主轴承较低，曲轴轴线呈塌腰形或下弧线弯曲，即呈“⌣”形时，该曲柄的臂距差 $\Delta_{\perp}$ 为正值；当曲柄的两个主轴承较高，曲轴轴线呈拱腰形或上弧线弯曲，即呈“⌢”形时，该曲柄的臂距差 $\Delta_{\perp}$ 为负值。

同样，在水平平面内亦可得出：

$$\Delta_{-} = L_{左} - L_{右} > 0，即 \Delta_{-} = (+)$$

$$\Delta_{-} = L_{左} - L_{右} < 0，即 \Delta_{-} = (-)$$

结论：在水平平面内，当曲柄的两个主轴承位置偏右，曲轴轴线呈右弧线弯曲，即呈“)”形时，该曲柄的臂距差值 Δ_{-} 为正值；当曲柄的两个主轴承偏左，曲轴轴线呈左弧线弯曲，即呈“(”形时，该曲柄的臂距差值 Δ_{-} 为负值。

曲轴臂距差值的大小表明曲轴弯曲变形的程度；臂距差值的符号表明曲轴轴线弯曲变形的方向。

4. 测量臂距差的目的

柴油机运转中各道主轴承产生不均匀磨损，引起曲轴的整体与微量变形。曲轴回转一周中，曲柄臂的时张时合变形使曲柄销颈与曲柄臂连接处的过渡圆角部位产生时拉时压的交变应力。曲轴长期运转使之无数次地周期重复而产生疲劳裂纹或断裂。微量变形越大，臂距差值越大，表明曲轴的弯曲变形越严重，附加弯曲应力也越大，当超过材料的许用值时就会使曲轴断裂。测量曲轴臂距差就是为了了解和控制曲轴的变形和主轴承的磨损状况，防止曲轴的疲劳破坏。所以，在轮机管理中轮机员应重视主、副柴油机曲轴臂距差变化，按照要求定期检测、分析，使臂距差值控制在说明书或规范的极限值以内，也就是控制曲轴在弹性变形范围之内，切勿产生塑性变形。所以说曲轴臂距差值关系到曲轴的使用寿命。

【操作指导】

一、曲轴磨损的检修

1. 轴颈磨损的测量

轴颈圆度、圆柱度的测量方法有多种，在船上测量主轴颈尺寸，检查其磨损情况时，可采用图 2－3－7 所示的手提式外径测量卡。测量时，拆去上轴瓦，并将下轴瓦转出。将此量卡放入轴承座内，转动手动螺母 3，使测量杆 1 刚好卡住主轴颈，调百分表 7 的读数为零，取量卡。将曲轴旋转90°,在主轴颈同一位置上再重新测量,此时,百分表读数之半即为该截面的圆度误差。有些船上使用专用外径千分尺进行测量,如图2-3-8所示。

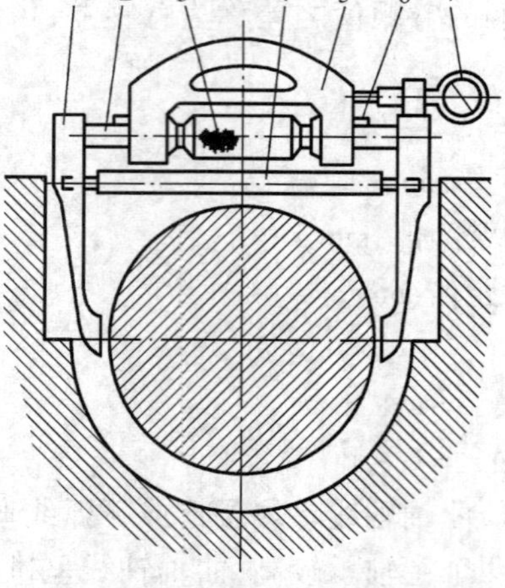

图2-3-7 用手提式外径测量卡测量主轴颈

1—测量杆;2—螺柱;3—手动螺母;4—导向扦;5—框架;6—键;7—百分表

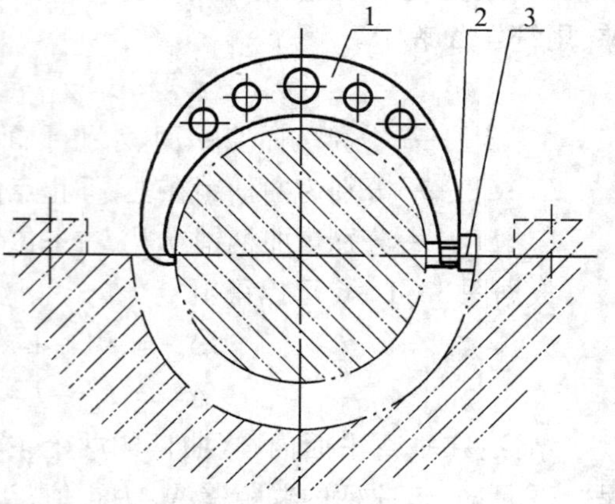

图2-3-8 用专用外径千分尺测量主轴颈

1—本体;2—锁紧螺母;3—调节螺钉

2. 曲轴磨损的修复

当轴颈圆度和圆柱度误差超过说明书要求或规范时,则必须进行修理。

主轴颈的圆度及圆柱度误差可在车间用车削或磨削加工方法消除。

曲柄销的修理,除小型曲轴可进行车削或磨削外,大、中型曲轴往往由于设备条件的限制,只能手工修理。当磨损误差较小时,可在车间或船上就地手工锉削,磨损误差较大时(圆度、圆柱度误差大于0.2 mm),可用夹环研磨修复,如图2-3-9。图中(a)所示为所磨轴颈之夹环,其分界处有一组垫片,内圆沿纵向的半圆形槽浇铸铅条,内圆直径按曲柄销最大直径加工。研磨时,在夹环内孔中加入磨料,夹住曲柄销,旋转夹环光磨曲柄销。光磨一段时间后,抽去一张垫片,再进行光磨,直到达到要求为止。图中(b)所示夹环用于抛光轴颈表面。

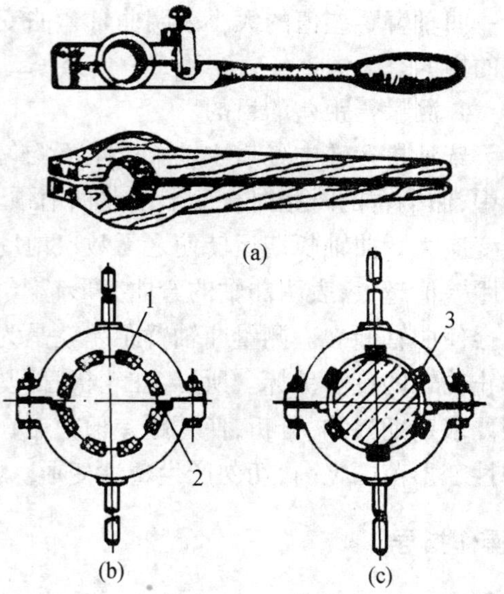

图2-3-9 研磨轴颈的夹环

1—垫片;2—铅条;3—羊毛毡

中小型曲轴轴颈在修理时,常按直径分级修理尺寸进行修理,一般直径每减小0.25 mm或0.5 mm为一级,每修一次,换上相应内径尺寸的轴瓦即可。这样便于制造轴瓦备件,也可相应减少维修时间。修理时应以磨损最厉害的轴颈为标准,看它接近哪个分级修理尺寸,而将其他轴颈直径修理到与此相同的分级修理尺寸,以便换上统一的相应尺寸的新轴瓦。对于采用厚壁轴瓦的大型曲轴轴颈,修理时可不考虑这一点,只要修理到消除圆度及圆柱度误差后的最大尺寸即可。因为它可以通过研刮轴瓦和增减轴承垫片来达到同轴度要求及保证安装间隙，从而延长曲轴的寿命。

曲轴每修理一次，其直径就会相应减小，当减小到不能满足其强度要求时即报废。为了有效地延长曲轴的使用寿命，并保证其工作可靠性，可采用恢复尺寸法来进行轴颈修理。在消除曲轴轴颈的表面损伤及圆度、圆柱度误差后，可采用电刷镀、镀铁、镀铬、热喷涂等工艺，将轴颈尺寸恢复至原来的尺寸，保证安装间隙。

修理曲轴的工艺原则与制造曲轴一样，应先加工主轴颈，使各轴颈的同轴度、圆度、圆柱度在公差要求范围内，然后再修理曲柄销。因为主轴颈是修理曲柄销时的基准，这样才能保证两者间的平行度公差要求。

在修理过程中应注意：

(1)轴颈与曲柄臂过渡圆角处不得因加工而变小或产生凸台，否则将使应力集中加大，易引起裂纹，继而折断。可用样板检查过渡圆角半径，样板与过渡圆角之间的间隙不得超过0.3 mm。

(2)防止金属屑及其他杂质落入油孔。为此，在修理时应用布条等物将油孔堵塞。在机座上修锉加工轴颈时，要防止金属屑掉入机座内，以免清除不干净而引起严重的磨料磨损，导致磨损加剧甚至咬死。

轴颈修理后，其圆度及圆柱度误差不得大于新制曲轴的1.25倍，表面粗糙度为3.2 μm。

划痕与擦伤的修复与磨损的修复是共同考虑进行的。

腐蚀产生的麻点可用油石研磨清除。

在修理因磨损造成的圆柱度、圆度误差时，应同时考虑主轴颈与曲柄销的平行度误差，并消除平行度误差至公差要求范围内。

在采用恢复尺寸法修复轴颈时，应满足以下条件：

(1)根据中华人民共和国船舶检验局《船舶入级与建造规范》中提供的计算公式，计算曲轴的最小极限直径及强度，强度满足要求时才能采用恢复尺寸法进行修复。

(2)全部轴颈和曲柄应进行探伤检验，表面不可存在裂纹。

在修复时，须注意不得在过渡圆角处覆盖镀层。因为过渡圆角处为应力集中区，而镀层有残余拉伸应力存在，这将使该区域疲劳强度进一步下降。不注意这一点，常常会使曲轴在修复后不久即出现裂纹，甚至断裂。如镀前对轴颈进行冷压光处理，镀后对圆角进行适当强化处理，可相应提高曲轴的疲劳强度。

二、曲轴裂纹与折断的修理

1. 曲轴裂纹的修理

对曲轴裂纹的修理方案，要取决于裂纹的长度与深度，所以首先应进行探伤检查。

如果裂纹深度较浅，经强度校核，不影响曲轴的使用，则将裂纹凿除即可。但注意须将裂纹完全凿除干净，用油石打磨凿出槽，使之圆滑过渡，以减小应力集中。为完全可靠起见，经过这样处理后，柴油机要降低功率使用。

如果裂纹较深、较长，可考虑用焊补法修理；对组合式曲轴，可更换这一部分的曲柄或主轴颈。焊补时应注意两点：一是开坡口时必须将裂纹完全除去；二是焊补时应尽量减小曲轴的变形。为此要先进行局部预热到150 ℃，堆焊应分段、分层进行，焊后缓冷，以消除或减小内应力,最后再进行探伤检查和对焊补处进行必要的加工。通常,经焊补曲轴的柴油机要降低功率使用。

2. 曲轴折断的修理

整体式曲轴,折断后一般应换新;组合式曲轴,则可采用更换折断处的办法修复。

船舶在营运中发生曲轴断裂事故后,为了暂时维持运行,往往需要应急修理,其方法应视实际情况而定。图 2－3－10 所示为半组合式曲轴由于扭转振动曲柄销断裂后的应急修理实例。在两曲柄臂之间装上工字形法兰盘 3,用螺钉 2 固定在曲柄臂上。此外,四周用干冰(固体二氧化碳)冷套 5 个作定位销 4。如在海上遇到此类故障,也可以用钢板焊在曲柄臂两侧,在曲柄臂间焊上钢块。此时应拆去该气缸的活塞运动部件及燃油设备,减缸、减功率运行。

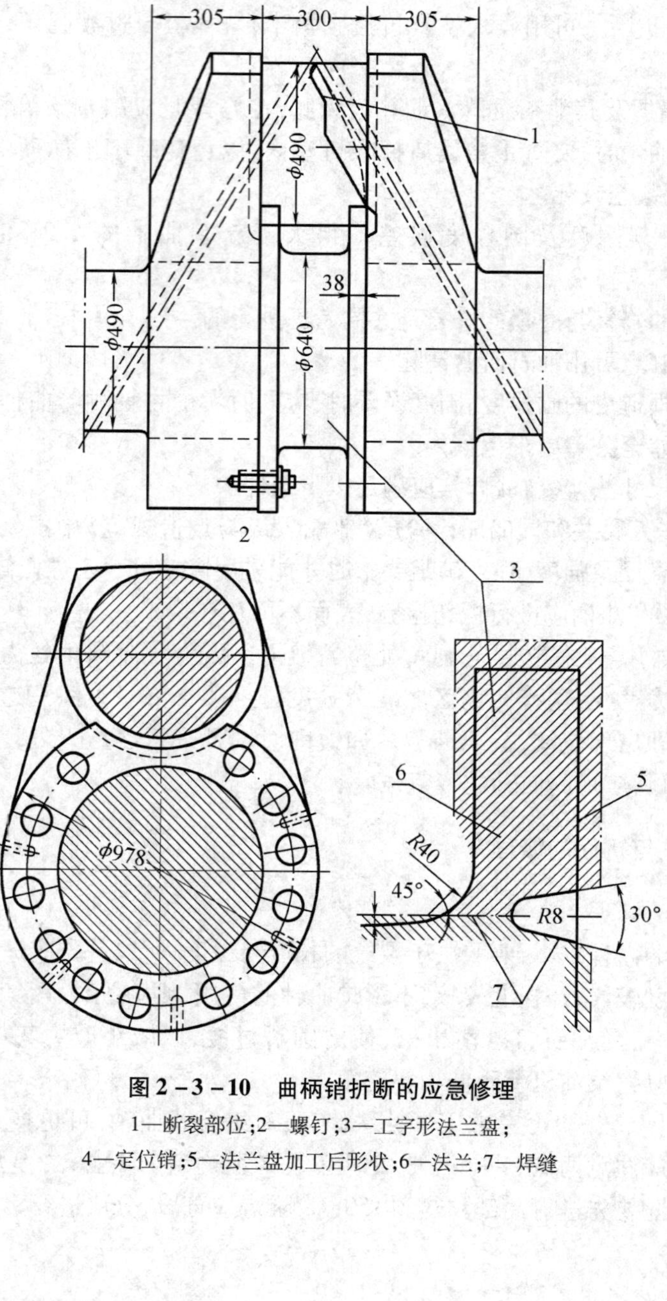

图 2－3－10　曲柄销折断的应急修理

1—断裂部位;2—螺钉;3—工字形法兰盘;
4—定位销;5—法兰盘加工后形状;6—法兰;7—焊缝

三、曲轴红套滑移的修理

曲轴套合处发生滑移，将改变曲柄夹角的大小，从而影响柴油机的定时和燃烧，更重要的是影响曲轴传递扭矩的作用，但柴油机仍可运转。如在船舶不能进厂修理的情况下，可降低功率，暂时继续使用。

在修理套合处滑移时，可采用更换一段主轴颈的办法，使套合处箍紧力恢复到设计要求。但这种方法工程量大，修理周期长，因此很少采用。一般采用温差法修理，用加热曲柄臂和冷却轴颈的方法，使其原有过盈量消失并产生一定间隙，然后将曲柄臂转回到原来位置。

为此，必须根据曲轴制造时套合过盈量的大小，决定轴颈和曲柄臂的温差。如无据可查，可按船舶检验的公式进行计算：

最大过盈量

$$\delta_{\max}=6.83\times10^{-6}\times\frac{\sigma_s\cdot d_s^3(D^2-d_0^2)}{D^2(d_s^2-d_0^2)}$$

式中　d_s——套合孔直径，mm；

D——曲柄臂外圆直径，mm；

d_0——套合轴颈中心孔直径，mm；

σ_s——曲柄臂材料屈服强度，MPa。

或按各造机厂公式计算。例如对于直径 500 mm 的轴颈，考虑到实际上温度不可能均匀，温差约为 190 ℃。若仅加热曲柄臂，则其表面要达到 400 ℃以上的高温，可能会使曲柄臂机械性能受到影响或出现屈服现象。这样修理好后，出于实际握紧力的下降，还会发生滑移。为了降低加热温度而保持温差不变，就必须在加热曲柄臂的同时用冷却剂来冷却轴颈。

常用的冷却剂有两种：液氮和干冰。前者热传导性好；后者因气体与固体接触，热传导性很差，故需用乙醇、汽油等为介质来提高热传导性。表 2－3－1 所列为几种冷却剂的性能。

表 2－3－1　冷却剂性能

性能	液氮	干冰
沸点/℃(标准大气压下)	－196	－78.5(升华)
汽化热/(mL/kg)	0.201	0.578
相对密度	0.8	1.56

干冰混合物最低温度为：乙醇－干冰，－72 ℃；乙醚－干冰，－80 ℃。

从轴颈内孔通入液氮，平均温度可降低－130 ℃。曲柄臂外部用丙烷加热，使平均温度达到 60 ℃(表面温度限制在 150 ℃以下)，从而可以得到预定的 190 ℃温差。

图 2－3－11 所示为某船柴油机曲轴第 5 挡曲柄销滑移修复的冷却装置示意图。图中曲柄销右端即靠第 7 主轴颈端和曲柄臂之间套合面有滑移。修复时，先将曲柄销左端即靠第 6 主轴颈端与曲柄臂之间套合面没有滑移部位的减轻孔和油孔打入木塞 2，并用黄铜挡板 1 封严，曲柄销外包玻璃纤维隔热。然后通入液氮进行冷却。经过约 4 h，曲柄销外表面平均温度可降到－130 ℃。两只多孔丙烷火焰喷灯加热曲柄臂，约 20 min，在套合处即可出现间隙。

冷却前，将第 6 主轴颈固定在主轴承上，而第 7 主轴承的上、下轴瓦都已拆去，使第 5 曲柄销右端部分保持可以转动状态。冷却出现间隙后，即用预先准备好的液压千斤顶顶压曲柄臂，迫使第 5 曲柄销之右端部分转动。同时，在曲柄臂另一侧设有一定位块，防止转动超

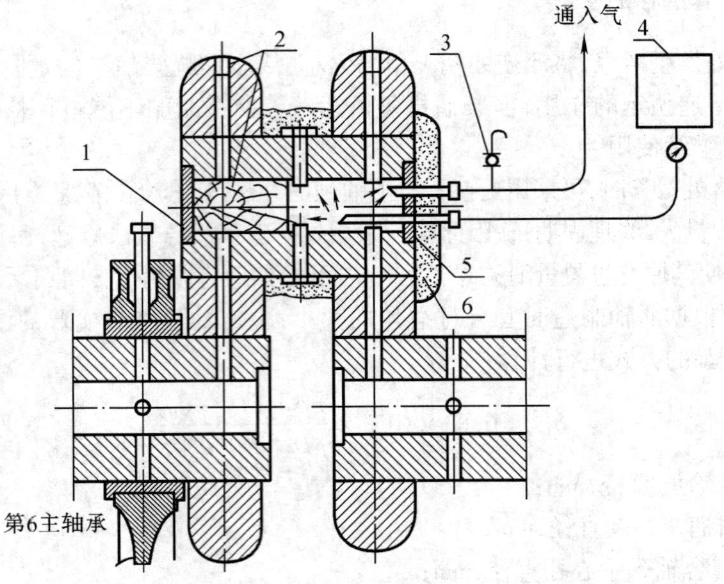

图 2-3-11　曲柄销滑移修复的冷却装置示意图

1—挡板;2—木塞;3—检气阀;4—液氮罐;5—液氮入口法兰;6—隔热层

过原来位置,产生反向滑移。

要注意的是,采用液氮冷却时,和液氮直接接触的内孔表面温度将降至 -190 ℃,从而达到钢材的脆硬区,故很有可能发生热应力裂纹。为此在工作前,要特别检查内孔表面,要求无裂纹、伤痕等缺陷,同时要掌握好冷却速度。

四、曲轴臂距差的测量

1.测量点

测量曲轴臂距值是采用专门的量表——拐档表。它是一特殊的百分表,测量精度为 0.01 mm。测量时,臂距值增大,表的指针朝正值读数增加方向转动;减小时,表的指针朝负值读数增加方向转动。为了适用一定尺寸范围臂距的曲轴使用,有一套组合式测量杆。使用时根据曲轴实际臂距大小组装量杆,然后将拐档表装于曲轴臂上的冲孔上,如图 2-3-12 所示。

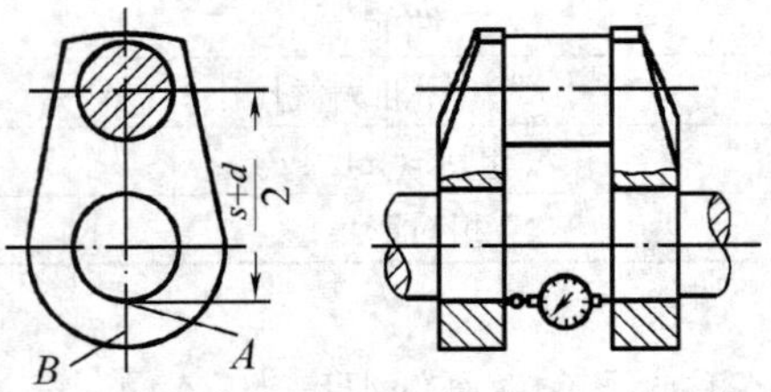

图 2-3-12　拐档表安装位置示意图

曲轴臂距值的测量点普遍设在距曲柄销中心线为$(s+d)/2$处。其中,s为活塞行程,单位为 mm;d为主轴直径,单位为 mm。为了便于迅速、准确地安装拐档表,一般制造曲轴时在曲柄臂内侧中心对称线上的$(s+d)/2$处,即A点打上冲孔,作为固定测量点位置。有的大型柴油机为了测量方便或避开主轴颈套合处,将测量点设在曲柄臂下边缘B点处。由于曲柄臂中心对称线上各点距曲柄销中心线距离不等,曲轴回转时曲柄臂张开或收拢使对称中心线上各点对应的臂距值不等。距曲柄销中心线越远的点臂距值越大,所以B点的臂距值大于A点的臂距值,B点的臂距差AB大于A点臂距差。但目前国内外均以$(s+d)/2$为测量点制定臂距差标准,不适用于在其他任意点测出的臂距差,所以只有在将 B 点臂距差 Δ_B 换算成 A 点的臂距差 Δ_A 值后方可使用标准。可按下式换算:

$$\Delta_A = \Delta_B \cdot \frac{OA}{OB}$$

式中　OA——测量点至曲柄销中心线的距离,mm;

OB——测量点至曲柄销中心线的距离,mm。

2. 测量条件与要求

为了测量精确,应尽量消除影响测量精度的因素,准确地反映曲轴轴线状态。要求在以下条件下进行测量:

(1)在柴油机冷态进行测量

柴油机冷态是指停机时的状态。柴油机停机后立即测量,机件热态使拐档表和测量值不准确,且随着温度的不断降低,先后测量值的温度影响不同,所以测量值不稳定。而冷态即环境温度下测量值准确、稳定,也便于操作。

(2)在夜间、清晨或阴雨天气时测量

海水、气温直接影响船体变形,进而影响曲轴臂距差值。轮机员测量曲轴臂距差时应注意环境温度的影响,避免船舶在太阳曝晒下测量。

(3)在船舶装载条件相同的情况下测量

船舶装载条件不同,船体变形不同,如空载与满载时的曲轴臂距差不同。为了便于比较,应在相同的装载条件下进行测量。通常新造船舶和修理船舶都在空载条件下测量臂距差。

对测量的要求:

(1)一次装表完成全部测量　拐档表安装后应完成测量曲轴回转一周中各要求位置的臂距值,测量过程中不允许改动拐档表的位置。通常曲轴臂距差的测量位置随柴油机安装完善程度而异。当曲轴未装活塞运动装置时,测量 0°,90°,180°,270°四个位置的臂距值;当曲轴上安装活塞运动装置时,测量 0°,90°,165°,195°,270°五个位置的臂距值。

(2)柴油机正车回转进行测量　测量曲轴臂距差应按柴油机正车运转方向进行,使测量值符合实际情况,精度高。

3. 测量与记录

拐档表在曲柄冲孔装妥后即可测量。测量时,盘车使曲轴正车回转一周,分别测量曲柄销在上、下止点位置和左、右平位置的臂距值,从拐档表读出测量值,并记录在专门表格中。现场测量值可按以下方式记录:

(1)曲轴未装活塞运动装置时,曲轴回转一周,在曲柄销在 0°,90°,180°,270°四个位置测量臂距值。

(2)曲轴已装活塞运动装置,当曲轴回转到下止点位置时,活塞运动装置恰好居中使拐档表无法安装,不能测量下止点的臂距值。因此,生产中用曲柄销位于下止点前、后各 15°(以拐档表不碰连杆为准)位置,即 165°和 195°位置的臂距值 $L'_{下}$,$L''_{下}$ 均值代替下止点(180°)位置的臂距值 $L_{下}$,所以 $L_{下} = \frac{L'_{下} + L''_{下}}{2}$。

为了一次装表完成全部测量,盘车至 195°位置安装拐档表,并将表指针调至零值后开始测量,依次在 195°,270°,0°,90°,165°五个位置测量。

按曲柄销位置记录测量值：

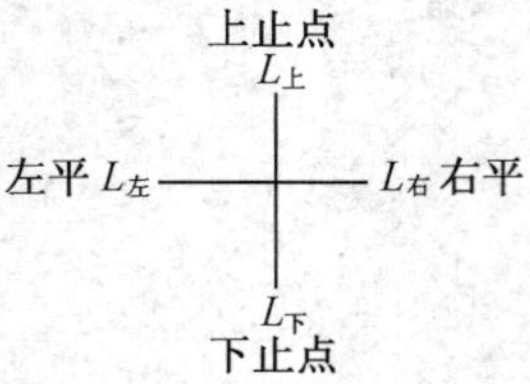

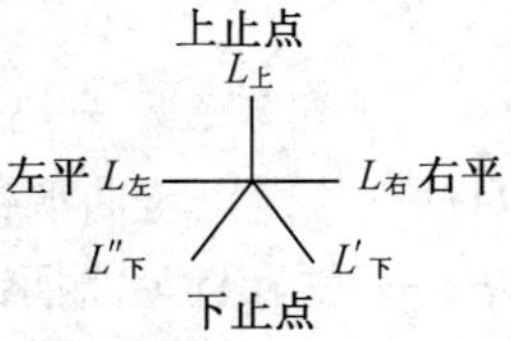

按拐档表位置记录测量值

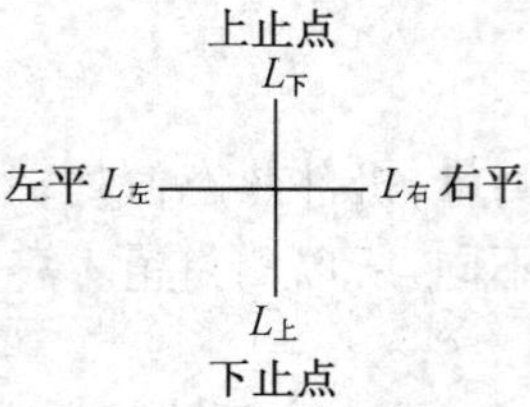

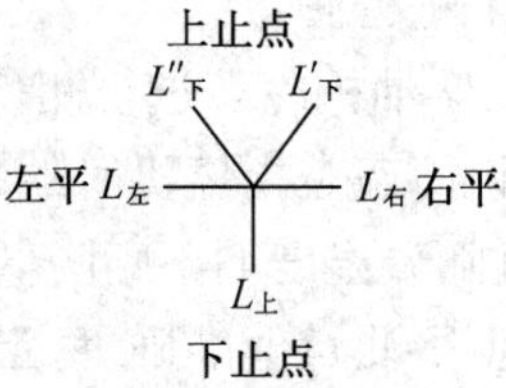

以上两种记录方法不同，但基本概念不变，依然遵照 $\Delta_{\perp} = L_上 - L_下$，$\Delta_{-} = L_左 - L_右$ 公式，计算结果相同。曲轴臂距差测量精度与拐档表精度、表的安装精度、读数误差和测量技术等有关。测量者可用以下方法检验自己的测量精度：将所测量上、下止点臂距值之和与左、右平臂距值之和进行比较，二者之差在 ±0.03 mm 内，即 $(L_上 + L_下) - (L_左 + L_右) < \pm 0.03$ mm，表明测量基本准确。若重复几次测量均超过 ±0.03 mm，表明曲轴存在严重变形。必须指出，以上检验方法仅是粗略判断测量的准确性，而非衡量臂距差的标准，切勿混淆。

4. 曲轴臂距差的标准

测量曲轴臂距差之后，应对所测数值进行分析和判断。分析曲轴弯曲变形程度和变形方向，判断曲轴臂距差是否超过标准，确定主轴承高低及其是否应进行调整等。分析和判断的依据就是柴油机说明书或有关标准中的曲轴臂距差标准。

(1)柴油机说明书　曲轴臂距差随柴油机机型、结构、尺寸和计算方法不同而异。各类柴油机说明书中均对其曲轴臂距差测量方法、安装值和极限值有明确规定。

MAN－B&W 型柴油机测量点在 $\frac{s+d}{2} - 10$ (mm)处，表 2－3－2 为柴油机冷态时的标准。

表 2－3－2　MAN－B&W 型柴油机曲轴臂距差标准　单位：mm

机型	对于新机或刚修理过的主机的正常值		需重新对中的推荐值		最大的允许值	
	1#	2	1	2	1	2
L50MC/MCE	0.17	0.34	0.45	0.51	0.68	0.68
S50MC/MCE	0.23	0.46	0.61	0.69	0.92	0.92
L60MC/MCE	0.20	0.40	0.54	0.61	0.81	0.81
S60MC/MCE	0.27	0.55	0.73	0.82	1.10	1.10
L70MC/MCE	0.24	0.48	0.63	0.71	0.95	0.95
S70MC/MCE	0.32	0.64	0.85	0.96	1.28	1.28
L80MC/MCE	0.27	0.54	0.72	0.81	1.08	1.08
S80MC/MCE	0.36	0.73	0.97	1.10	1.46	1.46

表 2-3-2(续)

机型	对于新机或刚修理过的主机的正常值		需重新对中的推荐值		最大的允许值	
	1[#]	2	1	2	1	2
K80MC/MCE	0.24	0.48	0.64	0.72	0.96	0.96
L90MC/MCE	0.30	0.60	0.81	0.92	1.22	1.22
K9OMC/MCE	0.27	0.54	0.72	0.81	1.08	1.08

1——正常值;

2——曲轴上装有扭振减振器、调频轮、弹性联轴节等时,首尾两个曲轴的允许值;

#——也用于判断曲轴变形测量的正确性。

(2)中国船级社规定

在《海上营运船舶检验规程》(1984)中规定曲轴臂距差测量点在$(s+d)/2$处。曲轴与轴系连接后冷态下的臂距差标准如表 2-3-3 所示。

表 2-3-3　曲轴臂距差标准

状况	每米活塞行程的臂距差(Δ/s)/mm	
经修理试车后 营运中允许范围 最大极限	≤0.125 125~0.25 <0.30	>0.25 应限期修理 >0.30 应立即停航修理

(3)中国修船标准

《中华人民共和国船舶行业标准》CB3364—91,CB/T3544—94 分别对船舶柴油机发电机原动机和船舶主柴油机曲轴臂距差的规定如下:

CB3364—91 规定:曲轴臂距差测量点为$(s+d)/2$。

曲轴与发电机连接后冷态臂距差标准:

正常值不大于 $0.000\,125s$,即$\frac{1.25s}{10\,000}$;

修理中飞轮端控制值不大于 $0.000\,15s$,即$\frac{1.5s}{10\,000}$;

飞轮端如为弹性联轴节可适当放宽至不大于 $0.000\,175s$,即$\frac{1.75s}{10\,000}$。

CB/T 3544—94 规定:船用主柴油机整体式和组合式曲轴臂距差值应符合图 2-3-13 要求,测量点在$(s+d)/2$处。

图中Ⅰ线左上方为在车床或平台上最佳值;在Ⅰ,Ⅱ线之间为优良值;在Ⅱ,Ⅲ线之间为合格值;Ⅲ线为最大允许值。

5. 新造、修理和营运船舶的臂距差测量

测量曲轴臂距差是对船舶主、副柴油机曲轴状态的重要技术检验。不论制造、安装、修理和营运中的柴油机此项检测均必不可少。主要在以下情况进行测量:

(1)新造柴油机台架组装试验期间和主、副柴油机在船上安装过程中进行多次测量。

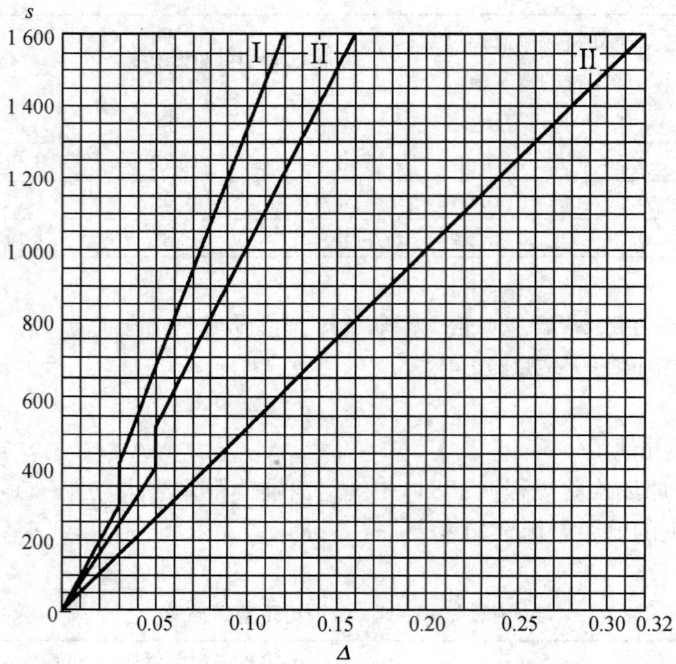

图 2-3-13　曲轴臂距差 Δ 标准

例如，机座安装后、活塞运动部件安装后、主机与轴系或副机与发电机连接后等。

(2)主、副柴油机进厂修理时，随着修理规模不同要进行不同情况下的测量。例如，修前、曲轴与轴系或发电机脱开后、飞轮拆去后、活塞运动部件拆去后、贯穿螺栓松开后及修理后安装过程中的相应情况下进行测量。

(3)营运期间按照说明书规定或船级社要求进行的各种检验进行测量。此外，柴油机吊缸检修时或发现问题时应进行测量。

(4)特殊情况下的测量。例如，船舶搁浅、碰撞等海损事故后，船体刚性差的船舶每次装载后，主轴瓦拂刮或换新以及贯穿螺栓、地脚螺栓重新预紧后等。

6. 影响曲轴臂距差的因素

营运船舶影响主柴油机曲轴臂距差的因素很多，影响的情况也各不相同。了解和掌握这些影响因素对减少和防止曲轴疲劳破坏和分析曲轴损坏原因，以及修理、安装等都有很大的意义。主要影响因素有：

(1)主轴承下瓦的不均匀磨损

机座上各道主轴承下瓦磨损程度不同使下瓦的高度不等，坐落其上的曲轴轴线发生弯曲变形，臂距差发生变化。各道主轴承因柴油机各缸功率、轴承负荷及轴承间隙、润滑等的不同，下瓦的磨损不同，也无规律。所以，主轴承下瓦磨损使曲轴轴线状态、臂距差数值和方向的变化也无规律。

(2)机座变形和下沉

机座变形和下沉都会使曲轴轴线弯曲变形、臂距差无规律地变化。船体变形、机座地脚螺栓和贯穿螺栓松动或重新预紧等均会使机座产生无规律的变形。柴油机机座与底座间垫铁松动或磨损变薄等使机座相应部位下沉，可用小锤敲击垫铁检查地脚螺栓、垫铁有无松动。

新造船舶柴油机在船上安装或修船时,不允许用调节地脚螺栓或贯穿螺栓预紧力来调整曲轴臂距差。

(3)船舶装载的影响

船体如弹性梁,受力不均产生变形,船体刚性差则变形就更加严重。货船装载不同船体变形不同。曲轴轴线和臂距差也会随之变化。船体刚性随船龄增加不断降低,曲轴变形和臂距差变化也会增大。机舱、货舱在船上的布置不同,其装载对船体变形和曲轴臂距差的影响程度也不同。

中机舱船舶,机舱位于船中部或靠近中部,货舱分布于机舱前后。装载后船体中部上拱,曲轴轴线朝拱腰形变化,臂距差向负值增大方向变化。如果空载时臂距差为负值,轻、满载时负值继续增大;如果空载时臂距差为正值,轻、满载时正值减小向负值变化。

尾机舱船舶,机舱位于船尾,如油轮。船舶装载后的影响与中机舱船舶基本相同,只是影响程度轻些,仅波及曲轴首端曲柄,臂距差也是朝负值增大方向变化。

营运船舶应科学合理地配载,对于刚性差的船舶尤为重要。因装载引起船体过大变形,以致在每次装载后测量曲轴臂距差,以检验船体和曲轴变形情况。当臂距差超过规定值时则需重新配载,重新装货。

船厂在新造船舶时,主机安装中采用反变形安装工艺,即令安装曲轴时有一定的预变形,以克服船体结构带来的无法避免的影响。如中机舱船舶,安装曲轴时使具有塌腰形状态,以抵消装载后船体上拱变形的部分或全部影响。

(4)活塞运动装置和爆发压力的影响

活塞运动部件的重力使曲轴轴线朝塌腰形变化,大型柴油机的影响较为明显,如表2-3-4,船用二冲程柴油机气缸爆发压力较高,目前最高已达18 MPa,通过活塞连杆作用于曲轴,使曲轴轴线朝塌形变化,且以曲柄销位于上止点时影响最大。以上两种因素均使曲轴轴线朝塌腰形变化,臂距差朝正值增大方向变化。

表2-3-4　活塞运动装置对曲轴臂距差$\Delta_{\perp}$的影响　　单位:mm

状况＼缸号	1	2	3	4	5	6(尾)
活塞装置安装前$\Delta_{\perp}$	-0.015	-0.015	-0.03	-0.065	-0.04	-0.02
活塞装置安装后$\Delta_{\perp}$	-0.005	-0.005	-0.015	0	+0.01	+0.01

(5)飞轮影响

飞轮安装在曲轴尾端使尾部轴线朝拱腰形变化,臂距差向负值增大方向变化。对其他曲柄影响自尾向首逐渐减小。飞轮越重影响越大,中小柴油机影响较大。曲轴安装时亦可采用反变形工艺减小飞轮的影响。

(6)轴系连接误差的影响

船用主柴油机曲轴与轴系为法兰刚性连接,轴系安装误差直接影响曲轴尾端轴线状态和臂距差的变化。要求曲轴尾法兰与第一节中间轴首法兰连接误差的偏移值不大于0.1 mm,曲折值不大于0.1 mm/m,以使曲轴尾端臂距差符合要求。

当轴系误差使轴系轴线高于曲轴轴线、两法兰呈下开口时，连接后使曲轴尾端轴线呈塌腰形，臂距差朝正值方向增大，如图2－3－14(a)所示；当轴系轴线低于曲轴轴线、两法兰呈上开口时，连接后使曲轴尾端轴线呈拱腰形，臂距差朝负值方向增大，如图2－3－14(b)所示。

此外，大气和海水温度及船舶进坞坐墩等对船体变形和臂距差的影响、主轴承安装质量对臂距差的直接影响等，在轮机管理工作均应注意到。

船舶航行期间曲轴臂距差始终应控制在要求范围内，测量值超标时应即时进行复测、全面分析和采取措施，以免造成曲轴裂纹和断裂的恶果。

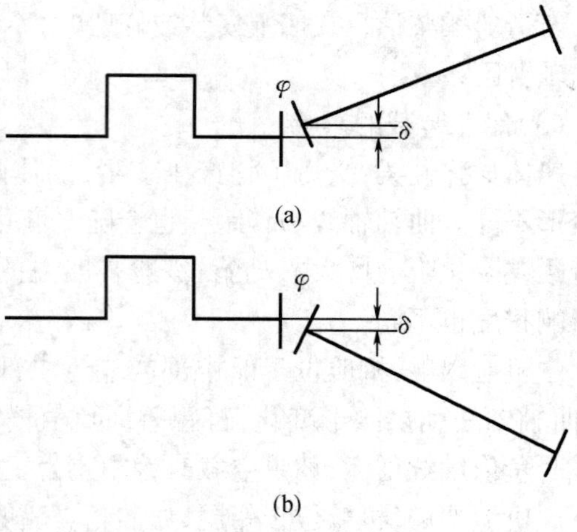

图2－3－14　轴系连接误差对臂距差的影响

五、主轴承高度的判断

曲轴在柴油机中的重要性，不仅因其作用大、造价高，还因为它是活塞运动部件的安装基础。曲轴的轴线状态直接影响活塞运动部件的对中性和柴油机的正常运转。曲轴过大的弯曲变形还会引起附加弯曲应力增大，招致曲轴的裂纹和断裂。柴油机正常运转中曲轴轴线弯曲状态主要取决于主轴承下瓦必不可免的磨损。因此，要了解和控制主轴承下瓦的磨损，确定各道主轴承的高低，从而了解曲轴轴线弯曲变形的程度，及时采取措施以防止曲轴裂纹和断裂，也避免引起活塞运动装置的失中。主要有以下几种定性判断方法：

1.分析法

通过对臂距差、轴线状态和轴承位置的基本关系分析判断主轴承高度。

当测得臂距差$\Delta_{\perp}>0$，表明该曲柄轴线呈塌腰形状态，两主轴承低于相邻轴承；当测得臂距差$\Delta_{\perp}<0$，表明轴线呈拱腰形状态，两主轴承高于相邻轴承。

利用基本关系判断主轴承高低是最基本的方法，可以根据臂距差值迅速作出判断，生产中普遍应用。

2.桥规法

(1)桥规和桥规值

桥规是随机专用测量工具，随机型不同而异。新造柴油机在台架上测量桥规值并标记在桥规上或提供给船方作为日后检测的依据。

测量前，拆去主轴承上盖、上瓦，清洁主轴颈和机座上平面，依说明书要求或上次测量时的曲轴位置，将曲轴首(尾)端曲柄转至上止点位置测量，也可以使所测轴颈相邻曲柄销在0°,90°,180°,270°四个位置测量，再求其平均值。

测量时，将桥规置于机座上平面并紧贴，用塞尺测量桥规测量基准面与主轴颈之间的距离a，如图2－3－15(a)所示。一般在主轴颈首尾两处测量，取其平均值。所以桥规值是以机座上平面为基准，桥规测量平面与主轴颈之间的距离。柴油机出厂的桥规值在一定时间内有效，当换新轴瓦、机座变形等时应以修后的桥规值为准。

一般桥规测量时,需拆、装主轴承,操作不便。目前大型柴油机多采用带有测深尺的桥规,如图 2-3-15(b)所示。Sulzer RTA48 型柴油机桥规,只需在主轴承两端用测深千分尺测量即可。

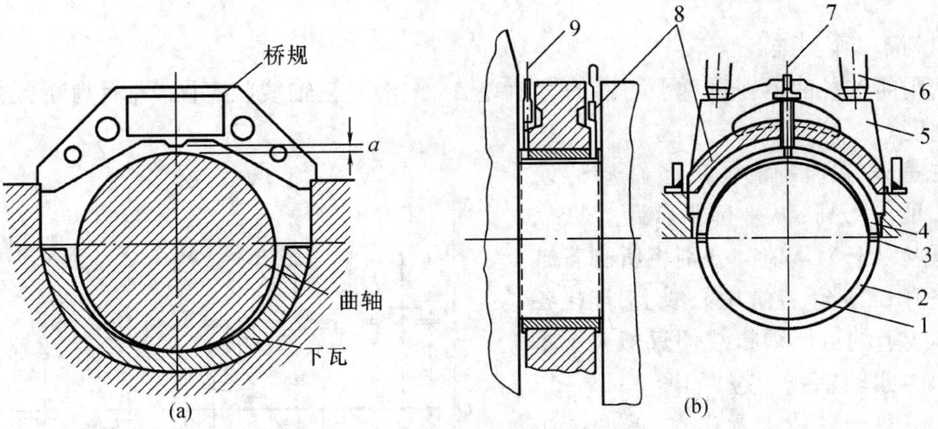

图 2-3-15　桥规及桥规值的测量

(a)一般式桥规;(b)Sulzer RTA 型柴油机桥规

1—曲轴;2—下瓦;3—垫片;4—上瓦;5—轴承盖;6—撑杆螺栓;7,9—测深尺;8—桥规

(2)主轴颈下沉量

柴油机长期运转主轴颈和主轴承下瓦磨损,主轴颈相对机座上平面的位置下沉。各道主轴承下瓦和对应主轴颈磨损量不同,各道主轴颈下沉量不同。因主轴颈硬度高,磨损量很小,可略去。所以将主轴颈下沉量视为主轴承下瓦的磨损量。相对于一段时间间隔的两次测量的桥规值之差即为这段时间内主轴承下瓦的磨损量。

(3)利用桥规值作垂直平面内曲轴轴线状态图

桥规值反映了曲轴各道主轴颈相对于机座上平面的位置,亦即反映了整根曲轴轴线相对于机座上平面的状态。所以可利用各道主轴颈的桥规值作出垂直平面内的曲轴轴线状态图。

首先画一水平线 OO' 代表机座上平面,在 OO' 线上等距画出垂线 1,2,…,8,代表各主轴颈(或主轴承)的中线。分别在各中线上自 OO' 线向下截取相应主轴颈的桥规值长度 $a_1, a_2, \cdots, a_8$,连接各线段的端点得到曲轴在垂直平面内的轴线状态图,如图 2-3-16 所示。

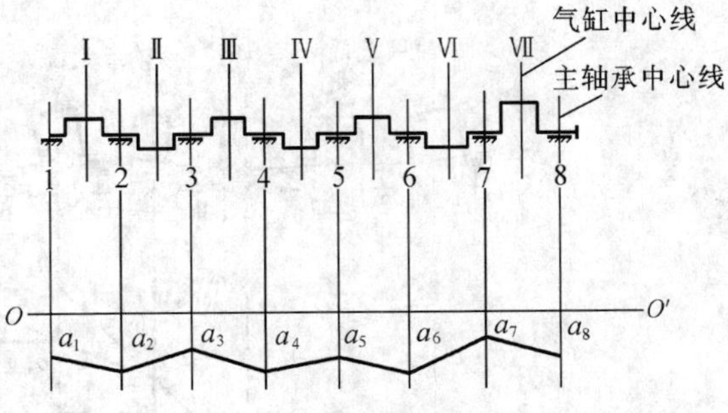

图 2-3-16　利用桥规值作曲轴轴线状态图

从图 2-3-16 可以看出垂直平面内曲轴轴线状态和各道主轴承的高度。其中第六道主轴承位置较低,说明磨损较为严重;第七道主轴承位置较高,磨损较轻。通过刮研轴瓦和换瓦调整曲轴轴线状态。

3. 臂距差法

利用臂距差作曲轴轴线状态图,进而判断各主轴承位置的高度。以一台 7 缸柴油机为例作图,表 2-3-5 为其臂距差值。

表 2-3-5　7 缸柴油机曲轴臂距差值　　单位:mm

曲柄号	1	2	3	4	5	6	7
臂距值 $\Delta_{\perp}$	+0.12	+0.02	+0.14	-0.17	-0.12	+0.07	+0.05

(1)简单作图法

利用曲轴各曲柄在垂直平面内的臂距差 $\Delta_{\perp}$ 作出曲轴轴线状态图,进而判断各主轴承位置高度。

在横坐标上等距画出各缸中心线Ⅰ,Ⅱ,Ⅲ,…,Ⅶ,纵坐标为臂距差 $\Delta_{\perp}$,且令原点以上为负值。分别将所测各缸臂距差值 $\Delta_{\perp}$ 标于各缸中心线上,连接各缸中心线上的点所得折线便近似表示垂直平面内曲轴轴线状态,如图 2-3-17 所示。该曲轴轴线未示出首、尾两端主轴轴线状态,为获得完整的曲轴轴线状态,首、尾两端轴线状态趋势可用经验法补充:当首或尾端曲柄臂距差为正值时,最外端主轴承高于相邻主轴承;首或尾端曲柄臂距差为负值时,最外端主轴承低于相邻主轴承。通过各道主轴承中点画出中心线 1,2,3,…,8,它们与曲轴轴线的交点即为各道主轴承的高度。再依上述原则画出分别高于第 2,7 道主轴承的第 1,8 道主轴承,连 O_1a,O_7b,则获完整的曲轴轴线状态图。图中,第 5 道主轴承位置最高,第 2,7 道主轴承位置最低。

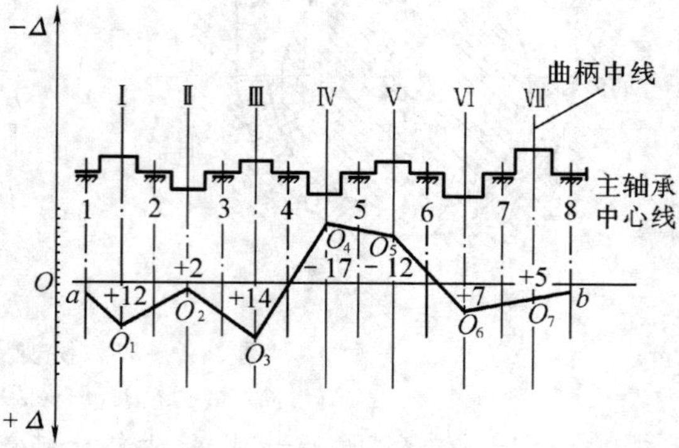

图 2-3-17　曲轴轴线状态简单作图法

(2)MAN-B&W 型柴油机作图法

首先作过各曲柄中点的各缸中心线Ⅰ,Ⅱ,Ⅲ,…,Ⅶ,如图 2-3-18 所示。在第 1 道主轴承下方取任意方向线段 A_1,图中选取水平方向。线段 A_1 与第Ⅰ缸曲柄中线交于 O 点,延长 A_1 与第Ⅱ缸曲柄中线交于 a_1点,将第Ⅰ缸曲柄臂距差 $\Delta_{\perp}$ = +0.12 mm 标于第Ⅱ缸曲柄中

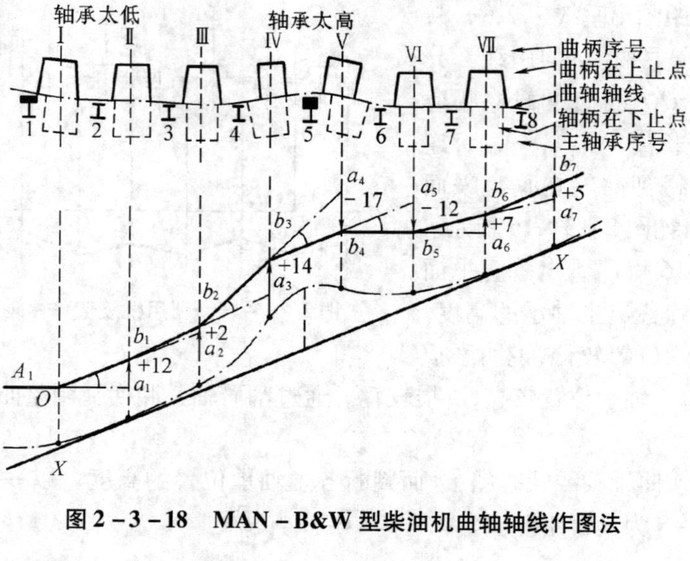

图 2-3-18　MAN-B&W 型柴油机曲轴轴线作图法

线上，自 a_1 向上截取 $a_1b_1 = +0.12$ mm，连接 Ob_1 并延长与第Ⅲ缸曲柄中线交于 a_2 点，向上截取 $a_2b_2 = +0.02$ mm，连接 b_1b_2 并延长交于第Ⅳ缸曲柄中线上 a_3，依此类推，臂距差为负值时则自交点向下截取线段。当连接 b_5b_6 并延长时，应补画一曲柄中线，二者交于 a_7 点，截取 $a_7b_7 = +0.05$ mm。连接 b_6b_7 后获得垂直平面内曲轴轴线状态 $Ob_1b_2b_3b_4b_5b_6b_7$ 折线。为使之符合实际，将此折线圆滑成曲线状态。

为了确定各道主轴承高度，需先确定该曲轴轴线对应的基准线，以其相对基准线的距离判断各道主轴承的位置高低。确定基准线的方法主要有以下几种：

①利用桥规值作基准线。过首、尾端主轴承中点画主轴承中线分别与曲轴轴线相交于一点，自该点分别向上截取线段等于各自的桥规值，连接首、尾桥规值线段终点的直线即为基准线。它相当于机座上平面，依其确定各道主轴承位置准确、合理。

②以曲轴轴线上位置最低的两道主轴承处的连线作基准线。图 2－3－18 中以第 2，7 道主轴承的连线 *XX* 作为基准线，各主轴承位置均较高，第 5 道主轴承最高，即磨损最小。此法简便、合理。

六、曲轴的验收

为了避免微小疏漏造成日后营运中的隐患，轮机人员在监修、监造时，对于新造或修理的曲轴质量要非常重视，严格检查验收。对于曲轴质量应从以下方面进行校验：

(1)新造曲轴应由制造厂提供材料成分、机械性能、金相组织和无损探伤等检验报告，造船厂应进行无损探伤等校验。

(2)曲轴尺寸精度、表面粗糙度等级应符合图纸要求。

(3)对主轴颈与法兰径向跳动量进行检验。为了保证主轴颈与法兰同轴，新造和修理曲轴进行径向跳动检验。检验可在车床或平台上进行。平台检验时用 V 形铁支承曲轴，用百分表测量每段主轴颈首、尾两个截面上的跳动量和法兰上的跳动量。曲轴回转一周同一直径对应两个位置(0°，180°)百分表读数差值即为径向跳动量。

(4)曲柄销颈与主轴颈平行度检验。在平台上进行新造或修理曲轴的平行度检验，如图 2－3－19(a)所示。曲轴置于平台 V 形铁上，调整曲轴使之与平台平行。转动曲柄销至上止点，用百分表测量曲柄销颈上相距 l 的两点的相对值 a,b，然后将曲柄销转至下止点，测量对应两点的相对值 c,d。则曲柄销颈与主轴颈的平行度误差 Δ_{-}：

$$\Delta_{-} = \frac{(a-b)+(c-d)}{2l}$$

同样方法测量水平平面内的平行度误差，均应符合要求。此外，还可采用水平仪等测量检验。

(5)曲柄夹角检验。新造或发生过红套滑移、扭转变形等的曲轴修理前后均应检验曲柄夹角。主要有平台画线法、光学象限仪法等。

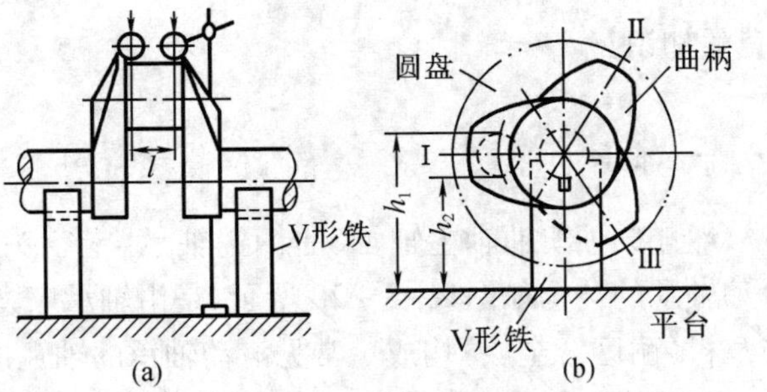

图 2－3－19　曲轴相对位置精度检验

平台画线法如图 2－3－19(b)所示。曲轴置于平台 V 形铁上使其轴线与平台平行。将曲柄Ⅰ转至左平或右平位置，测量曲柄销颈上最高、最

低点至平台的距离 h_1,h_2,二者的平均值 h 即为该曲柄销中心线至平台的距离,将此高度 h 用画针画于预先装在曲轴法兰端面的圆盘上。同样,将曲柄Ⅱ,Ⅲ的曲柄销中心高投影于圆盘上,连接圆心与各点的连线,用量角器测出各圆心角的数值即为曲柄夹角值,应符合图纸要求。

(6)曲轴臂距差检验。可在车床或平台上检验新造或修理的曲轴臂距差。

(7)曲轴的平衡试验。曲轴的不平衡质量将导致柴油机工作不平稳,产生振动和噪声,甚至引起其他零部件的损坏。所以,新造或大修后的曲轴应进行平衡试验。一般中、低速柴油机曲轴进行静平衡试验,高速柴油机曲轴进行动平衡试验。大型低速柴油机曲轴在红套时对尺寸公差、质量和重心位置等控制极为严格,使其静不平衡最小,所以制成后不需进行静平衡试验。

维修任务二　轴承的维修

【学习目标】

1. 掌握轴承常见的破坏形式。
2. 掌握轴承常见故障的检修。
3. 掌握轴承间隙的测量方法及调节方式。
4. 理解缺陷检验和故障诊断。
5. 掌握船机零件的拆卸。

【学习任务】

1. 了解轴承的结构和分类。
2. 轴承间隙测量的方法。
3. 轴瓦更换时的操作步骤。

【环境设备】

1. 长塞尺。
2. 桥规。
3. 外径千分尺。
4. 铅丝。

【背景知识】

一、轴承

船舶柴油机曲轴主轴承、曲柄销轴承、十字头销轴承和活塞销轴承等均为滑动轴承。滑动轴承的结构如图 2-3-20 所示,是由轴承座、轴承盖和上瓦、下瓦等组成。轴瓦由瓦壳与瓦衬(耐磨合金层)构成。常见滑动轴承的轴瓦形式有以下三种。

(1)两半式厚壁轴瓦

轴瓦厚度 t 较大,一般 $t \geqslant 0.065D$(D 为轴承直径,mm),合金层的厚度为 3~6 mm。

此种轴瓦壁厚、刚度大，可以保证轴承孔的尺寸和几何精度；在上、下瓦结合面之间有调节垫片用以调整轴承间隙；轴瓦损坏可以重浇合金和拂刮修复。

通常瓦壳材料可选用青铜、黄铜或铸钢，目前广泛采用钢瓦壳。瓦衬材料主要采用锡基或铅基巴氏合金。厚壁轴瓦广泛应用于中、低速柴油机和一些辅机的轴承上。

（2）两半式薄壁轴瓦

轴瓦厚度 t 较小，一般 $t=(0.02\sim0.065)D$（D 为轴承直径，mm），合金层厚度如表 2-3-6 所示。

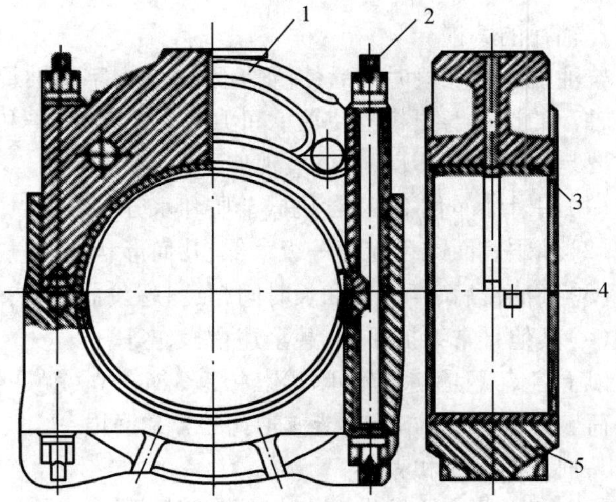

图 2-3-20 滑动轴承结构图

1—轴承上盖；2—轴承螺栓；3—上瓦；4—下瓦；5—轴承座

表 2-3-6 CB/T 3535—94 薄壁轴瓦合金层厚度 单位：mm

合金层材料	合金层厚度
锡基、铅基轴承合金	0.25～0.5
铜基轴承合金	0.4～0.8（烧结） 0.4～0.8（连续浇注） 0.4～1.0（离心浇注）
铝基轴承合金	0.3～0.9

此种轴瓦壁薄、刚度差，轴承孔尺寸和几何精度由轴承座孔和瓦壁厚度加工精度来保证；轴瓦的互换性好，装入轴承座孔后不允许修刮，损坏后也不能修复，只能报废换新。

通常瓦壳采用低碳钢，瓦衬采用铜铅合金或铝基轴承合金。薄壁轴瓦广泛用于中、高速柴油机，大型低速柴油机的十字头轴承甚至主轴承和曲柄销轴承也改用薄壁轴瓦。

（3）整体衬套式轴瓦

采用青铜或碳钢制成套筒式，有的上面浇有 0.4～1.0 mm 厚的耐磨合金层。中、小型柴油机连杆小端轴承、摇臂轴承广泛采用锡青铜或铝青铜衬套式轴瓦。

轴瓦按金属的层数分为单层、双层、三层和四层轴瓦。单层轴瓦为一种合金制成的整体衬套式；双层轴瓦是钢壳上浇注或压上减磨和抗咬合的轴承合金层；三层轴瓦或称三合金轴瓦，是在双层轴瓦上再镀上一层极薄的表面镀层，以改善表面性能或抗疲劳性能，例如镀 0.02～0.04 mm 的铅、锡、铟等；四层轴瓦是由钢瓦壳、高疲劳强度的轴承合金、表面性能良好的轴承合金、表面镀层组成。

轴承是船用主、副柴油机或其他辅机的易损件，在每年的机损事故中居首位。轴承损坏主要是轴瓦上的耐磨合金层的损坏。其主要损坏形式有过度磨损、裂纹和剥落、腐蚀和烧熔。

1. 轴瓦的磨损

柴油机运转一段时间后使主轴承下瓦、十字头轴承下瓦和曲柄销轴承上瓦产生过度磨损。轴瓦的过度磨损将会使轴承间隙增大,引起冲击和加剧磨损。造成轴瓦过度磨损的原因主要是维护管理不良,具体表现如下:

(1)润滑油净化不良,含机械杂质和水分较多;

(2)轴颈表面的粗糙度等级太低、几何形状误差过大和曲轴变形等;

(3)柴油机启、停频繁和长时间超速、超负荷运转;

(4)其他日常维护不善,甚至违章操作等。

以上各点不是使得轴承润滑油膜不能建立,就是由于磨粒、轴颈表面不良或过大的轴承负荷破坏已形成的油膜,造成轴瓦的异常磨损。

2. 轴瓦的裂纹和剥落

裂纹和剥落主要发生在白合金厚壁轴瓦上。最初由于种种原因在轴瓦工作表面产生微小疲劳裂纹,随着柴油机的继续运转,轴瓦上的裂纹扩展、延伸,以致使轴瓦上的耐磨合金呈片状脱落,即剥落。造成轴瓦裂纹和剥落的原因主要与轴承受力、轴瓦合金材料及管理等因素有关。

(1)白合金材料的疲劳强度低,在交变载荷作用下容易产生疲劳裂纹;

(2)轴颈的几何形状误差过大或轴瓦过度磨损都会使轴瓦受到过大的冲击负荷,使轴瓦产生裂纹;

(3)柴油机超负荷使轴承负荷过大,造成轴瓦裂纹;

(4)轴瓦浇铸质量差,如合金层与瓦壳结合不良或二者间嵌有异物等,在交变载荷作用下使轴瓦裂纹和合金层剥落;

(5)龟裂是白合金轴瓦容易产生的疲劳损坏,如十字头轴瓦的龟裂就较为严重,目前虽然对十字头轴承和连杆小端的结构进行了各种改进,但龟裂仍时有发生。

龟裂是由于柴油机运转时轴瓦受到周期性交变负荷作用,特别在轴承负荷过大和轴向负荷分布不均匀时,使轴与瓦之间难以建立连续而又分布均匀的润滑油膜,以致局部产生金属直接接触,经过一段时间运转后在轴瓦表面上局部产生细微裂纹,称为发裂。发裂在柴油机台架试验时就可能产生。实践证明,轴瓦产生发裂后仍可继续运转很长时间,直到发展成龟裂报废。十字头轴瓦龟裂如图 2-3-21 所示。

轴瓦上的发裂会使润滑油渗入,在轴承负荷作用下滑油无处逸出,形成油楔,在油压作用下,使裂纹逐渐扩展、延伸并且彼此连接成封闭网状。所以,当轴瓦受到过大的轴承负荷和轴向负荷不均时,轴瓦上产生发裂,进而在油楔作用下扩展形成许多封闭的裂纹,称为龟裂。当龟裂面积较大并扩展至轴瓦端面或合金剥落时,轴瓦应报废换新。

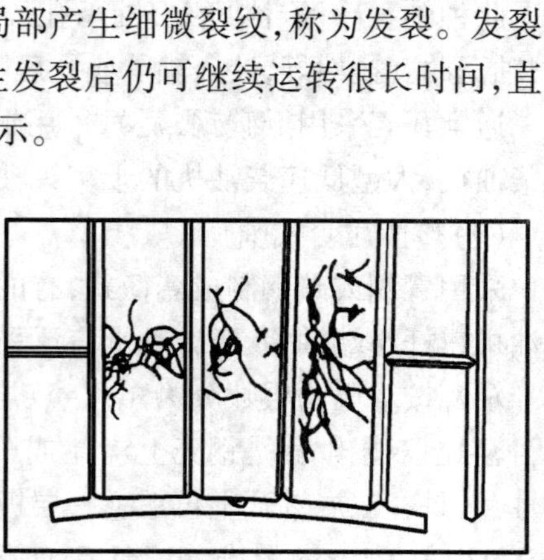

图 2-3-21　十字头轴瓦龟裂

3. 轴瓦腐蚀

轴瓦腐蚀包括电化学腐蚀和漏电引起的腐蚀。润滑油中含水或滑油氧化、燃气或燃油的混入使滑油变质都会使轴瓦工作面产生宏观或微观电化学腐蚀麻点。船上的杂散电流是电器漏电引起的，它使轴瓦内外表面产生局部麻点的静电腐蚀。

4. 轴瓦烧熔

轴瓦合金烧熔是滑动轴承常见的严重损坏。主要由于轴承间隙过小、润滑油油压不足或失压使油膜不能建立；轴颈表面太粗糙或几何形状误差过大等破坏油膜。油膜不能建立或被破坏均使轴与瓦的金属直接接触，干摩擦产生高温使合金熔化。

【操作指导】

一、轴承的检测

1. 滑动轴承的安装要求

为了保证滑动轴承安全可靠地运转，轴承的安装质量和与轴的配合最为重要。在安装过程中应符合下列要求：

(1)轴瓦与轴承座孔配合面贴合良好

轴瓦的安装以下瓦安装最为关键，应使下瓦外圆面与轴承座孔内圆面贴合紧密和均匀接触，用 0.05 mm 塞尺插不进。二者贴合紧密，运转时轴瓦不会变形和裂纹，有利于散热。

厚壁轴瓦的下瓦装入轴承座内的贴合情况可用轴承座面涂色油进行检查。若轴瓦背面沾点少，说明接触不良，可用铜锤敲击或修锉瓦背。任何情况下都不允许修锉轴承座面。在 25 mm×25 mm 面积内沾点不少于 3 点时为好，即小型柴油机接触面积不少于 85%，大、中型柴油机接触面积不少于 75%。

薄壁轴瓦的下瓦与轴承座紧密贴合是通过轴瓦与轴承座孔的过盈配合来实现的。轴瓦在自由状态下具有一定的弹性，或者说瓦口处有一定的扩张量，即瓦口直径比名义直径稍大，二者之差为扩张量。当下瓦装入轴承座内，轴瓦两端均高出轴承座端面 Δ，也即是轴瓦外圆周长较座孔周长大 4Δ，如图 2-3-22 所示。螺栓上紧前，在轴承剖分面处的间隙为 2Δ；当螺栓上紧后间隙消失，借助薄壁轴瓦的弹性变形和过盈量 δ，使轴瓦紧压在轴承座孔中。轴瓦端面超出轴承座的高度 Δ 与过盈量 δ 的关系：

$$\Delta = \frac{\pi\delta}{4}$$

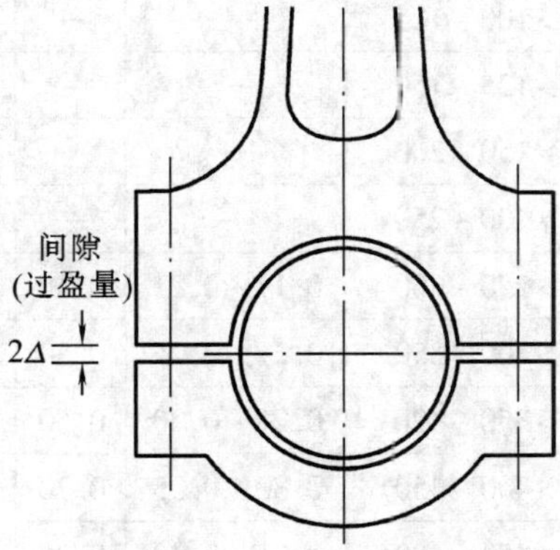

图 2-3-22　薄壁轴瓦与轴承座孔的过盈配合

轴瓦凸出高度 Δ 与轴承孔直径 D 的关系：

$$\Delta = \frac{0.000\,6\pi D}{4}$$

薄壁轴瓦瓦口处自由状态下的扩张量，通常推荐值为：

无翻边瓦：0.3～1.0 mm；翻边瓦：0.1～0.4 mm。

(2)轴颈与轴承下瓦应在一定的角度内均匀接触

接触面积应大于 75%。柴油机主轴颈与主轴承下瓦接触角应在机体中心线两侧 40°～60°范围内；曲柄销颈与大端轴承上瓦的接触角应在连杆中心线两侧 60°～90°范围内，如图 2-3-23 所示。

(3)轴承间隙应符合要求

轴与轴瓦之间的径向最大配合间隙称为轴承间隙。合适的轴承间隙是形成润滑油膜实现液体动压润滑的重要条件。轴承间隙过小，油膜不能建立，轴与瓦的金属直接接触，产生大量热，以致合金熔化；间隙过大，润滑油流失和产生冲击，使轴瓦合金层裂纹、碎裂。所以要求轴与轴瓦之间的轴承间隙 Δ 在安装间隙 $\Delta_{安}$ 和极限间限 $\Delta_{极}$ 之间，即

$$\Delta_{安} \leqslant \Delta < \Delta_{极}$$

柴油机说明书和柴油机修理技术标准中对主轴颈与主轴承、曲柄销颈与连杆大端轴承的轴承间隙均有具体规定，表2-3-7为柴油机主轴承间隙。

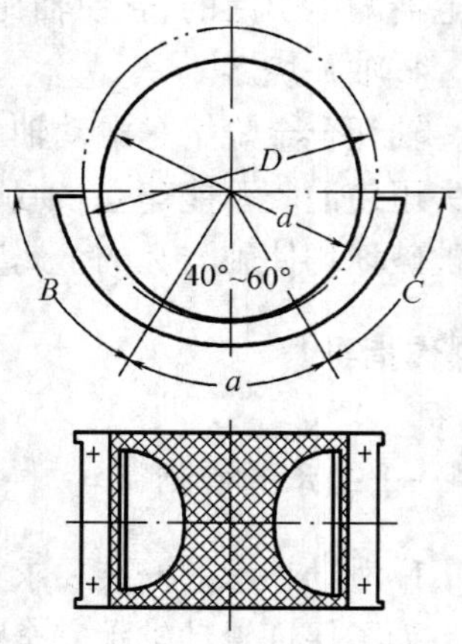

图2-3-23　轴与瓦的接触角

表2-3-7　柴油机主轴承间隙

单位：mm

轴颈直径	十字头式柴油机		筒形活塞式柴油机 <500 r/min		筒形活塞式柴油机 >500 r/min			
					锡基轴承合金		铜铅合金	
	装配间隙	极限间隙	装配间隙	极限间隙	装配间隙	极限间隙	装配间隙	极限间隙
≤100	—	—	—	—	0.06~0.08	0.20	0.08~0.10	0.20
>100~125	—	—	—	—	0.08~0.11	0.25	0.10~0.12	0.25
>125~150	—	—	—	—	0.11~0.15	0.30	0.13~0.16	0.30
>150~200	—	—	0.14~0.18	0.30	0.16~0.20	0.40	0.17~0.23	0.40
>200~250	—	—	0.18~0.22	0.40	0.20~0.24	0.50	0.24~0.28	0.50
>250~300	0.17~0.21	0.40	0.22~0.26	0.50	0.24~0.28	0.60	—	—
>300~350	0.21~0.25	0.50	0.26~0.30	0.60	—	—	—	—
>350~400	0.25~0.30	0.60	0.30~0.34	0.70	—	—	—	—
>400~450	0.30~0.35	0.70	0.34~0.38	0.80	—	—	—	—
>450~500	0.35~0.40	0.80	—	—	—	—	—	—
>500~550	0.40~0.45	0.90	—	—	—	—	—	—
>550~600	0.45~0.50	1.00	—	—	—	—	—	—
>600~650	0.50~0.55	1.10	—	—	—	—	—	—
>650~700	0.55~0.60	1.20	—	—	—	—	—	—
>700	0.60~0.65	1.30	—	—	—	—	—	—

二、轴承间隙测量

1. 塞尺法

用长塞尺自轴承端面直接插入轴颈与轴瓦之间进行测量。图2-3-24为MAN-B&W

型柴油机随机专用长塞尺测量主轴颈与主轴承的轴承间隙。测量时拆去轴承盖上的滑油进油管和盖内的油管,用长塞尺从端面插入进行测量。一般每运转 3 000 h 检查一次。

塞尺平直,而轴承间隙为弧形,使测量值小于实际间隙,所以轴承间隙应为测量值加上 0.05 mm 的修正值。此法简便,但精度不高,且使用受轴承结构限制,可作为轴承间隙的粗检。

2. 压铅法

利用置于轴承间隙处的铅丝在轴承螺栓上紧后被压扁的厚度来反映轴承间隙实际大小的测量方法。此法精度高,但操作麻烦。具体测量步骤如下:

(1)拆去主轴承上盖和上瓦或连杆大端轴承的下盖和下瓦。

(2)选直径为(1.5 ~2.0)Δ(Δ 为轴承装配间隙),长度为120° ~150°轴颈弧长的铅丝 2 ~3 条。沿轴颈首、中、尾位置安放铅丝,并用牛油粘住,如图 2 –3 –25 所示。

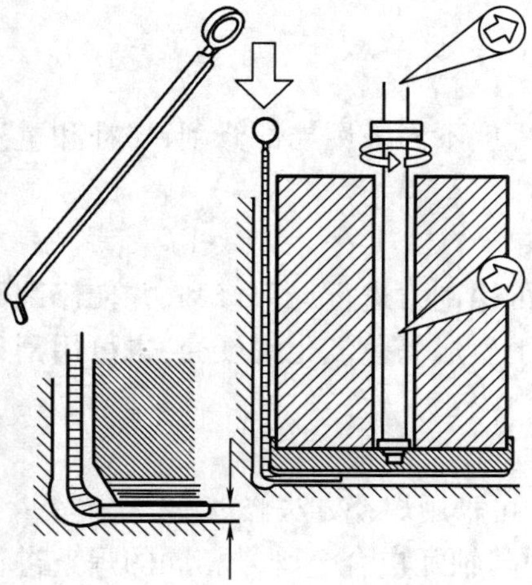

图 2 –3 –24　MAN – B&W 型柴油机专用长塞尺测轴承间隙

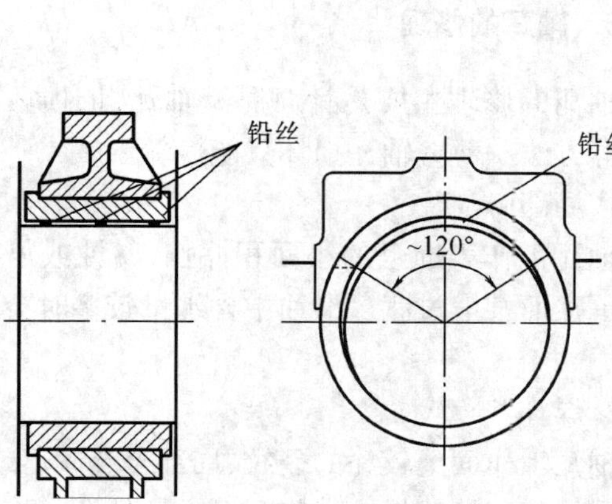

图 2 –3 –25　压铅法测量主轴承间隙

铅丝的塑性和直径对测量精度影响很大。铅丝直径小于轴承间隙,铅丝未被压扁,轴承间隙不能测出;铅丝直径过大,上紧螺栓后铅丝被压产生硬化可能被压入白合金层内,亦不能准确测量。例如,主轴承装配间隙为 0.2 ~0.25 mm,可选用直径为 0.3 ~0.5 mm 范围内的铅丝。

(3)装好主轴承上盖和上瓦,按要求上紧螺栓至规定位置,此时切勿盘车。

(4)打开轴承,取出铅丝进行测量和记录。注意铅丝对应的测量位置,切勿弄混。

(5)用千分尺测量铅丝两端和中间的厚度。中间厚度为轴承间隙值,两端厚度为轴承两侧间隙,应小于轴承间隙,且两侧间隙差不超过 0.05 mm。

3. 比较法

中、高速柴油机主轴承和连杆大端轴承多采用薄壁轴瓦。通常采用内、外径千分尺分别测量轴、孔的对应部位直径,此二直径之差即为轴承间隙。一般应测量对应于曲柄销在上、下止点位置时的轴、孔直径,且在轴向首、中、尾三处测量,求其平均值进行比较。

三、轴瓦磨损量检测

主轴承厚壁瓦下瓦磨损量可用桥规测主轴颈下沉量的方法或直接测量下瓦厚度与新瓦厚度比较的方法来确定。

连杆大端轴承上瓦的磨损量可用直接测量的方法。

薄壁轴瓦的轴承间隙超过说明书或标准时即表明其下瓦（或上瓦）磨损严重，无须测量磨损量，应报废换新。

四、轴瓦合金层脱壳检查

轴瓦合金层浇铸质量不高就会使结合面局部有缝隙，运转后就会产生合金层脱落现象。为此对厚壁轴瓦备件可采用听响法或渗透探伤法进行检测。

轴瓦工作表面可用放大镜或渗透探伤法检验有无裂纹。

五、轴瓦的修理

轴瓦的修理主要是针对厚壁轴瓦，依损坏形式和程度不同采用局部修刮、焊补和重浇合金等方法。薄壁轴瓦损坏只能换新。

1. 局部修刮

轴瓦工作表面上的小面积擦伤、腐蚀或早期发裂可用刮刀进行局部修刮，并使修刮面与周围瓦面圆滑过渡。滑油中含水量较多时会使瓦面上生成黑色氧化锡硬壳，也可用刮刀刮去。

2. 焊补

轴瓦工作面上较深的裂纹、局部合金脱落或腐蚀等可采用焊补方法修理。

采用氢氧焰或焊烙铁将瓦面损坏处合金熔化，再用与轴瓦白合金牌号相同的焊条进行焊补。焊补质量与焊前损坏部位的清洁情况有关。一般可采用汽油或煤油清洗、擦干和修刮使露出金属光泽。此法简便、实用，是常用的修理轴瓦裂纹的方法。此外还具有节约合金材料和修理工时短的优点。

3. 重新浇瓦

具有下列情况之一者，应熔去轴瓦上的合金，重新浇铸相同牌号的白合金。

(1)轴瓦合金烧熔；

(2)轴瓦过度磨损不能保证要求的轴承间隙；

(3)轴瓦合金脱壳或大面积剥落；

(4)轴瓦龟裂严重，扩展到轴瓦端面或裂纹深及瓦壳。

六、主轴承下瓦的更换

柴油机运转中轴承损坏是不可避免的。当轴瓦损坏后，船上条件下只能更换备件。因此换瓦是轮机员经常性的检修工作。换瓦是新瓦的安装工艺过程，其质量仍然是保证安全可靠运转的关键。薄壁瓦安装工艺较为简单，以下介绍厚壁瓦安装过程及应注意的问题。

1. 新瓦的检验及安装

(1)新瓦（备件）的检验

检查新瓦有无变形和其他缺陷，如合金层与瓦壳黏结情况、油槽和垃圾槽情况，测量和记录轴瓦厚度等。

(2)新下瓦的安装

在船上换新轴瓦时不需将曲轴吊起,只需将旧瓦自瓦座内盘出,并以同样方法将新瓦盘入瓦座。旧瓦盘出应从瓦口较厚的一端或有定位唇(轴瓦轴向定位的凸起)的一端盘出。下瓦自主轴颈的下方瓦座盘出的方法很多,随机型而异。例如,小型柴油机利用主轴颈上的润滑油孔,在孔内插入销钉,盘车时销钉随轴转动将下瓦拔出;还可以利用专用工具固定在曲柄臂上,盘车将下瓦拔出,如图 2－3－26 所示。大型低速柴油机 Sulzer RD,RND 型采用液压千斤顶将曲轴抬高 0.10～0.15 mm 后转出主轴承下瓦。

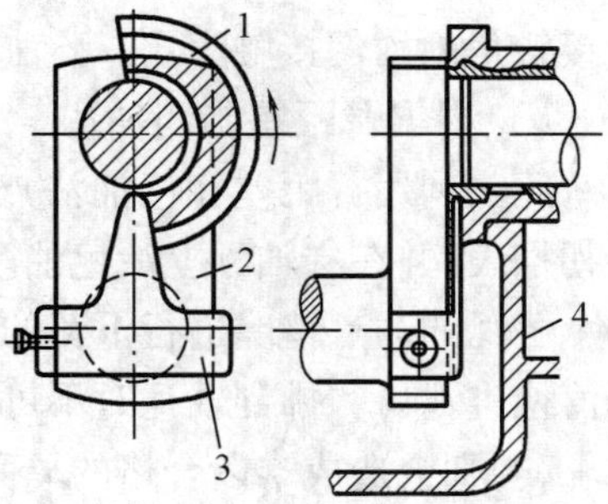

图 2－3－26　专用工具盘出主轴承下瓦

1—下瓦;2—曲柄臂;3—专用工具;4—机座

为便于盘瓦,通常在新瓦背上镀 0.002～0.003 mm 的锡或铜,镀层均匀光滑。Sulzer RLB 型柴油机瓦背上涂以均匀的二硫化钼润滑剂。

(3)新瓦安装质量的检验

由于备件在放置过程中可能产生变形,所以新下瓦装入瓦座后应检查下瓦背面与瓦座孔的贴合情况。色油检查:

若下瓦背两侧面沾点而瓦底背面无沾点,说明新下瓦瓦口产生向外张开的变形,在底部产生间隙 δ,如图2－3－27(a)所示,此时新下瓦卡在瓦座瓦口处,没有“落底”。

若下瓦背两侧面无沾点而瓦底背面沾点,说明新下瓦瓦口产生向内收拢的变形,在瓦口两侧产生间隙 β,如图 2－3－27(b)所示,此时新下瓦在瓦座内“晃荡”。

以上两种情况在柴油机运转中均会因轴瓦与瓦座贴合不良造成合金碎裂等事故。为使新下瓦与瓦座配合面贴合良好,应修锉瓦背或用木槌敲击瓦口内侧使向外张开,或用铜锤敲击瓦口外侧使之向内收拢。

除上述情况外,都应保证下瓦与瓦座配合面的贴合符合要求。

2. 主轴颈与主轴承下瓦接触检验

新的主轴承下瓦安装合格后,主轴颈与之接触情况也应符合要求。检验时,在轴上均匀涂上色油,使轴回转,观察下瓦色油沾点的多少和分布。如不合格,用刮刀拂刮下瓦,再次使轴回转,再次检查沾点和拂刮,直到符合要求为止。具体拂刮轴瓦的方法有以下几种:

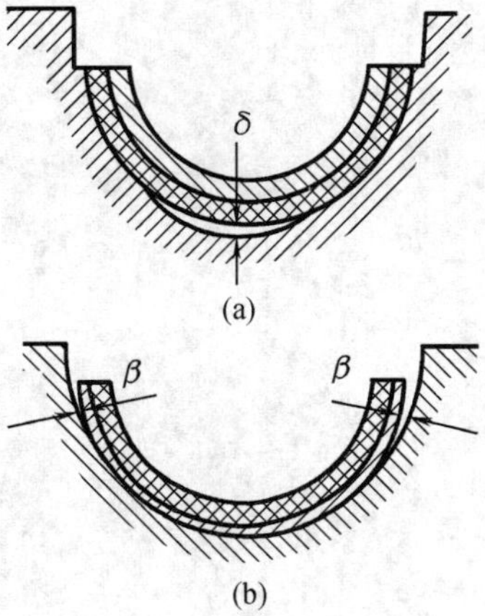

图 2－3－27　新瓦瓦口变形后安装不良

(a)瓦口扩张;(b)瓦口收拢

(1)样轴拂刮

轴瓦样轴又称假轴,使其代替曲轴,轻便,容易操作,效率高。假轴采用钢管或铸铁管制成,外径 $D = d + \Delta$(d 为主轴直径,Δ 为轴承间隙),长度等于机座全长或为 3～4 个主轴承座的长度。此种刮瓦方法容易建立油膜,但必须制作专用样轴,适用于船厂小批修理或船上小型柴油机。

(2)曲轴拂刮

轴瓦船厂和船上均可使用。依主轴颈与主轴承下瓦研配的沾点拂刮主轴下瓦,直到符合接触角内均匀接触为止。此法方便,不需制作样轴,但下瓦盘出、盘入较麻烦。

(3)根据臂距差拂刮轴瓦

此法利用臂距差和色油沾点拂刮主轴承下瓦。首先在换新轴的主轴承两侧曲柄上安装拐档表,并在主轴颈上涂色油。然后盘车测量两个曲柄的臂距差值。根据臂距差值和主轴承下瓦的沾点情况进行下瓦的拂刮。垂直平面内的臂距差值检查瓦底,水平平面的臂距差值检查瓦口。拂刮轴瓦时不可一次刮削很多,应小刮削量多次拂刮、多次研配,逐渐达到要求,否则会造成难以合格的局面。

注意下瓦两侧垃圾槽附近瓦口部位的拂刮:拂刮过量,造成漏油,影响油膜建立;拂刮不足,瓦口与轴颈接触引起轴承发热,甚至在瓦口处咬死。一般瓦口处要有 0.05 mm 的间隙。主轴承上瓦先开油线,然后进行拂刮。

3.轴承间隙的测量与调节

以上检验合格后应检测主轴颈与主轴承装配后的配合间隙,即轴承间隙。当所测轴承间隙与说明书或标准不符合时,采用抽减或增加上、下瓦配合面处的垫片进行调节。

厚壁轴瓦上、下瓦结合面处有一组黄铜或紫铜垫片,其形状与结合面形状相同并且不会妨碍轴的回转及瓦口处的垃圾槽。垫片的厚度为 0.05 mm 的整倍数,如 0.10 mm,0.15 mm 等,便于间隙调节。垫片数目尽量少,两边的垫片数量和厚度相同。

调节轴承间隙时,轴瓦两边要同时抽减或增加厚度和数目相同的垫片,以免使轴承上盖上瓦歪斜和轴承间隙变化。

项目四　船舶轴系、舵系维修

维修任务一　轴系的维修

【学习目标】

1. 掌握轴系拆卸的检查项目。
2. 掌握轴系状态的检验和调整。
3. 掌握轴系各组成部分的检查与修理。

【学习任务】

1. 项目任务

本项目的任务是掌握轴系的检修。主要任务是掌握船舶轴系和螺旋桨的拆验,船舶轴系主要部件的检修,轴系校中状态的检验与调整。

2. 检修工作任务流程图

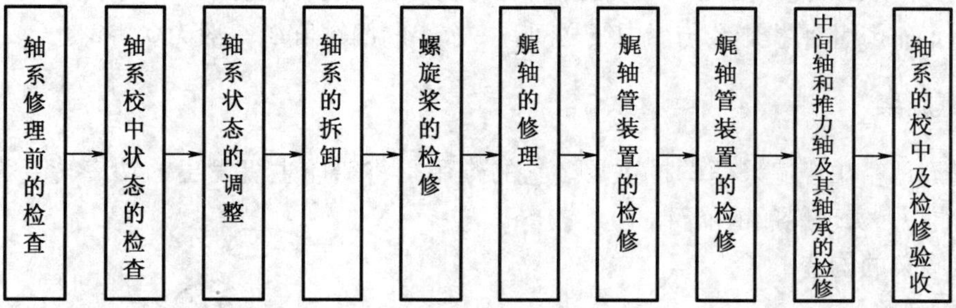

【环境设备】

1. 直尺。
2. 塞尺。
3. 螺距测量工具。

【背景知识】

一、轴系的作用及布置

船舶轴系是船舶动力装置中的重要组成部分,是船舶推进装置(主机、传动机构、螺旋桨)中主要的传动设施。

船舶轴系是从主机输出端法兰起至艉轴为止,连接主机和螺旋桨。轴系装置就是由若干个轴和轴承以及其他附件组成系统的总称。

船舶轴系是船舶动力装置中的重要组成部分，承担的主要任务是将主机发出的功率传递给螺旋桨，使其旋转，并将螺旋桨所产生推力（即螺旋桨在水中旋转做功时，水给予螺旋桨的反作用力）通过自己的一系列装置传给船体，使船舶前进或后退，以保证其正常航行。因此船舶轴系是船舶推进装置的重要组成部分。

为了满足现代船舶的要求，保证轴系在各种航行工况和恶劣情况下，能可靠地工作，轴系装置应具有足够的强度、刚度；并要求质量大、尺寸小；传递功率大、效率高；维修方便等。

轴系的布置是根据轴线的要求而布置的。

主机至螺旋桨之间的轴系，是由同一直线上的若干个轴相连接起来的，这一直线我们称为轴线。

轴线的数目，往往是根据船舶的类型、航行性能、主机型式及可靠性来确定的。一般中大型船舶都采用单轴线，而军舰、客轮采用双轴线或三轴线。

一般单轴的轴线常布置在船的中线面上；双轴的轴线则对称地布置在中线面的两侧；三轴的轴线，其中一根轴线布置在中线面上，而另两根则对称地布置在中线面的两侧；四轴线同双轴线布置。

轴线的高度通常要与主机和螺旋桨的布置高度、位置相适应。

轴系的轴线，最理想的布置应是与船体的基线相平行。我国建造的万吨货轮的轴线布置大都与船体基线相平行。

但有些特殊的船舶，如科技考察船、中小军舰等，其主机位置较高，尤其是吃水又较浅时，为保证螺旋桨没入一定深度的水中和提高螺旋桨推进特性的效率，特将轴线向船体尾部倾斜一定的角度。轴线纵倾角 α 在 $1^\circ \sim 5^\circ$ 之间。某些双轴系船舶为使螺旋桨叶梢与船体保持有一定距离，允许轴线水平投影线与船中线之间有一个小的偏斜角 β，一般为 $0^\circ \sim 3^\circ$。

二、螺旋桨

螺旋桨是船舶普遍采用的推进器。它的作用是将船舶主机发出的功率转变为推动船舶运动的推力，实现船舶的航行。

1. 螺旋桨的构造

(1) 构造

螺旋桨由桨叶和桨毂构成，如图 2－4－1 所示。整体式螺旋桨是桨叶和桨毂铸成一体；组合式螺旋桨是桨叶和桨毂分别铸造，加工后用螺栓连接成一体。桨叶的数目通常为 3～6 个，中小型船舶桨叶多为 3～4 个，大型船舶桨叶常为 3～5 个。螺旋桨的直径一般在 800～6 000 mm 之间。

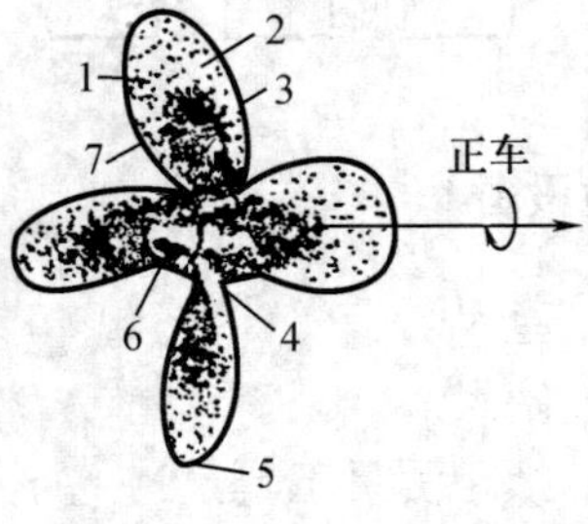

图 2－4－1　螺旋桨及其几何要素

1—叶面；2—叶背；3—导边；4—叶根；5—叶梢；6—导流帽；7—随边

(2) 桨叶的几何要素

由船尾向船首看时，所见到的螺旋桨桨叶的一面称为叶面（或称压力面）；另一面称为叶背（或称吸力面）。

桨叶与毂的连接处称为叶根，其外端称为叶梢。螺旋桨旋转叶梢的圆形轨称为梢圆，此圆的直径称为螺旋桨直径，此圆称为螺旋桨盘，其面积称为盘面积。

当主机正车运转时，桨叶先入水的一边称为导边，另一边则称为随边。

(3)螺旋桨的材料及加工

螺旋桨形状复杂,尺寸和质量均较大,尤其是海船螺旋桨。螺旋桨常用材料及性能特点见表2－4－1。

表2－4－1 螺旋桨常用材料及性能特点

材料及牌号	性能特点
不锈钢 ZGlCr18Ni9	强度高,韧性好,抗腐蚀及穴蚀性能好,常用于特殊用途船
锰铁黄铜 ZHMn55－3－1	强度高,韧性好,耐海水腐蚀,抗穴蚀性能好,常用于大型海船及军舰
铝锰铁黄铜 ZHAl67－5－2－2	性能好,价格较高
高锰铝青铜 ZQAl14－8－3－2 ZQAl12－8－3－2	强度高,韧性好,耐海水腐蚀,疲劳强度高,抗腐蚀性能好,常用于大型海船及军舰
铸钢 ZG20I,ZG25I	强度高,韧性好,抗腐蚀性能较铸铁差
球墨铸铁 TQ40－10,TQ45－5 灰铸铁 HT200,HT250	强度低,脆性大,易被海水腐蚀,但容易铸造,成本低廉,常用于内河小船
尼龙和玻璃钢	韧性好,质量小,抗振、抗腐蚀及抗穴蚀性能好,造价低,强度和刚度低,易老化

桨叶加工制造较为困难。目前中小型螺旋桨已采用仿形或数字程序控制机床加工,而大型螺旋桨桨叶尺寸大且多为单件生产,仍然采用手工画线加工,使用风铲、砂轮、锉刀和刮刀等工具,生产效率低。

(2)螺旋面的形成及螺距

螺旋桨桨叶叶面是螺旋桨的一部分,螺旋面的形成如图2－4－2所示。图中ABC线段绕轴线OO'作等角速度旋转,同时沿OO'轴线作等速直线运动,则ABC线段在空间划过的轨迹形成的曲面即为螺旋面。

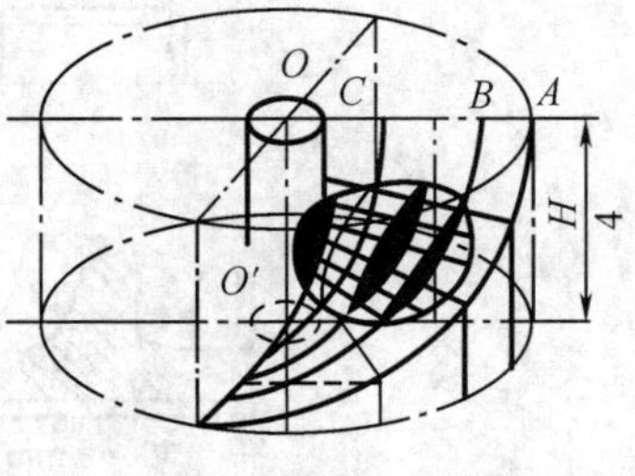

图2－4－2 螺旋面的形成

线段ABC轴线回转一周时,沿OO'轴线上升或下降的距离称为螺旋面的螺距,用符号H表示。由于线段ABC上各点的运动速度相同,所移动的直线距离也相等,则线段上各点在空间的轨迹——螺旋线的螺距相等。因为桨叶叶面是螺旋面的一部分,所以桨叶上不同半径处的螺旋线螺距相等。

(3)螺旋桨与艉轴的连接方式

螺旋桨是通过桨毂与艉轴(螺旋桨轴)连接在一起的,有以下三种连接方式:

①机械连接 机械连接采用传动键连接螺旋桨与艉轴是一种传统的连接方式。通过螺旋桨桨毂锥孔与艉轴锥体部分的紧配合及传动键来连接,并用螺帽锁紧,以便传递扭矩和承受推力作用。但是在艉轴上的键槽处容易产生应力集中,引起裂纹或断轴事故。传统键连接如图2－4－3(a)所示。

为确保螺旋桨桨毂锥孔与艉轴锥部配合面紧密接触,要求全长均匀贴合,轴与孔应进行研配。装配后65%以上面积应均匀接触，锥部大端必须接触良好，色油检查在25 mm×25 mm面积上接触沾点不少于2~4个。目前我国小型船舶螺旋桨广泛采用此种连接方式。

②环氧树脂胶黏剂连接　沿海及内河船舶的螺旋桨直径$D<4.5$ m时，允许采用有键环氧树脂胶黏剂安装，即同时采用键连接与环氧树脂胶合连接，此时对桨毂锥体的接触要求、键和桨毂键槽的配合要求可适当降低。小型船舶的螺旋桨直径$D<1.5$ m时，允许采用无键环氧树脂胶黏剂胶合安装。要求在桨毂锥孔两端长40~60 mm环形面积上与艉轴均匀接触，色油检查在25 mm×25 mm面积上接触沾点不少于2个。此种连接方式省去键和键槽及大量的刮研工作，现在广泛用于内河及沿海中的小型船舶，如图2-4-3(b)所示。

③油压无键套合连接　目前国内外新造船舶的螺旋桨与艉轴均采用油压无键套合连接。它是把桨毂锥孔内表面车有螺旋槽的螺旋桨装在艉轴上，如图2-4-3(c)所示。利用油泵5将高压油从桨毂上的油孔打进桨毂锥孔与艉轴锥体配合面之间，使桨毂和轴产生弹性变形，即锥孔胀大而桨轴收缩，二者之间的间隙增大。利用油泵6的高压油使千斤顶1产生的轴向推力把螺旋桨推至艉轴上规定位置。放掉高压油后，桨毂锥孔与艉轴的弹性变形消失，形成过盈配合，从而可传递较大的扭矩。

用油压安装无键螺旋桨时，关键是螺旋桨套合到艉轴上的轴向推入量S。保证桨在艉轴套合后正常运转所需的推入量为最小推入量S_1；套合后产生的应力为螺旋桨材料屈服极限的70%时的轴向推入量，为最大推入量S_2。油压无键套合安装螺旋桨时，桨在艉轴上的轴向推入量S应在S_1与S_2之间，即满足下式：

$$S_1 \leqslant S \leqslant S_2$$

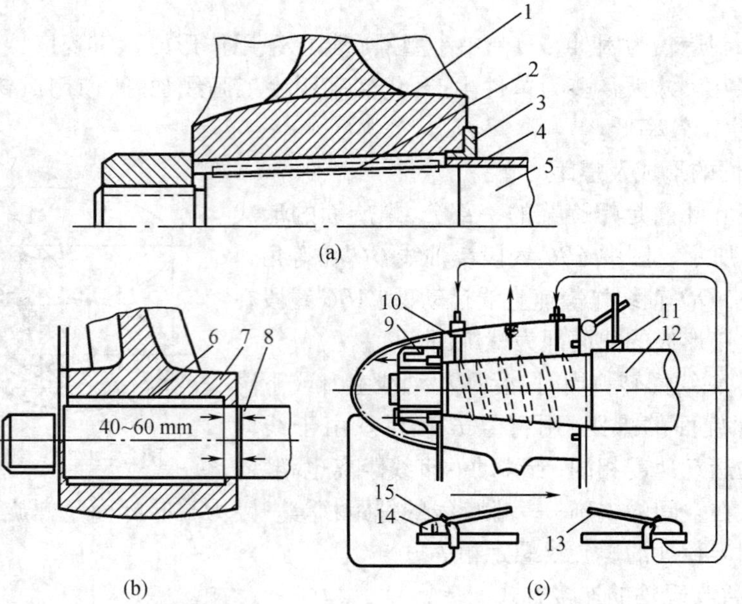

图2-4-3　螺旋桨与艉轴的连接方式

(a)机械连接；(b)胶黏剂连接；(c)油压无键套合连接

1—桨毂；2—键；3—密封；4—艉轴衬套；5—艉轴；6—环氧树脂胶黏剂；7—螺旋桨；8—艉轴；9—千斤顶；10—螺旋桨；11—百分表及表架；12—艉轴；13，14—油泵；15—压力表

最大与最小轴向推入量S_2，S_1的计算公式参见《钢质海船入级与建造规范》或《船舶轴

系、螺旋桨和舵系修理技术标准》。油压无键套合连接方法是目前国内外最先进的安装工艺，省去键和键槽及大量的刮研工作，使螺旋桨与艉轴连接可靠，拆装方便。

三、艉轴结构

艉轴位于轴系的末端，穿过艉轴管伸至船外与螺旋桨或螺旋桨轴连接，首端与最后一节中间轴相连接。艉轴是船舶轴系中推动船舶前进的重要部件之一，它承受着螺旋桨的扭矩、振动、推力和重力等的作用，同时还受到海水腐蚀。

艉轴结构简单，主要结构形式如图 2－4－4 所示。

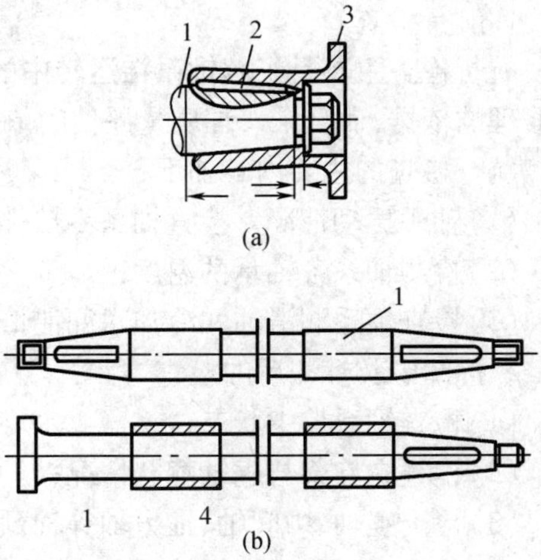

图 2－4－4　艉轴结构形式图

（a）可拆式；（b）固定式

1—艉轴；2—键；3—法兰；4—艉轴铜套

1. 按艉轴与其法兰的连接方式可分为固定式和可拆式

（1）固定式

固定式即艉轴与其法兰为一整体，或整体锻造或分体焊接而成。此种艉轴虽结构简单，但拆装必须在船内进行，工程量大，很不方便。为吊出艉轴，有时需要移开最后一节中间轴和中间轴承。

（2）可拆式

可拆式即艉轴与法兰分别制造，靠艉轴锥部与可拆法兰锥孔紧配对中，用键和螺纹连接成一体。此种艉轴结构相对复杂，但拆装方便，艉轴可自船体外部装入或抽出。

2. 按艉轴润滑方式可分为油润滑式和水润滑式

油润滑式艉轴的工作轴颈要比非工作轴颈尺寸大，精度和表面粗糙度要求高；水润滑式艉轴工作轴颈上采用铜套包覆，在其他非工作表面上用浸透环氧树脂剂的玻璃布橡胶包扎防腐。

艉轴铜套一般应整体锻造。大型海船艉轴工作轴颈较长，可达 3 m 以上。制造、装配均较困难。铜套采用红套方法装于艉轴上，一般铜套长度不超过 600～1 000 mm，否则应分段制造。分段套合的铜套必须保证接缝处的水密性，绝不允许有渗漏。铜套接缝可以采用氩弧焊填补，搭接缝采用锡焊填补、机械滚压接平或环氧树脂填平，如图 2－4－5 所示。

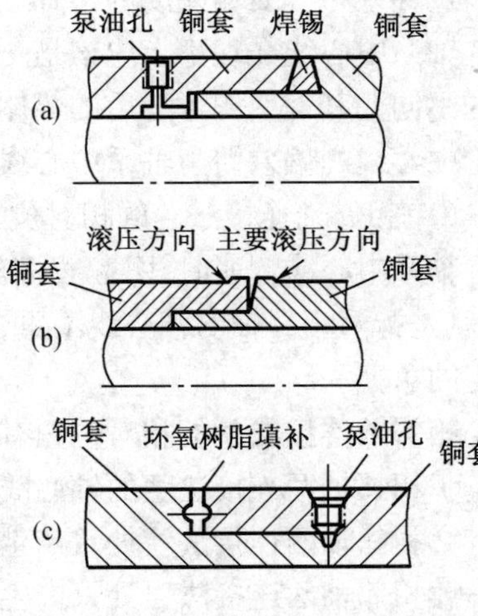

图 2－4－5　艉轴铜套分段套合的搭接缝的加工方法

（a）锡焊填补；（b）机械滚压填补；（c）环氧树脂填补

艉轴与螺旋桨为机械连接时，艉轴尾端锥部开有键槽。大中型船舶的艉轴，尤其是艉轴直径 $D>500$ mm 时，应在艉轴上制成雪橇形键槽，以减小艉轴锥部大端的应力集中，最终达到减少因键槽形状不合理而引起的裂纹和断轴事故。

【操作指导】

一、轴系修理前的检查

轴系修理前,应对轴系的技术状态进行有针对性的航行检查和拆卸中及拆卸后的检查。

1. 航行检查

航行检查主要是了解轴系在运转中的技术状态。各种测量数据和运转情况,不但是进行修理的依据,而且是修理质量评估的依据。

航行检查的主要内容如下:

(1)轴系振动情况　检查轴系零部件的振动情况、测量各轴承处轴颈径向圆跳动量;

(2)检测轴系各轴承的温度;

(3)检查轴系润滑油和冷却水漏泄情况。

2. 拆卸中及拆卸后的检查

(1)检查轴系校中状态;

(2)检查螺旋桨与艉轴配合情况;

(3)检查艉轴、中间轴、推力轴等轴颈表面质量和形位公差;

(4)检查密封装置磨损情况;

(5)检查轴系各轴承的轴承间隙和磨损情况;

(6)检查与轴系相关的管系及各附件的工作状况。

二、轴系校中状态的检查

船舶营运一段时间以后,由于轴承磨损、船体变形或海损事故等造成轴系校中状态的变化,即轴系中心线发生弯曲、各传动轴之间不同轴的现象。

轴系校中状态的检查包括轴系中心线偏差程度的检查、艉轴与中间轴及中间轴与推力轴同轴度误差的检查。

1. 轴系中心线偏差度的检查

轴系中心线在理论上应该是一条直线,由于轴系安装的误差以及运转中各轴承磨损程度的不同尤其是船舶营运后的船体变形,它实际上是一根曲线或折线。轴系实际中心线与理论中心线的偏差即为轴系中心线的偏差度。通常用偏移量 δ 和曲折量 ϕ 表示。

(1)相邻轴连接法兰的相对位置

轴系中心线弯曲时,引起相邻轴连接法兰处相对位置变化,发生偏移和曲折。所谓偏移,就是指两相邻轴的轴心线不重合,但平行。所谓曲折,就是指两相邻轴的轴心线相交成一定的角度。

相邻轴连接法兰的相对位置有如图 2-4-6 所示的四种情况。

①相邻轴两连接法兰的轴心线在同一直线上,即 $\delta=0,\phi=0$,如 2-4-6(a)图所示;

②相邻轴两连接法兰处只产生偏移,即 $\delta\neq0,\phi=0$,如 2-4-6(b)图所示;

③相邻轴两连接法兰处只产生曲折,即 $\delta=0,\phi\neq0$,如 2-4-6(c)图所示;

④相邻轴两连接法兰轴心线不同轴,也不平行,而相交成一定角度,即 $\delta\neq0,\phi\neq0$,如 2-4-6(d)图所示。

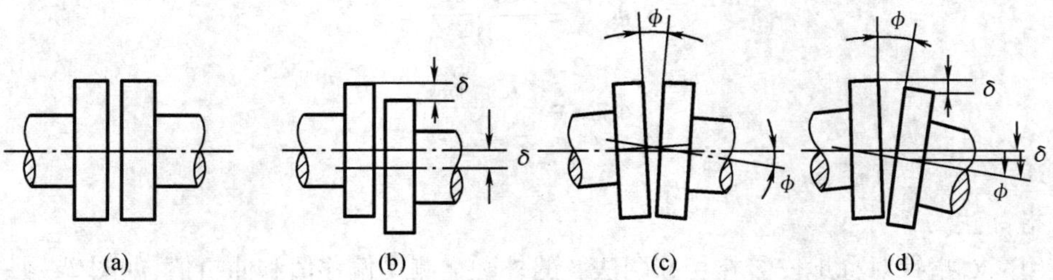

图 2-4-6　连接法兰的相对位置

(2)偏移值和曲折值的测量和计算

①直尺-塞尺法

采用钢直尺和塞尺测量相邻轴连接法兰上的偏移值和曲折值。测量时,将直尺依次紧贴在法兰的外圆面的上、下、左、右 4 个位置,用塞尺依次测量直尺与另一个法兰外圆面的间隙 $Z_{上}$、$Z_{下}$、$Z_{左}$、$Z_{右}$ 4 个数值,如图 2-4-7(a)所示。

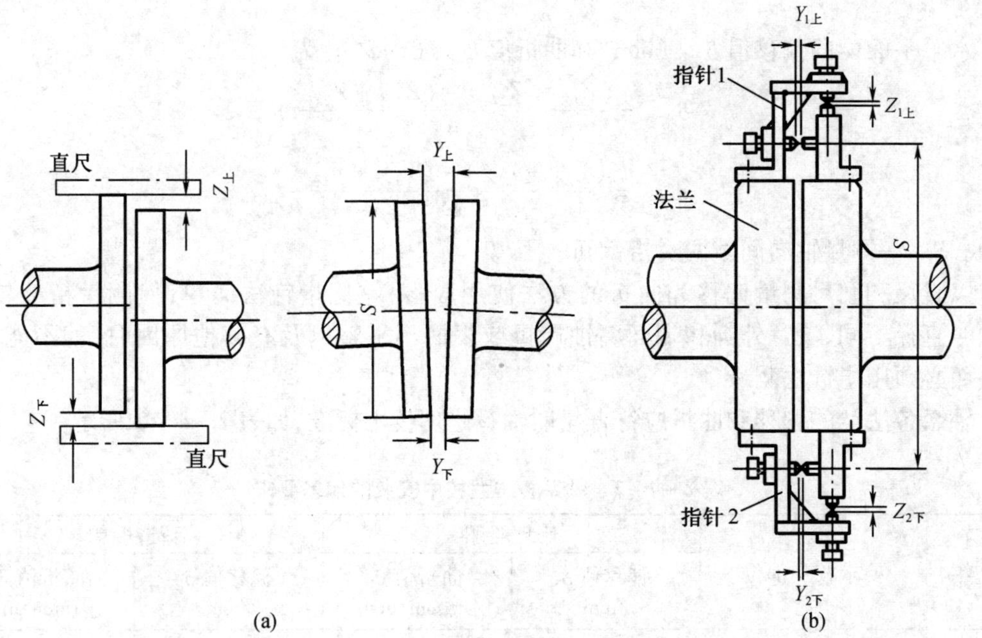

图 2-4-7　偏移值和曲折值测量方法

(a)直尺-塞尺法;(b)指针法

在垂直平面内相邻轴连接法兰的偏移值 $\delta_{垂直}$(mm)为

$$\delta_{垂直}=\frac{Z_{上}+Z_{下}}{2}$$

在水平平面内相邻轴连接法兰的偏移值 $\delta_{水平}$(mm)为

$$\delta_{水平}=\frac{Z_{左}+Z_{右}}{2}$$

用塞尺在上、下、左、右 4 个位置测量两法兰端面的间隙分别为 $Y_{上}$、$Y_{下}$、$Y_{左}$、$Y_{右}$ 4 个数值。

在垂直平面内相邻轴连接法兰的曲折值 $\phi_{垂直}$ 和 $\phi_{水平}$(mm/m)为

$$\phi_{垂直}=\frac{Y_{上}-Y_{下}}{D}$$

$$\phi_{水平}=\frac{Y_{左}-Y_{右}}{D}$$

式中　D——法兰直径，m。

②指针法

采用两对指针对称地安装在相邻两法兰的外圆上测量偏移值和曲折值，如图2-4-7(b)所示。测量时将相邻两根轴同时同方向回转，每转90°用塞尺分别测量两对指针间的径向间隙Z和轴向间隙Y。上面一对指针和下面一对指针分别以注脚1和2标记。可测得垂直方向$Z_{1上}$、$Z_{1下}$、$Z_{2上}$、$Z_{2下}$及$Y_{1上}$、$Y_{1下}$、$Y_{2上}$、$Y_{2下}$和水平方向$Z_{1左}$、$Z_{1右}$、$Z_{2左}$、$Z_{2右}$及$Y_{1左}$、$Y_{1右}$、$Y_{2左}$、$Y_{2右}$间隙。则可得垂直平面内的偏移值$\delta_{垂直}$(mm)和曲折值$\phi_{垂直}$(mm/m)为

$$\delta_{垂直}=\frac{(Z_{1上}+Z_{2上})-(Z_{1下}+Z_{2下})}{4}$$

$$\phi_{垂直}=\frac{(Y_{1上}+Y_{2上})-(Y_{1下}+Y_{2下})}{2S}$$

水平平面内的偏移值$\delta_{水平}$(mm)和曲折值$\phi_{水平}$(mm/m)为

$$\delta_{水平}=\frac{(Z_{1左}+Z_{2左})-(Z_{1右}+Z_{2右})}{4}$$

$$\phi_{垂直}=\frac{(Y_{1左}+Y_{2左})-(Y_{1右}+Y_{2右})}{2S}$$

式中　S——测量轴向间隙两对指针间的距离。

以直尺和塞尺测量偏移和曲折的方法使用较多，它比指针法简单，但测量精度较低。当法兰直径不同、法兰外圆和端面腐蚀严重或表面不平整以及有其他原因时，就不能采用此法而必须用指针法测量。

轴系各法兰的偏移和曲折应符合船舶轴系修理技术标准，如表2-4-2所示。

表2-4-2　轴系各法兰校中安装的偏差要求

分类	要求校中部位	修理船舶		新造船舶	
		偏移值δ /mm	曲折值ϕ /(mm/m)	偏移值δ /mm	曲折值ϕ /(mm/m)
长轴系	推力轴与相邻中间轴法兰	≤0.15	≤0.20	≤0.10	≤0.15
	艉轴与相邻中间轴法兰	艉轴安装间隙的25%	$\delta=0$时 上开口≤0.25 下开口≤0.50	艉轴安装间隙的20%	$\delta=0$时 上开口≤0.15 下开口≤0.30
	中间轴相邻法兰	参照艉轴与相邻中间轴法兰的要求稍许降低。各中间轴法兰的偏移和曲折基本上是平均分配，对靠近轴系中间部分的法兰要求尚可相应降低些，但当$\delta=0$时，$\phi_{max}\leqslant 0.60$ mm/m			
短轴系	推力轴后各法兰	≤0.25	≤0.25	≤0.20	≤0.20
主机曲轴与推力轴法兰		按曲轴最后一道曲拐臂距差的允许范围调整偏移值δ，使曲轴轴心偏高0.05~0.10 mm			
			≤0.15		≤0.10

2. 轴系两端轴同轴度偏差的检查

艉轴和曲轴位于轴系的两端，称为端轴。艉轴与曲轴的同轴度检查，又称为两端轴同轴度检查。船舶轴系经过长期运转，由于轴承过度磨损、船体或机座变形，甚至出现严重的海损事故等，致使轴系两端发生偏离，产生同轴度偏差。测量两端轴同轴度的误差，实际上就是检验两端轴轴心线的相对位置情况，即测量两端轴轴心线的总偏移值 $\delta_{总}$ 和总曲折值 $\phi_{总}$，以判断轴系中心线的技术状态。

常用的检验方法有平轴法、平轴计算法、拉线法和光学仪器法等来检测同轴度偏差。本书主要介绍平轴法及光学仪器法。

(1)平轴法

①在拆卸法兰连接螺栓前，中间轴承增加临时支承，其距法兰端面的距离一般取中间轴长度的0.18～0.22倍。

②拆卸各对法兰连接螺栓并使两法兰脱开。

③以艉轴(或曲轴、推力轴)的法兰为基准，自尾向首(或自首向尾)通过逐个调节中间轴承和临时支承来调节中间轴的位置，使自尾向首(或自首向尾)的每对法兰上的 $\delta=0, \phi=0$。

④测量第一节中间轴首端法兰与曲轴或推力轴尾端法兰(或最后一节中间轴尾端法兰与艉轴首端法兰)上的偏移值和曲轴值，也就是两端轴法兰的总偏移值 $\delta_{总}$ 和总曲折值 $\phi_{总}$，如图2-4-8所示。

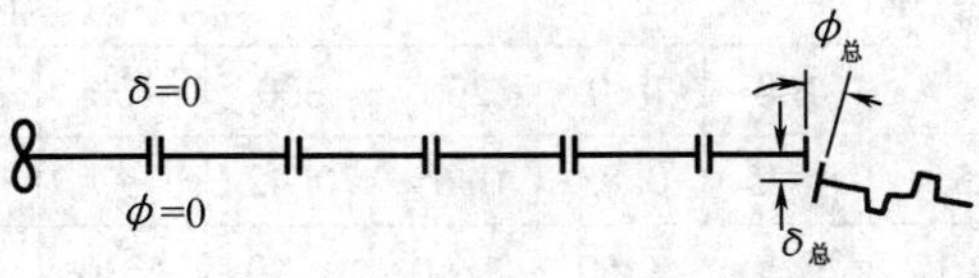

图2-4-8　平轴法检验两端轴同轴度偏差

⑤与标准比较，测量出的两端轴法兰的偏中值($\delta_{总}$ 和 $\phi_{总}$)应符合表2-4-3船舶轴系修理技术标准。表中 $L_{计算}$ 为轴系受连接偏中的影响发生弯曲部分的长度，它随主机与轴系的连接方式不同有不同的选取方法，如图2-4-9所示。

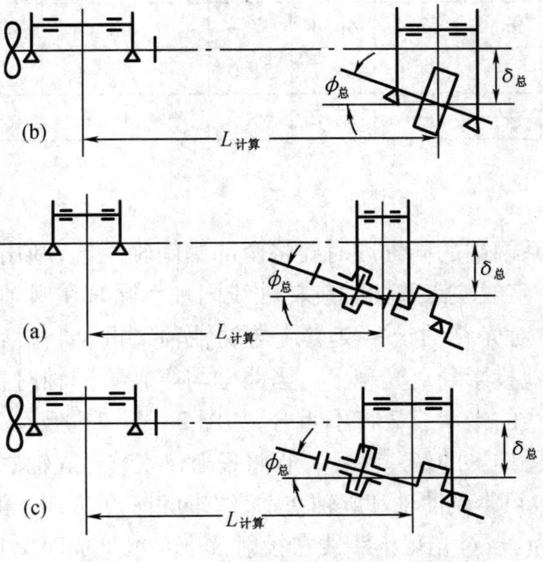

图2-4-9　主机与轴系连接形式图

(a)主机减速器轴与轴系连接；(b)曲轴与推力轴准确对中后与轴系连接；(c)曲轴直接与轴系连接

轴系中心线允许的总偏差根据所测轴系的计算长度 $L_{计算}$ 和最小轴径 d 从表 2－4－3 中查出 $\delta_{总}$ 和 $\phi_{总}$，作出 $\delta_{总}-\phi_{总}$ 的计算图，如图 2－4－10 所示。

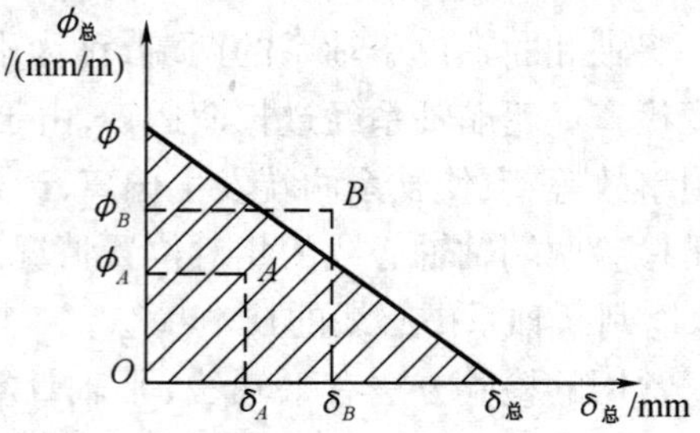

图 2－4－10　$\delta_{总}-\phi_{总}$ 的计算图

如用平轴法实测该轴系中心线的总偏差为 δ_A 和 ϕ_A，其坐标的交点 A 处在规定的三角形之内，则该轴系的总偏差为 δ_A 和 ϕ_A 是允许的。反之，如在图中的 B 点，其实测该轴系中心线的总偏差为 δ_B 和 ϕ_B，虽然均小于表 2－4－3 中规定的 $\delta_{总}$ 和 $\phi_{总}$，但 B 点处在规定的三角形之外，所以该轴系的总偏差 δ_B 和 ϕ_B 认为是不允许的，应进行修理。

表 2－4－3　轴系中心线总偏差要求 CB/T 3420—92

$L_{计算}$/m	总偏移值 $\delta_{总}(\phi=0)$/mm						总曲折值 $\phi_{总}(\delta=0)$/(mm/m)					
	轴的最小轴径 d											
	100	150	200	300	400	500	100	150	200	300	400	500
5	1.25	0.85	0.65	0.42	—	—	0.42	0.28	0.21	0.14	—	—
10	5.20	3.50	2.60	1.70	1.30	—	0.78	0.51	0.39	0.26	0.20	—
15	11.7	7.80	5.80	3.90	2.90	2.30	1.17	0.78	0.58	0.39	0.29	0.22
20	20.8	13.9	10.4	6.90	5.20	4.20	1.56	1.04	0.78	0.52	0.39	0.31
30	45.8	31.2	23.4	15.6	11.7	4.90	2.34	1.66	1.17	0.78	0.58	0.47
40	83.2	55.5	41.6	27.7	20.8	16.6	3.12	2.07	1.56	1.04	0.78	0.62
50	—	86.7	65.0	43.3	32.5	26.0	—	2.59	1.59	1.30	0.97	0.78
60	—	—	93.6	62.4	46.8	37.4	—	—	2.34	1.56	1.17	0.94
70	—	—	—	84.9	63.7	51.0	—	—	—	1.82	1.36	1.09
80	—	—	—	—	83.2	66.6	—	—	—	—	1.56	1.26

（2）光学仪器法

采用此法检验轴系两端的同轴度时要将全部中间轴吊起，利用夹具在曲轴尾端法兰上安装投射仪，调整其十字线交点与曲轴旋转轴线同轴。同时在艉轴法兰端面上安装一个刻有十字线的对光靶，此对光靶的十字交点应与艉轴轴线重合。然后调节投射仪的焦距，使投射仪的十字线清晰地投影到对光靶上。当曲轴与艉轴不同轴时，代表曲轴轴心线的十字线 1 与代表艉轴轴心线的十字线 2 将不重合，如图 2－4－11 所示。两十字线交点在垂直方向的偏差为 α，在水平方向上的偏差为 α'。再将投射仪安装在艉轴法兰上，将对光靶安装在曲轴尾端法兰上。这时也可得到曲轴和艉轴在垂直方向和水平方向上的偏差值 b 和 b'。

α，b 的符号规定为：当对光靶十字线在投射仪十字线上面时为正。

α'，b' 的符号规定为：当对光靶十字线在投射仪十字线左方时为正。

以上测得的 α，α'，b，b' 均为轴系的总偏移。如与平轴法相比，则 α，α' 相当于自主机曲轴尾端法兰起进行平轴，在艉轴端测得的总偏移值；b，b' 相当于自艉轴法兰起进行平轴，在

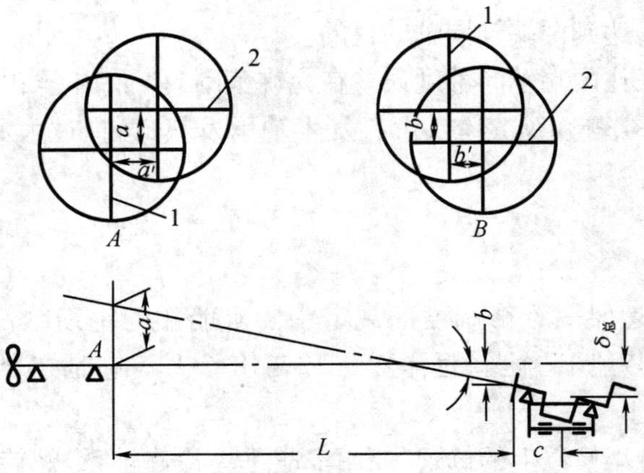

图 2-4-11　用光学仪器法检验轴系的同轴度误差

1—靶十字线;2—投射仪投射十字线

主机曲轴尾端法兰测得的总偏移值。

总曲折值可按下式计算

$$\phi_{总(垂直)} = \frac{\alpha + b}{L}$$

$$\phi'_{总(水平)} = \frac{\alpha' + b'}{L}$$

总偏移值可按下式计算

$$\delta_{总(垂直)} = b + \phi_{总} c$$

$$\delta'_{总(水平)} = b + \phi'_{总} c$$

式中　L——艉轴法兰端面至曲轴尾端法兰端面的距离,m;

c——曲轴尾端法兰与临近曲拐中心线间的距离,m。

用光学仪器法求出的总偏差值 $\delta_{总}$ 和 $\phi_{总}$ 是否在允许范围内,可采用平轴法中所讲述的方法确定。

三、轴线状态的调整

通过对轴系中心线偏差度和两端轴同轴度的检测,并与标准比较,如果轴系中心线偏差度和两端轴同轴度分别符合表 2-4-2 和表 2-4-3 的要求,表明轴系状态良好。当轴系的 $\delta_{总}$ 和 $\phi_{总}$ 都未超过标准的规定,而中间轴个别法兰的偏移值 δ 和曲折值 ϕ 超过标准规定时,可采用调整中间轴承位置的方法使法兰上超过标准的 δ 和 ϕ 恢复到许可的范围内。

当轴系的 $\delta_{总}$ 和 $\phi_{总}$ 超过标准的规定,也就是轴系的同轴度误差过大时,必须改变两端轴中心线的相对位置来调整其同轴度,调整方法有以下三种。

(1)偏心镗削艉轴轴承或偏心镗削艉轴管来调正两端轴的相对位置,使之同轴。但是应该保证镗削后,艉轴轴承或艉轴管最薄处的壁厚尺寸达一定值,以满足强度要求。

(2)如果两端轴的同轴度误差过大,采用偏心镗削艉轴承或艉轴管的方法也不能调正轴系中心时,则需移动主机位置,改变主机曲轴的中心线,从而使 $\delta_{总}$ 和 $\phi_{总}$ 符合规定要求。

(3)当采用移动主机位置调正轴系中心线时,如果主机在高度上变化较大,以致使主机机坐垫块厚度增大,超过允许值时,则就采用既移动主机位置又偏心镗削艉轴管的方法,同时改变两端的中心线,达到两端轴同轴的目的。

在实际运转中,往往两端轴同轴度误差在允许范围内,而中间轴中某个法兰上的 δ 和 ϕ 超过标准规定,但又不影响正常运转,没有发生轴承发热、磨损过大和振动等异常现象时,则可不必调整而继续使用。

四、轴系的拆卸

我国交通部对营运船舶维修制度的规定中要求船舶的定期维修有航修、小修、检修。小修的间隔期为:客、货船 12 个月,远洋货船 12 ~ 18 个月。它是结合坞内检验和年度检验进行的检修。

根据规定,凡进行小修以上的修理,船舶都应进坞检修轴系、螺旋桨等。对于轴系的重大修理,一般应在轴系修理前的检验完成之后,就可进行轴系的拆卸工作。轴系拆卸分为两个阶段:水上拆卸阶段和坞内拆卸阶段。

1. 水上拆卸阶段

水上拆卸阶段是指船舶进坞前,停在海面上进行的拆卸工作。首先拆去轴系附件,如法兰连接处护板、外罩、管系等;然后加设临时支承和拆去所有的法兰连接螺栓。法兰连接螺栓的松开和拔出应按对角顺序进行,以免法兰扭曲;螺栓可用紫铜锤敲出,或用液压千斤顶顶出;切勿损伤螺纹。上述方法均不能奏效时,可采用气割或钻孔法除掉,但千万不能损伤法兰螺栓孔。

在此期间,除进行中心线状态的检验外,还应测量艉轴法兰端至艉轴管前端面(或后舱壁)之间的距离 A,并制作样棒和记号,如图 2-4-12 所示,以便在安装时进行艉轴的轴向定位用。最后是将中间轴吊出,送到车间进行修理。

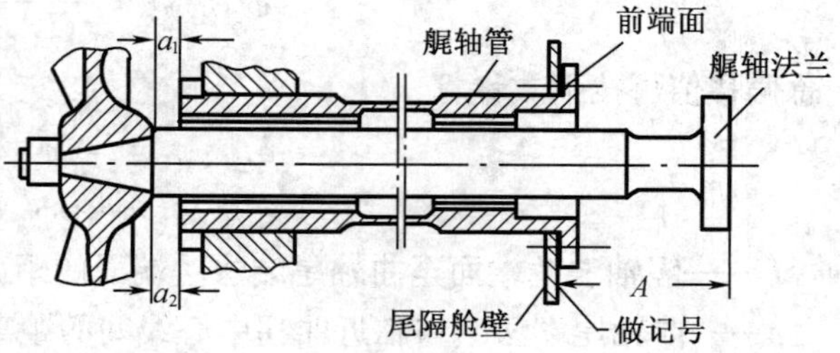

图 2-4-12 艉轴和螺旋桨的轴向位置确定

2. 坞内拆卸阶段

船舶进坞后的拆卸工作包括拆下艉轴管填料函和密封装置,拆下螺旋桨,抽出艉轴,必要时压出艉轴管衬套。在此阶段中主要是测量和螺旋桨的拆卸。

在拆去艉轴管填料函前密封装置后,测量螺旋桨前端面与艉轴管后端面或人字架后端面之间的间隙,为上、下、左、右 4 个数值 $\alpha_1,\alpha_2,\alpha_3,\alpha_4$,如图 2-4-12 所示。

在取下螺旋桨和艉轴管填料函之后,测量艉轴与艉轴管首、尾端轴承之间的间隙。艉轴抽出后,测量艉轴工作轴颈的直径和其首、艉轴承内孔直径,以确定艉轴和艉轴轴承的磨损量。

螺旋桨的拆卸是一项繁重而又细致的工作,尤其是拆卸过程中的安全工作更不可忽视。拆卸前,打上螺旋桨在艉轴上紧固时的位置标记,作为重新安装依据。螺旋桨的安装方法不同,其拆卸方法也不一样。对于键连接的螺旋桨,过去采用楔块法、拉杆法进行拆卸劳动强度大,工时多。近年来采用液压千斤顶拆卸螺旋桨,可以有效地减少劳动量,提高效率。至于无键液压套合连接的螺旋桨,其拆卸工作就更为简单,用其专用液压工具使桨毂锥孔胀大后拆下螺旋桨。

五、螺旋桨的检修

1. 航行中螺旋桨的异常现象

(1)螺旋桨失去平衡

螺旋桨的材料不佳,铸造缺陷,桨叶受到严重的海水腐蚀,穴蚀和海生物的污损,或者碰到礁石、缆绳等,导致桨叶的剥蚀,变形,甚至桨叶丢失,使得螺旋桨各桨叶的质量不等,螺旋桨失去平衡。螺旋桨失去平衡将会引起轴系和船体产生异常振动,引起艉轴承处产生敲击,甚至使得主机转速不稳等。例如,某轮航行在海上,时值海面平静,主机运转正常。突然船体发生剧烈振动,值班轮机员立即采取降速措施使振动减轻,继续减速,振动和敲击声更小。因此初步判断是螺旋桨出现问题,后经检查发现 5 叶螺旋桨有 1 个桨叶自根部断掉,造成螺旋桨严重不平衡。船舶进坞时应注意检查螺旋桨各个桨叶,必要时对螺旋桨进行静平衡试验。

(2)螺旋桨鸣音

航行中螺旋桨产生有节奏的“嗡嗡……”声,这是由于螺旋桨回转时,在桨叶随边的 $0.4R$(R 为螺旋桨的半径)以外的部位产生有规律的涡流。在某几个转速下,涡流所引起的振动频率正好与桨叶固有的频率接近而产生共振,使螺旋桨发出鸣音。

消除螺旋桨鸣音可以通过改变随边 $0.4R$ 以外的涡流,使其引起的振动频率远离桨叶固有的频率,避免产生共振。具体方法是将桨叶的随边 $(0.4\sim0.8)R$ 部分加厚或减薄,或制成锯齿状、钻孔等抗鸣边缘。

2. 螺旋桨的检修

螺旋桨的缺陷主要发生在桨叶上,常见的缺陷主要有腐蚀、磨损、裂纹和断裂、弯曲和变形等。

(1)腐蚀与磨损的检修

螺旋桨腐蚀主要是电化学腐蚀和穴蚀,磨损主要为急的水流和泥沙冲击桨叶表面的结果。一般设计和制造质量良好的螺旋桨有一定的抗腐蚀和抗磨损能力。当桨叶上腐蚀和磨损的痕迹很深以及蚀损面积占总面积的 2/3 以上时,应将损坏部分割去换新。对于桨叶 $0.5R$ 以外的部分,其边缘蚀损深度不超过叶厚的 1/2、每侧宽度不超过叶宽的 1/4 时,可以进行焊补。对于微小的锯齿缺口,允许磨削光滑后继续使用。

(2)裂纹与断裂的检修

桨叶受到海水的腐蚀和冲击,或者与硬物相撞会产生裂纹,甚至使部分桨叶或整个桨叶折断。

对于桨叶裂纹,在确保焊补质量的条件下,选用与母材成分相同的焊条可以进行以下裂纹的焊补:

①大于 $0.7R$ 桨叶上的裂纹,或者在 $(0.4\sim0.7)R$ 之间的桨叶上的裂纹,但其长度不超过该处叶宽的 1/4,一般是指直径 $d>2$ m 的螺旋桨。

②直径 $d\leqslant2$ m 的螺旋桨桨叶根部短小裂纹,长度不超过该叶宽的 1/8;而直径 $d\leqslant1.2$ m 的螺旋桨,桨毂上的短小裂纹,其长度不应超过桨毂厚度。

对于桨叶裂纹一般采用焊补,焊前应先将裂纹铲去,特殊情况下允许采用钻止裂孔的办法作为临时修补措施。

螺旋桨有严重裂纹而引起桨叶折断的应该换新。但是铜质和钢质螺旋桨桨叶折断的长度不超过桨叶长度的1/3(最长不超过400 mm),最大厚度不超过50 mm时可采用焊补或接补的方法进行修理;桨叶0.7R以外的断裂处,将其切除后焊一相同材料接补部分,使之恢复使用。

螺旋桨长期使用或经过多次焊补修理,材料性能已发生变化(如产生脆化或裂纹),再经修补很难保证质量时,应考虑更换新螺旋桨。

(3)桨叶弯曲变形的检修

当螺旋桨碰到硬物或渔网时,常常会造成桨叶弯曲变形。轻者使桨叶螺距变化,重者使桨叶在2R/3以外处发生弯曲或卷边。桨叶变形会引起船体振动和轴承磨损加剧等问题。对弯曲的桨叶,视具体情况采取不同的方法进行修理。

①冷态校正

加热温度在250 ℃以下的校正为冷态校正。适用于叶尖和桨叶边缘厚度小于30 mm处。在弯曲较小、截面厚度较薄处可以采用动载荷校正,否则采用静载荷校正。

②热态校正

热态校正适用于所有的弯曲情况,可用动载荷或静载荷。热态校正加热温度视螺旋桨材料而定,如表2-4-4所示。桨叶校正处整个截面厚度应保持加热温度,直到校正完毕。

表2-4-4　热态校正加热温度CB/T 3422—92　　单位:℃

螺旋桨材料	焊补预热温度	校正加热温度	退火温度
黄铜	150~400	500~800	350~550
青铜	50~200	700~850	450~650
铬镍不锈钢	100~250	200~350	—
铸钢	100~150	600~700	500~600
铸铁	600~700	—	650~700

③退火处理

桨叶经校正后,除镍铝青铜外,其他材料的螺旋桨均应进行退火处理,以消除应力。

④校正后的检查

螺旋桨经冷态或热态校正后,应进行目测观察和着色探伤检查,并对缺陷进行修整。

3. 螺旋桨检修后的检验与方法

凡桨叶经过弯曲矫正,裂纹和剥蚀的焊补,折断的焊补与接补的螺旋桨,在完工后应仔细检查修补附近有无新的裂纹产生,桨叶表面是否光洁等。除此以外,还应进行螺旋桨螺距和静平衡检验。

(1)螺旋桨螺距的检验

测量螺旋桨螺距时,把螺旋桨桨毂平放在平整的地面上,但应使桨叶的叶面朝上。然后将螺距规安装在桨毂的锥孔中,调整螺距规的中心线使之与桨毂端面垂直,最后使螺距规固定其上,如图2-4-13所示。此检验方法也适用于新的螺旋桨。

①测量螺旋桨的半径R

将螺旋桨上的螺距规量杆水平移至桨叶的最外边缘处,并绕中心回转一周,检查量杆是否与其他桨叶相接触。量杆在桨叶最外边缘处,则该桨叶的长度即为螺旋桨的半径R。

②螺旋桨螺距的检验

测量螺距时按图 2-4-13 所示，将螺旋桨放在平地上，使锥孔小端向上（即压力面向上），把螺距规安装在桨毂的锥孔上，调整螺距规的中心线使之与桨毂端面垂直，最后使螺距规固定其上。

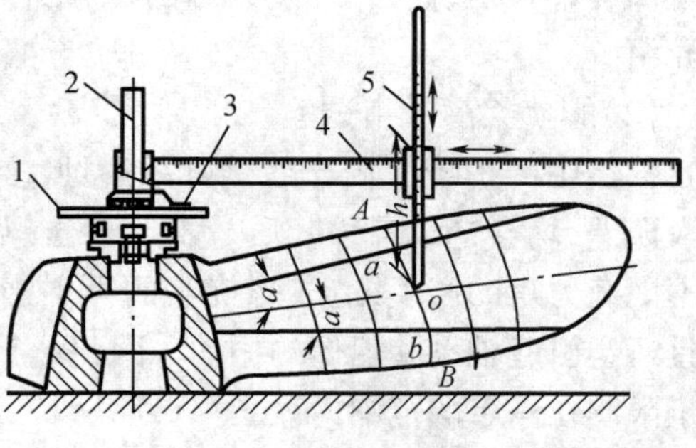

图 2-4-13　测量螺旋桨的螺距

1—刻度盘；2—心轴；3—指针；4—水平尺；5—量杆

测量桨叶螺距时，一般要在 0.3R，0.4R，0.5R，0.6R，0.7R，0.8R，0.9R 等选 5~6个截面处分别测量不少于 3 个局部螺距值。测量局部螺距的方法是：在某一选定的截面上选三点 α，o，b。先将量杆 5 与面上 o 点接触，记下读数 l_0，然后将水平尺绕心轴转过一个角度 α，使量杆 5 与叶面上 α 点接触，记下量杆读数 l_1。则该半径处相邻 $o\alpha$ 两点的局部螺距 h_1 为

$$h_1 = 360/\alpha(l_0 - l_1)$$

用同样方法测出量杆 5 与 b 点接触时的读数 l_2，可求出 ob 两点的局部螺距为 h_2。

α 角度可从刻度盘上读出。一般均取 360°的因数，以便于计算。

利用桨叶同一截面上几个测量点上测得的数值分别求出局部螺距 h_1，h_2 等，计算其算术平均值，即得到半径上的截面螺距 h_i。

用同样方法测量并计算出桨叶各半径截面上的截面螺距 h_i，计算它们的算术平均值就得到该桨叶的平均螺距 H_i。把螺旋桨每个桨叶的平均螺距 H_i 求出后再求其算术平均值，就获得螺旋桨的总平均螺距 H。

检查后若螺距超过图纸或标准规定，应进行修整。如桨叶是可拆的，可将桨叶叶面转动一定的角度。如转动一定的角度后达不到要求，在船检部门同意下，可改变桨叶根部的连接螺孔位置，使螺距达到标准。如桨叶与桨毂是整体铸造，则可用火工修整。火工矫正时，根据螺距测量结果在螺距不符合设计要求的各半径处作好记号，并将桨叶矫正处加热到一定温度（钢质螺旋桨 600~700 ℃，铜质螺旋桨 300~400 ℃）用锤轻轻敲打。在敲打过程中随时检查，直至表面平顺符合要求为止，并检查有无裂纹。

螺旋桨修理后，螺旋桨的半径和各种螺距的偏差值应不超过表 2-4-5 所示的规定数值（以设计值的百分数表示）。偏差值为设计值与实测值之差。

表 2-4-5　螺旋桨的半径和螺距的偏差值（设计值的百分数）CB/T 3423—92

螺旋桨级别 / 偏差值	Ⅰ级	Ⅱ级	Ⅲ级
螺旋桨半径 R	±0.5%	±0.75%	±1.0%
截面螺距 h_i	±2.5%	±3.5%	±5.0%
桨叶平均螺距 H_i	±1.5%	±2.5%	±4.0%
总平均螺距 H	±1.0%	±2.0%	±3.0%

船舶进坞后，也可以不将螺旋桨自艉轴上拆下来，而在原位直接测量螺距，这对于不需

修理螺旋桨来说,省去了拆装螺旋桨的工作量。各修船厂均有其具体的简便方法,在此不多介绍。

(2)螺旋桨静平衡试验

营运中的螺旋桨由于各桨叶的腐蚀、变形情况不同,或修理后的螺旋桨的几何尺寸有较大误差,均会造成各桨叶质量不等。当螺旋桨回转时,桨叶不平衡质量就会引起离心力和不平衡力矩的产生,造成螺旋桨的不平衡。螺旋桨不平衡造成艉轴和艉轴承磨损增加,而且还会引起轴系和船体的振动。因此螺旋桨修理后应进行静平衡试验,将桨叶的不平衡质量限制在一定的范围内。

试验时,把螺旋桨安装在一专用的平衡心轴上,然后将带桨的心轴置于试验支架上,如图 2-4-14 所示。用手转动螺旋桨,待其自行停止转动时,观察其停在下方的桨叶是哪个桨叶。几次转动若总是某一桨叶位于下方,则说明该桨叶比其他桨叶的质量大。

生产中为了测得不平衡质量的大小,一般常用重物(可用橡皮泥、青铅片等材料)粘于较轻桨叶的叶尖附近,然后使其回转,直至使螺旋桨各桨叶质量平衡出现随机平衡为止。最后称得叶尖处挂重的质量 P,要求 P 不超过[P]。允许的不平衡质量[P]可由下式计算

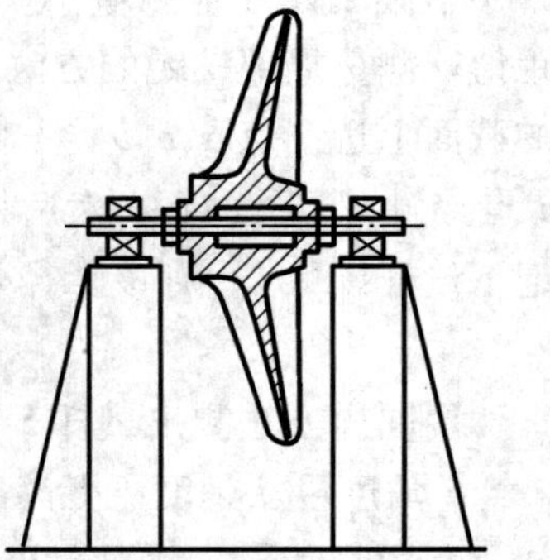

图 2-4-14　螺旋桨静平衡试验

$$[P] \leqslant KG/D$$

式中　G——螺旋桨质量,t;

D——螺旋桨直径,mm;

K——系数,按表 2-4-6 选取。

当桨叶叶尖处所加的不平衡质量超过允许[P]时,通常要对质量较大的桨叶进行修整,应在桨叶叶背离边缘距离不少于 1/10 叶宽处铲削桨叶金属。但铲削后桨叶截面厚度应在允许范围内,铲削后再进行静平衡试验,直到符合要求为止。以上检验也适用于新制的螺旋桨。

表 2-4-6　系数 K 值

螺旋桨级别 / 转速/(r/min) / 直径 D/m	Ⅰ级			Ⅱ级			Ⅲ级		
	<150	150~350	350~700	<150	150~350	350~700	<150	150~350	350~700
$D<1.5$	2.0	1.5	1.0	3.0	2.5	1.5	4.0	3.0	2.0
$1.5 \leqslant D \leqslant 3.5$	1.5	1.0	0.3	2.0	1.5	0.6	3.0	2.0	1.0
$3.5<D<6.0$	1.0	0.3	0.1	1.5	0.5	0.2	2.0	0.8	0.3

六、艉轴的修理

艉轴常见缺陷主要有轴颈磨损、裂纹、腐蚀、键槽损坏及铜套损坏。

1. 艉轴磨损修理

艉轴工作轴颈磨损后，会产生圆度、圆柱度。用外径千分尺检测艉轴工作轴颈并计算其圆度和圆柱度误差，测量值应符合表 2－4－7 规定。工作轴颈长度大于轴颈时，每增大 100 mm，圆柱度公差值应增加 0.005 mm。

表 2－4－7　船轴磨损极限 CB/T 3417—92　　单位：mm

轴径	中间轴、推力轴磨损极限		艉轴磨损极限				光车修理后
	圆度	圆柱度	圆度		圆柱度		圆度圆柱度
			油润滑	开式水润滑	油润滑	开式水润滑	
≤80	0.08	0.09	0.10	0.13	0.13	0.15	0.010
>80～120	0.09	0.10	0.12	0.15	0.15	0.18	0.010
>120～180	0.10	0.12	0.14	0.17	0.17	0.22	0.015
>180～260	0.12	0.14	0.16	0.20	0.20	0.28	0.015
>260～360	0.14	0.16	0.18	0.23	0.23	0.36	0.020
>360～500	0.16	0.19	0.20	0.27	0.26	0.45	0.020
>500～700	0.18	0.23	0.23	0.32	0.29	0.55	0.025

艉轴的工作轴颈磨损后可采用光车修理，其最小工作轴颈可至非工作轴颈。修理后的圆度、圆柱度应符合要求。

2. 艉轴裂纹检修

艉轴锥部大端截面变化处、键槽根部容易产生裂纹，这是由于截面变化处和键槽根部是交变应力和扭转应力集中的部位，存在严重的应力集中。艉轴铜套接缝处轴颈也容易产生裂纹，是由于铜套接缝漏泄使艉轴腐蚀，在交变应力作用下产生腐蚀疲劳。另外艉轴的轴承间隙过大引起冲击负荷，轴系安装不正确及轴系振动等也会造成艉轴裂纹。

可以采用着色探伤、磁粉探伤、超声波探伤等探伤方法检查艉轴表面裂纹的长度和深度。艉轴上一般不允许有裂纹，发现艉轴裂纹应换新。在艉轴上线性尺寸小于 $d/15$（d 为轴颈，mm）的短小裂纹可以采用挖修、打磨，并使挖修处光滑过渡的方法修理。

3. 艉轴腐蚀检修

对于油润滑艉轴，部分艉轴在海水中工作，大部分在油中工作；对于水润滑艉轴全部在海水中工作，艉轴会受到严重的海水腐蚀。其中，艉轴锥部腐蚀尤为严重，铜套接缝不良处海水渗入腐蚀艉轴。

当艉轴桨端锥体锈蚀呈圆弧状，且个别锈蚀长度不大于该处圆周长的 1/8，深度不超过轴径的 3%；较长锈蚀长度不大于该处圆周长的 1/3，深度不超过轴径的 2%；整个圆周锈蚀深度不超过轴径的 1.5% 时，经清理检查后可继续使用。锈蚀呈尖角状，应在仔细检查其深度和周长后将其修锉或光车，探伤检查符合前述情况时，可继续使用。如艉轴锥部车削使其尺寸变化较大时，可进行堆焊修复。

4. 艉轴铜套的检修

当艉轴铜套上产生裂纹、严重磨损或多次光车铜套使其壁厚过分减薄、套合松动、接缝松弛、渗水等缺陷时，均应换新铜套。

如艉轴铜套磨损较大时，可以光车铜套，消除几何形状误差后铜套厚度若符合表2－4－8规定的要求可以继续使用。为了延长铜套的使用寿命，在光车时允许在工作轴颈表面上残留磨痕，其深度一般为0.2～0.4 mm，面积不超过$0.25d^2$。铜套上局部裂纹或局部磨损严重时，可以进行局部更换，接缝应符合规定。已经套装在艉轴上的铜套不允许焊补修复。

表2－4－8　艉轴铜套厚度CB/T 3417—92　　单位：mm

新制铜套最小厚度	非工作轴颈部位厚度	光车修理时厚度	极限厚度
$\geqslant 0.03d+7.5$	$\geqslant 0.75t$	$\geqslant 0.02d+5.0$	$0.015d+3.5$

七、艉轴管装置的检修

艉轴管装置是用来支承艉轴使其可靠地通至船体外部，密封船体不使海水进入艉轴承和防止润滑油自艉轴承溢出的设备。一般它由艉轴管本体、艉轴管衬套、艉轴承、密封装置及冷却、润滑系统组成。根据艉轴承润滑剂的不同，艉轴管装置可分为水润滑艉轴管和油润滑艉轴管，如图2－4－15所示。艉轴管构造简单，它是一根空心的长管，首端用法兰与水密隔舱相连布置在船的纵中剖面上；双轴系的艉轴管位于船尾对称的两侧。双轴系的艉轴管一般较长，往往分若干节组合而成，同时在尾部还装有人字架。大型船舶的艉轴管一般用铸钢或铸铁整体铸造或分段锻造焊接而成。经加工后的艉轴管应进行水压试验，试验压力为0.2 MPa，不应有渗漏。艉轴管装置长期处在水线以下，工作条件恶劣，且要承受艉轴与螺旋桨的重力和转动、海水侵蚀，海上航行时无法对其进行维护保养，故安装或维修时应予以足够的重视，确保航行安全。

1. 水润滑艉轴管装置的检修

(1)艉轴承的检修

艉轴管轴承是用来支承艉轴的。单轴系的艉轴管内一般装有前后两个轴承，即尾前轴承和尾后轴承。尾前轴承位于艉轴管前端，较短；尾后轴承位于艉轴管后端，较长。双轴系的船舶除艉轴管内装有两个轴承外，在人字架内也装有轴承。用水润滑的艉轴承，轴承衬套的材料通常采用铸铜，轴承衬的材料主要有铁梨木、层压胶木、橡胶、胶合板，尼龙、塑料等。水润滑艉轴承的长度应不小于艉轴直径的4倍。一般用舷外水进行润滑和冷却，只在艉轴管的首端装有密封装置，舷外水可以自由流入轴承内，也称开式润滑。

①铁梨木艉轴承的检修

铁梨木是目前海船上传统使用一种艉轴承材料。它组织紧密，含有丰富的树脂，抗腐蚀性能好。其精汁与水能形成乳状液体，具有良好的润滑作用。铁梨木与艉轴青铜套在水中配合摩擦，具有良好的抗磨性，摩擦系数仅为0.003～0.007，其磨损率为1.0～1.3 mm/a。

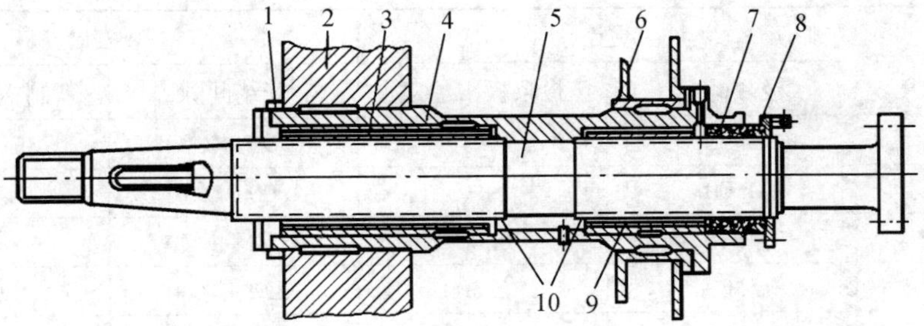

(a)

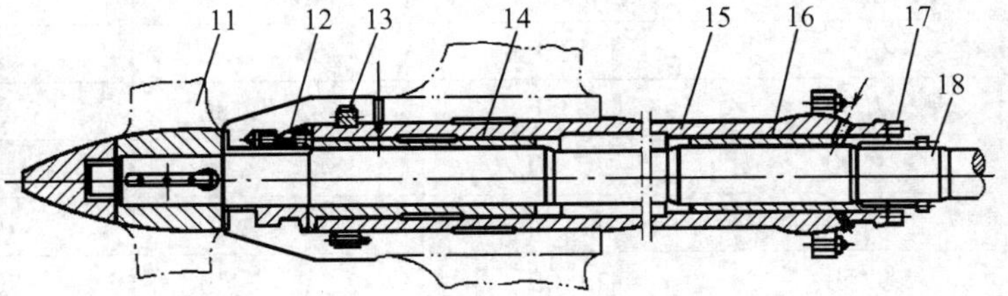

(b)

图 2-4-15 艉轴管装置

(a)水润滑艉轴管装置;(b)油润滑艉轴管装置

1—锁紧螺帽;2—尾柱;3—尾端轴承;4,15—艉轴管;5,18—艉轴;6—轴承支座;7—填料;8—压盖;9—首端轴承;10—艉轴铜套;11—螺旋桨;12—尾端密封;13—艉轴管螺母;14—艉轴尾端轴承;16—艉轴首端轴承;17—艉轴管首端密封

铁梨木艉轴承结构如图 2-4-16 所示。铁梨木条沿衬套轴向紧密地镶嵌在艉轴管衬套的内圆上形成桶形。铁梨木板条一般厚度为 15~35 mm、宽度为 600 mm、长度为 150~300 mm。为了防止铁梨木的转动和安装,一般装有 2~3 根铜质止动条,厚度为铁梨木厚度的 60%,用埋头螺钉固定在衬套上。因为铁梨木的立纹(纤维方向与艉轴中心线垂直)较顺纹(纤维方向与艉轴中心线平行)的耐磨性好,所以艉轴承的下半瓦的板条采用立纹,上半瓦的板条采用顺纹。相邻板条之间形成 V 形、U 形或梯形水槽,以利海水流通进行润滑和冷却,但在下半瓦 90°范围内无水槽。

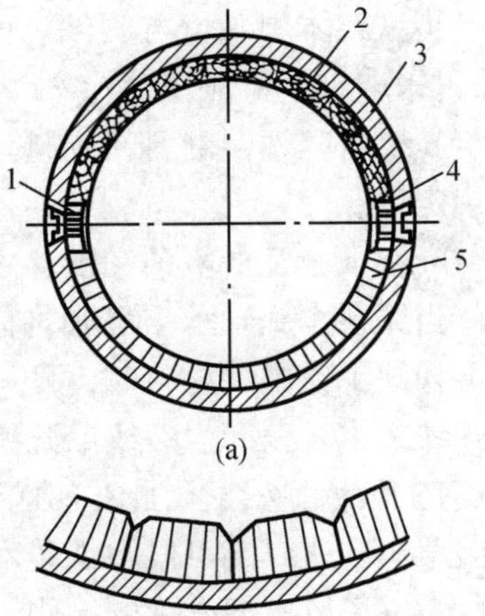

(a)

(b)

图 2-4-16 铁梨木艉轴承

1,4—止动条;2—上瓦;3—衬套;5—下瓦

铁梨木艉轴承的主要损伤形式是过度磨损、裂纹和开裂。铁梨木艉轴承过度磨损、艉轴承和艉轴之间的间隙过大、铁梨木板条厚度减薄太多,都会使艉轴运转时产生振动,船舶正、倒车时冲击负荷加大,使铁梨木板条产生裂纹或裂开。在坞修中,应测量艉轴承和艉轴之间的间隙,测量艉轴承孔径,确定铁梨木板条的磨损程度。铁梨木艉轴承间隙和铁梨木板条的厚度应不超过表 2-4-9 的规定。

表 2-4-9 铁梨木、层压胶木艉轴承间隙和板条厚度 CB/T 3420—92 单位:mm

轴径	更换		安装	
	极限间隙	板条极限厚度	安装间隙	新制板条最小厚度
≤100	3.50	—	0.90~1.00	—
100~120	4.00	—	1.00~1.10	—
120~150	4.50	6.00	1.10~1.20	11.00
150~180	5.00	6.50	1.20~1.30	12.00
180~220	5.50	7.00	1.30~1.40	12.00
220~260	6.00	7.00	1.40~1.50	13.00
260~310	6.60	8.00	1.50~1.65	14.00
310~360	7.30	9.00	1.65~1.80	15.00
360~440	8.00	10.00	1.80~2.00	16.00
440~500	8.70	11.50	2.00~2.20	18.00
500~600	9.50	13.00	2.20~2.40	20.00
600~700	10.50	14.50	2.40~2.60	22.00

无表可查时,铁梨木艉轴承的安装间隙Δ(mm)和极限间隙Δ_{max}(mm)可按下式进行计算:

$$\Delta = 0.003d + (0.50 \sim 0.75)$$

$$\Delta_{max} \approx 4\Delta$$

式中 d——艉轴直径,mm。

艉轴承间隙一般是在距尾后轴承尾端 100 mm 处的垂直方向测量径向间隙。

当铁梨木艉轴承与艉轴之间的间隙超过极限间隙,而铁梨木板条厚度在允许范围内时,可采取以下方法修理:

a. 换新艉轴铜套,新制铜套的厚度可以加大到原设计厚度的 1.25 倍,使艉轴承间隙符合规定值;

b. 在下半瓦的板条和铜套之间垫入整张铜皮,以减小艉轴承间隙。

当铁梨木艉轴承与艉轴之间的间隙和铁梨木板条厚度均超过极限值时,应换新艉轴承。如缺少铁梨木材料时,可以采取上下瓦对调的方法。

铁梨木板条产生裂纹或开裂时,应根据具体情况进行局部或全部换新。由于铁梨木的特点是干燥后易裂,因此在船舶进坞修理过程中应将艉轴管闷死,灌满水,或者塞满湿木屑或湿草包。有时还可以在铁梨木表面涂上一层牛油,使铁梨木自始至终处在湿润状态。

②层压胶木艉轴承的检修 由于铁梨木主要产于南美洲热带之中,进口价格昂贵。目前,有些船厂用层压胶木作为铁梨木的代用品。桦木层压胶木具有材质致密、坚硬、耐热、绝缘性好、较好的耐磨性和可承受冲击性负荷等特点。但层压胶木的耐磨性不如铁梨木,脆性较大。桦木层压胶木艉轴承的结构基本与铁梨木艉轴承相同,将层压胶木制成板条镶于艉轴承衬套中,上下均采用耐磨的立纹。层压胶木艉轴承的结构如图2-4-17 所示。

层压胶木艉轴承间隙和板条的厚度应不超过表 2-4-9 的规定。安装间隙和极限间隙计算公式同铁梨木艉轴承。

层压胶木艉轴承产生过度磨损、松动和碎裂等损坏时,视具体情况采用局部或全部换新的方法修理。

③橡胶艉轴承的检修　橡胶艉轴承的特点是能够在泥沙杂质较多的水域中正常工作，因为橡胶弹性好。因此在泥沙多的水域中应用，比铜轴承或白合金轴承磨损都小，从而使用寿命长，工作平稳，无噪声，能吸收轴系的振动，轴在工作中能自动整位。它目前被广泛应用在各种船舶艉轴承上，特别是中型船舶和工程船舶。

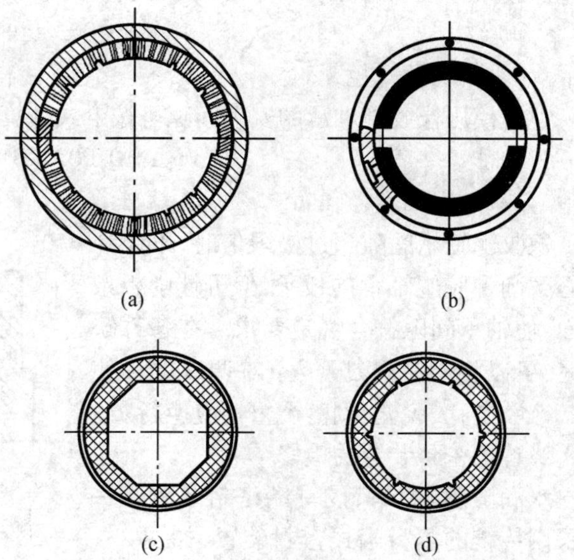

图 2－4－17　层压胶木艉轴承和橡胶艉轴承

(a)层压胶木艉轴承；(b)板条式橡胶艉轴承；
(c)(d)整体式橡胶艉轴承

橡胶艉轴承基本结构有两种，如图 2－4－17 所示。一种是板条式；一种是整体式橡胶轴承。板条式类似铁梨木板条，由小螺钉固定在金属轴承衬套内。为了安装及防止松动，在“桶状”排列的橡皮条中间，常装上 2～3条铜质止动条，其长度与宽度均与橡皮一致，但厚度为橡皮条的 60%，止动条用埋头螺钉与衬套牢固连接，在相邻橡皮条间开纵向水槽，以保证轴承有足够的水量进行润滑和冷却。整体模压橡胶条轴承，其工作表面呈凸起形状。凹形槽用于退出泥沙和通水润滑。这种轴承是由氯丁橡胶或丁腈橡胶在高温下槽压形成。整体横压橡皮轴承与橡胶条轴承结构相近，只是工艺不同而已。橡胶条轴承适用于小船，而整体模压橡胶轴承大小船均适用，而且比橡胶条轴承更可靠。

橡胶艉轴承磨损后，艉轴承间隙应符合表 2－4－10 的规定。

表 2－4－10　橡胶艉轴承的间隙 CB/T 3420—92　　单位：mm

轴径	板条橡胶艉轴承		整体式橡胶艉轴承	
	安装间隙	极限间隙	安装间隙	极限间隙
≤100	0.60～0.70	3.50	0.45～0.50	3.50
100～120	0.65～0.75	4.00	0.50～0.55	4.00
120～150	0.70～0.80	4.50	0.55～0.60	4.50
150～180	0.75～0.85	5.00	0.60～0.70	5.00
180～220	0.80～0.95	5.50	—	—
220～260	0.90～1.05	6.00	—	—
260～310	1.00～1.05	6.50	—	—
310～360	1.10～1.25	7.20	—	—
360～440	1.20～1.35	7.80	—	—
440～500	1.30～1.50	8.50	—	—
500～600	1.45～1.70	9.00	—	—
600～700	1.65～1.90	10.00	—	—

橡胶条艉轴承的安装间隙Δ(mm)可按下式计算：

$$\Delta = 0.002 + 0.50$$

式中　d——艉轴直径，mm。

整体模压橡胶艉轴承的安装间隙可按下式计算：

$$\Delta = 0.002 + 0.20$$

式中　d——艉轴直径，mm。

橡胶艉轴承间隙超过极限值时，不允许偏心磨削橡胶艉轴承的板条，但可锉削板条背面，使轴承间隙符合规定要求。在备件缺少时，可以将上、下橡胶板条对调以继续使用。橡胶老化、脱壳、剥落严重均应换新。

2. 首端密封装置的检修

水润滑艉轴承只设首端密封装置。一般采用传统的填料函式密封装置，如图2-4-18所示。它主要由填料压盖、压盖衬套、软填料等组成。填料函式密封装置具有结构简单、工作可靠、维护管理方便等优点，但在使用中容易使艉轴承磨损，应经常检查填料函处艉轴承的磨损情况。

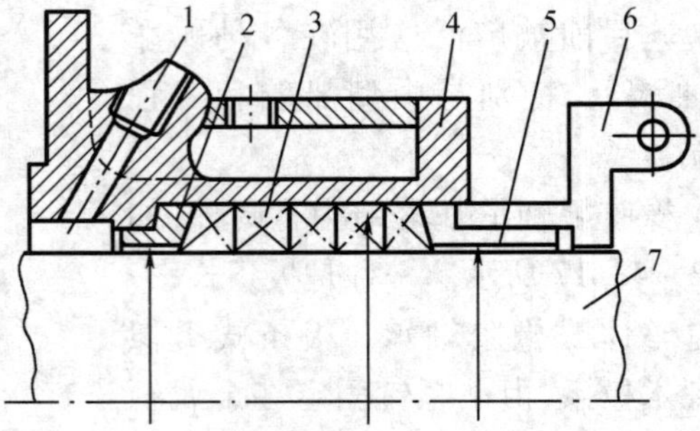

图2-4-18　首端填料函式密封装置

1—进水管；2—衬环；3—填料；4—艉轴管；5—压盖衬套；6—压盖；7—艉轴

填料函式密封装置工作时允许有少量海水流出，极限工作温度为60 ℃。由于安装不良使艉轴磨损，填料磨烂，导致大量海水漏入机舱，应更换新填料。在换新填料时，为了提高密封效果，加装填料时应使每圈的两端刚好接拢，相邻各圈填料的搭口位置相互错开。压盖衬套内圆面不得与艉轴接触，上、下、左、右四个方向的间隙应相同。拧紧压盖上的螺母时，应按对角线逐步拧紧，使压盖均匀地压紧填料。填料装妥后，压盖法兰平面与艉轴管端面间的各点距离应相等。

3. 油润滑艉轴管装置的检修

水润滑的铁梨木艉轴承等，当这类船舶经常在泥沙较多的航区航行时，大量泥沙进入艉轴承，加速艉轴承的磨损。随着船舶吨位的增大，艉轴承的负荷也不断增加，水润滑艉轴承因水的黏度低而承载能力低，而油润滑艉轴承承载能力大，大中型船舶越来越多地采用油润滑艉轴承。油润滑艉轴承一般采用青铜、白合金及铸铁等作为艉轴承材料，其中白合金的应用尤为广泛。白合金艉轴承的长度应不小于艉轴直径的2倍。白合金艉轴承的结构如图2-4-19所示。它采用润滑油进行润滑和冷却，与艉轴配对摩擦，耐磨性能好，不伤轴

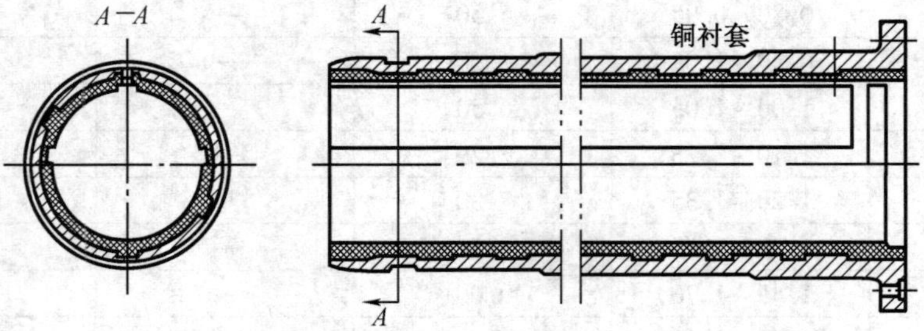

图2-4-19　白合金艉轴承

颈,磨损量小,使用期较长,还具有散热快、抗压强度高等优点。

白合金艉轴承的常见损伤形式有过度磨损、擦伤、裂纹和剥落、烧熔等。白合金艉轴承由于磨损会导致轴承间隙的增大,增大后轴承间隙与表 2－4－11 进行对照。如超过极限值,应重新浇铸白合金。

表 2－4－11 白合金艉轴承间隙 CB/T 3420—92 单位:mm

轴径	更换标准		安装标准	
	极限间隙	轴承合金允许最小厚度	安装间隙	轴承合金新制最小厚度
≤100	1.80	1.60	0.40~0.50	3.20
100~120	2.00	1.60	0.45~0.55	3.20
120~150	2.20	1.80	0.50~0.60	3.60
150~180	2.40	1.80	0.55~0.65	3.60
180~220	2.60	2.00	0.60~0.70	4.00
220~260	2.80	2.00	0.65~0.75	4.00
260~310	3.00	2.20	0.70~0.80	4.40
310~360	3.20	2.20	0.75~0.85	4.40
360~440	3.50	2.40	0.80~0.90	4.80
440~500	3.80	2.40	0.85~0.95	4.80
500~600	4.10	2.60	0.90~1.00	5.20
600~700	4.50	2.60	1.00~1.10	5.20

白合金艉轴承的安装间隙 Δ(mm)和极限间隙 Δ_{max}(mm)也可根据以下经验公式计算:

$$\Delta \approx 0.003d + 0.40$$

$$\Delta_{max} \approx 4\Delta$$

式中 d——艉轴直径,mm。

对白合金艉轴承还应检查白合金表面损伤情况,如存在裂纹、烧熔、剥落及过度磨损等,不论间隙和厚度是否超过极限值,均应进行修复或重新浇铸白合金。当松脱区的最大线性尺寸小于 $d/2$(d 为艉轴直径,mm)且为一处时,可继续使用。

4. 油润滑艉轴承密封装置的检修

艉轴承采用油润滑时,艉轴管首、尾两端均装有密封装置。首端密封装置防止艉轴承内润滑油漏到机舱;尾端密封装置既防止艉轴承内润滑油泄漏污染海面,又防止舷外海水进入艉轴承。油润滑式艉轴承的密封装置主要有金属环式和橡皮环式两种。目前大、中型船舶广泛采用辛泼莱克斯(Simplex)式密封装置。它是一种橡皮环式密封装置,具有良好的密封效果、结构简单、摩擦损失小、寿命长、修理和安装方便等特点。

(1)结构

油润滑艉轴承首、尾均采用辛泼莱克斯式密封装置。图 2－4－20(a)为尾端密封装置。将防蚀钢衬套 9 安装在艉轴尾端,用螺钉固定在螺旋桨桨毂端面上,橡胶环座体凸缘 5 用螺钉固定在艉轴管上。橡胶环座体内有3个橡胶密封环6,7,8组成的密封元件。前端橡胶密封环6用来阻止艉轴承中润滑油的泄漏,橡胶密封环7,8用来阻止舷外海水和泥沙进入艉轴承。密封装置的腔室中充满润滑油以润滑橡胶密封环与防蚀衬套。

图2-4-20(b)为首端密封装置,只有两道橡胶密封环,用于阻止艉轴承中润滑油的外泄,其他结构与尾端密封装置基本相同。

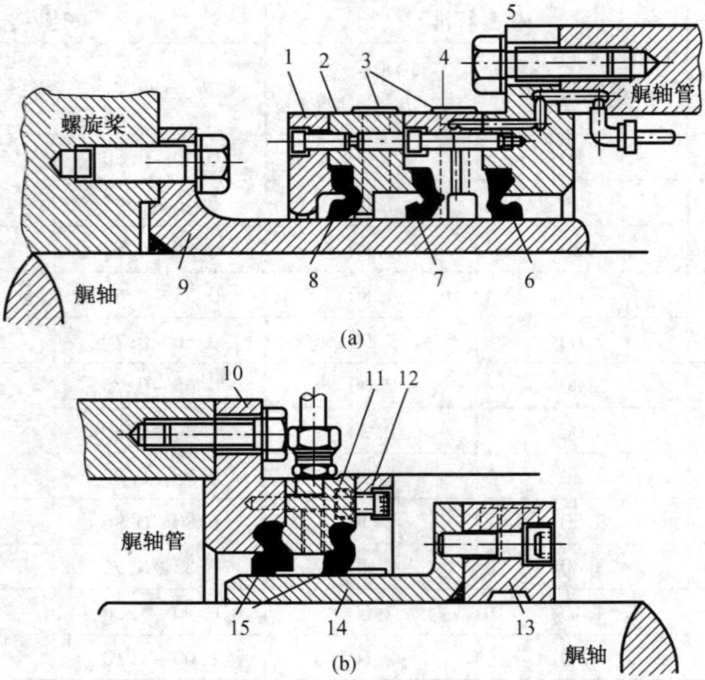

图2-4-20　辛泼莱克斯式密封装置

(a)尾端密封装置;(b)首端密封装置

1,12—压盖;2,4,11—中间环;3—注油孔旋塞;5,10—凸缘;

6,7,8,15—橡胶环;9,14—钢衬套;13—压紧环

(2)密封装置的检修

首、尾密封装置的损坏主要发生在防蚀衬套与橡胶密封环上。防蚀衬套与橡胶密封环相对运动产生磨损、磨痕,橡胶环老化和唇部产生裂纹、缺口、毛边等缺陷。

防蚀衬套一般选用不锈钢、钢套镀铬或青铜,加工后经0.2 MPa的水压试验、检验,不得有渗漏,其内孔与艉轴之间有一定的配合间隙。防蚀衬套磨损的磨痕采用光车予以消除,或错开磨损部位使用。如防蚀衬套与桨毂连接凸缘较厚,可以光车使之减薄或衬套向尾端位移,使磨痕部位与橡胶环位置错开;也可以在桨毂与凸缘之间加厚垫片使衬套向首端轴向位移或在橡胶环座体凸缘处加厚垫片使衬套向尾端轴向位移,改变防蚀衬套与橡胶环的相对位置,以保持良好的接触。防蚀衬套光车后使外径尺寸过小时,可采用喷涂金属恢复原设计尺寸。

橡胶环的碎裂,唇边硬化、开裂和过度磨损、橡胶老化及防蚀衬套光车后均应换新橡胶环。

八、中间轴和推力轴及其轴承的检修

1. 中间轴和中间轴承的检修

(1) 中间轴和中间轴承

中间轴位于主机曲轴(或推力轴)与艉轴之间,承担传递主机动力的任务。大中型船舶中间轴一般是轴与法兰整体锻造,或分开锻造后焊接成一体,工作轴颈一般比非工作轴颈大5~20 mm,如图2-4-21所示。轴与轴之间用法兰和螺栓连接。中、小型船舶普遍采用圆柱形螺栓,加工制造方便;大、中型船舶一般采用圆锥形紧配螺栓,其对中性好,不易松动,但加工制造不方便。为了使螺栓不致松动,一般要求紧配螺栓数目不少于50%。

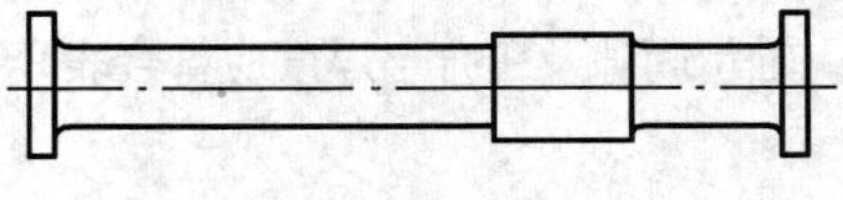

图2-4-21　中间轴

中间轴承用来支承中间轴,每根中间轴都安装在一个中间轴承上。中间轴承主要承受中间轴的重力和轴系安装引起的附加负荷以及因轴弯曲或回转运动产生的径向负荷,承受与中间轴相对运动时的摩擦和磨损。

中间轴承大多数采用白合金滑动轴承。图2-4-22所示为圆盘式中间轴承。圆盘下部浸在轴承座底部的油池中,当中间轴转动时,油池中的润滑油被圆盘带到轴颈和白合金轴瓦上进行润滑,最后流回到轴承座底部的油池中。油池中设有蛇形冷却水管,采用舷外海水冷却润滑油。轴承座上装有温度计,白合金轴承温度不允许超过70 ℃,并要求各中间轴承的温差不超过15 ℃。

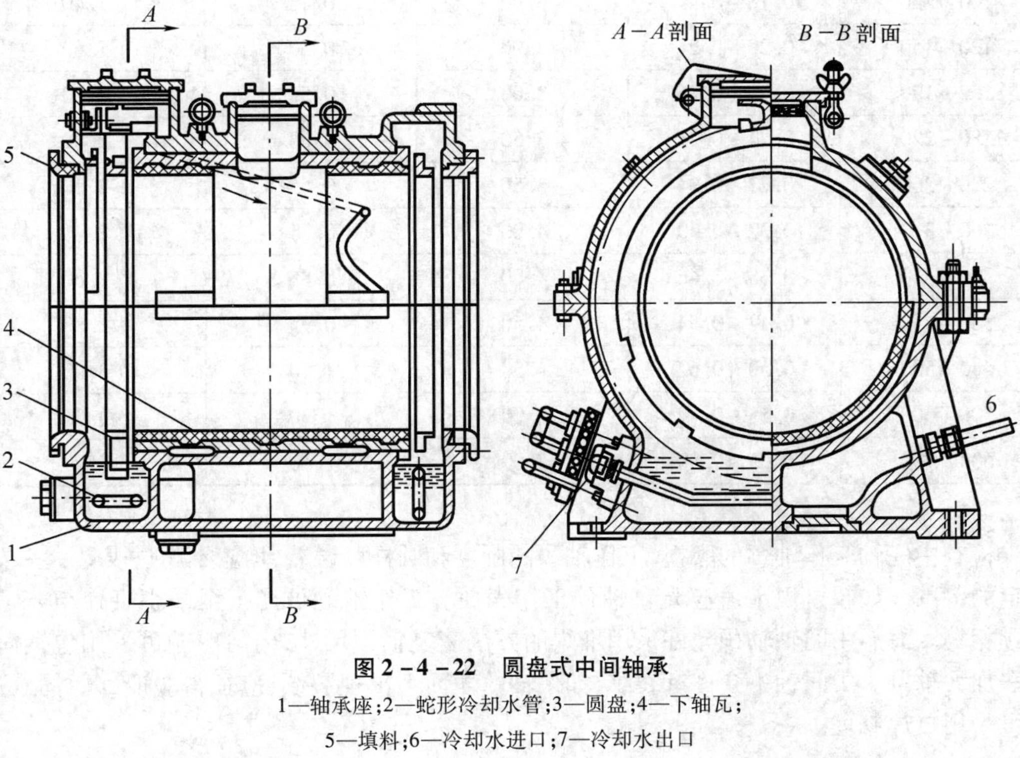

图2-4-22　圆盘式中间轴承

1—轴承座;2—蛇形冷却水管;3—圆盘;4—下轴瓦;
5—填料;6—冷却水进口;7—冷却水出口

滑动式中间轴承结构简单,工作可靠,寿命长,日常管理和维修方便。

(2)中间轴和中间轴承的检修

检修中间轴和中间轴承时,先检查磨损情况,检查中间轴工作轴颈及法兰圆角处有无裂纹、损伤和腐蚀等缺陷,然后检查中间轴工作轴颈及中间轴承的磨损。用塞尺测量靠艉轴端的中间轴承前后的上、下、左、右四个位置的间隙。中间轴工作轴颈和轴承底部应接触良好,0.05 mm的塞尺应插不进。左右间隙应基本相等,不允许轴颈与轴承单边靠死。其他中间轴承,一般无上轴瓦,只检查下轴瓦间隙。其次需测量中间轴承孔径,确定白合金厚度和磨损程度。

轴承间隙及白合金厚度应符合表2-4-12的规定。安装间隙及极限间隙也可依下式计算:

$$\Delta = 0.001d + 0.10$$

$$\Delta_{max} = 2.5\Delta$$

式中　d——艉轴直径,mm。

如中间轴承间隙超过极限值,或白合金厚度小于极限值,应重新浇铸白合金。中间轴承白合金层工作面上不允许存在裂纹、擦痕及剥落等缺陷。如发现上述缺陷,应修复或重新浇铸白合金。

表2-4-12　中间轴承间隙和白合金厚度 CB/T 3420—92　　单位:mm

轴径	安装标准		更换标准	
	安装间隙	轴承合金新制最小厚度	极限间隙	轴承合金极限厚度
≤100	0.15~0.19	3.00	0.40	1.20
100~120	0.18~0.22	3.00	0.45	1.40
120~150	0.20~0.24	3.00	0.50	1.60
150~180	0.22~0.26	3.00	0.55	1.80
180~220	0.24~0.27	3.50	0.60	2.00
220~260	0.27~0.34	3.50	0.65	2.20
260~310	0.32~0.40	4.00	0.75	2.40
310~360	0.38~0.46	4.00	0.85	2.60
360~440	0.42~0.54	4.50	0.95	2.80
440~500	0.50~0.62	4.50	1.10	3.00
500~600	0.55~0.70	5.00	1.30	3.00
600~700	0.65~0.80	5.00	1.50	3.00

检查中间轴工作轴颈的磨损、工作轴颈的圆度和圆柱度误差,均应不超过表2-4-7所规定的范围。如超过规定值应光车轴颈工作表面。工作轴颈可光车至最小直径与非工作轴颈相等。海船中间轴轴颈允许采用堆焊的方法恢复轴颈尺寸,内河船舶可采用包钢套的方法加大轴颈。中间轴不允许有裂纹,如果轴的表面上出现裂纹,应征得验船部门同意后,方可采用电焊修理。

2. 推力轴和推力轴承的检修

推力轴位于曲轴与中间轴之间，承受螺旋桨产生的轴向推力和防止此力作用于主机曲轴。按法兰与轴的连接方式可分为可拆式和整体式，目前船舶上广泛采用整体式。推力轴直径大，长度短，刚性好。

推力轴的工作轴颈磨损后可采用光车修理，其最小直径可至非工作轴颈。修后的圆度、圆柱度应符合相关规定。

用作船舶主机的大中型低速柴油机，设计制造时常把承受螺旋桨推力的推力轴承设置在柴油机机座尾端的推力轴承座上。其推力轴承座一般与机座焊接或用螺栓组成一体。并通过其底座将螺旋桨的轴向推力传给船体，最终推动船舶的运动。大中型柴油机上普遍应用的为单环式推力轴承，即米歇尔推力轴承，如图 2－4－23 所示。其主要特点是结构紧凑，体积小，质量轻，摩擦系数小，可承受较高的压力和圆周速度。

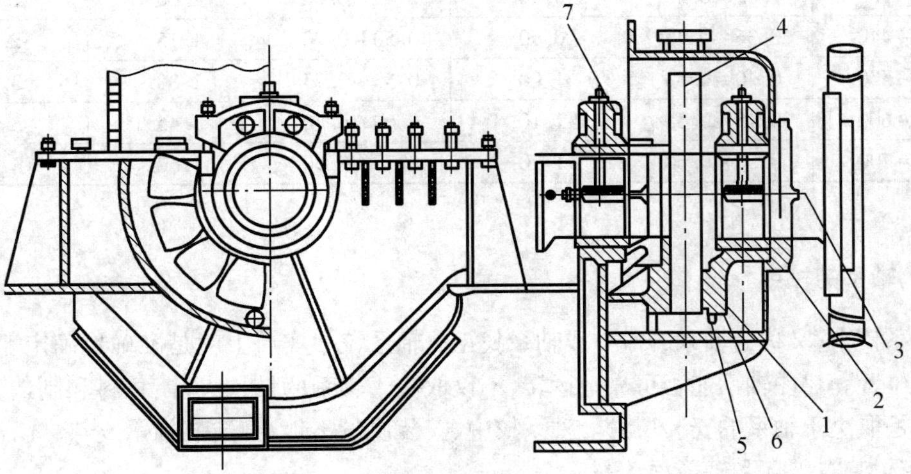

图 2－4－23　单环式推力轴承

1—推力轴承座；2—支承轴承；3—推力轴；
4—推力盘；5—推力块；6—支撑垫片；7—压块

推力轴承座 1 采用铸钢焊接结构。两个支承轴承 2 承受推力轴 3 和主机飞轮的重力。推力轴采用 35 号钢制成，并用紧配螺栓与飞轮相接。推力轴的中间部分为推力环，与扇形推力块 5 相接触，推力轴的推力就是通过扇形推力块传递给推力轴承座。扇形推力块有前后两圈，前端一圈承受正车推力，后端一圈承受倒车推力。顶部用压块 7 盖住，防止工作时推力块滑出。推力块工作表面浇有白合金，常采用 SbSnSbH－b 锡基轴承合金。每一个推力面由 8 块推力块来承受推力。推力块后面的支撑垫片有几种不同厚度的尺寸，使其在磨损后可进行更换以调整推力环与推力块之间的轴向间隙。推力块与推力环采用滑油喷入润滑。推力块背面的支承部分仅占整个扇形角的一半左右，工作时可在原地作微量摆动，利于润滑油进入其工作表面并建立润滑油膜。

推力轴承的磨损主要发生在推力块工作表面上，合金层减薄使轴向间隙增大；支承轴承轴瓦磨损使轴承间隙增大。单环式推力轴承间隙值应符合表 2－4－13 的规定。推力块和轴瓦上的合金层有过度磨损、裂纹、烧熔等严重缺陷时，应重新浇铸合金层。

表 2-4-13　推力轴承间隙 CB/T 3420—92　单位:mm

轴径	推力轴与支承轴承的径向间隙		推力环与推力块的轴向间隙		推力块轴承合金层极限厚度
	安装间隙	极限间隙	安装间隙	极限间隙	
≤100	0.10~0.15	0.40	0.10~0.20	0.40	1.20
100~120	0.13~0.18	0.45	0.15~0.25	0.45	1.40
120~150	0.15~0.20	0.50	0.20~0.30	0.50	1.60
150~180	0.18~0.23	0.55	0.25~0.35	0.60	1.80
180~220	0.20~0.25	0.60	0.30~0.40	0.70	2.00
220~260	0.22~0.30	0.65	0.35~0.48	0.80	2.20
260~310	0.25~0.33	0.70	0.40~0.55	0.90	2.40
310~360	0.32~0.40	0.80	0.45~0.60	1.00	2.60
360~440	0.36~0.45	0.90	0.50~0.70	1.15	2.80
440~500	0.40~0.50	1.00	0.55~0.75	1.30	3.00
500~600	0.45~0.55	1.10	0.60~0.80	1.45	3.00
600~700	0.50~0.60	1.20	0.70~0.90	1.60	3.00

九、轴系的校中

轴系校中,又称为轴系的对中或轴系找正。轴系校中实质上就是准确地确定船轴及其轴承的位置。船舶轴系能否可靠地运转,不仅取决于轴系的结构设计、材料和制造,而且更重要的是取决于轴系的安装质量。轴系校中、安装质量不佳,会造成轴承发热、艉轴承过度磨损、密封装置破坏和轴系振动等。

轴系校中就是按照一定的要求和方法把轴系安装成一定的状态,此种状态下的轴系其各轴段内的应力和所有轴承上的负荷都在允许范围之内或具有合理数值,从而使轴系能可靠地运转。它是船舶轴系安装和检修工作中一项重要工序。校中质量好坏直接对轴系运转有着直接的重要影响。

在校中过程中,要求具备确定理论中心线同样的施工条件,要避免大的撞击、敲打与船体变形的影响。

目前,国内外在有关轴系校中技术方面有很大发展,这些技术的应用无疑会大大地提高船舶轴系对中和安装质量。

根据轴系校中方法依其原理,可分以下三种:

(1)按直线性原理的校中

方法主要有按法兰上严格规定的偏中值校中法(平轴校中法)和光学仪器校中法。

(2)按轴承允许负荷校中原理

方法主要有计算法、测力校中法。

(3)按轴承上合理负荷校中原理

方法主要有按轴承合理位置校中法和按法兰上合理偏中值校中法。

以前认为轴系安装成直线状为最合理,在这种思想指导下将轴系安装和对中时,力求将艉轴、中间轴、推力轴和主机曲轴排成一条直线，以使轴系在基本无弯曲状态下进行运转。因此，生产中出现以下几种校中方法：

1. 平轴校中法

为了实现轴系成一直线状态，轴系校中时使其每对法兰上的偏中值为零，即偏移值 $\delta=0$，曲折值 $\phi=0$。生产中使各对法兰上的偏中值为零是非常困难的，为此允许法兰上有很小的差值，一般规定 $\delta \leqslant 0.10$ mm，$\phi \leqslant 0.15$ mm/m。

采用直尺和塞尺法或指针法测量各对法兰上的偏移和曲折。校中时通常是先将艉轴按轴系理论中心线安装好，然后以艉轴首端法兰为基准，自船尾向船首方向逐段调整每个中间轴承上的每节中间轴的位置，使各对法兰上的偏中值小于规定的偏中值。最后依第一节中间轴或推力轴首端法兰进行主机的定位。

按法兰上严格规定的偏中值校中轴系，虽然长期使用，校中方法也简便、易于操作，但它是一种既不科学也不合理的轴系校中方法，主要是因为没有考虑各轴段内的应力和各轴承上负荷。

2. 光学仪器校中法

采用光学准直仪或投射仪进行轴系校中。利用光的直线传播的特性，以仪器的主光轴作为轴系理论中心线来校准人字架、艉轴管、中间轴承等轴系部件的位置，使这些部件上孔的中心与仪器光轴重合。轴系的各支承部件的位置确定后，用垫片和底脚螺栓将各道中间轴承固定，并用法兰连接螺栓将轴系中各轴段连接起来。光学仪器的应用，已在前面叙述过，这里不再重复。

以上两种校中法，均按直线性原理来校中轴系，都未考虑轴系尾端悬臂安装的重大螺旋桨的影响，因而不能保证大型低速柴油机动力装置的轴系安装质量。随着船舶大型化和主柴油机功率的增加，螺旋桨的质量和尺寸，轴系各轴直径的相应增大，都有可能使艉轴管承受的实际负荷大大增加，以致超过许用范围。

为了改进轴系校中工作，特别是提高大型单桨尾机型船舶轴系的校中安装质量，国外自20世纪60年代中期开始研究轴系校中的新技术。在众多的研究中，轴系合理校中(或称最佳校中)技术已有效地应用于造船生产中。目前国内外广泛采用此技术。

轴系合理校中的实质是按照规定的轴承负荷、应力和转角等要求，通过校中计算确定出轴系各轴承的合理位置，将轴系安装成规定的曲线状态，使各轴承负荷符合要求，分配合理，支承截面上的弯矩和转角在允许范围内。

轴系合理校中具有使轴系各轴承负荷合理分布和安装工艺简便的优点，尤其是在船舶设计阶段就可进行轴系校中计算，有利于改善轴承负荷状况，提高轴系质量。

十、轴系修理后验收

1. 轴系安装验收

(1)当轴与轴系经换新或加工后，其装配间隙应符合规范要求；轴与轴系下部紧密贴合，左右两间隙应各自为装配间隙的40% ~60%。

(2)当艉轴经换新或修理后，应检查艉轴与相邻中间轴法兰上的偏中值，应符合规范要求。

(3)艉轴填料函和密封装置，在轴系安装后进行油压试验，并符合规范要求，一般不允许漏泄。

2. 试航验收

(1)航行试验中，水润滑艉轴管首端填料函允许有少量海水流出；油润滑艉轴密封装置应满足规范要求。

(2)试航中,整个轴系及轴承工作应平稳,无特殊敲击、摩擦声和振动。

(3)推力轴承、中间轴承和艉轴管首端密封或填料函装置应无过热现象,其稳定温度应符合规范要求。某部位温度超过规定,但不高于其原始使用温度时,经验船师等同意,可以使用。

3. 轴系修理后船厂应提交下列数据记录

(1)轴承间隙原始测量记录和换修后的安装记录。

(2)轴的校调和加工后的测量记录。

(3)轴系中心线的原始记录和修理测量记录。

(4)船轴更换后的材料牌号、化学成分和机械性能等合格证明。

(5)进出厂试航轴系温度记录。

维修任务二　舵系的维修和校中

【学习目标】

1. 掌握舵系常见故障。
2. 掌握舵系主要部件的检修。
3. 掌握舵系中心线的检验与调整。
4. 掌握舵系修理验收要求与提交文件。

【学习任务】

1. 项目任务

本项目的任务是掌握舵系的检修。船舶舵系是实现船舶转向、调头、直航等操纵的船舶航向控制装置,是船舶航行的重要设备。舵系是由那些将舵机动力传递到舵叶产生舵效的部件和构件组成的,包括运动件——舵杆、舵叶、舵销等,固定件——舵杆舵承(上、下舵承)、舵销轴承、舵轴等。本项目要了解舵系主要部件的检修过程、舵系中心线的检验与调整以及舵系修理验收要求。

2. 检修工作任务流程图

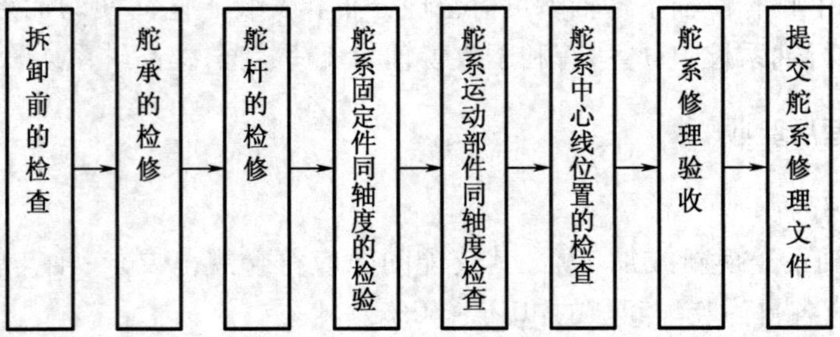

【环境设备】

1. 塞尺。
2. 千分表。

【背景知识】

舵系安装在船舶尾部螺旋桨的正后方,有单舵系和双舵系之分。各类船舶根据实际需要,选择舵的布置和舵的数量。舵的数量是根据各类船舶操纵性要求而定的,其中要求船体回转性能高的船舶,通常是设置多舵结构的,如客船或专业性船舶,尤其在军舰上最为多见;而以航向稳定性要求为主的船舶,则采用单舵结构的较多,如大中型货船、油轮等船舶。

舵系结构形式很多,较为广泛应用的是穿心舵轴平衡舵,其结构如图 2 - 4 - 24 所示。舵叶在舵杆轴线两侧非对称布置。舵叶上端与舵杆 13 用法兰连接,并可跟随舵杆左右转动。舵杆支承在船体内的上舵承和中间舵承中。上舵承置于舵机房平台处支承舵叶的部

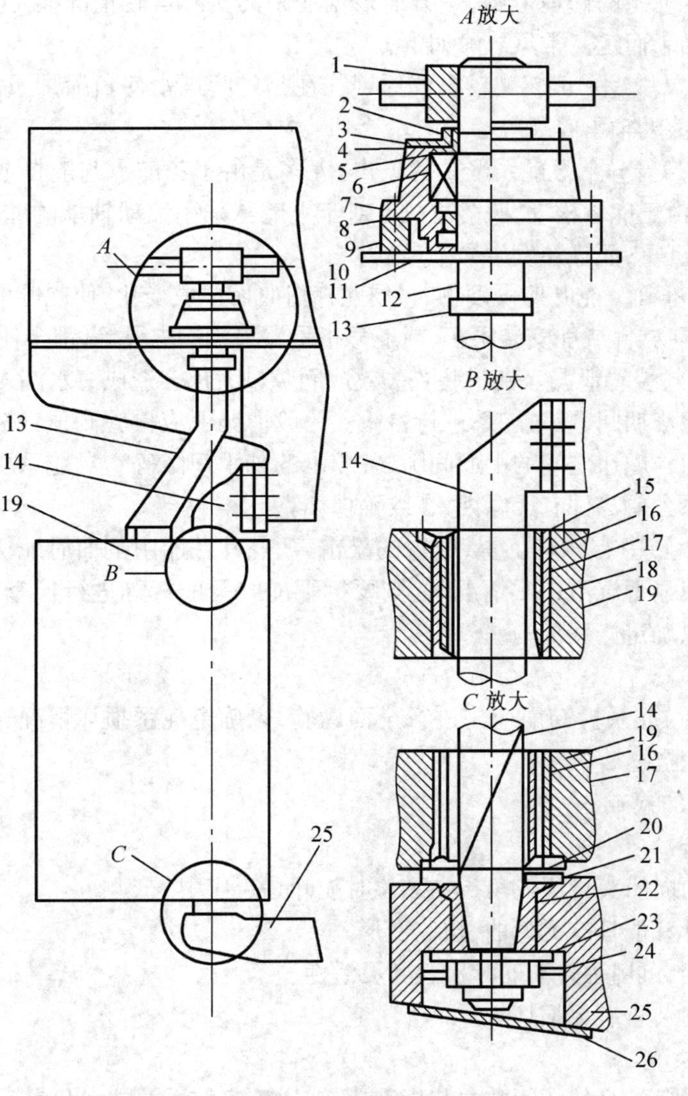

图 2 - 4 - 24　穿心舵轴平衡舵系

1—舵柄;2—压紧杆;3—套环;4—承压环;5—压盖;6—滚动轴承;7—压板;8—上舵承体;9—垫片;10—衬环;11—密封圈;12—衬套;13—上舵杆;14—穿心舵轴;15—压板;16—外衬套;17—铁梨木;18—内衬套;19—舵叶;20—上摩擦片;21—下摩擦片;22—舵轴衬套;23—垫圈;24—止动板;25—舵托;26—下封板

分重力,并承受舵杆的较大的径向负荷和轴向负荷,一般上舵承采用滚动(止推)轴承结构形式。舵轴上端与尾柱用法兰连接,舵叶内设有2个铁梨木舵承,用以支承包有铜套的穿心舵轴。穿心舵轴平衡舵属于三支点舵,具有结构简单、舵效高和方便修造等特点。

【操作指导】

一、舵系常见故障及检修

1. 舵系常见故障

舵系除因海损事故等需要修理外,一般情况下,舵系使用期较长。舵系的检修可随同轴系检修进行。舵系的修理范围,一方面根据舵系的实际运转情况而定,另一方面视船舶进坞后的勘验结果而定。常见故障如下:

(1)转舵不灵敏。一般转舵较重的原因往往是舵叶进水使负荷加重;舵系中心线不正引起单面卡紧、滚动轴承碎裂等。

(2)转舵时声音异常。舵系严重的敲击,大多是由于各舵承与舵杆或舵销的配合间隙过大造成的,或由于舵承松动、脱落之故。对于上舵承采用滚动轴承的舵承,一旦滚动轴承破裂,不但转舵沉重,而且还发生异常声响。

(3)转舵不准确。舵叶撞击硬物时,使舵杆扭曲而造成变化,使舵叶的实际位置与舵角指示器的读数不吻合,或舵安装不正,或舵角指示器等机构失灵等,都会使舵角不准。

(4)舵系密封装置泄漏。密封装置失效或间隙过大都会造成海水漏入舵机房。

船舶进坞检修期间,应对舵系进行检验。一般情况下应检验测量:舵的下沉量、舵叶与尾柱底骨或舵钮与舵钮之间的平面间隙、各舵承的轴承间隙等。对舵系主要零件进行外部检查。检查舵系主要零件有无腐蚀、裂纹等损坏。

倘若舵系运转中有转舵沉重、严重的敲击声、舵叶在船中剖面时舵机上舵角指示器不在零位及舵系明显下沉不正常情况时,则要拆下舵叶及舵杆等进行检查,并根据检查测量记录进行分析以确定修理范围。

2. 舵系的检修

船舶进坞后,舵系拆卸前应先进行全面勘验,以确定舵系损坏情况、修理范围,并作为修理后验收的依据。

(1)拆卸前的检查

①外观检查

a. 自船尾面向船头目测舵角指在零位时舵叶是否居中。

b. 观察舵叶和舵杆有无弯曲、扭曲变形。

c. 对于小船,可用手转动舵叶检验其灵活性。

d. 检查密封装置有无损坏。

②测量

用塞尺测量各配合件的间隙并与标准比较,以确定舵系的技术状态。

a. 测量舵杆与上舵承、舵轴与铁梨木舵承的配合间隙。

b. 测量舵销轴与尾柱舵钮的平面间隙。

c. 测量舵叶舵钮与尾柱舵钮的平面间隙。

(2)舵承的检修

为保证舵杆与上舵承、穿心舵轴与轴承舵销在使用中工作正常,其配合间隙不应超过表2-4-14及表2-4-15的规定值。

表2-4-14 穿心舵轴与舵承的装配间隙与极限间隙

单位:mm

标准值 / 舵杆轴径	铜舵承		铁梨木、层压胶木舵承	
	装配间隙	极限间隙	装配间隙	极限间隙
120~180	0.75~0.85	5.00	0.85~1.10	6.00
180~260	0.85~1.00	6.50	1.10~1.35	7.20
260~360	1.00~1.20	8.00	1.35~1.60	8.50
360~500	1.20~1.50	9.50	1.60~2.00	10.00
近似计算公式	$0.002d+0.40$	$0.003d$	$0.003d+0.40$	$0.035d$

表2-4-15 多支承普通舵各道舵承的装配间隙与极限间隙

单位:mm

标准值 / 舵杆轴径	舵杆承		舵销承			
	铜及白合金舵承		铜及白合金舵承		铁梨木、层压胶木舵承	
	装配间隙	极限间隙	装配间隙	极限间隙	装配间隙	极限间隙
130~180	0.50~0.60	3.00	1.20~1.40	7.00	1.30~1.50	7.80
180~260	0.60~0.70	3.50	1.40~1.60	8.00	1.50~1.75	9.00
260~360	0.70~0.80	4.00	1.60~1.80	9.00	1.75~2.00	10.0
近似计算公式	$0.002d+0.20$	$0.002d$	$0.008d+0.20$	$0.045d$	$0.008d+0.40$	$0.05d$

当舵杆(舵轴或舵销)与舵承的配合间隙超过极限值时,要检查舵杆(或舵轴、舵销)的磨损情况和舵承的磨损情况,需要时应换新舵承。

上舵承一般为双列向心球面滚动轴承或平面止推滚动轴承时,若发现滚动轴承内外钢轭圈碎裂、腐蚀严重;滚柱或滚珠发生严重磨损、锈蚀麻点、碎裂;护圈破裂及滚动轴承转动不灵活时,应予换新。小型滚动轴承可用标准备件更换,而对于大型特制的滚动止推轴承则采用加工修理或者更新。上舵承为平面止推滑动轴承时,如上、下滑动平面磨损严重,咬痕较深,应采用光车加工下滑动平面进行修理。两支承表面应刮配,以使之均匀接触。轴承内孔与舵杆紧配部位不得有松弛转动现象。

衬套式中间舵承常常由于轴承工作表面严重磨损,而使衬套厚度过分减薄,或者使舵承配合间隙过分增大。当衬套厚度或间隙超过极限值时,应换新衬套,或光车衬套,并在内表面拉横浇铸白合金,可继续使用。

当舵承衬套与本体配合松动时,应进行修理或换新衬套。在修理时亦可采用涂胶黏剂的办法进行黏结装配。

(3)舵杆的检修

舵杆是舵系的重要零件之一。转舵时,借助来自舵机的扭矩带动舵叶转动。由于舵杆在航行时承受巨大扭矩和弯矩作用以及偶然因素的外力作用,舵杆与舵承有相对运动,承受着摩擦磨损。

①舵杆的磨损检修

舵杆工作轴径磨损后，其圆度与圆柱度误差不应超过技术规定（表 2－4－16）。只要消除舵杆工作轴颈表面的不均匀磨损和腐蚀等缺陷后，配合间隙合格，并能保证在较长时间正常工作即可。舵杆几次光车后，直径仍应大于非工作轴颈，否则应换新。

表 2－4－16　舵杆工作轴径磨损圆度与圆柱度误差允许值　　单位：mm

舵杆直径	配滑动轴承	配滚动轴承
120～180	0.230	0.020
180～260	0.280	0.025
260～360	0.320	0.030
360～500	0.360	0.035

当舵杆工作轴颈过度磨损后，可采用不锈钢焊条堆焊磨损部位，光车后继续使用。但大面积堆焊修补应注意退火消除内应力。舵杆（舵轴或舵销）工作轴颈处具有铜护套时，如铜套磨损后其厚度超过规定的极限厚度，应予以换新。

②舵杆扭转变形的检修

舵杆扭转变形后，必须仔细检查发生扭转变形部位，有无裂纹损伤和弯曲变形。在确认无裂纹、无弯曲变形后，检查舵杆扭转程度。

当所测量的舵杆扭转角度小于以下公式计算时，该舵杆可以继续使用。

$$\alpha \leqslant L/2d$$

式中　α——扭转角，(°)；

L——舵杆长度，自舵杆的上舵承支点至下端连接法兰上表面间的距离，mm；

d——舵杆最小直径，mm。

当舵杆扭转角小于 10°时，应堆没旧键槽，在舵杆上重开新键槽或将旧键槽加宽后继续使用；当舵杆扭转角大于 10°时，除堆没旧键槽重开新键槽外，还应进行退火处理以消除内应力；当舵扭转角大于 30°时，应换新舵杆。

③舵杆弯曲变形的检修　舵杆弯曲变形是用舵杆弯曲处的径向圆跳动量误差来衡量。舵杆回转一周，千分表指针读数的变化量不得大于 0.5 mm/m；当舵杆的弯曲量（径向圆跳动量）不大于 1.0 mm/m 时，允许用冷校直；当舵杆的弯曲量大于 1.0 mm/m 时，应进行热校直，加热温度不超过 650 ℃。

④舵杆裂纹的检修　修理舵杆时，应仔细检查舵杆变形部位有无裂纹，尤其是应力集中的部位。轴颈上不允许存在任何横向裂纹。舵杆工作轴颈上存在长度不超过轴颈 1/4 的纵向裂纹，数量不超过 2～3 条，而且不在同一母线上的短小裂纹，可以继续使用。轴颈工作表面上的细小裂纹及分散锈蚀不超过轴颈工作表面总面积的 20%～30%，可经局部锉削后继续使用；对舵杆裂纹允许采用焊补修复裂纹。对于大面积堆焊，修复前后应进行预热和退火处理。

对数量仅有 2～3 条的短小裂纹，焊补可不作退火处理。

二、舵系中心线的检验与调整

新造船舶安装舵系前应先确定舵系中心线，通常舵系中心线与轴系理论中心线同时进行确定。在拉好轴系理论中心线和舵系中心线后，按校中技术要求进行校中测量和安装舵系。

营运船舶由于海损事故或其他原因造成舵系失中时，应检查舵系中心线的状态。与新造船舶一样，采用拉线法进行校中测量。分别检查舵系固定件，检查舵系中心线与轴系中心线的垂直度和相对位置偏差。

1. 舵系固定件同轴度的检验

以三支点舵系固定件的同轴度检验为例，如图2－4－25所示。拉线时是以上、下舵承为基准，拉出舵系中心线以检查上、中、下舵承孔的同轴度。钢丝是以上下两道舵承孔为基准，用内卡钳或内径测微计测孔壁至钢丝前、后、左、右的距离并使之相等。钢丝拉好后检查中间舵承孔的上、下部位的前、后、左、右4个位置数值，舵承孔中心与钢丝线的最大偏差值不得超过中间舵承的装配间隙，见表2－4－14。

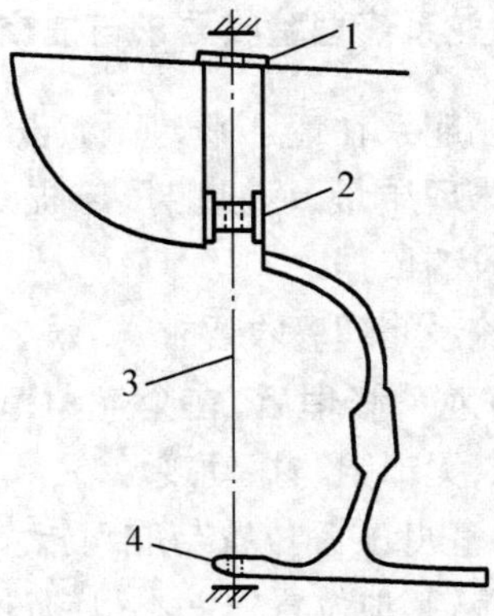

图2－4－25　舵系固定件同轴度检查

1,2,4—上、中、下舵承孔；
3—舵系中心线

当舵系固定件同轴度误差超过规定时，可采用偏心镗削舵承衬套的方法。镗削后衬套最小厚度应满足新制衬套最小厚度的75%，且必须防止衬套转动。

2. 舵系运动部件同轴度检查

舵杆与舵叶组装后，应检查舵杆与各道舵销(或舵叶内的轴承)的同轴度。将此运动部件置于平台上，用螺栓固定好，如图2－4－26所示。以舵杆工作轴颈和下部舵销工作轴颈外圆为基准拉钢丝线1，检查中间舵销工作轴颈或舵叶的轴承相对于钢丝线偏差。

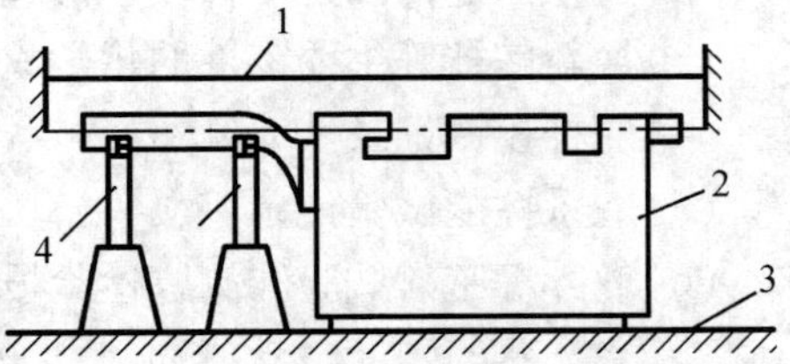

图2－4－26　舵系运动部件同轴度检查

1—钢丝线；2—舵叶；3—平台；4—支架

然后将舵杆与舵叶一起绕转90°，再测量舵销工作轴颈相对于钢丝线的偏差。最大偏差值应小于表2－4－14规定的安装间隙。

舵系运动部件同轴度误差不符合要求时，可采用舵销衬套偏心镗削的办法来纠正。偏心镗削衬套最薄部位的厚度应满足新制舵销衬套最小厚度的75%。偏心衬套必须有可靠的定位措施，以防止衬套转动，或修磨舵杆与舵叶连接法兰端面来纠正。

3. 舵系中心线位置的检查

舵系中心线是以上舵承和舵底承为基准，用0.3～0.5 mm的钢丝线拉出，并保持钢丝的直线状态。检查舵系中心线与轴系中心线的相对位置偏差δ，如图2－4－27所示。其偏差值δ不得超过下式计算值：

$$\delta \leqslant 0.001L^{1/3}$$

式中　L——船长，m。

检查舵系中心线与船舶基线的垂直度，偏差不得大于1 mm/m。

三、舵系修理验收要求与提交文件

船舶舵系在船厂修理后应进行舵系性能试验，检验舵系修理质量，而且船厂应提交船东修理技术文件作为验收的依据。

1. 舵系修理验收要求

（1）舵系修理后，在全舵角范围内转动应灵活、平稳、可靠，无卡阻与振动现象。

（2）舵叶实际位置与舵角指示器位置应一致，0°位置无偏差，其他位置偏差不得超过0.5°。

（3）舵系与舵机脱开时，若舵杆直径小于360 mm，可用人力推动舵叶转动进行转舵试验。若舵杆直径小于360 mm，用辅助操舵装置推动舵叶转动进行转舵试验。转舵试验时，如发现转舵较重，依具体情况允许通过系泊或航行试验检查。

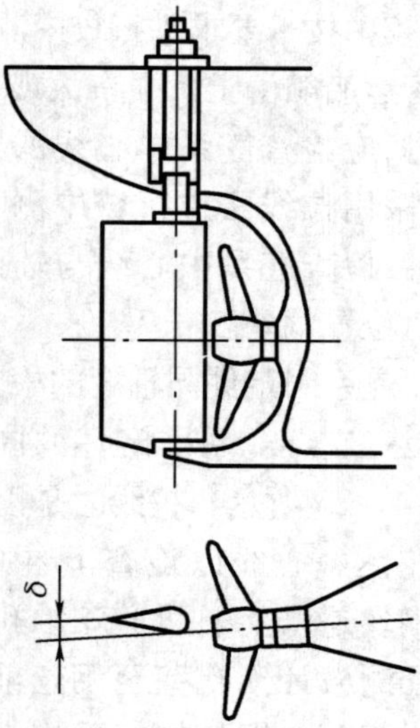

图2-4-27　舵系中心线与轴系中心线相互位置

（4）舵系填料箱不允许漏水。

2. 舵系修后应提交文件

（1）舵杆、舵承、舵销修换前后的安装间隙等测量记录。

（2）舵系固定件和运动件校中修理前后校中安装记录。

（3）换新舵杆等主要零件的化学成分与机械性能报告及加工尺寸检验合格证明文件。

（4）舵杆校调记录。

（5）舵系性能试验记录。

（6）舵叶等密封试验和测厚检验报告。

项目五　船舶辅助机械维修

维修任务一　船用泵的维修

【学习目标】

1. 掌握船用泵的拆卸和安装。
2. 掌握船用泵的测量和检查。
3. 掌握船用泵常见故障的诊断。

【学习任务】

1. 项目任务

泵在船上是用来输送液体的一种机械。船用泵种类繁多,根据工作原理的不同,可分为三大类:容积式泵、叶片式泵和喷射式泵。往复泵、齿轮泵、离心泵是船上常用的几种泵。往复泵常用作舱底水泵、压载泵、通用泵;齿轮泵一般用作燃油或润滑油的输送泵;离心泵通常用作舱底水泵、压载泵、冷却水泵、日用海淡水泵和消防水泵等。本项目着重介绍三种常用泵的检修。

2. 检修工作任务流程图

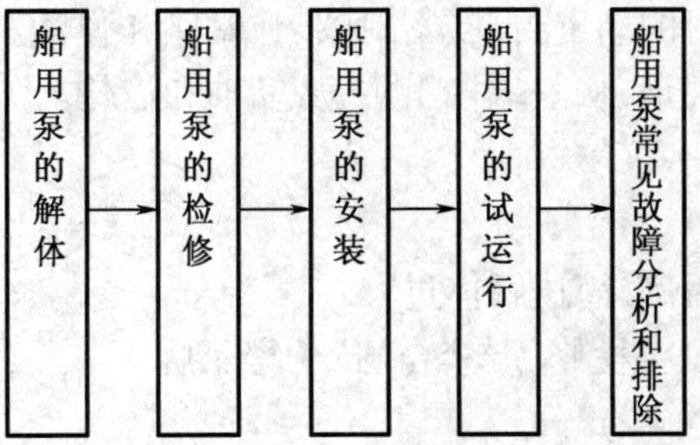

【操作指导】

一、船用泵的解体

1. 电动往复泵的解体

(1)切断电源,挂上“设备检修,严禁合闸”警示牌。

(2)关闭管路上的吸、排截止阀。

(3)拧下储油箱底部的丝堵,将滑油放空。拆下仪表和滑油系统等连接管。

(4)脱开电机的连接线,拆下固定电机的地脚螺栓和电机与减速齿轮箱的联轴节螺栓,然后吊下电机放妥。

(5)拆下固定滑油泵的螺丝,用顶丝顶活油泵并取下。

(6)拆下接油盘,松开活塞杆和十字头之间连接的锁紧螺母。然后拆去泵侧的丝堵,再拆下十字头销轴上的定位弹簧卡圈。再用吊环螺栓将十字头销轴拔出,为取出连杆做好准备。

(7)取下曲轴箱上的有机玻璃,观察孔盖,松开连杆大端螺栓,取出连杆大端下瓦盖,然后将曲轴转动一个适当的角度,将连杆同十字头一起取出。

(8)拆下固定减速齿轮箱的螺栓,把曲轴连同齿轮箱一起吊出,再单独对齿轮箱进行解体清洗和检查。

(9)松去填料压盖上的固定螺帽,将活塞、活塞杆连同填料箱一起由泵缸中抽出,再将填料箱盖、泵缸盖从活塞杆上取出。

(10)拆去水阀箱盖上的紧固螺帽,取下水阀箱盖,取出吸、排水阀。

(11)拆下固定的安全阀,进行单独解体清洗和检查。

拆卸下的各零部件要仔细放妥,然后用煤油或轻柴油清洗干净,再进行检查和测量。

2. 齿轮泵的解体

(1)切断电源,挂上“设备检修,严禁合闸”警示牌。

(2)关闭管路上的吸、排截止阀。

(3)打开吸、排口上的螺塞,将管系及泵体内的油放出,然后拆下吸、排管路。

(4)拆除地脚螺栓,脱开与电机相连的联轴节,移出齿轮泵进行解体。

(5)用拉马拆下固定泵轴端联轴器,取下平键。

(6)拆下轴封压盖,从泵轴上取出机械轴封的静密封环。

(7)拆除泵两侧端盖上的紧固螺栓,拆下定位销,并拆下两侧端盖。在拆除过程中不能破坏端盖垫床。

(8)取下轴上机械轴封的动密封环、密封圈、弹簧座和弹簧。

(9)用轴承拉马拉下轴承,从一端抽出主、从动轴和齿轮。

(10)拆下安全阀机构。

3. 离心泵的解体

以 CL 型船用离心泵为例,简述解体过程。

(1)切断电源,挂上“设备检修,严禁合闸”的警示牌。

(2)关闭管路上的吸、排截止阀。

(3)将电动机的接线脱开,在联轴节处做好记号,拆除固定电动机的螺栓和弹性联轴节螺栓,然后将电动机卸下。

(4)拆开泵浦与吸、排管法兰联结处的螺栓,使泵与管路脱离。

(5)卸下泵浦与泵座的固定螺栓,然后将泵从泵座上吊出移到便于拆装的场所。

(6)泵盖的拆卸。泵盖是用螺丝与泵体连接在一起的。拆前泵盖与泵体处应做好记号,拧下螺母,即可拆下泵盖。如过紧可利用顶丝将泵盖顶离泵体后取下。

(7)叶轮的拆卸。首先翻开锁紧叶轮螺帽的止动垫圈,然后用专用工具拧下轴头反向细牙螺帽,取下止动垫圈,叶轮即可从轴上取下。如取不下来,可利用平衡孔上的丝牙用专用工具将叶轮从轴上取下。具体方法为:将专用工具的两根螺钉拧入叶轮上有丝牙的平衡孔中,丝杠顶端中心,慢慢转动手柄,将叶轮从泵轴上拉出。

(8)叶轮取下后,可依次从轴上取出平键、轴套和机械式轴封装置的动环。

(9)泵体的拆卸。泵体是用螺丝与轴承座连接在一起的。拆前应做好记号,然后拧下螺母,拆下泵体,从泵体中取出静环。

(10)泵联轴器的拆卸。先把固定联轴器的锁紧帽拧下,再用专用拔子(拉马)把联轴器从轴端慢慢拉出。操作时拔子的死杠一定要顶正泵轴中心,并使联轴器两侧受力均匀,不可用手锤猛敲,以免造成泵轴、轴承和联轴器损坏。如果拆不下来,可以用棉纱蘸上煤油,沿着联轴器四周燃烧,使其均匀热膨胀,这样便会容易拆下。但为了防止轴与联轴器一起受热膨胀,应用湿布把泵轴包好。

(11)轴承的拆卸。先拆下轴承箱上前后两只轴承盖,然后用一木块垫在联轴器端轴头上,用手锤轻轻敲打木块,就可以把泵轴连同轴承一起拆下。从轴上取下轴承时要特别小心,不要使轴承损伤,一般用特制的轴承拔子来拆,拔子的钩头一定要抓住轴承的内圈。若轴承与泵轴配合很紧时,可将滑油加热至100 ℃后,用油壶浇在轴承内圈上,同时用拔子将轴承拆下。

在解体过程中应注意下列事项:

(1)对一些重要部件拆卸前应做好记号,以备装复时定位。

(2)拆卸的零部件应妥善安放,以防失落。

(3)对各接合面和易于碰伤的地方,需采取必要的保护措施。

二、船用泵的检修指导

1.往复泵的检修

(1)泵缸的检查

泵缸工作一段时间后,缸套的磨损会影响泵的正常工作,因此,要定期对缸套进行检查和测量。

缸套的表面检查:首先用煤油或轻柴油将缸套的工作表面清洗干净,然后认真检查缸套表面是否有裂纹、擦伤或拉毛等现象,缸套的两端是否出现凹凸等。发现缸套裂纹,缸套应换新。其他现象如较轻微,可先用细油石打磨,再用细帆布抛光。

缸套的磨损情况可用量缸表或内径千分尺进行测量检查,测量后可根据表2-5-1的要求,确定修理方法。

表2-5-1 泵缸磨损极限标准

单位:mm

缸径	允许镗缸或更换缸套时直径最大磨损量	必须换新缸套时直径最大磨损量	圆度	圆柱度
100~150	3.00	5.25	0.45	0.55
150~200	3.50	5.50	0.55	0.65
200~300	4.50	7.00	0.60	0.70
300~400	5.50	7.50	0.65	0.80
400~500	6.50	8.50	0.70	0.85

(2)活塞和活塞环的检查

主要检查活塞表面有无腐蚀、活塞与缸壁有无摩擦拉毛现象。若有摩擦痕迹,说明活塞杆对中性不良,应检查并重新找正。

活塞环的材料依据输送液体的性质、温度和压力而定,常用的有铸铁、青铜和夹布胶木、胶木等。

对于输水泵来说,活塞环多数是用夹布胶木制成的。为了增加弹力,活塞环内侧开一圈凹槽,其中装设一个弹性元件——磷青铜铜丝。由于夹布胶木活塞环在水中工作后因浸泡会发胀,以致使环的间隙变小而咬缸,因此在使用这种材料制成的活塞环时,应将环放在80 ℃左右热水中浸泡一段时间,使它完全胀开后再加工切口,以保证工作时有合适的间隙。

活塞环主要检查切口间隙、轴向间隙。

切口间隙的检查:将活塞环平放在泵缸中磨损最小的位置,用塞尺测量其切口间隙的大小。

轴向间隙的检查:将活塞环装入活塞环槽内,用塞尺沿着圆周上几个点或沿整个圆周测量环与环槽的平面间隙。

如切口间隙和轴向间隙超出极限值,则应更换。非金属材料制成的活塞环的安装间隙及其磨损极限值可参照表2-5-2。

表2-5-2 活塞环安装间隙及磨损极限

单位:mm

活塞环直径	切口间隙		天地间隙		径向间隙
	安装间隙	极限间隙	安装间隙	极限间隙	
<100	1.50	4.00	0.15	0.30	1.50
100~150	2.00	5.00	0.20	0.40	2.00
150~200	2.20	5.50	0.25	0.50	2.20
200~300	2.50	6.50	0.30	0.60	2.50
>300	3.00	7.50	0.40	0.80	3.00

活塞环的切口通常切成45°,安装时上下切口位置要错开,以免漏泄。

(3)填料箱检查

为了防止液体从活塞杆处漏泄,设有填料箱装置。填料箱由压盖、填料和内衬套等组成。填料一般用由棉纱、麻、石棉等浸润滑脂或浸石墨编织而成的软填料。

填料取出后,应注意检查内套磨损情况。当使用皮碗填料时,应特别注意活塞杆的光洁度,一旦出现缺陷,应及时纠正或换新,否则会发生漏泄。对于皮碗填料,压盖螺帽不能拧得太紧,因为过高的压紧力对纠正皮碗填料的漏泄是不利的。软填料安装时,按照活塞杆的直径周长将软填料切成小段,切口最好为45°。切好后,一圈一圈地装入填料箱中,各圈填料切口应互相错开。填料的松紧可通过压盖螺丝调节。上紧压盖螺丝时,应对称进行,防止压盖偏斜。软填料压盖不要压得过紧,以防活塞杆被咬住或发热。正常情况允许有微量液体渗漏以起到润滑冷却作用。

(4)水阀的检查

水阀由呈盘状或环状的阀盘、弹簧和阀座等组成。阀盘借助于弹簧的压紧力紧压在阀座上,形成一个密封面,这个面必须平整无缺陷,具有良好的密封性。水阀是泵的易损件,它的工作好坏对泵的工作性能有重要影响,往往成为泵工作故障的主要原因。水阀的常见故障有磨损、划痕、斑点、卡住、裂纹等。

在新泵工作 500 h 后,应仔细检查阀与阀座的贴合面密封情况。如发现轻微的划痕、斑点等可以在平板上研磨,也可以将阀放在阀座上相互研磨。如发现痕迹、斑点较深时,应先光车,然后再研磨。

对使用中的阀弹簧应经常检查是否有变形、折断或失去弹簧等现象。如发现,应及时换新。新换的弹簧在直径、圈数、自由高度和安装高度等方面均应和原来保持一致。特别要注意吸、排阀弹簧不要装错,因为一般排出阀弹簧的张力略大些。

水阀安装时要注意阀的升程(最大开度),阀的升程可借弹簧压盖进行调整。一般阀的升程取 5 ~ 15 mm,常取 9 mm 左右,排出阀的升程要比吸入阀的小些。

2. 齿轮泵的检修

(1)齿轮与泵壳、泵端盖的检修

主要检查齿轮轮齿的磨损情况,注意查看泵壳内盖板或端盖内侧面是否有擦伤、槽痕或裂纹等缺陷,同时检查齿轮端面有无类似情况。如发现上述情况,应予以修理消除,必要时换新。

检查齿轮端面与泵的端盖之间的轴向间隙,检查齿顶与泵壳之间的径向间隙,检查齿与齿的啮合间隙。

间隙的测量通常采用“压铅法”测量。齿轮端面与泵的端盖之间的轴向间隙是齿轮泵内部的主要泄漏处。测量方法如下:

①选择合适的软铅丝,其直径一般为被测规定间隙的 1.5 倍。

②取两段长度等于节圆的软铅丝,用机械凡士林将铅丝黏附于齿轮端面。

③装上泵盖,对称均匀上紧泵盖螺母。

④拆下泵盖,取下铅丝并清洁。

⑤在每一圆形的软铅片上选取 4 个测量点,用外径千分尺测量厚度并做好记录;

⑥根据 8 个测量值求平均值,即为齿轮泵的轴向间隙。轴向间隙可用改变纸垫厚度的方法来加以调整。如因齿轮端面擦伤而使端面间隙过大,也可将泵壳与端盖的结合面磨去少许以兹补救。

齿轮泵的齿轮与泵壳间的径向间隙由构件的几何尺寸来保证,一般用塞尺测量。具体方法是将主、从动齿轮正确装配好,用塞尺测量各齿顶与泵壳间的间隙,并做好记录。间隙最小值即为齿轮泵的齿轮与泵壳间的径向间隙。

齿轮泵各部分装配间隙如表 2-5-3、表 2-5-4 所示。

当 2CY 型齿轮泵的工作压力小于 1.5 MPa 时,其安装间隙应符合表 2-5-3 的规定。

表 2-5-3 齿轮泵安装间隙 单位:mm

齿顶圆直径	径向间隙		轴向间隙
	安装值	极限值	安装值
40 ~ 70	0.04 ~ 0.08	0.12	0.06 ~ 0.10
70 ~ 100	0.06 ~ 0.10	0.20	0.08 ~ 0.12
100 ~ 130	0.08 ~ 0.12	0.24	0.09 ~ 0.13
130 ~ 160	0.10 ~ 0.14	0.28	0.10 ~ 0.13

当2CY型齿轮泵的工作压力大于1.5 MPa时,其安装间隙应符合表2-5-4的规定。

表2-5-4　齿轮泵安装间隙

单位:mm

齿顶圆直径	径向间隙		轴向间隙
	安装值	极限值	安装值
≤40	0.04~0.06	0.12	0.04~0.06
40~70	0.04~0.06	0.12	0.04~0.07
70~100	0.04~0.06	0.12	0.04~0.0

(2)泵轴与轴承的检修

检查泵轴表面有无裂纹、麻点、凹陷、毛刺、碰伤等缺陷,如有应予以消除,必要时换新。泵轴的轴封处容易磨损,如发现槽痕,应打磨消除,必要时可光车。

检查轴承的磨损情况,发现过松等缺陷或运行时间已达到运行周期应更换新轴承。

对于滑动轴承,原则上讲,在任何情况下其安装间隙均应小于该泵的径向间隙,并应符合表2-5-5的规定。

表2-5-5　滑动轴承的安装间隙

单位:mm

轴径直径	安装值	极限值
<30	0.03~0.05	0.10
30~50	0.03~0.06	0.12
50~80	0.04~0.08	0.14

(3)轴封装置的检修

如采用机械式轴封,应检查动环的磨损情况,必要时动环与静环的密封面应重新研磨,一般动环磨损,因有弹簧的作用会自动补偿,不会影响密封效果;如动环磨耗过多而变薄,则应换新。还应注意检查胶质密封圈的老化程度,必要时应予以换新。

3. 齿轮泵常见故障及排除

(1)阻漏环

阻漏环是泵主要的易损件之一,其技术状况直接影响泵的性能参数。离心泵内部漏泄量的大小与泵的吸排压力差、泄漏的流通面积、泄漏途径的长短、阻漏环的结构形式等因素有关。其中又以阻漏环的径向间隙的影响为最大,直接影响泵容积效率的高低,所以拆卸泵时必须对阻漏环加以检查。阻漏环的径向间隙可用游标卡尺测量。用游标卡尺分别测量静环的内径和动环的外径,并做好记录,内径值和外径值之差的一半即为阻漏环的径向间隙。如径向间隙超过表2-5-6规定时应换新。

每运行2 000 h后,应对其间隙进行检查。对吸水管径小于或等于100 mm的泵,阻漏环磨损后的最大间隙为1 mm(沿半径方向);而吸水管径为150 mm或更大的泵,最大间隙为1.5 mm,超过立即更换。

新环安装后,应检查动、静环间隙,还应用涂色法检查叶轮转动时是否与阻漏环相擦。对磨损后的阻漏环,可在内表面堆焊或涂敷塑料后光车,也可将环锯为两半,适当锉销端面再拼接使用。

表 2-5-6　阻漏环径向间隙　单位:mm

阻漏环内径	叶轮与阻漏环之间的装配径向间隙	磨损后径向间隙
80 ~ 120	0.09 ~ 0.22	0.48
120 ~ 150	0.11 ~ 0.25	
150 ~ 180	0.12 ~ 0.28	0.60
180 ~ 220	0.14 ~ 0.31	
220 ~ 260	0.16 ~ 0.34	0.70
260 ~ 290	0.16 ~ 0.35	
290 ~ 320	0.18 ~ 0.37	0.80
320 ~ 360	0.20 ~ 0.40	

(2)叶轮

叶轮进口处的划伤或偏磨如不太严重,可用纱布打磨或光车(若厚度允许)。铜质叶轮的裂纹、缺陷可用黄铜补焊,对补焊后的叶轮应进行平衡试验。

叶轮出现下列缺陷之一时,应予换新:

①表面出现较深裂纹而无法补焊;

②表面因腐蚀或汽蚀而形成较多的沙眼或穿孔;

③叶轮盖板因刷蚀而显著变薄,影响机械强度;

④叶轮进口处偏磨严重不能修复;

⑤键槽扩张变形严重;

⑥叶轮已经变形。

(3)泵轴

泵轴出现下列缺陷之一时,应予换新:

①泵轴产生裂纹或严重变形;

②表面严重磨损或因腐蚀较大沟痕,影响轴的机械强度;

③键槽扭裂扩张严重。

泵轴经拆洗检查后,如无上述缺陷,即可放在车床上用千分表检查其弯曲量,并记下弯曲部位。如弯曲量超过 0.06 mm 则应校直,方法有用手动螺杆矫正机矫正或捻打矫正。轴端螺纹损坏时,可采用适当车小螺纹的方法修理。泵轴衬套磨损后应予更换。

离心泵泵轴在厂修时,还应满足下列要求:

①工作轴颈的圆度和圆柱度误差≤0.03 mm;

②法兰端面对轴线的端面跳动≤0.04 mm;

③法兰外圆对轴线的径向跳动≤0.04 mm;

④工作轴承对轴线的径向跳动≤0.03 mm;

⑤键槽对轴线的对称度,其误差与槽宽有关,一般应在 0.03 ~ 0.05 mm 之内。

(4)轴封和轴承

轴封和轴承也是离心泵的易损部件。离心泵出轴处轴封装置有填料箱轴封和机械轴封两种类型。

填料轴封中的填料如果老化失效,则应立即更换。更换填料应注意下述事项:

①用钢丝钩出老化失效填料,并清洁检查水封环等;

②所用新填料的质量和规格应符合要求;

③按装填料处的轴的圆周截取填料长度,宜截成斜搭口;

④装入填料的根数应合适,斜搭口应错开,即使压盖能正确压紧填料,填料压紧后压盖与轴封室端面又有一定的调整间隙;

⑤填料箱中的水封环应保持 0.4 ~ 0.5 mm 的径向间隙,装复时,其轴向位置应与水封管对准;

⑥压盖螺母应上下均匀旋紧,以免压盖歪斜;

⑦填料不宜压得过紧,压紧后以能用手转动泵轴为宜,宁可在泵启动后发现泄漏再紧压盖螺母。

机械密封的动、静环由硬度不同的材料制成。静环摩擦面的粗糙度较低且很脆,拆装时应严防敲击和划伤。动环两端面均经研磨抛光,工作面拉毛或擦伤时,可重新研磨后继续使用;若擦伤严重,则可调一个面使用。

轴封装置处的轴套(或轴),如磨损严重或有沟痕,应予修理或换新。

滚动轴承如有变色、严重锈蚀、磨损过度、保持架损坏或转动不灵活等缺陷时,应换新。

滑动轴承的损坏主要是轴承合金磨损、脱落或烧熔以及轴瓦壳产生裂纹等,应定期检查,根据损坏的情况,修理或更换。

(5)泵壳

泵壳可能因机械应力和热应力的作用而出现裂纹,可用手锤轻敲泵壳来检查。如有破哑声即表明泵壳已有裂纹,应仔细寻找裂纹部位,必要时可用放大镜寻找。裂纹找到后,可先在裂纹处浇上煤油,擦干涂上一层白粉后,用手锤轻敲壳体或加热裂纹对应处,白粉区出现的黑线即表明裂纹的形状。

如裂纹是在不受压力和不起密封作用的地方,可在裂纹两端各钻一直径为 3 mm 的止裂孔,以消除局部应力集中,防止裂纹继续扩大。如裂纹出现在承压处,则应焊补或换新。也允许用塑料、环氧树脂或波浪键修补。

泵体修补后应进行水压试验,试验压力为工作压力的 1.5 倍,历时 5 min 不得渗漏。

三、船用泵的安装及试运行

1. 往复泵的装配

往复泵的装配基本上是按拆卸步骤的反向顺序进行。

(1)将组装好的吸、排水阀组件分别装入阀箱内,盖好阀箱盖。

(2)将活塞组件装入液缸内,装妥填料箱组件。

(3)把组装好的齿轮减速箱和曲轴固定在基架上。

(4)将组装好的连杆十字头组件从曲轴箱道门装入,装妥连杆大端轴瓦盖,按规定上紧连杆螺栓,并装好开口销。

(5)转动曲轴使十字头处于止点位置,将活塞杆与十字头接妥,并上紧螺母。

(6)装好齿轮油泵。

(7)装好十字头滑道下方的接油盘。

(8)安装好润滑系统的油管、油压表等部件。

(9)装上电动机,注意调整好电动机轴线与减速齿轮箱轴线的平行度、同轴度及相互位置,使其符合规定要求。

(10)装上安全阀及各处盖板等。

电动往复泵的试车:

启动泵前,应全面检查各处的装配质量,盘车检查运转是否自如。做好试车前的准备工作,如滑油箱加足油,各摩擦运动部位加妥润滑油,电机接线正确等。然后开足吸、排截止阀,接通电源,启动泵。泵启动后应注意观察各仪表读数,如吸入真空度、排出压力、润滑油压等。监听各运转部件的声响,观察各处温度,检查填料箱及其他连接处是否有漏泄。试车正常后,切断电源,关闭吸、排截止阀,并做好清洁。

2. 齿轮泵的装配及试运行

齿轮泵装配前必须保证泵体、端盖、齿轮及泵轴等符合说明书要求,做好清洁。装复时要特别注意各零件的正确位置、装配要求和装配间隙。

(1)将主、从动齿轮按左右螺旋分别拼装在主、从动轴上并固定好,装好后啮合在一起,检查其啮合状况是否达到要求。

(2)将啮合良好的主、从动齿轮的两轴左侧的纸垫、盖板及轴承装复轴上,一起装入泵体中,然后装复左端盖。

(3)在轴的右端分别套上纸垫、盖板,再复位轴承。

(4)在主动轴右端,依次装上机械轴封的弹簧、弹簧座、密封圈和动密封环。

(5)装复右端盖,用手转动主动轴,运转灵活且无明显擦碰与轴向移动,则认定装配良好。

(6)将机械轴封的静密封环装上压盖,用锁钉固定,再与压盖一起套入主动轴上复位。认定动、静环贴合良好后,将压盖上好。再转动主动轴,手感同上无明显变化后,方可继续装配。

(7)依次复位安全阀体、弹簧、弹簧座、封盖、调节螺杆及锁紧螺帽,最后将闷头装妥。

(8)装上泵轴端联轴器。

(9)将泵安装到系统上固定,并与电动机进行对中找正。

(10)将泵与吸、排管系接妥,并再次复查轴线是否变化,用手转动是否灵活,以防由于管路牵动而引起偏差。

齿轮泵装复,即可试运转。

试运转启动泵前,应再全面检查一次各连接螺丝的紧固情况,联轴节的转动状况,确认泵转向正确。开启泵前后的吸、排截止阀,启动泵。注意泵的转速、电机电流及吸、排压力等参数是否正常,是否有异常响声;调节安全阀的工作压力直至正常;查看轴封的漏泄量,查看各轴承的运转情况。

整个试运转时间不得少于 1 h。

3. 离心泵的装配及试运行

离心泵零部件检查后经过合理的修理或更换后即可进行装配。

(1)将上、下滚珠轴承装在轴上。具体方法为:先把轴承放入 120 ℃左右的热机油中,待受热膨胀后再套到泵轴上去,冷却后即可符合要求。随后两轴承间涂好油脂,装入轴承座内再装复轴承端盖。

(2)装复联轴节,注意保持其端面与轴线垂直。

(3)装泵体之前要把挡水橡皮圈先套在轴上,把静环装入泵体,并用沉头螺钉固定。然后再将泵体与轴承座相连接(注意装配记号)。

(4)装套环与轴套组合件。轴套与轴之间的间隙很小,装复时可加肥皂水或油类润滑,同时必须保持摩擦面干净。

(5)将叶轮装到泵轴上,套上止退垫圈,旋上反向细牙螺帽固定,然后翻起止退垫圈锁紧螺帽。叶轮装好后应能在泵体内灵活转动,而无摩擦和擦碰等现象。

(6)装好泵盖(注意装配记号),再转动泵轴,同样能灵活转动。

(7)将泵吊入泵座并将其固定,装妥吸、排管法兰连接处的螺栓。

(8)将电动机装复并固定,进行泵和电动机对中找正,这是一项细致而又很重要的工作,万不可因已采用弹性联轴节而放松校正工作。

找正工作通常以联轴节作为依据,利用直尺和塞尺来进行。找正时应同时转动两轴,并在0°,90°,180°和270°等位置上仔细检查两联轴节的高低和彼此间轴向间隙。一般两轴中心线的误差,应不超过0.05 mm。两联轴节的轴向间隙考虑到电动机转子的轴向窜动,因泵而异。通常小型离心泵保持2～84 mm,大型离心泵应保持2～8 mm。

离心泵装复至此结束,即可试车。

离心泵全部装配完毕以后,应进行试运行检查。

(1)用手在联轴节处盘车检查有无异响和影响转动的障碍。

(2)确认各处连接螺丝已上紧,所有附件均装妥。

(3)检查并加足润滑油(脂),使润滑系统处于良好的工作状态。

(4)检查电动机的接线是否正确。

(5)检查系统阀门的开关是否处于正确位置。

(6)将泵的吸入阀开足,并引水。

(7)启动电动机使泵转动。注意泵的转向是否正确,运转有无异常声响及各仪表的读数是否正常。

(8)排压建立后,迅速打开排出截止阀。

离心泵在初运行时特别是经检修后,某些不正常的装配及缺陷不一定会立即暴露出来,因此在启动后的短时间内,即使一切运转正常,仍应留守观察一段时间,一般要求1 h以上。初运行8 h之内应加强巡视,以确保安全。

四、船用泵常见故障分析和排除

1.电动往复泵常见故障分析和排除

电动往复泵常见故障分析和排除见表2-5-7。

表 2－5－7　电动往复泵常见故障分析和排除

故障	产生原因分析	排除方法
转速正常，压力正常，但流量不足	1. 吸入阀、排出阀密封不良； 2. 安全阀不起作用，使液体回流到吸入腔； 3. 与液缸体连接的密封面进入空气； 4. 吸入滤器堵塞	1. 研磨或校正； 2. 调整弹簧的弹力，清洗阀和阀座； 3. 检查与液缸体连接的密封面，其方法如下：用皂液涂在待查部件上，所涂液被吸入即表示漏气；停车，作液压实验； 4. 清洗滤器
排出压力过低	1. 安全阀弹簧力不够； 2. 活塞环磨损或弹力消失	1. 调整弹簧的弹力； 2. 更换活塞环
安全阀顶开或电动机过载	1. 排出截止阀未开或排出管堵塞； 2. 排出压力太高或安全阀失灵	1. 全开排出阀或检查排出管； 2. 消除排出压力过高的原因，同时校验安全阀
泵发出异常响声	1. 阀箱部分吸入阀、排出阀有剧烈敲击声，可能是阀的弹簧折断或弹力不足； 2. 传动部分零件发出急剧敲击声，可能是连杆轴瓦间隙或十字头销铜套间隙过大； 3. 泵缸中有敲击声，可能是缸内掉入异物或活塞固定螺母松动； 4. 泵缸中有摩擦声，可能是活塞环间隙过小、卡死或折断，如果是“嗒嗒”声，可能是活塞环天地间隙过大，环在槽内上下碰击所致	1. 更换弹簧； 2. 调整间隙或换新零件； 3. 停车检查，采取相应措施； 4. 查明原因，予以消除
填料箱泄漏	1. 填料失效、放置不当或压盖不紧； 2. 活塞杆弯曲，中段磨损过大或有直线伤痕	1. 换新填料，上紧压盖； 2. 根据情况校直活塞环，磨去伤痕或予以换新
摩擦部件发热	1. 间隙过小； 2. 滑油过少； 3. 摩擦表面不干净	1. 调整间隙； 2. 补充滑油； 3. 清洗滑油滤器和摩擦表面，必要时进行拆检
油压表指针波动严重，油压过低	1. 油压太低； 2. 吸油滤器堵塞； 3. 油泵安全阀回油	1. 补充滑油； 2. 清洗滤器； 3. 调整安全阀

2. 齿轮泵常见故障分析和排除

齿轮泵常见故障分析和排除见表 2－5－8。

表 2-5-8 齿轮泵常见故障分析和排除

故障	产生原因分析	排除方法
不能排油或流量不足	1. 泵不能回转或转速太低； 2. 电动机转向弄反； 3. 吸入管或吸入滤器堵塞； 4. 吸油管露出液面； 5. 吸油管漏气； 6. 吸、排阀忘开或开度不足； 7. 内部间隙过大或安全阀漏泄； 8. 启动前泵内无油	1. 检查电源，拆检油泵； 2. 重新接线； 3. 检查管路，清洗滤器； 4. 加油到油标尺基准线； 5. 检查管子，消除漏气； 6. 开足吸、排阀； 7. 拆泵检查； 8. 向泵内灌油
泵磨损太快	1. 油液含磨料性杂质； 2. 长期空转； 3. 排出压力过高； 4. 泵装配失误	1. 加强过滤或更换油液； 2. 防止空转； 3. 设法降低排出压力； 4. 检修校正
工作噪声太大	1. 吸入滤器堵塞； 2. 吸入滤器容量太小； 3. 吸油管太细或堵塞； 4. 漏入空气； 5. 油箱内有气泡； 6. 油位太低； 7. 泵产生机械摩擦	1. 清洗滤器； 2. 使用大容量的滤器； 3. 检查或更换管路，把吸入压力提高到允许范围内； 4. 检查管路，消除漏气； 5. 检查回油管，防止发生气泡； 6. 加油到油标线； 7. 拆检泵轴、齿轮、啮合面和轴承

3. 离心泵常见故障分析和排除

离心泵常见故障分析和排除见表 2-5-9。

表 2-5-9 离心泵常见故障分析和排除

故障	产生原因分析	排除方法
泵启动后不排液	1. 引水不足，真空泵未能将泵内空气抽尽； 2. 底阀泄漏，底阀未开或滤器堵塞； 3. 吸入阀未开或未开足； 4. 泵反向旋转或转速过低； 5. 填料函漏气或轴封装置损坏； 6. 吸入管漏气	1. 继续引水抽气，消除泄漏，检查真空泵； 2. 检查底阀，清洁滤器； 3. 开足吸入阀； 4. 改正转向，检查电压或原动机，找出并消除转速过低的原因； 5. 更换或调整填料函压紧程度，更换轴封装置； 6. 消除漏气

表 2-5-9(续)

故障	产生原因分析	排除方法
排液量不足	1. 转速低; 2. 密封环和叶轮磨损过多; 3. 叶轮局部损坏; 4. 吸、排阀未开足; 5. 吸、排管泄漏,填料函泄漏	1. 检查、调整电压或原动机; 2. 更换密封环; 3. 更换叶轮或修复; 4. 开足吸、排阀; 5. 修复
电动机过载或消耗功率过大	1. 转速过高; 2. 填料压得过紧; 3. 泵轴弯曲,轴承磨损过大或损坏; 4. 直联传动时两轴中心线未对准; 5. 叶轮和泵壳卡住; 6. 叶轮螺母松脱,叶轮与泵壳摩擦	1. 降低转速; 2. 调整放松填料; 3. 校正泵轴,更换轴承; 4. 校正两轴中心线; 5. 调整间隙; 6. 紧固螺母
泵振动,有噪声和杂声	1. 直联传动时两轴中心线未对准; 2. 泵轴弯曲,轴承磨损或损坏; 3. 地脚螺栓松动; 4. 泵内掉进杂物; 5. 叶轮不平衡; 6. 发生气蚀现象; 7. 连接螺母松动,转动部分有碰擦现象	1. 校正两轴中心线; 2. 修复或更换; 3. 旋紧地脚螺栓; 4. 清除杂物; 5. 静平衡叶轮; 6. 清除气蚀; 7. 紧固螺母,查出并消除碰擦原因
运行中泵突然停止出液	1. 叶轮损坏; 2. 进水管滤器突然堵塞	1. 更换叶轮; 2. 清除堵塞物
轴封处发热或泄漏过多	1. 填料压得过紧; 2. 水封环位置发生偏差; 3. 机械轴封损坏	1. 调整、放松压盖; 2. 调整水封环位置; 3. 更换机械轴封
轴承发热	1. 润滑油量不足; 2. 轴承安装不正确或间隙不适当; 3. 轴承磨损过大或损坏; 4. 轴向推力过大,摩擦引起发热; 5. 泵轴弯曲或轴中心没有对正	1. 加润滑油; 2. 重新安装轴承,调整间隙; 3. 更换轴承; 4. 检查轴向推力平衡情况并予改正; 5. 校正泵轴
泵轴转动过紧或转不动	1. 密封环间隙过小或不均匀; 2. 泵轴弯曲; 3. 填料过紧或干摩擦发热膨胀; 4. 泵轴锈住,轴承过紧	1. 更换密封环; 2. 校正或更换泵轴; 3. 调整填料松紧程度,向泵内灌水冷却; 4. 检查并调整轴承

维修任务二　船用锅炉的维修

【学习目标】

1. 掌握锅炉的停用和保养。
2. 掌握锅炉的内部检查。
3. 掌握锅炉的主要部件的拆装。

【学习任务】

1. 项目任务

本项目的任务是掌握锅炉长时间不运行的停用操作、停用后的保养工作。熟悉锅炉的内部水垢、腐蚀、裂纹检查及清洗工作。对容易产生故障的锅炉附件(如给水阀、水位计)的检修要熟练。

2. 检修工作任务流程图

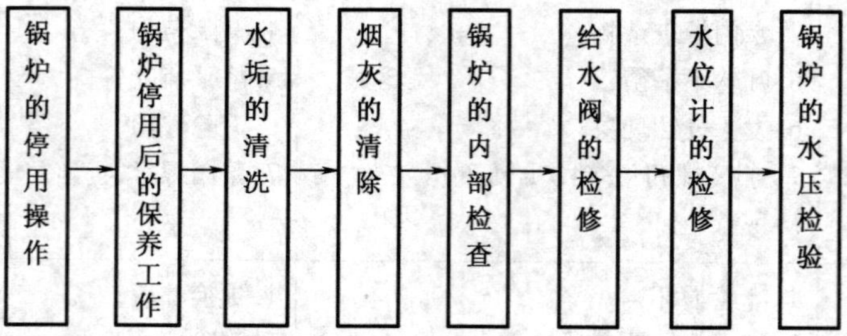

【背景知识】

在柴油机动力装置船舶上,为了加热燃油、滑油、主机暖缸、驱动蒸汽辅助机械及满足日常生活杂用等需要,都设有小型辅助锅炉,以供给蒸汽和热水。一般干货船装一台压力为0.5～1 MPa、蒸发量不超过2.5 t/h的低压燃油辅助锅炉。对油轮和客轮,因需汽量较多,往往装有两台压力不超过2 MPa、蒸发量较大的辅助锅炉。辅助锅炉产生的蒸汽一般为饱和蒸汽。

柴油机动力装置船舶上,航行时主机排气量大,温度高。一般大型低速增压二冲程柴油机的排气温度为250～380 ℃,四冲程中速柴油机排气温度可达400 ℃,具有大量的废热可以回收利用。因此为提高船舶动力装置的经济性,常在机舱顶部柴油机排气管中安装废气锅炉,以吸收主机排出的余热产生蒸汽。这不但能节约燃油,而且可起到排气消音器的作用。大型船舶废气锅炉产生的蒸汽不仅能满足加热油舱柜和日常生活杂用,甚至还有富余,可供驱动一台辅汽轮机发电。

锅炉按结构和工作特征可分为火管锅炉、水管锅炉和水火管联合锅炉。火管锅炉是指炉膛内燃烧产生的高温烟气从炉管内流过。水管锅炉是指炉膛内燃烧产生的高温烟气从炉管外流过,用以加热管外或管内温度较低的炉水,以产生蒸汽。水火管联合锅炉则两者兼而有之。按炉水循环方式,锅炉又可分为自然循环锅炉和强制循环锅炉。前者炉水是依靠上升管中的汽水混合物和下降管中炉水的密度差而形成有规则的按一定方向的流动;后者炉水的流动则主要依靠炉水循环泵来实现。按锅炉筒体的布置方式,还可分为立式锅炉和卧式锅炉。按管群的走向有横管和竖管之分。在柴油机动力装置的船上,辅助锅炉的选用一般以结构简单、维护操作简便为主,同时要求质量和尺寸尽量小。立式直水管锅炉和立式横烟管锅炉以及D形水管锅炉是常见的燃油辅锅炉形式。

【操作指导】

一、锅炉的停用操作和保养工作

1. 锅炉的停用操作

(1)燃用重油或燃料油的锅炉停用前,应先换成柴油,以使停炉后整个燃油系统充满柴油。这样可以防止重油或燃料油在管道内凝结而致使的下次启动时发生困难。

(2)停炉前宜将自动控制改为手动操作。

(3)停火后,应加大给水量使水位升高至水位表最高水位,以免因锅炉内水冷却收缩而看不到水位。停火后半小时,待水中悬浮杂质和泥渣沉淀后进行排污。

(4)使水位升至水位表高度的3/4,以防炉水中气泡消失后,水位下降而使部分受热面露出水面。

(5)熄火后应使锅炉自然冷却,不得用放空炉水和向炉膛吹送冷风的方法加速其冷却。待炉内无气压时,打开空气旋塞,以免锅炉内产生真空。一般当炉水温度降至50 ℃时才允许放空炉水,水管锅炉在急需时可在气压降至0.5 MPa以下后放空炉水。

2. 锅炉停用后的保养工作

停炉后,锅筒和炉管的水侧容易被腐蚀,如保养不当,其腐蚀比工作时要严重得多,所以保养工作尤其重要。

若停用1~2天,把水位保持在水位表中部即可。

若停用5~6天,采用满水保温保养。即将水加满,保持水温在100 ℃以上,即保持气压0.2~0.3 MPa,保证水中不含氧,以防止腐蚀。

若停用时间较长,但在30天以内,采用满水保养法。满水保养就是将锅炉的汽、水空间全部充满不含氧的碱性水,以防腐蚀。满水保养时打开锅炉上的空气阀,缓缓地向炉内充以碱度为300 mg/L氢氧化钠(NaOH)的蒸馏水或冷凝水。充水时可点火加热,待蒸汽驱出空气并充满水时关空气阀。之后用给水泵在炉内建立0.35~0.50 MPa的静压,使炉水冷却后仍有0.18~0.35 MPa的压力,以免外界空气漏入。若炉水碱度下降,应及时补充。

若停用时间超过30天,宜采用干燥法保养法,以减小维护工作量。采用干燥法保养法,首先放空炉水,对水垢、烟灰进行清除后,打开人孔门及手孔门,用余热使其干燥。为吸收炉内潮气,可在锅炉筒和联箱中放置干燥剂(无水氯化钙或硅胶)。干燥剂应盛在开口容器内,不得与锅炉钢板直接接触,以防干燥剂吸湿后腐蚀钢板。然后将人孔、手孔和汽阀门等紧闭。每隔一个月左右检查干燥剂是否失效。如失效,应及时更换或再生使用。

二、锅炉的清洗

锅炉经过连续运行后,在受热面的水侧和烟侧会分别结有水垢和黏附灰渣,这些物质对锅炉的经济性和安全性均有不利的影响,因此必须定期(每年至少两次)检查锅炉结垢和积灰情况，确定是否需要清洗。

1. 水垢的清洗

(1)机械清洗法

水垢较薄时可用刮刀、钢丝刷、管刷和电动铣刀等清除。洗炉应在锅炉刚冷时进行，如冷却过久，则水垢将变硬而不易清除。遇到坚硬水垢时，不能用敲锈榔头硬敲，以免损伤金属表面。

(2)碱洗法

水垢坚硬不易刷除时，可先用碱煮，然后再用机械清洗。因碱液对铜有腐蚀作用，在碱洗前将接触碱液的铜阀等换下。

如水垢不多，可以不停炉，使气压降低至额定值的1/4 ~ 1/3，然后从给水系统中加磷酸钠。投入量为每吨炉水1 ~ 2 kg。但在排污后补给水时，还需投磷酸钠，投入量为每吨炉水0. 7 ~ 1. 0 kg。

如水垢较厚，每吨炉水可投入8 ~ 12 kg 碳酸钠和0. 4 ~ 0. 6 kg 氢氧化钠进行煮洗。锅炉内水位保持在最高工作水位，使气压升至0. 3 MPa，然后慢慢降至零，以后再每隔1 ~ 2 h交替升降压一次，以松动附着的水垢。每当压力降至0. 1 MPa时，表面排污一次，再供水至原有水位。碱洗完毕后，进行最后一次表面排污，然后熄火使锅炉自行冷却。当压力降至0. 1 ~ 0. 05 MPa 时，开启下排污阀，放出碱水以及已松脱的水垢。碱洗时，因投入的药剂与水垢发生作用，故炉水碱度逐渐下降，不再下降时即认为煮洗完毕。通常碱煮时间为1 ~ 1. 5 天。

(3)酸洗法

用酸洗法除垢最为彻底，但对金属有腐蚀作用，一般用得较少。所谓酸洗法，就是用盐酸溶液来清除水垢。

如水垢成分为碳酸盐，则盐酸的浓度为2%，温度为20 ~ 40 ℃；如水垢为硫酸盐与硅酸盐时，盐酸的浓度可大些，但不应超过10%。如浓度为10%的盐酸还不能溶解水垢，则可在每吨水中投入氟化钠(NaF)和氢氟酸(HF)20 ~ 30 kg，但此时盐酸浓度不得超过2%。为了保护金属不受酸的浸蚀，应在水中加入阻滞剂，如甲醛(福尔马林)、乌特洛平等。

酸洗循环系统是专为酸洗而装。为了增强酸洗效果，采用专用泵强制循环酸溶液，如果酸的浓度不断降低，表明除垢过程正在进行，必须补入盐酸以恢复浓度，直至酸度不变，表明水垢已清除完毕，时间常需8 ~ 10 h。酸洗后放净酸溶液。先用清水冲洗锅炉，再用浓度超过酸液浓度2% ~3%的热碱水(80 ~ 90 ℃)洗炉6 ~ 8 h，以中和残余酸液，最后用热淡水清洗一遍。

酸洗时，不能用原有的锅炉汽、水系统，且应与原有的系统全部脱离，锅炉上的铜质附件应拆除或隔离。锅炉有不严密处、裂缝和腐蚀损坏部位则不允许进行酸洗，以免造成不良后果。

2. 烟灰的清除

锅炉运行一段时间后，会在炉墙和受热面上沉积灰渣和浮灰。不仅影响受热面传热、降低锅炉效率，同时对受热面有腐蚀作用，所以必须定期清除。

(1)吹灰器除灰

使用吹灰器除灰应注意以下几个问题：

①由于吹灰器的耗汽量很大，在使用吹灰器之前，应加强通风，加强燃烧，以免开启吹

灰器时气压突然下降,影响正常的水循环。避免在锅炉低负荷时使用吹灰器除灰。在锅炉低负荷进行吹灰操作,会使炉膛温度下降,燃烧恶化,这时大量未燃尽的可燃物会逸出炉膛并沉积在管子上,或堆积在烟道的某些烟气滞留区内,极易引起自燃。

②使用吹灰器吹除受热面上的积灰时,应力求全面吹扫整个受热面,避免局部区域未被吹扫而造成受热面各管束传热不均,严重时可能引起水循环事故。

③吹扫时,应按烟气流动方向自下而上或按吹灰器的编号次序,逐个开启吹灰器蒸汽阀,直至吹扫完毕。

④为了检验吹灰器的吹灰效果,可以在停炉时检查所有经过吹灰的管子表面状况。同时也要观察管子是否受到腐蚀。

⑤吹灰器的蒸汽阀要保持严密,防止在不吹灰时大量蒸汽漏入烟道造成蒸汽浪费。

⑥吹灰不恰当也可能反而引起管子腐蚀或刷蚀。其原因可能是:吹灰工质中有凝水;吹灰过于频繁;吹灰蒸汽压力过高,烟道中烟气流速过高。

(2)机械法除灰

机械法除灰包括用小锤、凿子、刮刀等工具来清除,也可以用压缩空气喷枪将吹灰器吹扫不到的区域的浮灰吹掉。对于非常坚硬的灰渣,不宜用清扫工具过分地敲击,特别是老旧锅炉钢材有脆化倾向,只能用水洗法来清除。

(3)水洗法除灰

燃油锅炉灰渣的表面物质是溶于水的,所以当用温水冲洗时,在水流的冲击下,灰渣有可能剥落。如果在水洗时加入碱性化合物,效果会更好些。但是由于水洗时需要消耗大量淡水,且水漏入砖墙会使它造成损坏;再者溶解灰渣后的水呈酸性,可能对管子和锅筒造成酸性腐蚀;锅炉周围和底部的电器设备和线路也须严加保护,因此只有当其他方法无效时,或对于难以接近的部件,例如空气预热器等,才采用水洗法。

水洗可用特殊的水枪,或者借助吹灰器。采用水枪时用水省,不易弄湿锅炉和耐火砖墙,缺点是不能喷洗到所有的管子。

水洗的水温可控制在65~90 ℃,水压为0.2~0.3 MPa。因为污水对钢材有腐蚀作用,故水洗时间不宜持续太久,也不要中途停止,否则湿润的灰渣干燥后变得坚硬,以后清洗起来更加困难。在水洗时,应在炉膛的耐火砖上罩以帆布,防止砖墙过分潮湿,同时在炉膛底部设泄水阀,及时将污水泄放。

三、锅炉的内部检查

进入锅炉检查之前,应仔细检查锅炉的停气阀、给水阀等是否确已关闭。确认关闭后,用钢丝扎紧,或拆去阀门手轮,并挂上告示牌。进入锅筒之前,一定要对内部进行充分的通风以保证有足够的空气。锅筒内不允许用明火照明,照明用工作灯的电压不得超过24 V。锅筒内有人工作时,外面应有人照应。

1.水垢的检查

在炉水处理良好时,金属表面仅附有一层薄而疏松的水垢,用钢丝刷就能去掉,甚至用手一擦就可脱落下来,并能清楚看到钢板。如水垢较厚而不紧密,且略带半透明性的晶体,放在淡水中2~3 h后极易弄碎。这说明炉水盐度过大,应加强表面排污,并检查凝水系统有无海水漏入。如水垢厚度大于2 mm并且以结晶状牢牢地附着在受热面上,说明炉水的碱度不够。如炉水工作水面的钢板上出现一条油污痕迹或底部沉淀的泥渣中含有泥球,说明水中有油,应检查油舱加热系统凝水的滤油设备(如蒸汽空间的钢板上附有泥渣,说明锅炉工作时炉水起泡)。应降低炉水的盐度和碱度,并加强表面排污。如具有光亮的薄瓷片状的坚硬水垢,表明炉水中含有硅盐。

2. 腐蚀的检查

在检查水垢的同时,应检查腐蚀情况。根据结垢情况和水垢颜色比较容易发现细小裂纹,而在水垢清扫干净后,这些裂纹会被水垢渣屑填满,反而不易察觉。锅炉的腐蚀多在工作水位波动区域、封头板、燃烧室弯角和炉胆等地方,焊补处更易腐蚀。

根据水垢颜色可按以下方法判断腐蚀情况:

(1)水垢颜色为淡黄色或近于白色,表明此处未被腐蚀;

(2)如果水垢局部呈深红色或深褐色,表明水垢下面已经发生腐蚀;

(3)如果水垢被染成褐色,疏松地附着在被腐蚀处,轻轻一敲就掉下来,而水垢下层为黑色粉末,则表明这是一个正在遭到强烈腐蚀的麻点;

(4)如果水垢牢固黏附在麻点中,颜色较淡,表明它是一个已停止腐蚀的老麻点。

检查时应特别注意腐蚀的深度和范围的大小,必要时可采取以下方法测量其厚度:

(1)压铅法,即将软铅合金压入麻点内,敲平,然后取出,测量其厚度;

(2)金属浇铸法,即将低熔点的金属融化后注入麻点中,凝固后取出,测量其厚度。

大面积的均匀腐蚀可以用测厚仪测定受热面积现存的壁厚。

锅筒、联箱等厚度普遍超过原厚度的10%以上时,应重新验算强度,必要时降压使用。如腐蚀减薄量不超过原厚度的30%(弯边处不超过20%),可堆焊修补,但面积不超过2 500 cm^2。个别腐蚀凹坑最大直径不超过3倍厚度,相邻凹坑距离不少于120 mm。减薄量超过上述规定也可焊补。所有焊补应采取相应的工艺预热或焊后保温,以防骤冷硬化,增加应力。火管锅炉的烟管腐蚀使管壁减薄量超过原壁厚的50%,应换新。水管锅炉的水管触火面管壁减薄量超过原壁厚的40%,应换新。锅炉给水管、集气管和排污管以及主、辅蒸气管的管壁腐蚀超过原壁厚的30%时,应换新。

3. 裂纹的检查

在应力集中、冷热变化剧烈的区域、孔洞的边缘以及管端扩管处容易出现裂纹。因裂纹的位置不易发现,而且出现裂纹会造成严重后果,对裂纹的检查应特别仔细。裂纹有表面裂纹和穿透裂纹两种。

检查裂纹的方法,除根据水垢颜色间接显示外,还可采用下面两种方法进行检查。

(1)煤油白粉法

先用14%的硫酸溶液浸蚀需要检查处,然后用煤油浸湿,数分钟后擦净,再涂上白粉。如有裂纹,此时留在裂纹中的煤油会透过白粉显示出裂纹的轮廓。

(2)超声波探伤法

可用超声波探伤法检查平行于锅筒表面的内在裂纹。

原则上不允许存在裂纹。如发现仅是少数几处有裂纹且未穿透筒壁,征得验船师同意后可焊补修理,焊补前应将原裂缝处铲除。若多处出现裂纹而且其深度又大,或裂纹发生在管板、管孔间,应予以换新。如发现管子有裂纹应更换。

四、锅炉的水压检验

锅炉在每次大修完毕后,或在检验时发现有较大范围的漏泄,或经过长期停用(一般指两年以上)后重新使用时,都应进行水压试验。目的是检验锅炉所有连接部分的严密性和锅炉结构强度。水压试验应在锅炉内部和外部进行彻底清洗和检查后进行。

试验前应做好以下准备工作:

(1)检查并确认炉内没有遗留的工具、棉纱和检修物料。

(2)关闭所有人孔门和手孔门。

(3)将所有不能承受超压的仪表和零件全部取下,或用盖板予以隔断。

(4)将安全阀取出,并封闭阀座,或将安全阀锁住,但绝不能采用压缩弹簧的方法来增加安全阀的提升压力。

(5)检查并确认压力表指示正确、可靠。

水压试验的水温不能低于5 ℃,一般采用20～30 ℃。具体操作步骤如下:

(1)关闭停汽阀以及所有排污阀和泄放阀。

(2)打开空气阀,以排除锅炉内空气。

(3)用手动泵向炉内充水,检查并确认排污阀和泄放阀无泄漏。

(4)当空气阀溢水后,将其关闭。

(5)用手动泵继续加压至试验压力,并在此压力下保持5～10 min。如果压力不下降,说明没有泄漏,试验合格;如有泄漏,压力会逐渐下降,应从上往下仔细检查,并处理泄漏。处理完毕后,重复上述步骤进行水压试验直至试验合格。

水压试验压力为1.25倍锅炉设计压力。如锅炉损坏经过重大修理后进行水压试验,试验压力为1.5倍锅炉设计压力。

五、锅炉主要附件的检修

在船用辅助锅炉上装有许多不同的附件,如给水阀、排污阀、安全阀、水位计等,长时间运行会导致附件损伤及故障,应定期进行检查修理。

1. 锅炉给水阀的检修

(1)拆卸

①首先停止锅炉工作,在电气控制箱上挂好“设备检修,严禁操作”的警示牌。

②待锅炉负荷下降时打开下排污阀,排除部分炉水,使炉内水位低于给水阀位置。

③待锅炉中已无蒸汽压力时,打开空气阀。

④待锅炉冷却后,拆除给水阀的连接法兰螺栓,将给水发阀拆下,准备解体。

(2)解体

①拆除阀盖螺丝。

②将阀盖与阀体脱开。如阀盖与阀体配合过紧,可用螺丝刀在四周缝隙内撬动,并旋下阀杆,阀盖就顶起。

③松开压盖螺帽和手轮螺帽。

④将阀杆从阀盖中旋出。

⑤将阀盘从阀杆端拆下(或从阀体中取出)。

⑥取出填料函填料。

所拆下的零部件要认真清洗,以备检查。

(3)检查

阀检查时,发现下列情况之一,应换新:

①阀杆、阀盖、阀体出现裂纹。

②阀盘、阀座配合密封面磨损、腐蚀、划伤严重。

③阀杆填料处出现较严重的磨损、轴向划伤和螺纹损坏。

阀盘和阀座配合密封面出现轻微的麻点、锈蚀斑点、划痕等时，可用研磨或先光车后研磨的方法修理。研磨后需进行密封性试验，可采用没有渗透法或铅笔画线法检查。

阀盘采用平板研磨方法：先将研磨平板清洗干净，在研磨平板上涂上研磨剂，把阀盖放在平板上，沿平表面以“8”字形轨迹作推磨方向研磨。最后在研磨平板上涂上一层机油，继续研磨，使阀盘表面光滑平整。

阀座采用假阀盘配合研磨方法：在阀座表面涂上研磨剂，将假阀盘贴在阀座上进行旋转研磨。研磨好的阀线应该是封闭的。

(4)装复

阀的装复按解体的相反顺序进行，即后拆的先装，先拆的后装。

装复时应注意以下事项：

①密封垫床必须换新。

②更换新填料时，尺寸和质量要符合要求。

③填料压盖上紧要适宜，一般用手能转动手轮。

④在阀盘处于开启(或能开启)状态下，将阀盖和阀杆的组合件装入阀体中。

⑤螺栓应对角逐次均匀上紧。

锅炉给水阀装复后，应进行点火升压，检查给水阀各连接处密封情况。

2. 锅炉水位计的检修

水位计是指示锅炉内水位高低的仪表，它在保证锅炉安全工作方面起着重要作用。锅炉上通常在左、右侧各装有一只水位计。锅炉水位计常用的有玻璃管和玻璃板式两种。

(1)解体

①首先进行停炉操作，并在电气控制箱上挂好“设备检修，严禁操作”的警示牌。

②待锅炉负荷下降时打开下排污阀，排除部分炉水，使炉内水位低于给水阀位置。

③待锅炉中已无蒸汽压力时，打开空气阀。

④待锅炉冷却后，拆除水位计上的玻璃管和玻璃板组件。

⑤拆卸通汽阀、通水阀和冲洗阀。

⑥将拆卸的组件分别解体、清洁、放妥。

(2)检查

通汽阀、通水阀和冲洗阀检查时应注意：

①汽、水和冲洗通道应畅通。

②阀杆处密封性要良好，阀杆出现轴向划痕应修磨，填料应换新。

③阀配合密封面出现密封不良时应修磨或换新。

更新玻璃管时应注意：

①玻璃管最好有备用成品，如需自己配制，切取管长度要适中，应留有一定的膨胀余地，管口要平整。

②玻璃管密封填料压盖的松紧程度要合适，太松会漏，太紧易伤玻璃管。

③玻璃管内外要清洁。

更新玻璃板时应注意：

①水位计本体平面要清洁,旧垫床必须清除干净,表面不可有凹陷、划痕等缺陷。

②玻璃板两侧垫床要完好无损,不可有折断、厚薄不均等缺陷。垫床安装时两面涂上薄薄一层石墨粉或白铅油。

③上紧玻璃板紧固螺丝时,应由中间到两边对称均匀逐次上紧。否则,会造成玻璃板压裂或漏气、漏水现象。

(3)装复

水位计装复按拆卸的逆过程进行,首先装好通汽阀、通水阀和冲洗阀,再装玻璃管和玻璃板组件。

水位计装复后,应按操作规程点火升压,检查水位计安装情况,注意各连接处的密封情况。按水位计冲洗工艺冲洗水位计数次。

维修任务三　活塞式空气压缩机的维修

【学习目标】

1. 掌握空压机的拆装过程。
2. 掌握空压机主要部件的检修。
3. 掌握空压机常见故障的排除。

【学习任务】

1. 项目任务

本项目的任务是掌握活塞式空气压缩机的检修。主要是了解空压机的拆装过程以及主要部件如气阀、气缸、活塞、活塞环、曲轴等的检修。

2. 检修工作任务流程图

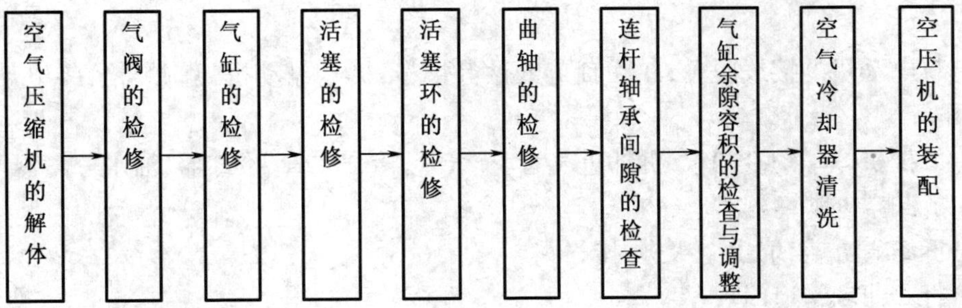

【环境设备】

1. 量缸表。
2. 塞尺。
3. 氟利昂检漏灯。

【背景知识】

用于压缩空气的机械称为空气压缩机。在商船上压缩空气主要用于主柴油机的启动、换向和发电柴油机的启动,同时也为其他需要压缩空气的辅助机械设备(例如压力水柜、汽笛、离心泵自吸装置等)和气动工具供气,或在检修工作用来吹洗零部件、滤器等。一般船舶设有两个以上有足够容积的压缩空气瓶。向空气瓶供气的空气压缩机是重要的船舶辅机。

【操作指导】

一、空气压缩机的解体

1. 解体过程中的注意事项

(1)预先准备好拆卸工具。

(2)卸螺栓时要对称地松卸,不要将螺母一下子都拿掉,要对称地留几个,逐步拿去。

(3)停车后不要立刻拆卸,否则会使润滑油遇到高温、高压气体而产生火花,引起缸内残余气体着火爆炸事故。

(4)当卸吸、排气阀盖时,要对称地留有两个螺母,先用螺丝刀或扳手将压盖撬开一点,在证明气缸内没有压力后再将螺母全部卸去。

(5)拆卸时应先拆外部附件,后拆内部部件,从上而下依次拆组合件,再拆零件。

(6)各零部件拆卸后应妥善保存,不得产生撞伤及其他损伤现象,尤其是零部件的配合面、基准面和定位孔要严加保护。螺栓、螺钉、螺母拧下后应按原来位置配套拧上,以免丢失。

(7)拆卸要为装配创造条件。对成套或不能互换的零件,在拆卸前要看准标记和做好记号,保证装配时装于原来的位置,达到原装配质量。

2. 拆卸顺序

(1)切断电动机电源,在电气控制箱上挂好“设备检修,严禁合闸”的警示牌。

(2)关闭空压机与外部气管路有联系的阀门,并将放气阀打开放掉气缸和管系中的存气。

(3)将电动机的接线脱开,在联轴节处做好记号,拆除电动机地脚螺栓,将电动机与压缩机脱开。

(4)放掉机体里的冷却水,拆卸进气管、排气管、冷却水管、冷却器、油水分离器及仪表。

(5)拆卸空气滤清器。

(6)拆卸气缸盖,取出一级进、排气阀。

(7)打开曲轴箱道门。

(8)拔掉连杆大端螺母开口销,做好标记。松开连杆大端螺母,取出连杆大端轴承盖和连杆螺栓。

(9)拿掉活塞销挡圈,取出活塞销,将活塞与连杆分开。

(10)拆下飞轮和主轴承盖,取出曲轴。

二、空压机主要部件的检修

1. 气阀的检修

气阀是压缩机重要而易损坏的部件,活塞式空压机气阀一般均采用弹簧压载的自动阀,气阀的启闭靠气缸内与吸、排气腔的压差。常用的气阀按阀片的形状可分为环片阀、球面蝶形阀。

气阀的工作寿命是决定压缩机检修周期的主要因素。应定期对气阀进行检查与修理。

气阀常见损坏为阀座与阀的磨损、变形及气阀弹簧刚性不当等。气阀损坏的主要原因是受高温影响和阀片与阀座的撞击。

气阀拆下后应把它们浸泡在煤油或轻柴油中,然后用软布将它们洗净,千万不能用刮、铲、磨等方法清除表面的污垢和结炭。尤其要注意阀座与阀片的配合面,否则会损坏精加工表面。

气阀阀座与阀片出现划痕等损伤时,如有备件,应更换;如无备件,在阀座与阀片磨损或擦伤不大的情况下,可以采用研磨方法进行修复。先将阀座与阀片清洗干净,用油石修平毛刺。通常先进行粗磨,再进行精磨。粗磨采用 180 ~ 280 号研磨剂。研磨前,先将研磨平板的工作表面清洁干净,然后在平板上涂研磨剂,并滴少量机油。把阀座与阀片的研磨面合在平板上,在平板的表面以"8"字轨迹进行研磨,这样可以防止磨面偏斜,直到平整光滑为止。然后进行精磨,精磨用 400 ~ 600 号研磨膏。每隔数分钟将零件揩净,用煤油清洗后检查,一直研磨到完全平整、光滑为止。

阀座与阀片经研磨修复或重新更换的阀座和阀片组装后,其阀片升程应符合规范要求,然后再进行气密性检查。气密性检查用洁净的煤油注入组装好的气阀的气流通道,如无明显的渗漏(每分钟滴漏不超过 20 滴),表明气密性良好。如煤油很快漏完,则说明气密性差,必须重新研磨。

气阀弹簧不允许有弹力过大或过小及变形、歪斜等缺陷,如有应予以换新。吸排阀弹簧不要换错或漏装。自由状态弹簧高度允许误差为:-0.5 ~ +2.0(高度≤20 mm);-0.5 ~ +2.5(高度 21 ~ 40 mm)及 -1.0 ~ +3.0(高度 41 ~ 70 mm)。连续 3 次压缩各弹簧至各圈互相接触,其自由高度的残余变形应小于 0.5%,不合格者应更换。

气阀组件装复时,要把螺帽上紧。换上新的开口销,插入连接螺栓与螺母之间,以免由于振动使螺母松脱,影响气阀正常工作或掉入气缸造成严重事故。气阀装入阀室前,应用螺丝刀拨动阀片,检查阀片是否在导向槽内滑动,有无卡阻现象。应保证气阀室与阀座的接触面清洁与平整,垫圈不要漏装,以确保气阀的气密性。气阀组件装入阀室后,气阀的定位螺栓或螺套应旋到位,然后用锁紧螺母锁紧,以保证气阀工作时不会在阀室内跳动。

2. 气缸的检修

(1)检查气缸内径圆度和圆柱度

用量缸表或内径千分尺按要求测量气缸内径,计算出圆度误差和圆柱度误差,并与说明书的标准相比。超过极限值时,应修理或换新。

(2)气缸内径镜面检查

检查气缸镜面是否有擦伤、沟痕、拉缸等缺陷。对于气缸镜面仅有局部轻微的擦痕,可以采用手工修理。其方法是用条状圆形油石沿气缸圆周方向左右打磨之后,用 400 号水砂纸沾滑油再按气缸圆周方向左右打磨,直到擦痕打磨到手感觉不大时为止。打磨完后,清洁干净,再用帆布沾上滑油按气缸圆周方向反复摩擦直至无手感为止。打磨前应注意把曲轴箱内的润滑油放掉。

如气缸内径磨损、擦伤等缺陷较大时,应进行镗缸修复或更换缸套。

(3)气缸水套、缸壁裂纹检修

可以用下面的方法检查气缸壁和水套有无裂纹。

①目测法　直接用肉眼或借助低倍放大镜观察表面裂纹。

②采用渗透探伤法　可以采用煤油白粉法和着色法检验裂纹。

3. 活塞的检修

(1)裂纹

对活塞进行检查,如发现裂纹应报废换新。

(2)擦伤或结瘤

活塞因某种原因在气缸中被卡住,使活塞表面产生擦伤或结瘤时,可手工修磨消除。

(3)活塞与气缸的配合间隙

活塞与气缸的配合间隙应符合规范要求。检查方法是将不带活塞环的活塞连杆组件装入气缸中,按要求装好连杆大端轴承,转动曲轴使活塞分别处于上、下止点位置。用塞尺分别测量活塞头和裙部与气缸壁之间的前、后、左、右间隙,并做好记录。如配合间隙超过磨损极限,应更换部件。

4. 活塞环的检修

活塞环是空压机易损零件之一,常见损坏形式有过度磨损、黏着、弹力丧失及折断。

空压机活塞环在拆装过程中很容易折断,特别是直径较小的高压缸活塞环。拆装时可以用3~4 mm宽的白铁皮或铜片3~4片,一片一片地从搭口处套入环内,并慢慢移动,使铁片或铜片沿活塞的外圆柱表面均匀分布,这样就能很容易地拆装活塞环。

(1)活塞环的搭口间隙

将清洁过的活塞环平放在气缸磨损最小的部位,用塞尺测量活塞环的搭口间隙,并做好记录。活塞环的搭口间隙可参考表2-5-10,具体应以说明书为准。活塞环搭口间隙超过极限值应换新。新环搭口间隙过小时,可修锉搭口进行调整。

表2-5-10　活塞环搭口间隙、天地间隙　　单位:mm

气缸直径	搭口间隙		天地间隙	
	工作搭口间隙	允许最大磨损量	安装间隙	允许最大磨损量
≤100	0.40	2.50	0.03~0.05	0.15
101~125	0.50	2.50	0.04~0.06	0.15
126~150	0.60	3.00	0.05~0.07	0.15
151~200	0.80	3.50	0.05~0.07	0.15
201~250	1.00	4.00	0.05~0.07	0.15
251~300	1.20	4.50	0.06~0.09	0.20
301~350	1.40	5.00	0.07~0.10	0.20
351~400	1.60	5.50	0.07~0.10	0.20
401~450	1.80	6.00	0.09~0.12	0.20
451~500	2.00	6.50	0.09~0.12	0.20
501~550	2.20	7.00	0.09~0.12	0.20
551~600	2.40	7.50	0.09~0.12	0.20

(2)活塞环的天地间隙

将清洁过的活塞环依次装入清洁后的各道环槽中,用塞尺沿圆周上几个点或沿整个圆周测量环与环槽平面间隙,取其平均值。活塞环的天地间隙可参考表2-5-10。活塞环的天地间隙超过极限值应换新。新环装入后,用手将环在环槽内转动一圈,看是否运转自如,有无卡阻。新环天地间隙过小时,可修锉环的上端面进行调整。

(3)活塞环的弹力检查

活塞环丧失弹力是不能使用的,检查方法是把活塞环搭口并拢,放开,再并拢,放开,反复几次,测量其自由开口。如变化量超过10%,则说明活塞环的弹性不足,应更换。

5. 曲轴的检修

检查曲轴,如有下列情况就必须修理或换新:

(1)曲轴出现擦伤或刮痕;

(2)曲轴弯曲或扭转变形;

(3)曲轴有裂纹;

(4)曲轴键槽磨损;

(5)曲轴磨损超过说明书规定的允许值。

6. 连杆轴承间隙的检查

连杆小端和活塞销相连接,小端轴承孔中装有轴承衬套。连杆小端衬套与活塞销的装配间隙可以用塞尺进行测量,如超过说明书规定的磨损极限值时,小端衬套应予以换新。

连杆大端轴承间隙一般采用压铅法测量。

(1)选择直径为被测规定安装间隙1.5倍的软铅丝。

(2)截取三段能包住轴颈150°圆弧的软铅丝,用机械凡士林将软铅丝沿轴向等距粘于连杆大端轴承盖中。

(3)把轴承盖装上去,把螺栓上紧到规定的扭矩。

(4)拆下轴承盖,取下铅丝片并清洁,在每道铅丝片上选取3个测量点用外径千分尺测量铅丝片厚度,并做好记录。

(5)最后根据9个测量值求平均值即为连杆大端轴承间隙。

如轴瓦磨损不大,可以调整垫片。如磨损超过极限,应更换轴瓦。绝不能用控制连杆螺栓固紧程度来调整轴瓦与曲柄销之间的间隙。

7. 气缸余隙容积的检查与调整

在往复式空压机中,余隙容积的大小对空压机的正常工作影响很大,余隙容积在机器出厂前已调定,在装配时要确保此余隙容积符合规定。

(1)气缸余隙容积的检查

用软铅丝从空压机的气阀座孔处伸入气缸内,软铅丝直径不超过余隙规定值的1.5倍,伸入气缸内长度不小于40 mm。然后盘车,当大小活塞各压缩一次后停止盘车,取出软铅丝,用千分尺测量其实际余隙。

(2)气缸余隙的调整

对于级差二级活塞结构空压机,要先通过改变气缸体与曲轴箱之间的垫片厚度来调整二级气缸的余隙容积。垫片减薄,二级气缸余隙增大,但一级气缸余隙减小。通过改变缸盖垫床的厚度,改变一级气缸的余隙容积。

8. 空气冷却器清洗

冷却对空压机十分重要,船用空压机多数采用水冷。而空气冷却器对空压机的冷却起着关键作用。空气冷却器使用一段时间后应拆开清洗,清除水腔内积垢,以保证冷却器有最大的工作效率。

拆卸冷却器的两端盖，用藤条疏通散热芯子的铜管，并用水冲洗。清洗完成后安装端盖，应注意密封垫床完好，保证平整和位置正确。如发现损坏应更换，否则将造成水漏入其中，导致机械设备发生故障。

三、空压机的装配

1. 装配注意事项

(1)装复前，应将各零部件清洁干净，特别注意不要碰伤各配合面。

(2)装配时各零部件和摩擦部位应涂以适当的润滑油。

(3)装配部件，应按顺序进行，防止漏装错装。

(4)装配时应按说明书要求对主要装配间隙进行测量和调整。

(5)紧固螺母应对称逐次上紧。曲轴箱上紧固气缸螺栓的螺母与连杆螺母一样，须用扭力扳手拧紧至规定值。如没有扭力扳手，可按组合件预装时所作的标记上紧。

(6)装复油、水、气管路时要注意防漏。

2. 装复顺序

(1)把组装好的曲轴组件从大端孔中水平穿入放妥，再装入轴承座盖和飞轮等部件。

(2)通过活塞销将活塞与连杆连接在一起，并装妥挡圈。

(3)将曲轴转到上止点位置，在曲柄销和缸壁涂上润滑油，然后把组装好的活塞连杆组件吊入缸内。此时注意，活塞环搭口应相互错开。

(4)装上连杆大端盖、连杆螺栓，按规定上紧螺母并装妥开口销。

(5)盘车数圈，检查空压机转动是否灵活自如，是否有不正常的声响。

(6)经检查一切完好后，清理曲轴箱内部，然后盖上曲轴箱道门。

(7)装复气缸盖和气阀组件及空气滤清器。

(8)装好进气管、排气管、冷却水管、冷却器、油水分离器及仪表。

(9)连接好电动机。空压机在经过拆卸、检修、装配后应进行试车。

四、空压机常见故障分析和排除

空压机常见故障分析和排除见表 2-5-11。

表 2-5-11　空压机常见故障分析和排除

故障	产生原因分析	排除方法
排气量下降	1. 空压机转速不够； 2. 空气滤器脏堵； 3. 阀片变形或磨损；接触面有污物，使阀关不严而漏气； 4. 气缸或活塞、活塞环磨损，间隙过大，漏气严重； 5. 气缸冷却不良，新鲜空气进入后比容增大； 6. 余隙容积过大	1. 调节转速； 2. 清洗滤器； 3. 清除污物，研磨阀片和阀座，或更换阀片； 4. 更换磨损件； 5. 改善冷却条件； 6. 调整余隙

表 2-5-11(续)

故障	产生原因分析	排除方法
排气温度过高	1. 气阀漏泄; 2. 气缸或冷却器冷却不良,吸气温度过高; 3. 排气压力过高	1. 研磨或换新阀片; 2. 改善冷却条件; 3. 调节排气压力
级间压力超过正常值或低于正常值	1. 安全阀调整不当; 2. 气体外漏; 3. 前一级进气量减少	1. 调整安全阀; 2. 堵漏; 3. 检查进气量减少的原因,采取相应措施
机械敲击	1. 轴承间隙过大; 2. 气缸余隙太小; 3. 连杆螺栓松动	1. 调整轴承间隙; 2. 调整余隙; 3. 检查松动原因,并按要求上紧
水击	气缸中积水	检查原因并消除,修复损伤部分

维修任务四　船舶制冷装置的维修

【学习目标】

1. 掌握压缩机主要部件的检修。
2. 掌握制冷装置自动化元件的检修。
3. 掌握制冷装置的检修。
4. 掌握制冷装置常见故障及排除。

【学习任务】

1. 项目任务

本项目的任务是掌握船舶制冷装置的检修。主要的检修任务包括制冷压缩机主要部件(如气阀组件、气缸、活塞及活塞环、曲轴与连杆、轴封、油泵)的检修及主要零部件装配间隙的检查调整;热力膨胀阀、供液电磁阀、温度继电器、油压差继电器、蒸发压力调节阀、冷却水量调节阀等制冷装置自动化元件的检修;制冷装置的检修和制冷装置常见故障及排除。

2. 检修工作任务流程图

【背景知识】

海船一般均设有伙食冷库和空气调节装置,某些货船还设有冷藏或运送冷藏集装箱。制冷在船上的应用很普遍,船用制冷装置目前大多采用蒸气压缩机(简称压缩式)。

在蒸气压缩式制冷装置中,压缩机是冷剂在系统中循环的动力核心。船用制冷装置使用的压缩机主要是活塞式的,有些场合也用离心式、螺杆式等压缩机。活塞式压缩机效率较高,制造、管理和维修的经验都比较成熟,但因转速受到限制,单机流量较大时显得笨重,大多用于中、小制冷量的场合。螺杆式压缩机转速较高,比制冷量相同的往复式压缩机体积小、质量轻、易损件少,容易实现10% ~100%范围内的无级能量调节,较多应用于中等制冷量的场合,在船舶冷藏舱和空调装置中应用日趋增多。离心式压缩机运转平稳,特别适合大制冷量的场合,如大型客船的空调调节装置。

目前,船上使用的各型活塞式压缩机有如下特点:

(1)采用单作用、逆流式、多缸结构,吸排气阀设在气缸顶部。较大机型的排气阀装在发生"液击"时可被抬起的"假盖"上,以免吸入液态制冷剂时发生液击损坏机器。

(2)容量较大的多缸压缩机设有启动卸载和可调节排气量的能量调节装置。

(3)强度按R12,R22,R717等多工质通用设计,换用制冷剂时,只需要重调安全阀、换用某些密封件或换用带冷却水腔的缸盖(R717)等少数元件即可。

(4)氟利昂压缩机曲轴箱内设有滑油加热器,必要时启动前可以加热滑油,使溶解于其中的氟利昂逸出。

(5)开启式压缩机一般都采用机械密封。

【操作指导】

一、活塞式制冷压缩机主要部件的检修

1. 气阀组件

(1)阀片

在压缩机全面检修时,吸、排气阀片一般全部更换。若条件不具备,允许继续使用,但阀片必须状态良好,不得有裂纹、划痕等损伤。更换新阀片后,应先用1200号金刚砂在平板上研磨,再用绿油研磨,使阀面平整、光洁。然后装在阀座上,用煤油进行渗漏实验,以检查密封性。

(2)气阀弹簧

检查时发现弹簧弹性衰减过大或断裂、变形,应予以更换。装新弹簧时,必须正位。

(3)阀座

检查时发现密封面有划痕时,应进行研磨。当缺陷严重研磨又无法消除时,应更换。若一时无备件,可经磨床磨削后再研磨使用。多次研磨使阀座圈变低,安装后会影响"余隙",可以用增减缸体和曲轴箱体之间或缸体与阀板之间垫片厚度的办法予以调整。

2. 气缸、活塞及活塞环

气缸镜面如有局部拉痕或损伤,可用细油石磨光。当有严重磨损出现沟槽时,应予以更换。

活塞外表面的拉毛、划痕可以用油石磨光,如有严重磨损出现沟槽,应换新活塞。

活塞气密环和油环表面有裂纹、变形、拉痕,或搭口间隙过大,失去弹性,则均应更换。

新活塞环与缸壁之间的贴合情况，可采用光照法检查，环与环槽的配合情况可以通过测量天地间隙进行判断。

3. 曲轴与连杆

严格检查曲轴轴颈状态，测量轴颈的圆度和圆柱度，一般不允许超过 0.05 mm。

活塞销和连杆小端衬套均属于易损件，检查时，如发现活塞销磨损量超过 0.15 mm 或衬套内径磨损量达到 0.10 mm 时，则应换新。大端轴承出现严重拉痕、单边磨损及白合金辗堆、脱壳和烧损，应予以更换。更换新轴瓦，应按照配合间隙要求，必要时可局部刮研，使其接触面均匀良好。另外压缩机曲轴两端主轴承的轴瓦同样要状态良好，装配时要严格控制间隙。

4. 轴封

如轴封工作正常，可不必拆开检查，因为拆开后很难恢复原来的密封状态，反而会发生泄漏。在压缩机拆卸解体检修时，轴封部件虽然工作正常，但一经拆开后就必须对摩擦环表面进行研磨。若拆解前已发现泄漏，拆解后应检查动、静摩擦环，其摩擦面上下允许有划痕、裂纹或严重磨损，否则应予以更换。新轴封在开始运行时，允许有少量漏油，磨合一段时间后，漏油量应逐渐减少。正常情况下，漏油量每小时不得超过 10 滴。漏泄严重时，便应拆开研磨摩擦环，更换橡皮圈。

5. 油泵

当油量正常，油温为 40 ~ 70 ℃时油泵仍能保持规定油压，全面检修只拆出作外观质量检查和清洗，即可装复使用。但若齿轮等零部件有裂纹、间隙过大、吸不上油或保持不了规定油压，则应修理或更换齿轮。油泵复装时，必须注意泵盖方向，以保证泵的正常供油。此外，在检修油泵的同时也应彻底清洗油泵吸、排油管，使吸、排油管路畅通。

6. 主要零部件装配间隙

压缩机零部件装配间隙大小的选择与零部件工作位置、条件、选用材质、转速等因素有关。良好的配合间隙对设备正常运行有重要影响。表 2 - 5 - 12 中列出了常用国产压缩机的主要装配间隙，仅供参考，具体应查阅说明书。

表 2 - 5 - 12　常用国产压缩机的主要装配间隙　　单位：mm

部位 \ 装配间隙 \ 型号	2F - 10	8FS - 10	8FS - 7
活塞与气缸间隙（上部）	0.40 ~ 0.50	0.40 ~ 0.50	0.14 ~ 0.20
活塞与气缸间隙（下部）	0.18 ~ 0.25	0.18 ~ 0.25	0.14 ~ 0.20
活塞环及刮油环搭口间隙	0.40 ~ 0.60	0.40 ~ 0.60	0.20 ~ 0.35
活塞环的天地间隙	0.025 ~ 0.06	0.025 ~ 0.06	0.03 ~ 0.06
活塞顶部间隙	0.50 ~ 0.75	1.00 ~ 1.50	0.50 ~ 0.75
连杆大端轴承与曲柄销径向间隙	0.05 ~ 0.07	0.06 ~ 0.12	0.075 ~ 0.12
连杆小端与活塞销径向间隙	0.01 ~ 0.03	0.02 ~ 0.04	0.015 ~ 0.03
吸气阀片升程	1.20 ± 0.20	1.82 ~ 2.22	1.10 ~ 1.15
排气阀片升程	1.50 ± 0.20	1.40 ~ 1.72	1.10 ~ 1.15

二、船舶伙食冷库制冷装置自动化元件的检修

船舶伙食冷库制冷系统中除了基本组成部件外,还装有一些必要的附属部件和自动化元件。

1. 热力膨胀阀

热力膨胀阀既是自控元件,又是制冷装置的主要设备之一,装于储液器和蒸发器之间,起着对冷剂节流降压作用,同时根据制冷装置热负荷的变化自动调节进入蒸发器的冷剂流量,使冷剂气体在蒸发器出口的过热度保持在一定的范围内。这样,既可避免压缩机吸进湿蒸汽发生液击,也可以防止供液过少蒸发器不能充分发挥作用。

(1)热力膨胀阀的选用

根据所用的制冷剂选用不同系列的热力膨胀阀。制冷剂不同,感温包内的充剂不同。比如氨膨胀阀就不能选用铜合金(磷青铜除外)。

根据蒸发器流阻大小选用内平衡式或外平衡式。当蒸发器流动阻力较大,进、出口压降导致的冷剂饱和温度降低,R22 超过 1 ℃,R12 超过 2 ℃时,应选用外平衡式,不然会导致蒸发器出口过热度太大。蒸发器流动阻力较小时可以选用内平衡式。

另外在选用膨胀阀时,阀的容量应比蒸发器的热负荷大 20% ~30%,且应避免低于阀的公称容量 50% 的工况下长期工作。因为若阀的容量和通径选得过小,则装置的制冷能力不能充分发挥;若选得过大,则会造成调试困难,而且还会因开度过小而导致工作不稳定。

(2)热力膨胀阀的安装

热力膨胀阀安装前应进行粗略检查,以判断感温机构是否失效。从进口吹气,气路不通,则表明温包内的充剂已大量泄漏,针阀无法开启。

安装热力膨胀阀时应注意下述事项:

①膨胀阀的安装位置应尽可能靠近蒸发器,且应垂直放置,进、出口不能搞错。

②使用限压式部分充液温包时,阀和毛细管所处环境温度应比温包所感受温度高,毛细管不能接触低温管路,以免温包内液体转入毛细管和波纹管上方冷凝,使感温包压力不能正确反映温包温度。

③感温包应装在靠近蒸发器出口水平管外壁的上方或上侧,管径大于 21 mm 时,温包可置于管子的侧面或侧下方,因为管子顶部蒸气可能已经过热而下部仍含液滴,而管底部又可能积油。

④温包与蒸发器出口管接触部分应彻底清除污物、油漆和铁锈,并涂以银粉,温包与出口管段应用夹箍或钢丝捆紧,然后一同包覆隔热材料,以尽量减小传热的热阻和外界温度的影响。

⑤外平衡式热力膨胀阀平衡管与蒸发器出口管路的连接点应设在温包之后约 110 mm 处,以免有少量液态制冷剂从膨胀阀顶杆填料处漏入平衡管时影响温包感受的过热度。

(3)热力膨胀阀的调试

调试目的是使过热度的调节适当。若蒸发器出口过热度太大,则蒸发器中冷剂的过热段会前移而变长,不但使传热系数减小,而且传热的平均温差也会减小,制冷量会显著降低。若蒸发器出口过热度太小,会造成针阀不适当地开大,使过量的液体冷剂涌入蒸发器,从而可能导致压缩机启动时发生液击。一般热力膨胀阀过热度调节范围为 3 ~6 ℃,可以通过调节杆改变弹簧力来达到。弹簧弹力越大,其过热度越大;反之,过热度越小。

调试热力膨胀阀应注意以下几个方面：

①热力膨胀阀的调试应在装置运行正常且工况稳定时进行。

②调试应分两步进行。开始为粗调，每次调节可转动调节杆一圈左右。但阀的开度不宜调得过大，以防止压缩机发生液击。当装置接近其运行工况时，要进行细调，调节杆以转动1/4～1/2圈为宜。每次调整一般以过热度不超过0.5 ℃为宜。

③由于热力膨胀阀调节具有滞后的特点，不管是粗调还是细调，每调一次后，小型装置需十几分钟、大型装置需30～40 min才有稳定的调节效果。待新工况稳定后，再根据吸气压力和结霜或凝霜情况，确定是否需再次调整。

④阀的开度应调大还是调小的判断。蒸发温度高于0 ℃者，若蒸发器外表面均匀凝露，压缩机的吸气管也有凝露，应无冰冷或黏手感，则表明阀的开度合适；若蒸发器后半部或靠近出口管无凝露，则表明阀开度过小；若凝露延续至压缩机上，则表明阀的开度过大。蒸发温度低于0 ℃者，阀开度大小的判断与蒸发温度高于0 ℃时类似，只是以结白霜代替凝露。但当阀的开度合适时，压缩机的吸气管应有冰冷感而不结霜（装有回热器），或有黏手感且均匀结一层薄霜（未装回热器）。

(4)热力膨胀阀的常见故障及处理

温包、传压管或膜片破裂使其充剂泄漏，阀无法开启，应更换。膨胀阀发生“冰塞”或脏堵，均会造成冷剂流量减少甚至中断冷剂的供给，从而使装置制冷量减少甚至停止制冷。发生冰塞可接入干燥器吸潮，脏堵则应清洗进口滤网。

2. 供液电磁阀

供液电磁阀是一种启闭由电磁力控制的阀，装在热力膨胀阀前的液管上。一般由温度继电器控制是否向蒸发器供给液态冷剂。用温度继电器感知库温，当库温升到上限时，温度继电器接通电磁阀电路，使阀开启；当库温降至下限时，温度继电器断开电磁阀电路，使阀关闭。

阀孔通径不超过3 mm，接管直径不超过10～12 mm时，采用直接作用式电磁阀，由电磁力直接控制阀的启闭。通径和接管直径较大的采用间接作用式电磁阀，电磁力只是间接控制阀的启闭。间接作用式电磁阀只有在阀进、出口存在一定压差时才能开启。

电磁阀必须垂直安装，安装时要确保冷剂流向与阀体所标箭头一致。选用或更换电磁阀时，应注意其型号、阀的进出口通径、适用介质、适用温度、允许工作压力、电压、电制（交流或直流）等。

电磁阀的常见故障主要为线圈烧断、阀芯卡阻和铁芯剩磁等。线圈是否断路，可在通电时用锯条感知磁力或用手感知有否温热来判断；阀开、关是否正常，可用通、断电的办法听其有无动作声响来判断。若因铁芯有剩磁，断电后不能下落，可取出加热或摔打，以消除剩磁。

3. 温度继电器

温度继电器是用于控制库温、箱温或室温的控制开关。在船舶多间冷库中，温度控制器与供液电磁阀配合使用，实现对各库温度的控制。在冷库正常降温过程中，当库温下降到温度控制器给定值的下限时，温度控制器电触点跳开，电磁阀线圈电路被切断，电磁阀关闭，制冷剂停止进入库房蒸发器；当库温回升至温度给定值上限时，其触点闭合，电磁阀线圈电路接通，电磁阀开启，制冷剂进入蒸发器。因此，温度控制器的作用就是把库温稳定在给定的范围内。选用的温度继电器的温度适用范围和差动可调范围应符合要求。

温度继电器的安装和使用应注意以下几个方面：

(1)本体应可靠地固定于无振动和环境温度高于所控温度之处。

(2)温包应放在空气流通和能正确反映库温的位置，其安装高度宜低于本体，以提高测量和控制精度。

(3)毛细管不应穿过比被控制库温低的其他库房或走廊，也不应接触其他管道。

(4)由于温包感温迟滞等因素的影响，实际被控温度的幅差可能比温度继电器标示幅差大，所以使用时应根据实际温度幅差来进行调整。

(5)更换温度继电器应尽量采用相同型号。

温度继电器常见故障及检修应注意以下两点：

(1)温包内充剂泄漏，使触点无法闭合，应更换。

(2)触点烧毛或烧毁，使触点接触不良或接不通。触点烧毛可采用细砂纸擦平，触点烧毁则需要更换。

4. 压力继电器

压力继电器是一种根据所感受压力而启闭的电开关，又称为压力开关。在制冷装置中常装有高压继电器和低压继电器。当压缩机的排气压力过高(高于整定值)时，高压继电器切断电动机的电源，使压缩机停车。低压继电器是以吸入压力为信号，控制压缩机启停，既可使压缩机根据制冷的需要自动间断地工作，又可当吸入压力过低时，切断电动机的电源，使压缩机停车，防止空气渗入制冷系统。通常高、低压继电器组装成一体。

高压断开压力大约为：R12 装置 1.0 MPa，R22 装置 1.68 MPa。若幅差可调节，闭合压力一般比断开压力低 0.2 ~ 0.3 MPa。

低压断开压力，以低压管路不漏入空气为原则，一般情况选取设计的蒸发温度减去5 ℃后所对应的冷剂饱和压力，但是不能低于表压 0.01 MPa。下限应不低于冷剂 -3 ℃所对应的饱和压力，即表压 R12 约为 0.18 MPa，R22 约为 0.35 MPa。这样，在考虑流阻和管壁传热温差后，管壁温度在 0 ℃以上。低压上、下限的幅差，R12 装置一般取 0.07 ~ 1.0 MPa，R22 装置取 0.1 ~ 0.2 MPa。

5. 油压差继电器

油压差继电器是一种以滑油泵排出压力和曲轴箱压力(吸入压力)之压差作控制信号的电开关，用作压缩机润滑系统的保护元件。当压差低于整定值时，经过一定时间油压差继电器会自动切断压缩机电路，实现保护性停车。为了保证滑油可靠地输送至摩擦部位，油压应高于吸气压力 0.10 ~ 0.15 MPa。实际压差低于此范围时，压差继电器就自动切断压缩机的电源，使压缩机停车，以防止摩擦面缺油而产生机损事故。

6. 蒸发压力调节阀

蒸发压力调节阀又称为背压阀，装在蒸发器出口管路上，能在阀前的蒸发压力变动时自动调节开度，以保持蒸发压力基本稳定。船舶伙食冷库常为一机多库，各冷库的蒸发温度或蒸发压力要求有所不同，若不设背压阀，由于各蒸发器出口都连接于同一回气总管上，因而各库的实际蒸发压力都相同，高温库的蒸发压力就可能过低，使库温很不均匀，靠近蒸发器的蔬菜、果品、蛋类等容易冻坏，还会使库内湿度下降，增加食品干耗；而低温库则不易达到足够低的蒸发温度，使库温难以下降。因此，高温库的蒸发器出口常装有蒸发压力调节阀，使高温库保持适当高的蒸发压力和蒸发温度，而低温库的蒸发器出口常装止回阀，防止在高温库的热负荷较大时，压缩机的吸气压力高于低温库库温对应的冷剂饱和压力，高温库的蒸气倒流至低温库蒸发器放热冷凝,影响低温库库温,并在高温库的供液电磁阀关闭后,压缩机继续吸气而产生“液击”。

7. 冷却水量调节阀

冷却水量调节阀装于冷凝器的进水管路上,根据压缩机的排气压力(冷凝压力)作自控信号,调节冷却水流量,使冷凝压力保持在设定的范围内。不需要在冷却水温过低或过高时人为地关小或开大进水阀,可预防冷凝压力过低而使膨胀阀的流量不足。

三、压缩式制冷装置的检修

1. 制冷装置的验收

新造船或大修后的制冷装置必须吹除系统中的杂质,作好气密试验和抽空,然后对系统充冷剂和进行试运转。此外,冷库还应作性能试验。

(1)制冷系统的吹污

制冷装置安装完毕后,用0.6~0.8 MPa表压的干燥压缩空气或氮气吹除残留在管路系统中的焊渣、铁屑及其他杂质。

(2)气密试验

初次安装或修理后的制冷装置,需进行气密试验,以检查系统的气密性。气密试验的压力为设计压力:R12,1.03 MPa;R22,1.72 MPa;R717,1.72 MPa。气密试验可用氮气或干燥的压缩空气。系统充气达规定的试验压力后,静待8 h,若压降不超过0.03 MPa,即为合格。

气密试验的步骤如下:

①充气前应将不能承受试验压力的元件(如背压阀、油压差继电器和低压继电器等)从管路中隔离或旁通;装有安全阀者,应关闭安全阀;高、低压部分各装上合格的压力表。

②关闭压缩机的吸、排截止阀、通大气阀和油分离器的回油阀,开启与热力膨胀阀的旁通阀和管路上正常工作时应开启的其他各阀。

③将试验气体的钢瓶经减压阀接到系统管路上(例如通过充剂阀),然后开启钢瓶阀向系统充气,当压力达到0.3~0.5 MPa时,检查系统有无明显的泄漏。如没有,即可进一步加压至要求的试验压力。

④仔细地对系统各连接处、焊缝和阀杆填料箱等处查漏。为了初步检查冷凝器是否漏泄,可以关闭和放尽冷凝器的冷却水,在泄水旋塞口检查有无气漏出,以判断冷凝器是否泄漏。若压缩机内压力升高,则表明吸入或排出截止阀漏,或吸、排气阀漏,应修理消除。在完全消除泄漏后,开始计算试验时间。

若无氮气,需用压缩机充入空气作气密试验,则宜在吸入多用孔道的接管上加装临时干燥器。开启排出截止阀,关闭吸入截止阀,启动压缩机,外界的空气即可从吸入多用孔道充入系统。为防止压缩机的滑油和排气温度过高,可分几次间断增压。排气温度以不超过120 ℃为宜。

⑤在查明系统不漏后,用冷凝器放气阀将高压系统压力适当放低,接着取下安全阀出口处的临时堵头,检查安全阀能否关严。然后,放尽试验用气体,如不能直接放至舱外,则必须加强舱内通风,防止因环境空气氧气不足而损害工作人员的健康。

(3)抽空

抽空试验在气密试验合格后进行,目的在于抽除残存在系统中的气体和水分(水分在真空下状态下易蒸发而被抽出)和检查系统在真空状态下的密封性。抽空可以用专用的真空泵,也可用装置本身的压缩机。采用前者时应注意停真空泵前,应先关泵与制冷系统连接管路上的阀门,以免泵内滑油被吸入制冷系统和产生回气。采用压缩机抽空的操作步骤和注意事项如下:

①关闭压缩机的排出截止阀,以隔断与冷凝器的通路和使排出多用孔道通大气。

②稍开压缩机的吸入截止阀,把有能量调节的压缩机的能量调节机构置于最小能量位置,压缩机启动后再逐渐开大吸入截止阀和增大压缩机的能量,使抽空过程中压缩机在很小的排气量下运行,以免排出多用孔道窄小造成排气压力和排温过高。

③把控制箱上的转换开关置于"手动"位置或短接低压继电器和压差继电器,以免压缩机因吸入压力或油压过低而自动停机。

④开启高、低压管路上的各阀,关闭通大气阀(如充液阀和放空气阀)。

⑤放尽冷凝器中的冷却水,以利其内残水的蒸发而被抽除。

⑥盘动压缩机数转,若无受阻情况和有气排出,则可启动压缩机开始抽空。

⑦抽空宜分几次间断进行,以免抽吸过快,管路中的压降太大,不易抽除干净。

⑧抽空过程中,应密切监视排压和排温。排温高限:R12 机为 125 ℃;R22 机和氨机为 145 ℃。压力润滑者,还应监视滑油温度与压力,滑油温度不得超过 76 ℃;滑油压力与吸入压力之差不得低于 0.026 MPa。

⑨按《钢质海船入级与建造规范》要求,氟利昂系统应抽空至绝对压力为 2.1 kPa(即真空度为 720 mmHg),静待 8 h,绝对压力不超过 3.4 kPa(即真空度的下降不超过 10 mmHg)。当真空度达规定值时,可先用手指或塞头堵住排出多用孔道,后停机,然后迅速关闭排出多用孔道,以防外界空气倒流入系统。

抽空所需时间为 18 ~ 72 h,以便最大限度抽除系统中的气体和水分。

为了减少系统中残留的蒸气和其他气体,可通过充剂阀或吸入多用孔道充入适量的冷剂气体,使真空度降至 0.04 MPa,然后再启动压缩机重复前述工作,再次抽空至要求的真空度。

(4)冷库温度回升试验

冷库温度回升试验可以参照《钢质海船入级与建造规范》对冷藏舱的要求进行,使空载的冷库充分冷却后,停止制冷装置的运行,测取库温回升率,据此相对了解隔热性能的好坏。

具体做法如下:

①将制冷机组投入运行,使空库降至设计要求的最低温度,并保温足够长时间。因为库壁和隔热材料热容量大,导热性能又差,需要较长时间才能充分冷却。

②停止制冷装置运行,在 6 h 内每小时测取库温一次。

我国《钢质海船入级与建造规范》规定:库温与外界大气温度的初始温差为 25 ℃时,6 h 库温回升值应不大于 6 ℃,隔热质量即为合格。如温差增减,允许平均温升也成比例地增减。例如温差增减 5 ℃(相当于 20%),温度总回升值也允许增减 1.2 ℃(也为 20%)。

温度回升率除了与隔热结构的隔热性能有关外,还与冷库的热容量、舱壁面积与舱容之比等有关。但对同一冷库来说,温度回升率的改变是可以说明隔热质量的相对变化的。因此,保存不同时期隔热试验的资料,可以判断冷库隔热性能的变化。

导致冷库隔热性能下降的主要原因有隔热材料受潮、隔热结构松动破坏、库门或下水道等密封不严等。新装冷库的隔热性能欠佳,则可能是因为设计不符合要求,例如选用材料导热系数大、厚度不够、舱壁结构有金属件形成“热桥”等。

2. 冷剂的充入

新造船或大修后的制冷装置经气密试验和抽空后,可充入冷剂。正在使用的装置,经设备检修,更换干燥剂、滑油,以及清洗滤器,放空气等操作后,难免要损失制冷剂,压缩机轴封即使正常也会有微量渗漏,因此,在装置使用一个时期后需要适当补充制冷剂。充剂时的操作步骤和注意事项如下:

(1)充剂前,必须首先确定钢瓶中装的是否是要充的制冷剂。通常钢瓶上标有制冷剂的名称和分子式。在难于确定瓶中制冷剂类别时,可先测出环境温度,然后在钢瓶出口处装一压力表,根据瓶中压力与温度是否符合某种制冷剂饱和压力与饱和温度的关系,作出判断。

(2)充剂时最好备有秤以随时称量充剂数量。

(3)充剂时要通过干燥器,若干燥剂已失效应换新。如制冷剂含水较多,最好在充剂接管上临时加接较大的干燥器。

(4)充剂量不宜太多,系统中全部制冷剂收回时储液器中液体约占 80%;工作期间储液器液位应为 1/3 ~ 1/2;如冷凝器兼作储液器,其下部液位表应显示半高。

(5)如从充液阀充剂,操作步骤和注意事项如下:

①把储剂的钢瓶的瓶头呈约 30°倾斜朝下置于位置高于储液器的磅秤上,以便随时准确地判断冷剂的充入量,避免比冷剂轻的水分和空气以及比冷剂重的杂质充入系统,加快充剂速度(充入的是液体冷剂或气液混合物)。

②把接管一端接于充液阀,暂不拧紧接头螺母,另一端接于钢瓶头的出口阀,并拧紧接头螺母,微开钢瓶阀即关,用冷剂驱赶接管内的空气,拧紧系统充液阀的接头螺母。记下此时钢瓶的质量。

③开启系统中各阀,开足钢瓶阀和系统充液阀,靠瓶内对应于环境温度的冷剂饱和压力与系统中的压差,经干燥器充入冷剂,密切监视钢瓶质量的变化。若系统与钢瓶的压力平衡后冷剂的充入量仍未达要求值时,则可关闭系统储液器的出液阀,启动压缩机抽吸,直至冷剂的充入量达要求值。

④关闭钢瓶阀,待此端的充液接管结霜,结霜融化,表明接管内的液体冷剂已收回,关闭充液阀。

充剂过程中,接管会“发凉”,钢瓶也会逐渐凝露,后结白霜。从高压充剂时,若出现系统低压部分霜层融化,吸入压力降低,干燥器和充液接管出现霜层且稍后又融化,则表明钢瓶中的冷剂已不多,需另换一瓶。

3. 制冷剂的取出

如果系统中充剂过多,液态冷剂可能过多地浸没冷凝器冷却水管,使冷凝压力升高,需要取出部分制冷剂。拆检冷凝器或储液器时,或装置长期不用,为减小冷剂的漏失,需把装置中的冷剂转移至钢瓶中。用以储存冷剂的钢瓶内应无空气,其容积应大于装置中冷剂液体的容积。

操作步骤如下:

(1)关闭压缩机排出多用孔道,装上 T 形接头,以便装压力表和连接钢瓶的连接管。

(2)稍开排出多用孔道即关,以排除钢瓶接管内的空气,然后拧紧接管的钢瓶端的接头。

(3)开启钢瓶阀和排出多用孔道,让冷剂自行充入钢瓶,待压力平衡后关闭压缩机的排出截止阀,使冷剂只能经多用孔道排至钢瓶。

(4)关小或关闭压缩机的吸入截止阀,以免排气过急冲坏阀片或排气压力过高使压缩机过载。

(5)短接低压继电器或把转换开关置于"手动"位置,以免低压压力降至一定值时,压缩机自动停车。

(6)启动压缩机,用水对钢瓶进行冷却。系统中的冷剂即被抽至钢瓶,并在此冷凝。

(7)当排气压力逐渐下降或排气管不太烫时,逐渐开大吸入截止阀。

(8)当吸入截止阀已开至最大,低压压力降至零或更低时,表明系统中的冷剂已基本抽空,停机,迅速关闭钢瓶阀。

对于较大的制冷系统,可在装置运行的情况下,把钢瓶接于系统的充液阀处,先移出液态冷剂,后再把钢瓶接于压缩机的排出多用孔道移出系统中剩余的冷剂。移出液态冷剂时,可关小冷凝器的冷却水,以保持较高的冷凝压力。

(1)将钢瓶放低,用连接管连接系统充剂阀与钢瓶出口阀,上紧前用瓶中或系统中的冷剂吹除接管中的空气。

(2)开启钢瓶阀,打开充剂阀,可关小冷凝器的冷却水,以保持较高的冷凝压力,液态制冷剂便会进入钢瓶。

(3)被充注的钢瓶应随时称量质量,当系统已取出要求的冷剂量或钢瓶充注量接近其最大充注量(一般装到最大充注量的80% ~90%)时,关闭充剂阀停止充注,然后加热连接管使其中的制冷剂尽量进入钢瓶,最后关闭钢瓶阀,拆除接管。

4. 检漏

制冷装置初次投入使用或拆卸检修之后,或系统中制冷剂减少较快时,都应进行检漏。制冷装置运行中,由于振动连接部分松动、阀杆填料未压紧、管路的腐蚀、压缩机轴封损坏或拆检某些设备后装复不符合要求,会造成冷剂的泄漏,所以检漏是经常性的维护工作。

氨气有强烈的刺激性臭味,有泄漏容易发现。氟利昂无色无味,渗透性强,检漏工作尤为重要。常用检漏方法有以下几种:

(1)皂液检漏

检漏用的肥皂水用肥皂粉调制,可在其中加几滴甘油,使泡沫不易破裂。把调成一定浓度的肥皂液涂于可能渗漏部位,视其是否冒气泡来判断有无泄漏。检漏时必须细心观察。检漏处内部压力需0.35 ~0.4 MPa,否则很难查出微小渗漏。此法不适用于温度低于0 ℃以下环境,对低压管路和细微的泄漏也不太适用。

(2)检漏灯检漏

检漏灯是以乙醇或甲醇作燃料的喷灯。检漏灯的结构如图2-5-1所示。

当空气中不含氟利昂时,检漏灯的火焰呈淡蓝色。而当空气中含氯元素的氟利昂超过5% ~10%,与灼热的铜接触时,氟利昂就会分解生成氯元素,并与铜发生化学反应,生成的化合物使火焰变色。随着空气中含氯元素的氟利昂浓度的增加,火焰的颜色将由浅蓝色变为浅绿色、深绿色,以至亮蓝色,甚至火焰熄灭。

检漏时,应注意以下几点:

①使用检漏灯时,应确保铜片清洁,污垢和氧化物必须擦净,否则氟利昂气体无法与灼

热的铜接触，火焰不会改变颜色。

②检漏前舱室应加强通风，以便尽可能地排除被污染的空气，检漏时不要吸烟，应避免长时间吸入燃烧产物。

③在检漏部位，吸气软管移动要慢，防止软管吸口贴触在被检处，使火焰缺氧熄灭，或部分堵塞使火焰因氧不足变黄。

④氟利昂气体与明火接触会产生有毒的光气。若发现火焰呈紫绿色和亮绿色时，应停止检漏灯检漏，可改用皂液检漏。

⑤检漏完毕关闭调节阀，不能关得太紧，以免冷却后卡死。

(3)油迹检漏

对于氟利昂制冷装置，平时做好装置各部分的清洁工作，出现油迹处即为冷剂泄漏的地方。这是由于氟利昂与油能互相溶解，泄漏的冷剂中溶有油。

(4)电子检漏仪检漏

电子检漏仪检漏是将铂丝加热至 800 ~900 ℃，引起氟利昂电离而产生电流，再测出电流强度大小，从而判断空气中含氟利昂的浓度。这种检漏仪质量轻且携带方便，对卤素的检漏灵敏度很高（能查出 0.3 ~0.5 g/a 的微漏），反应速度快（仅为 1 s）。检漏时，必须保持检漏点附近的空气清新。

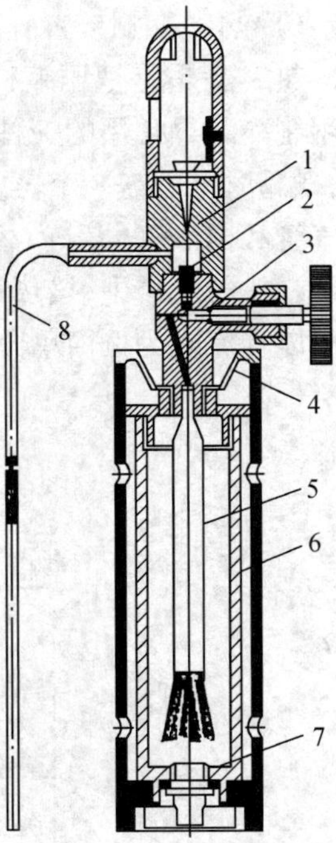

图 2-5-1 氟利昂检漏灯

1—扩压管；2—喷嘴；3—调节阀；4—烧杯；5—灯芯；6—酒精筒；7—螺塞；8—吸气软管

5. 不凝性气体的排除

系统中的不凝性气体，主要是未抽除干净和漏入的空气。不凝性气体的存在会使冷凝器内增加该气体的分压，影响冷凝器的散热，导致冷凝器的冷凝压力和温度升高，增加压缩机的功耗，使装置的制冷量和制冷系数下降，严重时还可能使压缩机运转不停或因高压继电器动作而自动停机。若发现压缩机的排气压力和排气温度升高，冷凝器壳体上部很热，排出压力表的指针剧烈摆动，则表明积存有不凝性气体。

如冷凝器安装位置高于压缩机，可从冷凝器上部的放气阀来放气；当冷凝器安装位置低于压缩机时，则可松开排气管路的压力表接头（或排出多用孔道）排除。

排气的操作步骤如下：

(1)关闭储液器出液阀，启动压缩机把系统中的冷剂连同不凝性气体收回至储液器内，然后停压缩机或低压继电器动作而使压缩机自动停车。

(2)继续向冷凝器供给循环冷却水，以使制冷剂充分凝结，直至冷凝器中压力不再下降为止，一般需 1 ~2 h。此时不凝性气体则聚集在冷凝器上部。

(3)开启冷凝器上部的放气阀或压缩机的排出多用孔道，用手挡着排出的气流，若只是有风吹感，则放出的是不凝性气体；若有凉感且有油迹，则放出的是冷剂，应立即停止排气。

应当指出，压缩机运转中不得排气，以免有大量冷剂放出。为了提高排气效果，排气宜在压缩机停车并让冷却水继续循环一段时间后进行，且宜多次重复进行。

6. 融霜

冷藏制冷装置中，蒸发器管壁的温度均在 0 ℃以下，空气中的水汽就在其上结成霜层。由于霜层的导热系数低，霜层的存在大大地增大传热热阻，膨胀阀会因出口过热度减小而关小，使蒸发压力和温度下降，导致制冷量减小。霜层越积越厚，影响尤甚。所以蒸发器应定期融霜。常用的方法有自然融霜、电热融霜、喷水融霜和热气融霜。

(1)热气融霜

热气融霜是把压缩机排出的高温气体冷剂引回蒸发器,利用排气热量使霜融化,这是船用制冷装置常用的一种方法。由于融霜的蒸发器已变为冷凝器,为了保证融霜的热气来源,融霜时至少需一个蒸发器在制冷,所以该方法只适用于一机多库的装置,且需增设融霜热气管和回液管。

在热气融霜中,按热气在蒸发器相对于制冷剂的流动方向,分为顺流式和逆流式两种。下面以顺流式为例简单介绍热气融霜,其工作原理如图 2-5-2 所示。

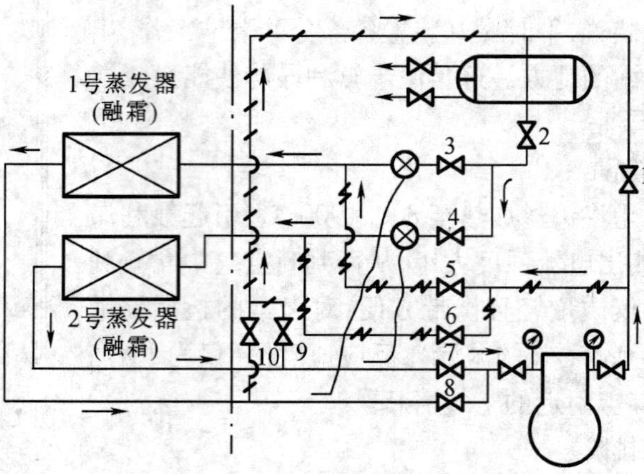

图 2-5-2　顺流式热气融霜系统工作原理图

1—冷凝器进口阀;2—冷凝器出口阀;3,4—供液阀;
5,6—融霜热气阀;7,8—回气阀;9,10—融霜回液阀

当2号蒸发器在工作而需对1号蒸发器融霜时,主要步骤如下:

①停止融霜库制冷　先关供液阀3,估计蒸发器中剩余制冷剂大部分抽空后,关闭回气阀8;如有循环风机,同时关闭。

②开始融霜　先开融霜热气阀5,然后关闭冷凝器进口阀1,让压缩机排气进入融霜蒸发器,在其中冷凝放热;开融霜回液阀10,让蒸发器中的制冷剂回到冷凝器。

③停止融霜　当蒸发器霜层化完后,开冷凝器进口阀1,再关融霜热气阀5和融霜回液阀10。

④恢复制冷　若有风机则先启动,渐渐地打开回气阀8,如压缩机进口结霜,应立即将回气阀8暂时关小,以防蒸发器中有残余液被吸入压缩机造成液击;回气阀开足后无异常情况再开供液阀3。

顺流式热气融霜具有如下特点:

①融霜热气管接到膨胀阀后,其流向与正常工作时制冷剂流向相同。因膨胀阀一般都靠近蒸发器进口,所以这种方式对蒸发器离冰机间较远的冷藏舱制冷装置来说,热气管太长,不宜采用。

②必须设置融霜回液管路。

对于逆流式热气融霜,融霜热气在蒸发器中是与正常工作时制冷剂的流向逆向流动,也适用那些膨胀阀离冰机间较远的冷藏舱制冷装置的融霜。逆流式热气融霜操作步骤与顺流式基本相同,差别在融霜期间要开启膨胀阀的旁通阀让冷剂通过。

热气融霜的速度在很大程度上取决于工作库产生制冷剂蒸气量的多少。所以融霜宜在其他工作热负荷较大时进行。

(2)电热融霜

电热融霜多用于吹风制冷系统。利用专门的融霜电热器对蒸发器或周围的空气进行加热,使蒸发管表面的霜层融化。为了避免融霜热量进入冷库(舱),在吹风冷却融霜过程中,风机应停止运行。融霜结束后,重新启动风机。

7. 压缩机的拆检、过滤器的拆洗和干燥剂的更换

若压缩机发生故障,则需拆检;若过滤器发生阻塞,进出口出现明显的温差、本体凝露甚至结霜,则需拆洗;若膨胀阀结霜不正常,且霜层时溶时结,表明有"冰塞"现象,应接入干燥器或更换干燥剂吸潮。进行这些检护工作以前,首先把制冷系统中的冷剂收回至储液器中,并关闭检护设备进出端的截止阀,以减小冷剂的损失。检护工作完毕,设备装复后,应用冷剂或压缩机驱除空气。有关零部件的清洗,宜用无水酒精或汽油。

8. 制冷装置的调试

调试的目的在于使各运行参数(蒸发温度、冷凝温度和过热度等)在合适范围内,以提高装置的制冷量和制冷系数,且库温符合要求。

(1)蒸发温度的调整

对于库(或箱)内空气为自然对流的制冷设备,蒸发温度与库(箱)温的温差,一般为10～15 ℃;对于用泵强制使水或盐水流动的制冷设备,温差一般为5～7 ℃。温差若调得过大,蒸发器传热效果好,但压缩机的制冷量减小,装置的制冷量反而下降。温差若调得过小,压缩机的制冷量虽增大,但蒸发器的热交换差,同样会导致装置制冷量的下降。

蒸发温度的调整是靠调整膨胀阀的关闭过热度(即阀的开度)实现的。关闭过热度减小,阀的开度增大,冷剂流量增加,蒸发压力和蒸发温度升高;反之,蒸发温度降低。因此,运行中可以根据压缩机吸气压力的变化来判断膨胀阀的关闭过热度(即阀的开度)是否适中。

开始调试时,库温较高,可把阀的开度调至阀出口开始结霜后,再稍调大一些,让装置运行一段时间,低压值一般为0.1 MPa左右。阀的开度不宜过大,以防产生"液击"。但开度也不宜过小,以免降温缓慢。随着库温的下降,低压压力和结霜情况会发生变化,待运行比较稳定后,再调节膨胀阀的开度,直至蒸发器能均匀挂霜和压缩机吸入截止阀附近的回气管挂一层薄霜。但霜不应结至气缸上,以免发生"液击"。若运行稳定后,仍保持以上挂霜情况,而库温达规定范围时,低压压力在上述要求的温差对应的饱和压力范围内,调试基本结束。应该指出,装置运行稳定后,一般还需作多次调整。

(2)冷凝温度的调节

一般情况下,用水作为冷却介质,冷凝温度比进水温度高5～9 ℃。按规定冷凝温度:R12制冷装置不得超过40 ℃(宜在38 ℃以下);R22制冷装置不得超过50 ℃(宜在40 ℃以下)。因此,水作冷却介质时,正常的冷凝压力一般为:R12, 0.55～0.8 MPa; R22,0.9～1.3 MPa。应指出,冷凝温度(或冷凝压力)是与冷却水温度和流量、装置的热负荷以及冷凝器传热的热阻等有关的一些参数,只要保持在允许范围内就可以了。

(3)压缩机停机和启动温度的调整

压缩机停机温度是要求的库温下限,启动温度是库温的上限。装置运行前可以先把温度

继电器温度指示值指针调至指示要求库温的下限,根据库温上下限差值大小,把幅差旋钮转至适当位置。装置正常运行后,把控制箱的转换开关置于“自控”位置,并在库内装一标准温度计,核对压缩机停机和启动时的库温是否符合要求。停机温度不符调主调节杆,启动温度不符调幅差旋钮。调整好后,应核对压缩机启停情况,一般以每小时启动不超过四次为宜。

(4)低压继电器的校验

逐渐关小吸入截止阀,缓慢降低吸气压力,直至压缩机停机。然后逐渐开大吸入截止阀,直至压缩机重新启动。核对停机和重新启动时的吸气压力是否符合低压继电器断开和闭合压力的要求。若不符合,则应调整。为准确起见,宜校验三次以上。

(5)高压继电器的校验

开足吸入截止阀,关小冷却水泵的排出截止阀,减小冷却水量,使排气压力逐渐升高,直至压缩机停机。然后开大水泵的排出截止阀(或逐渐关小压缩机的吸气截止阀),直至压缩机重新启动。校验停机和重新启动时的排气压力是否符合高压继电器断开和闭合压力的要求。若不符,则应调整。

(6)油压差继电器的校验

转动油压调节阀的调压螺钉(或杆),使油压逐渐下降,直至压缩机停机。核对停机时的油压与吸气压力差值是否在0.06~0.15 MPa。若不符,则应调整。拉动油压差继电器的试验按钮,校验延时机构工作的可靠性。要求拉动试验按钮后经1 min,压缩机应停机。

(7)压缩机能量调节装置的校验

可分别置于各能级,用手摸气缸的发热情况,判断工作的气缸数量是否与能级相符。

四、制冷装置常见故障及排除

制冷装置是由许多设备组成的封闭系统,每一设备或元件的工作是相互联系和相互影响的。所以,往往一处有故障,多处出现异常,而同一异常现象又可能由不同故障引起。故对出现的异常现象必须根据装置各部分的内在联系全面分析,找出故障的根源,从而准确而又迅速地排除。现介绍几种常见的主要故障。

1.冰塞

系统中的氟利昂液体节流降压后,如果温度降低到0 ℃以下,当含水量较多呈游离态时,水会迅速结冰,在流道狭窄处形成“冰塞”。由于膨胀阀是冷剂的温度首先降至0 ℃以下的地方,且阀孔相当窄小,故冰塞多发生在膨胀阀处。有时液管上滤器脏堵,或膨胀阀前后的阀件开度不足等,也可能节流而导致冰塞。冰塞有时还发生在膨胀阀后较细的管路中。R22溶水性比R12大得多,冰塞发生的可能性相对较小,只有在含水量较多时才会发生冰塞。而氨制冷系统一般不会产生冰塞。

膨胀阀发生“冰塞”和“脏堵”,均会使进入蒸发器的冷剂流量减小,压缩机的吸、排气压力降低,带自动能量调节机构的压缩机逐步减缸工作,蒸发盘管的后半部或全部的霜层逐渐融化。由于装置的制冷量减小,库温必然下降缓慢甚至无法降至要求的低温而导致压缩机运转不停。若冷剂的通道阻塞严重,则压缩机会因吸气压力过分降低造成低压继电器动作而停机;停机后,又会因吸气压力的升高造成低压继电器动作而重新启动。如此反复,势必使压缩机频繁地启动和停机。频繁启停若干次后,如冰塞通道完全堵死,停车时间就会加长,再次启动的时间将更短,完全不能正常工作。

用下述的方法可以较准确地判断发生冰塞的部分:

①关闭膨胀阀前的截止阀；

②清除该阀后可能冰塞的管道、阀件外面的霜层；

③突然开启上述的截止阀，冰塞处流道狭窄，起节流降压作用，其后面管必然结霜，据此可确定冰塞部位。

冰塞以预防为主，及时更换失效的干燥剂，拆修和日常操作时要防止湿气和水分进入系统，并在充制冷剂和拆修后用干燥器吸收可能进入系统的水分。

发生冰塞，消除的方法有：

(1)拆下冰塞元件除冰

如冰塞发生在膨胀阀、滤器等部件处，可将其拆下用纯酒精进行清洗，再用压缩空气吹干后装复。

(2)化冰后用干燥剂吸水

先换新干燥剂，然后在冰塞部位外敷毛巾并用热水浇，使冰融化；接着启动制冷装置，水分随着制冷剂流动，并被干燥剂吸收。采用这种方法时往往很快又在原来冰塞处后面形成冰塞，必须耐心、细致地反复进行上述操作，才能解决问题。

(3)用“解冻剂”消除冰塞

用类似充制冷剂的方法从液管适当处充入一定数量的“解冻剂”，使其随制冷剂在系统中循环，待冰塞消除后，再将干燥器接入系统，利用干燥剂将“解冻剂”和水一起吸收，以免长期存在系统中对金属起有害作用。

(4)用干燥气体除水分

当系统大量进水时，上述方法都不起作用。这时只能将系统中的制冷剂放掉，或收入钢瓶，以备送岸处理。然后用表压 0.6～0.8 MPa 的氮气或二氧化碳气吹扫系统（周围环境要加强通风），最后用抽空除水法使系统干燥。

膨胀阀和其前面的滤器有时发生脏堵，其现象与冰塞相似，虽然膨胀阀的冰塞和脏堵所引起的反常现象相同，但仍可从下述几个方面加以区分：

(1)冰塞较严重时，膨胀阀的霜层会时融时结；脏堵较严重时，阀进口管段会因冷剂节流而结霜。

(2)用酒精灯或热水加热阀体，可融化冰而使装置的工作暂时恢复正常；而加热却不能改善脏堵。

(3)用扳手轻轻敲击阀的进口管，若能听到“咝咝……”气流声，吸气压力有所回升，一般可判断为脏堵。

脏堵的症状比较稳定，随时间延长而加重的情况不明显，即使停机较长时间，情况也无改善，用毛巾热敷也不能解决问题，此时应拆下清洗。如采用凝固点太高的润滑油，还可能发生油堵，其现象与冰塞类似，可用加热堵塞处的方法暂时解除，最根本的方法是更换润滑油。

2. 系统中制冷剂不足

在系统中制冷剂严重不足时，经膨胀阀的制冷剂液体流量不足，会出现以下异常现象：蒸发温度低于 0 ℃的冷库，其蒸发器后部结霜融化，压缩机吸气过热度增加，吸入压力和排出压力均降低，制冷量减小，长时间运转库温仍降不下来，或者库温没有达到下限，压缩机吸入压力就会很低而停车。制冷剂流量不足还会使进入蒸发器内的润滑油难以返回曲轴箱，造成油位偏低。

由于膨胀阀开度不足、堵塞或冷凝压力过低等原因也会造成上述现象，应借助以下方法来帮助确定是否系统中制冷剂不足：

(1)由储液器的液位镜观察液位。一般如液位不足1/3,应该补充制冷剂。有时观察镜脏污难以判明液位,以下几点可帮助判断。

(2)液管上装有液体指示镜,制冷剂不足时可见到液流中夹有大量气泡。

(3)膨胀阀流过的制冷剂夹带较多气体时,会发出较明显的“嗞嗞……”声。

(4)调大阀的开度或开启旁通阀后,吸气压力仍不上升,则可判断为系统中的冷剂不足。

3. 压缩机运转不停,制冷效果仍达不到要求

对冷藏舱或空调制冷装置来说,压缩机一般都设有能量调节装置,使用期间一般是运转不停的,这里只是指其不能将库温或送风降到要求的温度。而不设能量调节装置的伙食冰机,一般设计要求每天工作16~20 h即可维持库温在要求范围内。如果压缩机长时间运转不停,仍不能将库温拉到下限,则属不正常。原因无非是装置热负荷太大,或者是装置制冷量不足。其可能原因及判断方法如下：

第一类情况,吸入压力一直较高,原因无非是热负荷过大或压缩机排气量较小。

(1)冷库隔热性能太差。可能是隔热结构损坏、隔热材料受潮、库门关不严或水管道漏气等原因。可以用判断作冷库温度回升试验方法进行判断。对空调制冷装置来说,外界气温和温度超过设计条件,新风比太大或舱室隔热不良,也会造成热负荷过大的类似情况。

(2)内部漏泄。常见的是吸气阀、排气阀、活塞环密封性差,或润滑油分离器回油阀、气缸缸头垫片、安全阀等漏泄。排气阀漏泄判断方法:慢慢关小直至全关吸入截止阀,使低压继电器达到下限而停车,如果吸入压力速度回升,则内部漏泄严重。试验前可先关油分离器回油阀,如果漏泄,其可能性最大的是排气阀。

(3)排出压力超过正常值,压缩机输气系数减小。可能是系统中空气太多、排气截止阀没有开足或冷凝器冷凝能力不足。属于后者的主要原因有:进水温度高;水量不足;冷却管脏污或堵塞;端盖分水筋锈坏或垫片损坏使冷却水短路;系统中制冷剂量过多,以致液体制冷剂浸没冷却管太多;水侧聚气形成气塞或者冷凝器设计换热能力不足。

判断排出压力过高的方法是当冷却水阀全开时,观察排出压力所对应的制冷剂饱和温度与冷却水进口温度之差是否高出设计温差(一般不超过9 ℃)较多。有的冷凝器长期工作后,传热系数仅为清洁时的1/2,即传热温度差可能比设计值大一倍。如果冷却水进出口温差超出设计值(2~4 ℃),则表明冷却水量不足;如冷却水进出温差在设计范围内,则说明冷却水尚有吸热能力,但换热不良。

(4)压缩机卸载机构有故障,部分气缸不能加载工作。未加载工作的气缸,用手摸其缸盖,温度比正加载工作的缸盖温度低。

(5)气缸余隙太大。缸头垫片不适当地被加厚或活塞副因轴承磨损下沉均会导致气缸余隙变大。

(6)压缩机转速下降。

第二类情况是吸入压力一直偏低,由于进入蒸发器的制冷剂流量偏少,蒸发器中制冷剂气体产生的速度也慢。

如吸气过热度高,低温库蒸发器后部霜层融化,是由于供液不足。原因可能是：

(7)制冷剂不足。

(8)冷凝压力过低。

(9)液管及管上附件发生冰塞、脏堵或某些阀门未开足。

(10)膨胀阀安装不当、调节过紧或温包充剂流失。

(11)进入系统的润滑油过多,以致流经膨胀阀的制冷剂流量减少,或者使蒸发器局部堵塞。原因可能是曲轴箱加油太多;活塞刮油环装反或不能正常工作;制冷剂流量不足或低压管路设计不当,使部分滑油不能被带回曲轴箱而积存在低压管路中。此时蒸发器和吸入管结霜可能不均,吸入压力低且波动,有时突然回油过多,易引发液击。

如吸入压力低,吸气过热度并不太大,则是由于蒸发器换热能力差引起的。原因可能是:

(12)蒸发器结霜过厚。

(13)通风机故障。

(14)蒸发压力调节阀调得太紧,使蒸发温度过高。

(15)蒸发器设计制冷量不足或部分并联蒸发器被停用。

4. 压缩机不能启动

压缩机不能启动多为电动机的电源不通或绕组烧毁。可从下述几方面进行检查:

(1)检查主电路的电源

用万用表或试电笔检查输入电源电路是否有电,电压是否正常;检查闸刀开关或熔断器的熔断丝是否烧断;检查空气自动开关的插头或接触器的触头接触是否良好。

(2)检查控制电路

①检查温度继电器的触头是否跳开。

②检查高低压压力继电器的触头是否跳开。

③检查热继电器的触头是否跳开。

④检查油压差继电器的触头是否跳开。

(3)检查电动机的绕组

用万用表或兆欧表检查接线柱与外壳是否短路,并拆下电源线测量各相的电阻。若短路或某相电阻小,则说明绕组绝缘烧毁或匝间短路,应重绕线圈。

若控制箱上设有手动和自动转换开关。当自动无法启动时,可把转换开关扳至手动位置,若压缩机仍不能启动,则故障一般出在主电路上;若能启动,则故障一般出在控制电路上。

5. 压缩机频繁地启动和停机

这种故障多为温度继电器或高低压继电器的触头时闭时断所造成。

(1)温度继电器的触头频繁地闭合和断开

这是由于温度继电器的闭合温度与断开温度的温差过小,停机后不久库内温度很快就回升至温度继电器闭合的温度使压缩机重新启动,于是库温开始下降并很快地达到温度继电器断开的温度,压缩机又停机。如此反复,就出现了压缩机频繁启停的现象,只要转动温度继电器的幅差旋钮,调大幅差值,故障即可消除。

(2)低压压力继电器的触头频繁地闭合和断开

这种现象可能的原因有:

①低压压力继电器的触头闭合与断开的压差太小。在电动机的启停由低压继电器控制和温度继电器只用于控制电磁阀启闭的装置中,库温达下限而使压缩机停机后,由于受管路阻力和温度的影响,低压压力很快地回升至低压继电器触头闭合的压力而使压缩机重新启动,但由于此时库温并未上升至上限值,温度继电器的触头仍处于断开状态,电磁阀不会开启,故低压压力很快急降至低压继电器触头的断开压力,又使压缩机停机。如此反复,就出现压缩机频繁地启停,只要调大低压压力继电器的幅差值,故障即可消除。

②高低压间有泄漏。若装置中的电动机的启停由低压压力继电器控制,则同样会出现类似低压继电器的幅差值太小的情况,只是压缩机启动时的压力较高而已。

③膨胀阀发生"冰塞"或"脏堵"、冷剂不足或装置的热负荷太小。出现这些故障,必然使供入蒸发器的冷剂量减小,若压缩机无自动能量调节装置,供入冷剂量的下降幅度使压缩机很快把蒸发器内的冷剂抽空,压缩机就会因低压压力过低,低压压力继电器的触头断开而停机。但此时库温并未降到下限,电磁阀仍处于开启状态。于是,低压压力很快又回升,低压继电器的触头重新闭合,压缩机又启动。如此反复,就出现压缩机频繁地启停。

(3)高压压力继电器的触头频繁地闭合和断开

发生这种故障的可能原因有:

①高压压力继电器触头断开的压力过低。若高压继电器触头的断开压力在压缩机的正常排气压力范围内,则压缩机会在装置运行和冷库降温过程中停机。停机后不久因高压压力下降,高压继电器的触头重新闭合,压缩机又启动。如此反复,压缩机就频繁地启停。只要按规定调高高压继电器的断开压力,即可消除故障。

②压缩机的排气压力过高。系统中积存较多的空气,冷却水量不足或中断冷却水、冷凝器散热面脏污或充入冷剂量过多等,均会造成压缩机的排气压力过高而使高压继电器的触头断开,压缩机停机。停机后不久,高压压力下降,因高压继电器触头重新闭合,压缩机又启动。如此反复,就导致压缩机频繁地启停。只要查明并消除排气压力过高的因素,故障即可消除。

维修任务五　甲板机械的维修

【学习目标】

1. 掌握船用液压机械的检修方法。
2. 掌握液压舵机的检修。

【学习任务】

1. 项目任务

本项目的任务是掌握船用液压机械的检修。船舶甲板机械主要包括舵机、起货机、锚机、绞缆机等。本项目要求了解船用液压机械的检修方法,并以液压舵机的检修为例了解液压机械的检修过程。

2. 检修工作任务流程图

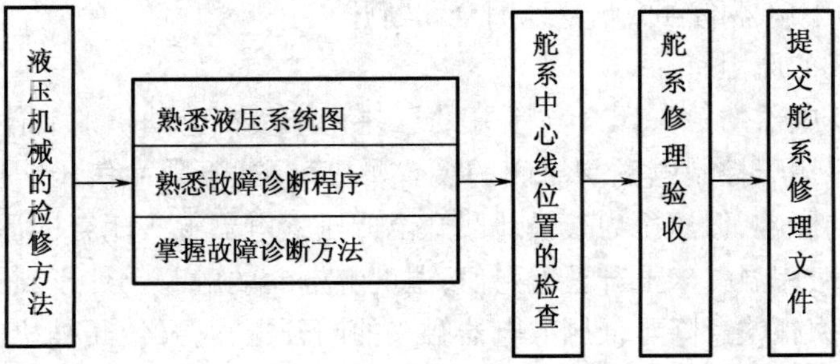

【背景知识】

船舶甲板机械主要包括舵机、起货机、锚机、绞缆机等。甲板机械按所用动力可分为气动、蒸汽、电动、液压等。由于液压传动的优点较多，船舶甲板机械大多采用液压传动。

【操作指导】

一、船用液压机械的一般检修

在船用液压机械中，液压机械可能出现的故障是多种多样的。即使是同一个故障现象，产生故障的原因也不一样，可能是多种因素共同作用的结果。所以在排除故障时，必须将可能引起故障的所有因素逐一分析，注意其内在联系，找出主要矛盾。在液压系统中，各种元件和辅助装置以及油液大多在封闭的壳体和管道内，不可能像机械传动那样直接从外部进行观察，而且在测量方面也不如电路那样方便，因此在液压机械出现故障时往往需要较多的时间来排除故障。

1. 看懂液压系统图的基本方法

(1)熟悉元件结构、原理与符号，这是基础。

(2)熟悉简单的功能性液压回路。

(3)先将复杂的系统划分为几个相对独立的子系统。

(4)先抓主件构成回路，再添元件完善功能。具体顺序是，先主油路后辅油路；先主要功能，后次要功能；先将油泵和执行机构连成主功能回路，再依次加进换向阀、单向阀、流量调节阀、顺序阀(平衡阀)、减压阀，最后加进溢流阀和其他阀件与辅件，最终构成功能完善系统。

(5)综观全图，将各子系统之间的关系弄清。

在上述看图方法中，熟悉简单的功能性液压系统是关键。

2. 故障诊断程序

(1)熟悉性能和资料。在查找故障之前应了解机械的性能，熟悉液压系统的工作原理和运行工况，以及一些主要技术参数。

(2)了解故障现象。要了解机械出现故障前后的状况及现象、产生故障的部位。

(3)现场勘察。如机械还能运转，应运转设备，操纵有关控制部分，仔细观察故障现象，查找故障部位。

(4)查阅以往维修记录。了解故障现象是否与以往的故障现象相似。

(5)归纳分析，进行故障诊断。根据各方面进行归纳分析找出产生故障的可能原因。

(6)制订维修方案。

(7)对维修情况进行记录。

3. 故障诊断方法

液压机械的故障诊断一般有简易诊断和精密诊断。船舶液压机械常采用简易诊断。

(1)简易诊断技术

简易诊断技术又称为主观诊断法，是靠维修人员利用简单的诊断仪器和凭借个人的经验对液压系统出现的故障进行诊断，判断故障的部位和产生的原因。简易诊断技术以看、听、摸、闻、阅、问等方法进行故障诊断。

看主要为看液压系统的工作真实情况：看执行机构运动速度有无变化；看液压系统各测压点的压力值是否正常，有没有波动；观察液压油是否清洁，油量、油的黏度是否符合要求；看液压管道接头处、液压缸端盖处、液压泵轴封处等是否有渗漏；观察液压缸活塞杆或液压马达等运动部件是否有振动与爬行等现象。

听主要是用听觉来判别液压系统或泵的工作是否正常等：一听液压泵和系统的噪声是否过大，溢流阀等液压元件是否有尖叫声；二听换向阀换向时冲击声是否过大，液压缸活塞是否有撞击缸的声音；三听油路板内部是否有细微而连续不断的泄漏声音；四听液压泵运转时是否有敲打声。

摸主要是用手摸运动部件的温升和工作情况：用手摸泵体外壳、油箱外壁和阀体外壳的温度，如感觉烫手应检查原因；用手摸运动部件和管子，感觉是否有振动；用手摸执行元件是否有抖动；用手检查限位开关与紧固螺钉是否有松动现象。

闻主要是闻油箱中的油液是否有异味。

阅主要是查阅设备维修档案中有关故障分析与维修的记录，查阅交接班记录和维修保养情况的记录。

问主要是询问设备操作者：液压系统工作是否正常，液压油泵有无异常现象；液压油更换时间，滤网是否清洗；调压阀或调速阀是否调节过，有无不正常现象；密封件或液压元件是否更换过等。

(2)精密诊断技术

精密诊断技术也称为客观诊断法，是在简易诊断的基础上对有疑问的异常现象，采用各种监测仪器对其进行定量分析，从而找出故障原因；也可在设备某重要部位装上监测仪器来预测系统工作未来的技术状况，并采取相应的修理措施。

二、舵机检修

舵机是船舶上重要设备之一，作用是根据船舶驾驶人员的要求操纵船舶在航行中的方向和实现船舶转向。舵机按驱动的能源不同主要有三种类型：一是靠人力来转动舵叶的人力操舵装置；二是电动操舵装置；三是液压操舵装置。目前船舶常采用液压操舵装置。

1. 船舶对舵机的技术要求

为了保证船舶的安全航行，根据国际公约和我国《钢质海船入级与建造规范》的相关规定，舵机应满足以下要求：

(1)必须具备一套主操舵装置和一套辅助操舵装置，或主操舵装置有两套以上的动力设备。当其中之一失效时，另一套应能迅速投入工作。

(2)主操舵装置应具有足够强度，并能在船舶最大航海吃水和最大营运前进航速时进行操舵，能使舵自任一舷 35°转至另一舷 35°，并且于相同条件下自一舷的 35°转至另一舷 30°所需的时间不超过 28 s。

(3)辅助操舵装置应具有足够强度，且能在船舶最大航海吃水，以最大营运航速的一半但不小于 7 kn 前进时，能在 60 s 内自任一舷 15°转至另一舷 15°。

(4)对于主操舵装置，应在驾驶室和舵机室两处都设有控制器；当主操舵装置设有两套动力设备应设置两套独立的控制系统，且每套系统均应能在驾驶室控制。对于液压舵机的遥控系统，除了 10 000 t 以上的油船、化学品船、液化气船外，不必设置第二套独立的控制系统。

(5)对舵柄处舵杆直径大于230 mm(不包括在冰区航行的船的加强舵)的所有船舶,应设有能在45 s内向动力装置提供替代动力源。这种动力源应为应急电源,位于舵机室内的独立电源,其容量至少应能向符合辅助操舵装置要求的一台动力设备及其控制系统和舵角指示器提供足够的能源。对10 000 t(载重吨)以上的船舶,替代动力源至少可供工作30 min,对其他船舶为10 min。

(6)操舵装置应设有有效的舵角限位器。以动力转舵的操舵装置,应装设限位开关或类似设备,使舵在达到舵角限位器前停住。

(7)能被隔断的、由于动力源或外力作用能产生压力的液压系统任何部分均应设置安全阀。安全阀开启压力应不小于1.25倍最大工作压力;安全阀能够排出的量应不小于液压泵总流量的110%,在此情况下,压力的升高不应超过开启压力的10%,且不应超过设计压力值。

2. 舵机的试验

每次开航前应会同值班驾驶员分别在舵机室和驾驶台进行试舵。以判断舵机工作是否正常。

(1)试验时,在驾驶台遥控启动一套油泵机组,用遥控系统先后向左、向右作5°,15°,25°,35°的操舵试验。判断舵机及其遥控系统、舵角指示器是否工作可靠。然后换用另一台油泵机组作同样的试验。如有备用遥控系统,也应做试验。

(2)电气舵角指示器在最大舵角时的指示值与实际舵角之间的偏差应不大于±1°,而且正舵时须无偏差。

(3)采用随动方式操舵时,操舵器的指示舵角与舵停住后的实际舵角之间的偏差应不大于±1°,而且正舵时须无偏差。

(4)无论舵处于任何位置,均不应有明显跑舵(稳舵时舵偏离所停舵角)现象。在台架试验中,当舵杆扭矩达到公称值时,往复式液压舵机的跑舵速度不得超过0.5°/min;转叶式液压舵机的跑舵速度不得超过4°/min。

(5)采用液压或机械方式操纵的舵机,滞舵时间应不大于1s。

3. 液压舵机常见故障分析及排除

(1)舵不能转动

①遥控系统失灵,但机旁操纵正常。对电气遥控系统,可能是因保险丝烧断、接点脱焊或接触不良、电气元件损坏等原因导致的电路短路,也可能是其中的机械传动部分存在故障。

②主油泵机组不能启动。应查明电路是否有故障,油泵是否有机械性故障,可以采用盘车的方法进行检查。

③主油泵不能供油。应查明油泵有无损坏,变量机构是否卡住,差动活塞控制油路是否中断或油路堵塞等,可换备用泵加以验证。

④主油路旁通或严重泄漏。主油路旁通可能因为备用泵锁闭不严、旁通阀开启、安全阀开启压力过低或被垫起,阀控型系统则也可能因换向阀有故障不能离开中位所造成。

⑤主油路不通或舵转动受阻。主油路不通或舵转动受阻常表现为主泵排出油压高,安全阀开启。主油路不通的最大可能往往是因为泵阀、缸阀未开或主油路的液控锁闭阀打不开。

(2)舵叶只能作单方向转动

①遥控系统只能单方向动作。这可能是电气线路故障,或伺服油缸一侧泄漏严重等原因造成。这时可改用机旁操舵,如能恢复正常,则即可判断。

②变量泵只能单向排油。这可能是变量泵机构仅能作单向运动造成的,例如单向卡阻或差动活塞内某一油孔堵塞等,可以更换备用泵看其是否正常工作来进行判断。

③主油路单方向不通或旁通。可能因为某侧的安全阀开启压力过低或主油路锁闭阀之一在回油时不能开启。

(3)转舵速度过慢

①主油泵排量太小。多数因为主油泵过度磨损造成泵内部漏泄严重,或是泵局部损坏所导致,也有可能是泵的转速过低。

②遥控系统动作太慢。如改用机旁操舵后转舵时间符合要求。工作正常时,操纵点从一舷满舵位置移到另一舷满舵位置所需时间为22~24 s。如果上述时间明显增加,对伺服油缸式来说可能是提供控制油的辅泵油量不足或调速阀调定的流量太小,也可能是伺服油缸油路泄漏严重或有空气等原因;对伺服电机式遥控系统,可能是电路有故障、激磁电流不足或反馈信号太强。

③主油路旁通阀关闭不严或泄漏。

(4)滞舵——操舵后转舵的动作滞后

①主油路中有较多的气体。可能是因油箱油位太低而吸入空气;系统放气不彻底;也有可能是系统有泄漏或补油压力过低而吸入空气等原因造成。

②遥控系统动作滞后。原因可能是伺服油缸或控制油路内有气体。

③泵控型系统主油路泄漏或旁通严重。

(5)冲舵——转舵角度超过指令舵角

①泵变量机构不能及时或不能回中。原因可能是变量机构卡住,控制油压变低或差动活塞内油孔堵塞等。

②遥控伺服油缸的换向阀或阀控型主油路的换向阀不能回中位。可能是阀芯在一端卡死,或弹簧断裂、张力不足等原因所造成。

③遥控伺服油缸锁闭不严,或遥控伺服电机刹车动力不足,转舵以后因惯性力,伺服油缸或伺服电机达到指令舵角后会继续向前冲移,油泵无法回中。

以上几种情况舵将一直冲到顶住机械舵角限位器为止。

④电气遥控系统反馈信号发生器或传动机械故障,无反馈信号,到达指令舵角后舵令信号没有终止。

⑤如采用平衡舵在小舵角时会出现负扭矩,或转舵机构惯性大,主油路又存在泄漏,也有可能发生冲舵。但如果反馈机构工作正常,舵冲过指令舵角后仍会回到给定的舵位。

(6)跑舵

跑舵是稳舵时舵叶偏离所给定的舵角。由于稳舵时油泵离开中位,原因多半是主油路锁闭不严,或遥控系统工作不稳定所导致。另外,当两台变量泵共用一套浮动杆控制,其中位调节不当或调好后松动,在双泵同时工作时,舵也会产生不能停稳的现象。

(7)舵机工作时有异常噪声和振动

①液体噪声。系统产生气穴、闭式系统放气不彻底或补油不足;也可能是油箱中的油位太低,吸油滤器堵塞或吸油管漏气;另外当油温太低、油黏度太大时,也可能会产生液体

噪声。

②液压泵机组异常噪声。可能是泵和电动机对中不良,轴承或泵内其他运动部件损坏。

③管路或其他部件固定不牢。

④转舵液压缸柱塞填料过紧。

⑤某些形式的主油路锁闭阀在舵受负扭矩作用而转动较快时,也易产生敲击。

⑥舵柱轴承磨损或润滑不良。

⑦舵的轴系受外力损伤而变形。

项目六　综合技能训练——柴油机吊缸维修

【学习目标】

1. 了解吊缸技术要求、安全规则。
2. 掌握吊缸程序、吊缸检修项目及对零部件的检修方法。

【学习任务】

掌握吊缸检修工作过程及缺陷检查。

【环境设备】

1. 扳手。
2. 液压拉伸器。
3. 行车、葫芦、链条、钢丝绳等。

【背景知识】

一、吊缸检修

吊缸检修就是将活塞或者连同连杆一起从气缸中吊出，对平时检查不到的燃烧室部件内部进行检查和修理。吊缸检修可分为定期吊缸检修和事故性吊缸检修。有时为检查气缸、活塞组件的技术状态，也进行临时性吊缸检修。

1. 吊缸的技术要求和安全规则

吊缸必须按照柴油机的拆装要求和顺序进行，遵守安全规则和技术规则。现摘其要点叙述如下：

(1)吊缸应遵守柴油机拆装技术的一般规则

①拆装原则

a. 拆卸时应为后面的检修和装配作准备，注意机件之间的配合关系和相对位置，必要时在零件上作记号。注意观察各种损坏的迹象，必要时应保护现场以利于进行故障分析，为检修提供依据，为顺利装配打下基础。

b. 根据确定的检修范围进行拆卸，不要随意扩大拆卸范围。

②拆卸程序

a. 先拆易损机件、附属机件，后拆主要机件。

b. 先拆外部、上部机件，后拆内部、下部机件。

③在装配过程中应遵守的主要技术原则

a. 对于形状相同但有位置和顺序要求的零件，如活塞、活塞环、连杆螺栓、连杆大端轴承等，应按原来的位置和顺序装配，不可任意调换。

b. 对有记号和安装方向要求的零部件，均应按原来的要求装配，不得装错或装反。

c. 要防止漏装，一旦发现漏装，哪怕是一个螺丝钉也应及时查找漏装的部位。

d. 在装配过程中要随时检查零件间的灵活性和密封性，避免重装返工。

e. 配合件的工作表面不许有伤痕，装配时保持清洁并涂上滑油。

f. 在装配中，除完好的金属垫片可继续使用或经处理继续使用外，对纸质、软木、石棉等垫片和橡胶密封圈原则上应换新。

g. 重要的螺栓不准有损伤，上紧时应按规定的次序和预紧力进行。

h. 防松零件如开口销、锁片、弹簧垫圈等均应按规定的尺寸、规格装妥，不可用不同规格代替。

(2) 吊缸应遵守柴油机拆装的安全规则

①正确使用工具

a. 应首选专用工具，再选通用工具。

b. 拆装螺母时，应首选梅花扳手、套筒扳手，尽量少用开口扳手和活络扳手。

c. 不允许随意加长扳手的长度，以防力臂过大伤人和力矩过大将螺栓扭断。

d. 使用扳手时不许用锤捶击扳手，尤其是活络扳手。

②起重设备安全规则

a. 禁止超重起吊。

b. 起吊质量应小于起重绳索允许荷重的 20% ~40%。

c. 吊钩与绳索的悬挂中心应与机件的重心一致。

2. 吊缸检修前的准备工作

(1) 准备好专用工具（如风动扳手、液压拉伸器等），检查起吊工具（如行车、葫芦、链条、钢丝绳等）是否完好正常，若有损伤，禁止使用；

(2) 关闭主启动阀和空气瓶的出口阀；

(3) 放掉主启动阀前、后空气管中的空气；

(4) 在吊缸检修的全过程中，打开所有示功器旋塞；

(5) 合上盘车机，同时把手柄锁住；

(6) 在操纵台上挂上“正在吊缸检修，不准动车”的警示牌。

做好以上各项工作后，就可开始进行吊缸检修工作。

二、活塞运动部件的校中

柴油机固定在船上安装和活塞运动部件平台复验合格后，将活塞运动部件吊运船上与气缸固定件装配。安装时，先从机架道门将连杆和十字头组件吊入并与曲轴加接，再将活塞组件从上部吊入气缸中，用海底螺帽或螺栓将这两部分连接在一起，构成活塞运动部件。

为了保证实现柴油机设计性能和可靠运转，必须保证运动件与固定件的准确相对位置和要求的配合间隙，也就是要保证活塞运动部件的中心线与气缸固定件中心线重合或平行，活塞与气缸的间隙、导滑板间隙等符合说明书的规定。安装过程中，通过对活塞运动部件在气缸中的横向和纵向位置的校中工艺来实现上述要求。

横向校中是使活塞运动部件在柴油机横向，即左右方向与气缸固定件有准确的相对位置——左右方向上的活塞与气缸的间隙相等、导板与滑块工作面间隙符合规定。

纵向校中是使活塞运动部件在柴油机纵向(横向),即首尾方向与气缸固定件有准确的相对位置——首尾方向上活塞与气缸的间隙相等,侧导板与滑块侧面间隙符合规定。

(一)活塞运动部件校中技术要求

柴油机说明书和船舶柴油机安装标准中对活塞运动部件校中技术要求均有规定。我国船舶行业《船用柴油机修理技术标准》的规定有以下几方面。

1. 活塞与气缸间隙的要求

(1)十字头式柴油机,在未装活塞环的条件下,活塞活塞位于近上、下止点位置时,滑块工作面与导板工作面应紧密配合,用0.05 mm塞尺检查插不进的情况下,活塞裙部减磨环处与气缸内孔单边最小间隙:

缸径小于700 mm时,应不小于该处总间隙的30%;

缸径大于700 mm时,应不小于该处总间隙的20%。

(2)筒状活塞式柴油机,在未装活塞环的条件下,活塞位于近上、下止点位置时,活塞裙部与气缸内孔单边最小间隙应不小于该处总间隙的25%。总间隙为首、尾或左、右间隙之和。

(3)活塞在气缸内沿柴油机纵向允许平行偏在一边,但向另一边撬动时偏移量应能转移过去。

活塞与气缸的安装间隙和极限间隙如表2-6-1所示。

表2-6-1 柴油机活塞与气缸间隙 单位:mm

气缸直径	四冲程筒形活塞式柴油机						二冲程筒形活塞式柴油机活塞裙部		十字头式柴油机			
	铸铁及铝合金活塞顶部间隙		活塞裙部						顶部间隙	裙部		减磨环处装配间隙
	顶部有冷却	顶部无冷却	铸铁活塞装配间隙	铸铁活塞极限装配间隙	铝活塞装配间隙	铝活塞极限间隙	装配间隙	极限间隙		装配间隙	极限间隙	
≤100	0.50~0.64	0.60~0.80	0.09~0.12	0.18~0.22	—	—	—	—	—	—	—	
>100~125	0.64~0.80	0.80~1.00	0.12~0.15	0.45	0.22~0.26	0.50	—	—	—	—	—	—
>125~150	0.80~1.00	1.00~1.20	0.15~0.18	0.55	0.26~0.32	0.60	0.20~0.24	0.75	—	—	—	—
>150~175	1.00~1.16	1.20~1.40	0.18~0.21	0.65	0.32~0.36	0.70	0.24~0.28	0.90	—	—	—	—
>175~200	1.16~1.32	1.40~1.60	0.21~0.24	0.72	0.38~0.44	0.80	0.28~0.32	1.00	—	—	—	—
>200~225	1.32~1.48	1.60~1.80	0.24~0.27	0.80	0.44~0.50	0.90	0.32~0.36	1.10	—	—	—	—
>225~250	1.48~1.64	1.80~2.00	0.27~0.30	0.88	0.50~0.56	1.00	0.36~0.40	1.10	—	—	—	—
>225~275	1.64~1.80	2.00~2.20	0.30~0.33	0.96	0.56~0.62	1.10	0.40~0.44	1.20	—	—	—	—

表 2－6－1(续)

气缸直径	四冲程筒形活塞式柴油机						二冲程筒形活塞式柴油机活塞裙部		十字头式柴油机			
	铸铁及铝合金活塞顶部间隙		活塞裙部						顶部间隙	裙部		减磨环处装配间隙
	顶部有冷却	顶部无冷却	铸铁活塞装配间隙	铸铁活塞极限装配间隙	铝活塞装配间隙	铝活塞极限间隙	装配间隙	极限间隙		装配间隙	极限间隙	
>275~300	1.80~1.96	2.20~2.40	0.33~0.36	1.04	0.62~0.68	1.20	0.44~0.48	1.20	—	—	—	—
>300~325	1.96~2.12	2.40~2.60	0.36~0.39	1.12	0.68~0.76	1.30	0.48~0.52	1.30	—	—	—	—
>325~350	2.12~2.28	2.60~2.80	0.39~0.42	1.20	0.76~0.82	1.40	0.52~0.56	1.30	—	—	—	—
>350~375	2.28~2.44	2.80~3.00	0.42~0.45	1.28	—	—	0.56~0.62	—	—	—	—	
>375~400	2.44~2.60	3.00~3.20	0.45~0.48	1.36	—	—	0.62~0.66	1.40	—	—	—	—
>400~425	2.60~2.78	3.20~3.40	0.48~0.51	1.44	—	—	0.66~0.70	1.40	—	—	—	—
>425~450	2.78~2.95	3.40~3.60	0.51~0.4	1.50	—	—	0.70~0.74	1.60	3.30~3.50	0.72~0.75	2.10	0.48~0.55
>450~475	—	—	—	—	—	—	0.74~0.78	1.70	3.50~3.76	0.76~0.82	2.20	0.51~0.58
>475~500	—	—	—	—	—	—	0.78~0.82	1.80	3.70~3.90	0.82~0.86	2.30	0.55~0.62
>500~525	—	—	—	—	—	—	0.82~0.86	1.90	3.90~4.10	0.86~0.91	2.40	0.59~0.66
>525~550	—	—	—	—	—	—	—	—	4.10~4.30	0.91~0.95	2.50	0.63~0.70
>550~575	—	—	—	—	—	—	—	—	4.30~4.50	0.95~1.00	2.60	0.67~0.74
>575~600	—	—	—	—	—	—	—	—	4.50~4.70	1.00~1.05	2.70	0.71~0.79
>600~625	—	—	—	—	—	—	—	—	4.70~4.90	1.05~1.10	2.80	0.76~0.84
>625~650	—	—	—	—	—	—	—	—	4.90~5.10	1.10~1.15	2.90	0.81~0.88
>650~675	—	—	—	—	—	—	—	—	5.10~5.30	1.15~1.20	3.00	0.86~0.92
>675~700	—	—	—	—	—	—	—	—	5.30~5.50	1.20~1.30	3.20	0.91~0.96
>700~725	—	—	—	—	—	—	—	—	5.50~5.70	1.30~1.45	3.40	0.95~1.02
>750~800	—	—	—	—	—	—	—	—	5.70~5.90	1.46~1.60	3.80	0.98~1.10
>800~850	—	—	—	—	—	—	—	—	5.90~6.10	1.60~1.75	4.00	1.10~1.12
>850~900	—	—	—	—	—	—	—	—	6.10~6.30	1.75~1.90	4.20	1.12~1.14
>900	—	—	—	—	—	—	—	—	6.30~6.50	1.90~2.05	4.40	1.14~1.16

2. 十字头滑块与导板间隙的要求

十字头式柴油机的十字头滑块与导板应均匀接触，导板与滑块工作面和侧面的安装间隙和极限间隙应符合说明书或标准的规定，如表 2－6－2 所示。

表 2-6-2　滑块与导板间隙　　单位:mm

十字头销直径	安装间隙		极限间隙	
	工作面	侧　面	工作面	侧　面
≤175	0.15~0.20	0.18~0.28	0.30	0.50
>175~200	0.15~0.20	0.20~0.30	0.30	0.50
>200~225	0.16~0.22	0.20~0.30	0.35	0.60
>225~250	0.18~0.24	0.20~0.30	0.35	0.60
>250~275	0.18~0.24	0.22~0.32	0.35	0.65
>275~300	0.20~0.26	0.24~0.34	0.40	0.65
>300~325	0.22~0.28	0.26~0.36	0.45	0.70
>325~350	0.24~0.30	0.28~0.38	0.50	0.70
>350~375	0.26~0.32	0.32~0.42	0.60	0.75
>375	0.28~0.36	0.34~0.54	0.70	0.75

(二)活塞运动部件的校中

活塞运动部件与固定件的相对位置进行校中是为了实现其校中的技术要求。新造柴油机在台架安装和在船上安装、柴油机大修后的安装中进行校中均是为此目的。营运船舶柴油机在船上吊缸检修时进行校中测量,则是为了检查和了解活塞运动部件在气缸中的状态,以便分析和发现存在的故障。

1.活塞与气缸间隙的测量

柴油机检修测量时,应自缸中吊出活塞、取下活塞环,清洁后将不带环的活塞组件装入缸中。新机则直接将不带环的活塞组件装入缸中。

(1)测量方法

测量时,盘车使活塞分别处于上止点后15°~30°、下止点前15°~30°位置,用塞尺测量活塞与气缸在首、尾、左、右4个部位的间隙值。活塞处于工作状态是为了使滑块在侧推力作用下紧压在正车导板上,有利于提高测量精度。

MAN B&W L60 MC/MCE型柴油机说明书规定,盘车到上止点前35°、下止点后45°时滑块压在正车导板上,用专用长塞尺分别测量活塞裙部与气缸在首、尾和左、右方向的间隙。

活塞与气缸间隙还可采用透光法进行定性检查。将不带环的活塞装入气缸后,在活塞下方置一强光源,自活塞顶向下观察活塞在近上、下止点位置时的漏光情况(一般间隙大于0.20 mm光即可透过)。若活塞周围有一等宽光环,表明活塞与气缸间隙正常,活塞运动部件对中良好;若光环宽度不等或中断,表明间隙不正常,对中差。透光法仅适于营运船舶吊缸检修,且不适于长裙活塞及中、小型柴油机。

(2)测量部位

活塞与气缸间隙测量部位随机型、活塞结构不同而异。

长裙活塞：一般测量减磨环和裙下部任一点与气缸的首、尾间隙 a_1，b_1 和 a_2，b_2，左右间隙 a_1'，b_1' 和 a_2'，b_2'，如图 2-6-1 所示。

短裙活塞：测量裙部与气缸的间隙或增测活塞杆与填料函孔之间的间隙 a_2，b_2。

筒形活塞：分别测量活塞头部和裙部与气缸之间的间隙。

每次测量部位应保持不变，以便于比较分析。

2. 十字头滑块与导板间隙的测量

测量滑块与导板之间的间隙同样要求活塞分别处于上止点后 15°～30°和下止点前 15°～30°的位置，即正车滑块紧压在正车导板的工作状态下进行。

双导板柴油机：测量倒车滑块工作面与倒车导板工作面之间的间隙，即左、右方向上的工作面间隙；测量倒车滑块侧面与侧导板之间的间隙，即首、尾方向上的侧面间隙，并使之符合说明书的规定。图 2-6-2 和图 2-6-3 为 MAN B&W L60 MC/MCE 型柴油机校中测量值要求。表 2-6-3所示为 L60 MC/MCE 运动件校中测量值。测量时，要求活塞分别位于上止点前 35°、下止点后 45°时正车工作面间隙（凸轮侧）为零的状态下，测量倒车工作面间隙和侧面间隙，并使之符合要求。

单导板柴油机　测量活塞分别位于近上、下止点部位时，滑块倒车工作面与倒车导板的工作面间隙和滑块侧面与侧导板的侧面间隙，而且应测量滑块的上部和下部分别与导板相对位置的工作面间隙和侧面间隙。

由于测量数据较多，为方便现场记录采用图 2-6-3 所示的格式。

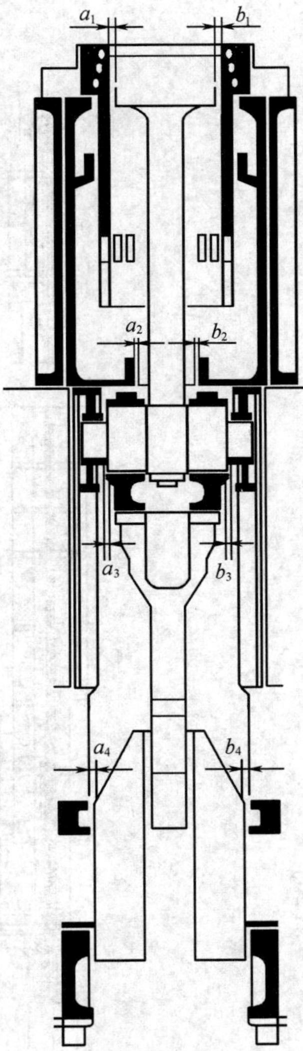

图 2-6-1　活塞运动部件校中测量部位

表 2-6-3　L60 MC/MCE 运动件校中测量值

测量部位	要求值	mm
$PF+PA$	N_{max} O_{max}	0.65 2.0
$E+G$ $F+H$	N_{max} N_{min} O_{max}	0.55 0.2 0.8
$J+X$ $L+Y$ $K+X$ $M+Y$	N_{max} N_{min} O_{max}	0.9 0.5 1.1
$QF+QA$	O_{max}	0.8

注：N—贯穿螺栓上紧后的新造冷态柴油机（运转时数低于 100 h）；O—使用中的柴油机；X，Y—首、尾滑块分别与十字头销在首、尾方向的间隙；E，G 和 F，H—滑块正、倒车工作面分别与正、倒车导板上、下工作面间隙；J，L 和 K，M—首、尾滑块分别与首、尾导板上、下侧面间隙。

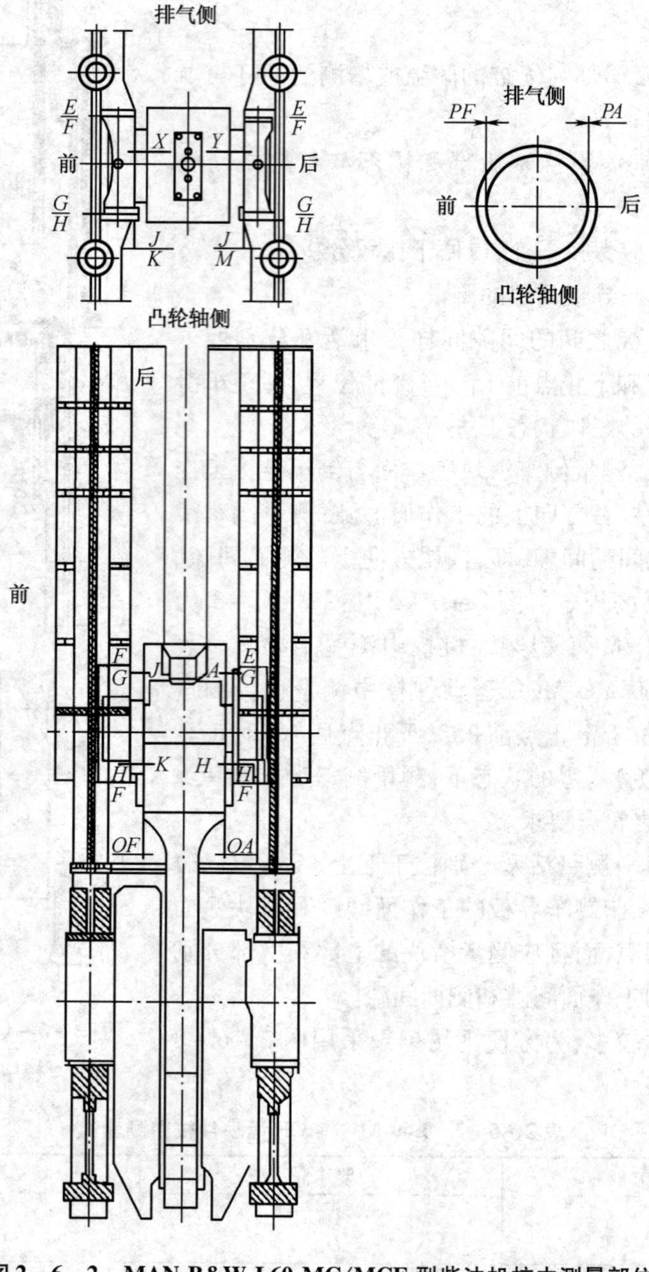

图 2-6-2 MAN B&W L60 MC/MCE 型柴油机校中测量部位

（三）活塞运动部件的失中

活塞运动部件失中是指在柴油机运转过程中，由于磨损等原因引起活塞运动部件与气缸固定件的相对位置不正常的现象，这种现象称为活塞运动部件的失中。

活塞运动部件失中不仅加剧磨损，还会产生敲缸、拉缸等故障，使柴油机不能正常运转。

根据柴油机说明书的规定和运转情况进行定期的或必要时的吊缸检修，通过测量活塞运动部件各配合间隙值来分析、判断活塞在气缸中的状态。为便于分析，将活塞运动部件

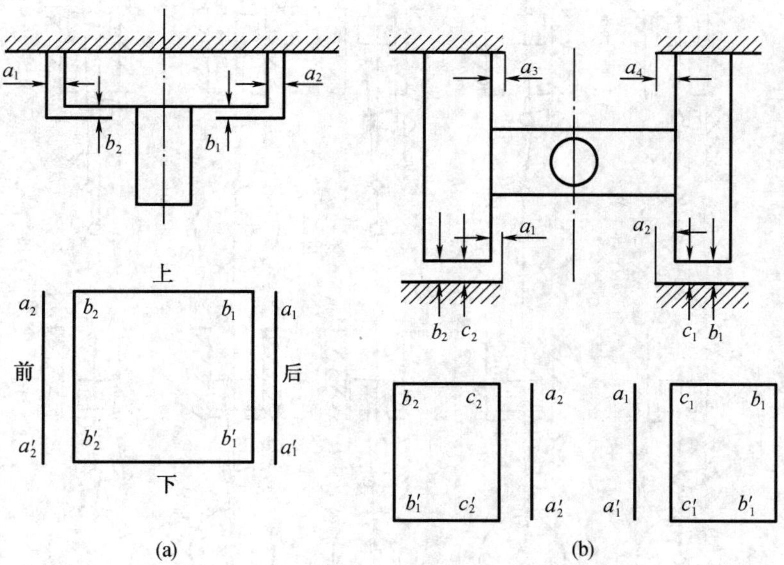

图 2-6-3 滑块与导板进行的现场测量记录格式

(a)单导板式;(b)双导板式

失中分为在柴油机左右方向上发生的横向失中和在首尾方向上发生的纵向失中。

1. 横向失中

横向失中一般发生在十字头式柴油机上,由于柴油机的安装质量不佳或运转中的异常磨损造成:固定件导板工作面与气缸中心线不平行或距离不符合设计要求;活塞运动部件的滑块工作面与运动部件中心线不平行或距离不符合设计要求;或以上两种情况同时存在。

图 2-6-4 是活塞运动部件横向失中举例。图 2-6-4(a)为活塞运动部件横向对中情况,即活塞分别位于近上、下止点时,活塞运动部件中心线与气缸中心线重合或在要求范围内平行的正常情况。测量活塞与气缸在左、右方向上的间隙相等,滑块与导板的平面间隙符合规定。图 2-6-4(b)(c)为活塞在近上、下止点时活塞在气缸中偏左或偏右的极端情况。由于导板工作面与气缸中心线之间的距离过大或过小,或由于滑块工作面与活塞运动部件中心线间的距离过大或过小,造成活塞与气缸在左、右方向的间隙相差悬殊,甚至一侧间隙为零。可通过调节导板与机架或滑块与十字头之间的垫片厚度使距离符合要求,或采用导板、滑块工作面重浇白合金等措施。例如,单侧导板结构可调节 E,G,A 垫片,如图 2-6-5(a)所示;双侧导板结构可调节正、倒车导板 7 和 14 与机架 5 之间的垫片 E,F,如图 2-6-5(b)所示。

图 2-6-4 中(d)(e)活塞在气缸中发生倾斜,在近下止点位置时,活塞在气缸中分别偏向一侧。测量活塞在气缸中左、右方向上的间隙不等,这是由于导板工作面与气缸中心线或滑块工作面与活塞运动部件中心线不平行所致。采用分段调节垫片或刮研工作面上白合金的方法消除或缓解故障,到港后进厂彻底修理。

2. 纵向失中

各类柴油机均会发生活塞运动部件与气缸固定件的纵向失中。下面以筒状活塞柴油机为例分析图 2-6-6 中各种纵向失中情况。

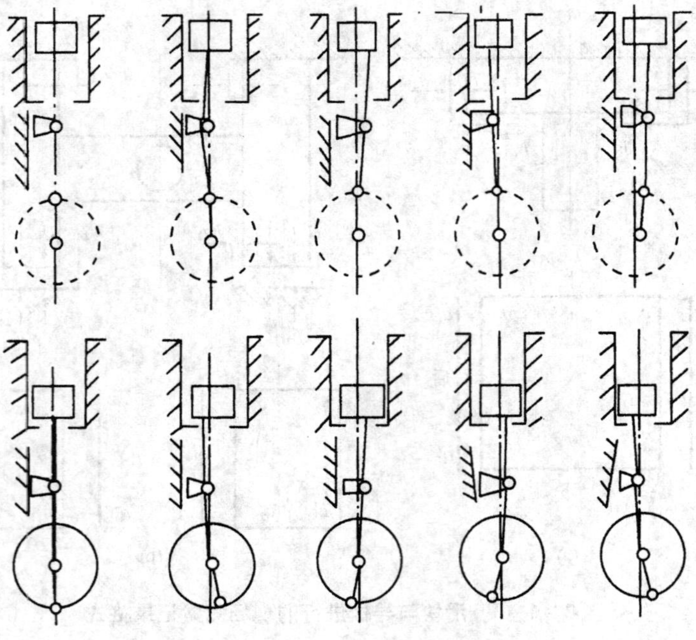

图 2 -6 -4　活塞运动部件横向失中举例

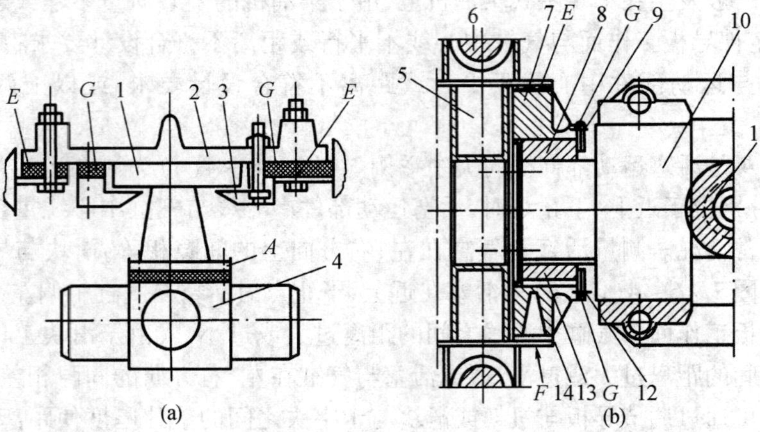

图 2 -6 -5　柴油机导板、滑块结构

(a)单导板式;(b)双导板式

1,8,13—滑块;2,7—正车导板;3,14—倒车导板;4—十字头;5—机架;6—贯穿螺栓;9,12—侧导板;10—十字头销;11—活塞杆;*A*,*E*,*F*,*G*—垫片

图 2 -6 -6(a)为正常情况。测量活塞在近上、下止点位置时的活塞与气缸首、尾间隙值相等或接近,表明活塞运动部件纵向对中良好。

图 2 -6 -6(b)为活塞在气缸中偏靠一侧,即活塞运动部件中心线与气缸中心线平行。测量近上、下止点位置时活塞与气缸在首、尾方向上的间隙值不等,但同侧间隙相等或接近。可能的原因是连杆大端轴承两侧轴向间隙不等或船舶纵倾所致。通过调节大端轴承

两侧的间隙予以消除。

图 2－6－6(c)为活塞在近上止点位置时在气缸中倾斜,近下止点时在缸内居中。测量活塞与气缸在首、尾方向的间隙,近上止点时不等,近下止点时相等。这是由于曲柄销颈不均匀磨损产生单面锥度所致。通过消除曲柄销颈几何形状误差进行调整。

图 2－6－6(d)(e)为活塞在近上、下止点位置时在缸中发生同侧倾斜。测量活塞与气缸在首、尾方向的间隙不等。两图失中现象相同,但产生的原因不同。图 2－6－6(d)为连杆大端轴承上瓦偏磨。图 2－6－6(e)为曲柄销颈纵向不均匀磨损产生锥度。通过分别采用刮瓦和修轴措施消除失中现象。

图 2－6－6(f)为活塞位于近上、下止点时,活塞在缸中向首、尾不同方向倾斜。测量活塞与气缸的首、尾间隙便可显示活塞在缸中的状态。此种现象是缘于曲柄销中心线与主轴颈中心线不平行。采用机械加工消除曲轴的位置误差便可提高活塞运动部件的对中性。为了便于分析,上述各种失中现象是简单的,原因是单一的。而船上柴油机运转中的失中问题则是复杂的,原因是多方面的、综合性的。轮机员在船上遇到失中问题时,应依具体情况,进行各种测量,收集实际运转的数据和资料,综合分析和判断,找出失中的真正原因,采取对症措施消除失中故障。

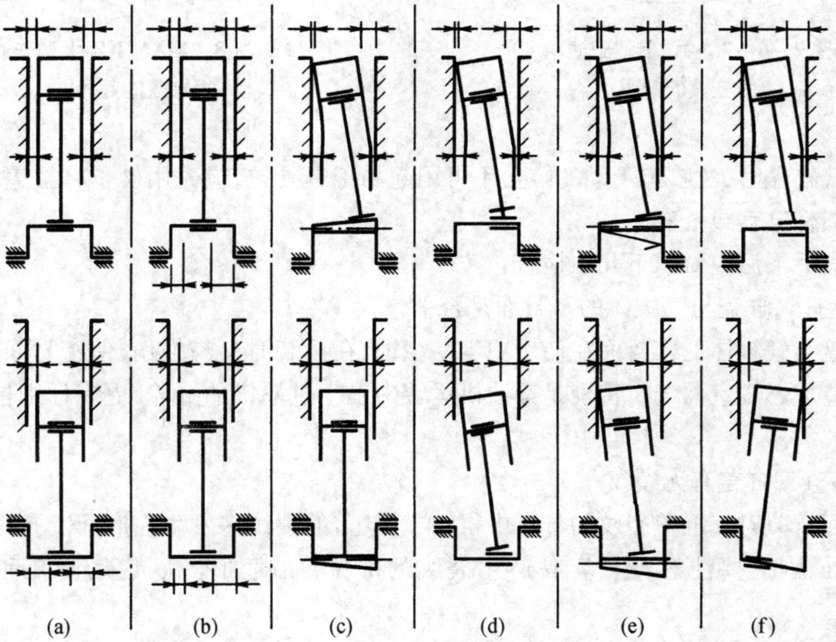

图 2－6－6　活塞运动部件的纵向失中举例

【操作指导】

一、气缸盖的拆检

首先要放掉柴油机的冷却水,拆下所有与气缸盖连接的油、水、气管路及仪表,并将所有向上的管口、油孔用木塞封住以免杂物落入而堵塞管路,用拆装气缸盖的专用工具(如风动扳手或液压拉伸器),将气缸盖上的螺母按对角交叉顺序分数次逐一旋松取下。用起重环、钢丝绳和起重葫芦把缸盖吊起。

图 2-6-7 所示为中、小型柴油机气缸盖的起吊。图 2-6-8 所示为 MAN KZ 大型柴油机气缸盖的起吊方法。

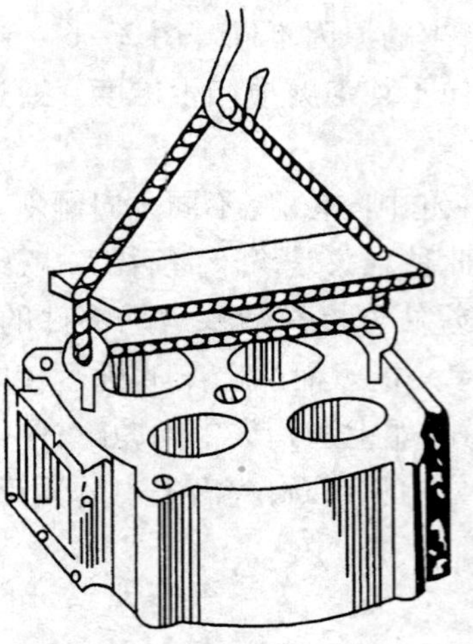

图 2-6-7 中、小型柴油机气缸盖的起吊

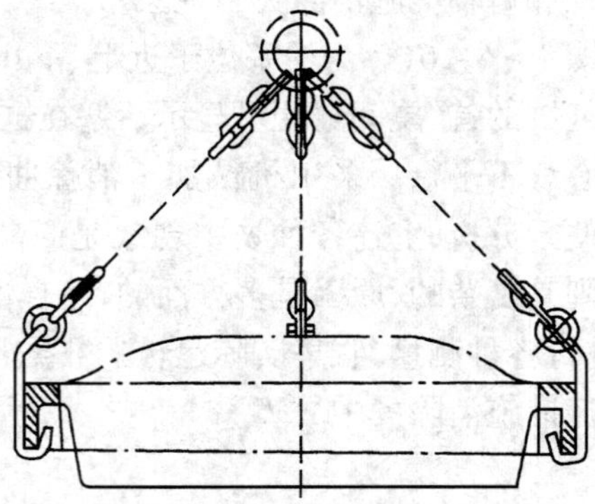

图 2-6-8 MAN KZ 大型柴油机气缸盖的起吊

在吊气缸盖时,对咬牢不动的缸盖不可用起吊工具硬拉,应先用楔子将缸盖一侧打松。注意避免损伤缸盖或缸套。

气缸盖拆下后应做以下几项检查:

(1)检查气缸盖与气缸体的密封面是否平整

气缸盖与气缸体的密封面在使用中容易烧蚀,在拆装时又易损伤,使密封面凹凸不平,使用中易造成燃烧室漏气。特别是柴油机运转中发生过漏气的缸盖,更应仔细检查密封面有无不平现象。

(2)检查气缸盖有无裂纹

从前面章节对气缸盖裂纹的分析中得知,气缸盖的裂纹多发生在底面上孔与孔之间和孔的圆角处,因此要注意检查容易产生裂纹的部位,如喷油器孔、启动阀孔和安全阀孔等处。

(3)检查冷却水腔的情况

打开气缸盖冷却水腔的盖板,检查冷却水腔内水垢和水锈。由于水垢和水锈的存在影响了热传导,从而大大降低了冷却效果,使热应力增加,导致气缸盖易产生裂纹。当水垢和水锈的厚度达到 2 mm 以上时,必须对水腔进行清洗。通常有两种方法,即机械清洗法和化学清洗法。

二、活塞组件的检查

在吊出活塞组件之前,刮净气缸内的结炭,检查气缸上部磨损后所形成的磨台,必要时用刮刀和油石修整,以免在吊活塞组件时拉动缸套或擦伤活塞组件,在活塞顶装上吊活塞的专用工具,将活塞从气缸中吊出。

吊出活塞组件后,应做好以下几方面的检查:

(1)检查活塞顶部有无裂纹,活塞顶部起吊孔处和活塞销座处有无裂纹。

(2)检查活塞顶部有无烧蚀,烧蚀的外部特征为表面层状剥落,逐渐变薄,并现出麻点。

(3)检查活塞和活塞环的磨损,有无单面拉光现象,以及活塞环是否卡死和折断。

(4)对活塞环进行清洁除炭,并放入气缸内检查搭口间隙是否正常(具体测量方法见前章),搭口间隙过大应换新;同时还要进行弹性检查,对丧失弹性的应予换新。

三、气缸套的检查

根据气缸套磨损原因和规律(气缸套磨损后在纵截面上呈现锥度,在横截面上呈现椭圆度),吊缸后都要对气缸套进行检查测量(具体测量方法见前章)。如果缸套超出磨损极限,应进行修复,无法修复时应换新。

在吊缸时要注意检查有无下述缺陷:

(1)气缸套内表面有纵向拉痕、擦伤和裂纹;

(2)有拉缸征象;

(3)扫气口之间的筋条产生裂纹或断裂;

(4)润滑油槽磨损(变浅或磨平)和注油孔堵塞,检查气缸注油器是否正常;

(5)排气口结炭。

如有上述缺陷,应采取适当方法修复或换新。

四、装复时的注意事项

(1)将活塞组件装入气缸套之前应摇动气缸注油器,查看各注油点是否有油流出,并使其沿缸套工作表面分布开来,以免在启动后活塞组件与缸套形成干摩擦。

(2)所有拆下的紫铜垫片在装复前都应回火,使其恢复塑性。损坏的垫片必须换新,以免失去密封性。

(3)装复时,先在活塞杆下端装上锥形套作为引导器,以防活塞杆下端凸缘卡断填料函中的密封环。

(4)将装活塞环专用工具的锥形导套放置在气缸上,并在活塞和活塞环及锥形导套内壁抹上清洁润滑油。将活塞环的搭口上下错开。在慢慢降落活塞组件的过程中,要特别注意活塞杆和冷却水套管的定位。待活塞杆下端插进十字头孔后,上部可脱开吊钩,并将十字头与活塞杆装好,然后上紧连接螺母并锁紧。

(5)在装复气缸盖之前,查看活塞顶部是否有异物落入和遗留下工具,然后装上气缸盖并按装配气缸盖的工艺要求上紧螺母。

五、装复后的注意事项

全部装复好后,应把在吊缸过程中开闭过的阀门全部恢复原位,然后冷却系统充水驱气,并对高压油泵和喷油器进行泵油驱气。检查各处有无漏水、漏油等现象。最后进行吊缸后的试车。

参 考 文 献

[1] 施祝斌.船机检修技术[M].哈尔滨:哈尔滨工程大学出版社,2006.

[2] 施祝斌.轮机维护与修理[M].哈尔滨:哈尔滨工程大学出版社,2012.

[3] 满一新.船机维修技术[M].大连:大连海事大学出版社,1999.

[4] 田野,王克.轮机维护与修理[M].武汉:武汉理工大学出版社,2010.

[5] 李春野.船舶柴油机[M].北京:人民交通出版社,2002.

[6] 严峻.船舶动力装置[M].大连:大连海事大学出版社,2010.

[7] 王福根.船舶轴舵系装置[M].哈尔滨:哈尔滨工程大学出版社,2003.

[8] 罗红英.船舶柴油机使用及维修[M].哈尔滨:哈尔滨工程大学出版社,2010.

[9] 周明顺.船舶修造安全概论[M].北京:人民交通出版社,2011.

[10] 谢荣.船舶检修技术[M].北京:人民交通出版社,2006.

[11] 孙自力.船舶用螺旋桨原理及修理[M].哈尔滨:哈尔滨工程大学出版社,2010.